■2025年度高等学校受験用

常磐大学高等学校

収録内容一覧

★この問題集は以下の収録内容となっています。また、編集の都合上、解説、解答用紙を省略させていただいている場合もございますのでご了承ください。

（○印は収録、－印は未収録）

入試問題と解説・解答の収録内容		解答用紙
2024年度	英語・数学・社会・理科・国語	○
2023年度	英語・数学・社会・理科・国語	○
2022年度	英語・数学・社会・理科・国語	○
2021年度	英語・数学・社会・理科・国語	○

★当問題集のバックナンバーは在庫がございません。あらかじめご了承ください。

●凡例●

【英語】

≪解答≫

〔　〕　①別解

②置き換え可能な語句（なお下線は置き換える箇所が2語以上の場合）

(例) I am〔I'm〕glad〔happy〕to～

(　)　省略可能な言葉

≪解説≫

1, 2…　本文の段落（ただし本文が会話文の場合は話者の１つの発言）

〔　〕　置き換え可能な語句（なお〔　〕の前の下線は置き換える箇所が 2 語以上の場合）

(　)　①省略が可能な言葉

(例)「(数が) いくつかの」

②単語・代名詞の意味

(例)「彼（＝警察官）が叫んだ」

③言い換え可能な言葉

(例)「いやなにおいがするなべにはふたをするべきだ（＝くさいものにはふたをしろ）」

//　訳文と解説の区切り

cf.　比較・参照

≒　ほぼ同じ意味

【数学】

≪解答≫

〔　〕　別解

≪解説≫

(　)　補足的指示

(例)（右図１参照）など

〔　〕　①公式の文字部分

(例)〔長方形の面積〕=〔縦〕×〔横〕

②面積・体積を表す場合

(例)〔立方体 ABCDEFGH〕

∴　ゆえに

≒　約、およそ

【社会】

≪解答≫

〔　〕　別解

(　)　省略可能な語

___　使用を指示された語句

≪解説≫

〔　〕　別称・略称

(例) 政府開発援助〔ODA〕

(　)　①年号

(例) 壬申の乱が起きた（672 年)。

②意味・補足的説明

(例) 資本収支（海外への投資など）

【理科】

≪解答≫

〔　〕　別解

(　)　省略可能な語

___　使用を指示された語句

≪解説≫

〔　〕　公式の文字部分

(　)　①単位

②補足的説明

③同義・言い換え可能な言葉

(例) カエルの子（オタマジャクシ）

≒　約、およそ

【国語】

≪解答≫

〔　〕　別解

(　)　省略してもよい言葉

___　使用を指示された語句

≪解説≫

〈　〉　課題文中の空所部分（現代語訳・通釈・書き下し文）

(　)　①引用文の指示語の内容

(例)「それ（＝過去の経験）が ～」

②選択肢の正誤を示す場合

(例)（ア，ウ…×）

③現代語訳で主語などを補った部分

(例)（女は）出てきた。

／　漢詩の書き下し文・現代語訳の改行部分

常磐大学高等学校

所在地	〒310-0036 茨城県水戸市新荘3-2-28
電　話	029-224-1707(代)
ホームページ	https://www.tokiwa.ac.jp/~tokikou/
交通案内	JR線水戸駅・赤塚駅よりバス

普通科

男女共学

くわしい情報は
ホームページへ

応募状況

年度	募集数	受験数	合格数	倍率
2024	推薦 一般　400名	227名 1297名	225名 1232名	1.0倍 1.1倍
2023	推薦 一般　400名	254名 1444名	248名 1312名	1.0倍 1.1倍
2022	推薦 一般　400名	230名 1499名	227名 1396名	1.0倍 1.1倍

＊各コースの合計。

試験科目　(参考用：2024年度入試)

［推薦］基礎学力試験(国語・数学・英語)
［一般］国語・数学・英語・社会・理科
※一般の英語はリスニングあり

奨学金制度

学業特待生・学業準特待生，体育特待生・体育準特待生に加え，学校法人常磐大学諸澤幸雄奨学金制度など。

校　訓

・頼れる自分になる
・正しい自分になる
・豊かな自分になる

特　色

①自ら学び考え行動する姿勢を育む教育
②グローバル社会で通用する英語力の養成
③学校の内外に国際交流のチャンス
④自分で選んで受ける０限ゼミ
⑤常磐大学と連携した授業や交流
⑥心と感性を磨く芸術鑑賞＆校外学習
⑦学習支援システムも活用しきめ細かなサポート

コース制

○特進選抜コース
探究学習を中心に教育活動を展開。幅広い知識や，思考力，表現力などを養い，未来を拓くのに必要な課題解決能力を育成する。

○特進コース
理解度に合わせたクラス編成により，基礎学力をしっかりと身につけ，国公立・中堅私立大受験に対応する。また，常磐大学・常磐短期大学への優先入学制度がある。

施　設

先進的な設備を備えたキャンパスは，生徒の健やかな成長を育む環境が整えられている。グループ学習用と個別学習用のスタディールームをはじめ，CALL教室，パソコン教室，プレゼンテーションルーム，県内トップクラスの蔵書数を誇る図書館など充実した学習環境のほか，２つの体育館，屋内温水プール，ナイター設備を備えたグラウンドやテニスコートなど運動設備も充実している。

近年の大学合格実績

筑波大，東京外国語大，東京学芸大，北見工業大，茨城大，茨城県立医療大，埼玉大，宇都宮大，秋田大，弘前大，福島大，山梨大，宮城大，群馬大，群馬県立女子大，都留文科大，琉球大，早稲田大，立教大，青山学院大，中央大，法政大，学習院大，明治学院大，津田塾大，同志社大，成城大，成蹊大，獨協大，國學院大，東邦大，日本大，東洋大，駒澤大，専修大，東京薬科大，常磐大ほか

編集部注―本書の内容は2024年3月現在のものであり，変更されている場合があります。正確な情報は，学校のホームページ等で必ずご確認ください。

出題傾向と今後への対策　英語

出題内容

	2024	2023	2022
大問数	6	6	6
小問数	36	35	36
リスニング	○	○	○

◎大問６題，小問数40問程度である。
問題は茨城県公立高校入試に近い形式である。

2024年度の出題状況

1 放送問題
2 長文読解総合―Ｅメール
3 長文読解総合―説明文
4 長文読解総合―対話文
5 長文読解総合―物語
6 テーマ作文

解答形式

2024年度	記　述／マーク／併　用

出題傾向

中学の学習範囲からの出題が中心なので，基礎力が身についているかが問われる内容である。長文読解問題は４題程度出題されるが，いずれも長さは短めであり，読みやすい。設問は内容真偽や英問英答などの内容に関するものが中心である。英作文は，条件・テーマ作文で，近年は30語以上で書かせる問題が出題されている。

今後への対策

教科書の徹底復習が基本である。教科書の復習は，文法事項を理解したうえで，音読して何度も読み込み，基本例文は暗記して正確に書けるようにしておこう。さらに，問題集を使って自分の弱点を見つけ，徹底的に弱点を補強したら，仕上げに過去問を解いてみよう。放送問題対策としてラジオなどの講座を利用するのもよい。

◆◆◆◆◆ 英語出題分野一覧表 ◆◆◆◆◆

分野			2022	2023	2024	2025 予想※
音声	放送問題		★	★	★	◎
音声	単語の発音・アクセント					
音声	文の区切り・強勢・抑揚					
語彙・文法	単語の意味・綴り・関連知識					
語彙・文法	適語(句)選択・補充		●	●	●	◎
語彙・文法	書き換え・同意文完成					
語彙・文法	語形変化		●	●	●	◎
語彙・文法	用法選択					
語彙・文法	正誤問題・誤文訂正					
語彙・文法	その他					
作文	整序結合					
作文	日本語英訳	適語(句)・適文選択				
作文	日本語英訳	部分・完全記述				
作文	条件作文		●	●		◎
作文	テーマ作文		●	●	●	◎
会話文	適文選択					
会話文	適語(句)選択・補充					
会話文	その他（文整序）					
長文読解	内容把握	主題・表題				
長文読解	内容把握	内容真偽	●	●	●	◎
長文読解	内容把握	内容一致・要約文完成			●	△
長文読解	内容把握	文脈・要旨把握	●	●	●	◎
長文読解	内容把握	英問英答	●	●	●	◎
長文読解	適語(句)選択・補充		●	●	●	◎
長文読解	適文選択・補充		●	●	●	◎
長文読解	文(章)整序		●	●	●	◎
長文読解	英文・語句解釈（指示語など）					
長文読解	その他（適所選択）		●	●	●	◎

●印：１～５問出題，■印：６～10問出題，★印：11問以上出題。
※予想欄　◎印：出題されると思われるもの。　△印：出題されるかもしれないもの。

出題傾向と今後への対策　数学

出題内容

2024年度　~~作~~ 証 ~~グ~~

　大問６題，20問の出題。1，2は小問集合で各４問。1は数と式から数・式，二次方程式の計算問題。2は文字式を利用した問題，連立方程式の応用問題，関数，確率の出題。3は平面図形から３問。円を利用した問題で，計量題のほか，三角形の相似を示す証明問題も出題された。4はデータの活用から３問。ヒストグラムを利用したもの。5は関数で，家を出発してからの時間と，家から各人がいる地点までの距離について問われた。6は空間図形から計量題３問。円錐と円錐を切断した立体を利用した問題。

2023年度　作 証 ~~グ~~

　大問６題，20問の出題。1，2は小問集合で各４問。1は数と式から数・式，二次次方程式の計算問題。2は文字式を利用した問題，連立方程式の応用問題，関数，確率の出題。3は平面図形から３問。半円を利用した問題で，計量題のほか，三角形の相似を示す証明問題も出題された。4は関数で，電話使用料金について問われた。5はデータの活用から３問。箱ひげ図を利用したもの。6は空間図形から計量題３問。正四角錐を利用した問題。

作…作図問題　証…証明問題　グ…グラフ作成問題

解答形式

2024年度	記　述／マーク／併　用

出題傾向

　2021年度からは，大問６題，設問20問の出題となった。1，2が小問集合で各４問，3～6が各分野の総合題。全体的に基本的な知識などを見る問題が中心ではあるが，作図や証明，理由を答えるものなど，技能や数学的な考え方を見るものも数問含まれている。

今後への対策

　まずは基礎力を定着させよう。定理や公式は，単に覚えるのではなく，基本問題集などで演習を積むことで，しっかり身につけるようにしていこう。わからないところが出てきたときには，教科書に戻り確認を。苦手分野があれば，その分野を重点的に行うようにするとよいだろう。計算練習も併せて行うこと。

◆◆◆◆◆ 数学出題分野一覧表 ◆◆◆◆◆

分野	年度	2022	2023	2024	2025予想※
数と式	計算，因数分解	●	★	★	◎
	数の性質，数の表し方				
	文字式の利用，等式変形	■	●	●	◎
	方程式の解法，解の利用		●	●	◎
	方程式の応用	●	●	●	◎
関　数	比例・反比例，一次関数				
	関数 $y=ax^2$ とその他の関数	●	●	●	◎
	関数の利用，図形の移動と関数	★	★	★	◎
図　形	（平面）計　量	★	■	■	◎
	（平面）証明，作図	■	●	●	◎
	（平面）その他				
	（空間）計　量	★	★	★	◎
	（空間）頂点・辺・面，展開図				△
	（空間）その他				
データの活用	場合の数，確率	★	●	●	◎
	データの分析・活用，標本調査	●	★	★	◎
その他	不等式				
	特殊・新傾向問題など				
	融合問題				

●印：１問出題，■印：２問出題，★印：３問以上出題。
※予想欄　◎印：出題されると思われるもの。　△印：出題されるかもしれないもの。

出題傾向と今後への対策　社会

論…論述問題

出題内容

2024年度

地理・世界と日本の地形，人口，産業等に関する問題や，地形図の読み取りを出題。 論

歴史・古代から現代までの政治，文化，社会の様子等を年表や資料を用いて出題。 論

公民・現代社会・政治・地方財政に関する問題。資料を読み解く問題も出題。 論

総合・社会の変化を題材にした三分野総合問題。 論

2023年度

地理・世界と日本の自然環境，産業等に関する問題や，地形図の読み取りを出題。 論

歴史・古代から現代までの政治，文化，社会の様子等を年表や資料を用いて出題。 論

公民・人権・政治・経済のしくみ等に関する問題。資料を読み解く問題も出題。 論

総合・グローバル社会を題材にした三分野総合問題。

2022年度

地理・世界と日本の気候，産業等に関する問題や，地形図の読み取りを出題。 論

歴史・古代から現代までの政治，文化，社会の様子等を年表や資料を用いて出題。 論

公民・基本的人権等に関する問題。資料を読み解く問題も出題。 論

総合・情報化の進展を題材にした三分野総合問題。

解答形式

2024年度	記　述／マーク／併　用

出題傾向

大問数は４題，小問数は約40問である。分野ごとに論述形式の問題が出題されている。

地理は各地域の地形，気候，産業に関する問題を中心に，地形図の問題や表の読み取り問題も見られる。歴史は資料を用いた問題が多い。公民は政治や経済の問題を中心に出題されている。

今後への対策

教科書の基本的な内容に沿った問題がほとんどであるが，表の読み取り問題や論述形式の問題が出題されているため，語句の暗記だけにとどまらない学習を心がけたい。

論述形式問題への対策として，事柄や出来事の因果関係を押さえながら，語句と語句をつなげて文章として表現できるように練習しておこう。

社会出題分野一覧表

分野＼年度		2022	2023	2024	2025予想※
地理的分野	地形図	●	●	●	◎
	アジア	産	産		◎
	アフリカ				△
	オセアニア				△
	ヨーロッパ・ロシア			地　総	△
	北アメリカ		産		△
	中・南アメリカ		産		△
	世界全般	地 産	地　人	産	◎
	九州・四国		産 人 総		△
	中国・近畿	産 人			△
	中部・関東	産	地 産 人	地 産	◎
	東北・北海道				△
	日本全般	地 産	産	産	◎
歴史的分野	旧石器〜平安	●	●	●	◎
	鎌倉	●	●		◎
	室町〜安土桃山	●	●	●	◎
	江戸	●	●	●	◎
	明治	●	●	●	◎
	大正〜第二次世界大戦終結	●	●	●	◎
	第二次世界大戦後	●	●	●	◎
公民的分野	生活と文化			●	△
	人権と憲法	●	●	●	◎
	政治	●	●	●	◎
	経済	●	●	●	◎
	労働と福祉			●	△
	国際社会と環境問題		●		△
時事問題					

※予想欄　◎印：出題されると思われるもの。　△印：出題されるかもしれないもの。
地理的分野については，各地域ごとに出題内容を以下の記号で分類しました。
地…地形・気候・時差，　産…産業・貿易・交通，　人…人口・文化・歴史・環境，　総…総合

出題傾向と今後への対策　理科

出題内容

2024年度　作　記

[1]，[2]は小問集合で，小問数は[1]が４問，[2]が12問。気圧，生物の体のつくりとはたらき，アルカリの性質，いろいろな力，示準化石，動物のなかま，浮力，気体の発生と性質，化学変化に関する問題。いずれも基礎～標準レベル。[3]物質の性質と状態変化から蒸留に関する問題。[4]は遺伝の規則性に関する問題。植物のなかまについても問われた。[5]は電流による発熱に関する問題。[6]は火山から火成岩に関する問題。

	2024	2023	2022
大問数	6	6	6
作図問題	2	2	2

2023年度　作　記

[1]，[2]は小問集合で，小問数は[1]が４問，[2]が13問。電磁誘導，ろ過，生殖，台風，水溶液とイオン，凸レンズによる像，植物のなかま・体のつくりとはたらき，露点に関する問題。いずれも基礎～標準レベル。[3]は地層に関する問題。[4]は消化液のはたらきや養分の吸収に関する問題。[5]は仕事と物体の運動に関する問題。[6]は化学変化と原子・分子に関する問題。[5]では作図問題，[6]ではグラフ作成問題が出た。

作…作図・グラフ作成問題　記…文章記述問題

解答形式

2024年度	記　述（○印）／マーク／併　用

出題傾向

大問は６題，そのうち，２題は各分野からの小問集合。他は，物理・化学・生物・地学の４分野から１題ずつの出題で，大問１題当たり小問が５～６問付き，総小問数は40問程度。教科書の実験・観察を題材として，実験操作や結果，考察を確認する問題が中心。難問は見られない。また，作図や文章記述問題も出題されている。

今後への対策

教科書の実験・観察の手順や結果・考察についてまとめることからはじめよう。その後，正確な知識が身についているか，基礎的な問題集を用いて確認しよう。できない問題は，教科書を見直しておくこと。

次に，本校や公立高校の過去問題で実践的な練習をして，総合問題に慣れ，作図や記述問題に対応できる力を身につけたい。

◆◆◆◆◆ 理科出題分野一覧表 ◆◆◆◆◆

分野	年度	2022	2023	2024	2025 予想※
身近な物理現象	光　と　音	●	●		◎
	力のはたらき(力のつり合い)	●	●	●	◎
物質のすがた	気体の発生と性質	●		●	◎
	物質の性質と状態変化			●	◎
	水　溶　液				△
電流とその利用	電流と回路			●	◎
	電流と磁界(電流の正体)	●	●		◎
化学変化と原子・分子	いろいろな化学変化(化学反応式)	●	●	●	◎
	化学変化と物質の質量		●		◎
運動とエネルギー	力の合成と分解(浮力・水圧)	●		●	◎
	物体の運動		●		◎
	仕事とエネルギー	●	●		◎
化学変化とイオン	水溶液とイオン(電池)		●		◎
	酸・アルカリとイオン	●		●	◎
生物の世界	植物のなかま	●	●	●	△
	動物のなかま			●	△
大地の変化	火山・地震	●		●	◎
	地層・大地の変動(自然の恵み)	●	●	●	◎
生物の体のつくりとはたらき	生物をつくる細胞				△
	植物の体のつくりとはたらき	●	●	●	◎
	動物の体のつくりとはたらき	●	●	●	◎
気象と天気の変化	気象観察・気圧と風(圧力)	●	●	●	◎
	天気の変化・日本の気象	●	●		◎
生命・自然界のつながり	生物の成長とふえ方	●	●		◎
	遺伝の規則性と遺伝子(進化)	●		●	◎
	生物どうしのつながり				△
地球と宇宙	天体の動き				
	宇宙の中の地球				
自然環境・科学技術と人間					
総　合	実験の操作と実験器具の使い方	●	●	●	◎

※予想欄　◎印：出題されると思われるもの。　△印：出題されるかもしれないもの。
分野のカッコ内は主な小項目

出題傾向と今後への対策　国語

出題内容

2024年度

一 国語の知識
二 小説
三 古文
四 論説文

課題文
二額賀　澪『風に恋う』
三大田南畝『仮名世説』
四畑村洋太郎『技術の街道をゆく』

2023年度

一 国語の知識
二 小説
三 古文
四 論説文

課題文
二片川優子『明日の朝，観覧車で』
三鴨長明『発心集』
四藤原智美『つながらない勇気』

2022年度

一 小説
二 古文
三 論説文
四 国語の知識

課題文
一にしがきようこ
『ピアチェーレ　風の歌声』
二『宇治拾遺物語』
三内田　樹『日本辺境論』

解答形式

2024年度　記　述／マーク／併　用

出題傾向

例年，出題内容は，茨城県の公立高校入試に準じている。課題文は，分量も内容も公立高校入試とだいたい同程度である。設問は，作文のほかに，現代文の読解問題に，30～50字程度の記述式解答の設問が出されている。出題のねらいは，広範囲にわたるしっかりとした基礎学力を見ることにあるといえる。

今後への対策

現代文については，基礎学力を養成する問題集で練習を積むのがよい。また，作文や記述式解答の対策としては，新聞のコラムや社説の内容を簡単にまとめる練習なども効果的である。古文は，教科書などで文体に慣れておくことが大事である。国語の知識は，自分で分野ごとに整理しておくこと。

国語出題分野一覧表

分野			2022	2023	2024	2025予想※
現代文	論説文 説明文	主題・要旨			●	△
		文脈・接続語・指示語・段落関係	●	●	●	◎
		文章内容	●	●	●	◎
		表現	●	●		◎
	随筆 日記 手紙	主題・要旨				
		文脈・接続語・指示語・段落関係				
		文章内容				
		表現				
		心情				
	小説	主題・要旨				
		文脈・接続語・指示語・段落関係				
		文章内容	●	●	●	◎
		表現	●	●	●	◎
		心情	●	●	●	◎
		状況・情景				
韻文	詩	内容理解				
		形式・技法				
	俳句 和歌 短歌	内容理解				
		技法				
古典	古文	古語・内容理解・現代語訳	●	●	●	◎
		古典の知識・古典文法		●	●	◎
	漢文	(漢詩を含む)				
国語の知識	漢字 語句	漢字	●	●	●	◎
		語句・四字熟語				
		慣用句・ことわざ・故事成語	●	●	●	◎
		熟語の構成・漢字の知識	●	●	●	◎
	文法	品詞				
		ことばの単位・文の組み立て	●			△
		敬語・表現技法				
	文学史					
作文・文章の構成・資料			●	●	●	◎
その他						

※予想欄　◎印：出題されると思われるもの。　△印：出題されるかもしれないもの。

2024年度 常磐大学高等学校

【英　語】（50分）〈満点：100点〉

1 次の(1)～(4)は，放送による問題です。それぞれ放送の指示にしたがって答えなさい。

(1) これから，No. 1からNo. 5まで，五つの英文を放送します。放送される英文を聞いて，その内容に合うものを選ぶ問題です。それぞれの英文の内容に最もよく合うものを，ア，イ，ウ，エの中から一つ選んで，その記号を書きなさい。

No. 1

No. 2

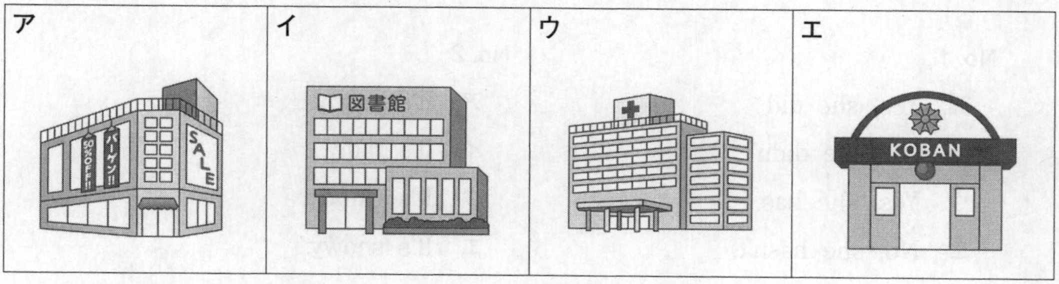

No. 3

No. 4

ア

火	午前	数学
		国語
	午後	理科
水	午前	英語
		—
	午後	社会

イ

火	午前	社会
	午後	英語
		国語
水	午前	理科
		数学
	午後	—

ウ

木	午前	数学
		国語
	午後	理科
金	午前	英語
		—
	午後	社会

エ

木	午前	社会
		英語
	午後	国語
金	午前	数学
		理科
	午後	—

No. 5

ア

身長計測結果	
Tom	182cm
Mike	170cm
Yota	176cm
Kei	168cm

イ

身長計測結果	
Tom	166cm
Mike	182cm
Yota	172cm
Kei	178cm

ウ

身長計測結果	
Tom	182cm
Mike	166cm
Yota	172cm
Kei	178cm

エ

身長計測結果	
Tom	182cm
Mike	166cm
Yota	166cm
Kei	175cm

(2)　これから，No. 1 から No. 4 まで，四つの対話を放送します。それぞれの対話のあとで，その対話について一つずつ質問します。それぞれの質問に対して，最も適切な答えを，ア，イ，ウ，エの中から一つ選んで，その記号を書きなさい。

No. 1

ア　Yes, she did.
イ　No, she didn't.
ウ　Yes, she has.
エ　No, she hasn't.

No. 2

ア　It's sunny.
イ　It's rainy.
ウ　It's cloudy.
エ　It's snowy.

No. 3

ア　He had a concert.
イ　He had a piano lesson.
ウ　He went to a party.
エ　He visited his aunt.

No. 4

ア　They are going to buy a pen.
イ　They are going to go to the library.
ウ　They are going to read books.
エ　They are going to help their teacher.

⑶　これから，タクミ(Takumi)とキャシー(Cathy)の二人の対話を放送します。そのあとで，その内容について，Question No. 1 と Question No. 2 の二つの質問をします。それぞれの質問に対して，最も適切な答えを，ア，イ，ウ，エの中から一つ選んで，その記号を書きなさい。

No. 1

ア　Takumi's sister's.
イ　Cathy's sister's.
ウ　Takumi's uncle's.
エ　Cathy's uncle's.

No. 2

ア　Midori Park.
イ　The city museum.
ウ　A college.
エ　Mr. Okamoto's house.

(4) トシ(Toshi)の中学校で，グリーン先生(Mr. Green)が生徒たちに話をしています。これからその内容を放送します。グリーン先生が生徒たちに伝えた内容について正しいものはどれですか。下のア，イ，ウ，エの中から一つ選んで，その記号を①に書きなさい。

また，あなたがトシの立場なら，グリーン先生の指示に対してどうしますか。②のメモを見て，Aの２つのトピックからいずれかを選んで解答用紙に○をつけ，Bに入るそのトピックを選んだ理由として最も適切な答えを，ア，イ，ウ，エの中から一つ選んで，その記号を書きなさい。

① グリーン先生が生徒たちに伝えた内容

ア The American student came from the U.S. three weeks ago.

イ The American student came to Japan five years ago.

ウ The American student can speak Japanese well.

エ The American student will make a short speech at the welcome party.

② メモ

I'd like to talk about the A(food / history) of our city because (B)

ア our city was an important place for making ships long time ago.

イ there are some exciting amusement parks in our city.

ウ we grow many kinds of vegetables in our city.

エ we enjoy a lot of music events in our city.

これで，放送による聞き取りテストを終わります。続いて，問題２に進みなさい。

※ 放送による問題の放送文は，英語の問題の終わりに付けてあります。

2　次のAとBの英文は，中学生のシュン(Shun)とクリス(Chris)がやり取りしたメールです。それぞれの英文を読んで，下の(1)，(2)の問いに答えなさい。

A

Hi, Chris,
How are you? Are you enjoying your summer vacation? I went ①(swim) in the sea with my family last week and I'm going to climb Mt. Fuji with my uncle next week. Summer vacation is ②(long) than other vacations, so I like summer the best. However, I'm worried about my summer homework. I haven't ③(decide) the topic of my science report yet. What are you going to write about?

B

Hello, Shun,
I'm writing my science report now. Every day my mother tells me to ④(f　　) all of my homework by the middle of August. My topic is one of the *insects we ⑤(o　　) see in summer. It's *mosquitoes! I found out some interesting things about them. For example, only mother mosquitoes *bite. Did you know that? If you read my report, you can find many interesting ⑥(f　　) about mosquitoes.
See you in September!

＊ insect(s)　昆虫　　mosquito(es)　蚊　　bite　(蚊などが)刺す

(1)　Aの英文が完成するように，文中の①～③の(　)の中の語を，それぞれ1語で適切な形に直して書きなさい。

(2)　Bの英文が完成するように，文中の④～⑥の(　　)内に，最も適切な英語を，それぞれ1語ずつ書きなさい。なお，答えはすべて(　)内に示されている文字で書き始めるものとします。

3 次の(1)，(2)の問いに答えなさい。

(1) 次の英文は，ある記事の一部です。この記事が伝えている内容として最も適切なものを，下のア～エの中から一つ選んで，その記号を書きなさい。

When we take pictures, we like to make a *V-sign. It is also called a peace sign. Many people make this sign to show they're feeling good. However, this sign does not always have good *meanings. In *Greece, making a V-sign to another person is *rude. Long ago, in Greece, people threw things with two fingers at a person who did bad things. Since then, the sign has had a bad meaning. The same sign can be used in different ways in different countries, so we should be careful when we visit foreign countries.

* V-sign Vサイン meaning(s) 意味 Greece ギリシャ(ギリシア)
rude 失礼な，無礼な

ア Most people like making a V-sign when they take pictures abroad.
イ People in Greece make a V-sign to a person who did bad things.
ウ The same body language may have different meanings in different countries.
エ We should always use different body languages when we visit foreign countries.

(2) 次の英文中の［　　　］には，下のア～ウの三つの文が入ります。意味の通る英文になるように，ア～ウの文を並べかえて，記号で答えなさい。

How much water do you drink every day? Scientists and doctors say that we should drink more than 1.2 *liters of water *a day. Why do we have to drink so much water? ［　　　］ You can get about 1.3 liters of water from food and so on. So, to *stay healthy, we need to drink about 1.2 liters of water a day.

* liter(s) リットル a day 1日につき stay healthy 健康を保つ

ア Also, we lose about 2.5 liters of water in our body every day.
イ Our body needs water because about 60% of our body is made of water.
ウ This means if you are 50kg, you have about 30 liters of water in your body.

4 高校生のタク(Taku)とイギリス出身のアリス(Alice)が，次のページのウェブサイトを見ながら話をしています。下の対話文を読んで，(1)，(2)の問いに答えなさい。

Alice : Hi, Taku. What are you looking at on your *tablet?

Taku : Hi, Alice. I'm looking at the website of a *jam shop.

Alice : A jam shop?

Taku : Yes. Last month, my aunt sent me some fruit jams. They were really good, especially the strawberry jam. It was the best.

Alice : I see. Do you think those jams will be a nice present? Next Sunday is my grandma's birthday, and I've been thinking about (①) to give her.

Taku : Yes. I think your grandma will like them.

Alice : She really likes fruit and eats bread every morning, so these jams will be perfect for her. [　　　　] of jams do they have?

Taku : Look at this. These are the jams they have.

Alice : Oh, they have many kinds of jams. It's (②) now, so I can choose from orange, apple, peach and grape jam.

Taku : What is her favorite fruit?

Alice : She likes oranges and apples, so I'll buy these two. She loves strawberries, but not this time.

Taku : Look! It says if you buy (③) bottles, you can get a 10% *discount.

Alice : Wow! Then, I'll buy the peach jam, too.

Taku : Which city does your grandma live in?

Alice : She lives in Minami City.

Taku : Then the *shipping fee will be 500 yen.

Alice : I see.

Taku : Oh, they have a wrapping service. I'm sure your grandma will be happy if the present is in a beautiful box.

Alice : That's a good idea! I'll use this service. Then, the price is (④) yen *in total.

Taku : I'm sure your grandma will like your present. These jams are very good. (⑤) It is the best one.

Alice : Yes, I will.

* tablet タブレット　jam(s) ジャム　discount 割引
shipping fee 配送料　in total 合計で

🍎 Fruits Land 🍎

Welcome to our website!   We have many kinds of jams, so you'll find your favorite one.

🍎 *Yearly schedule

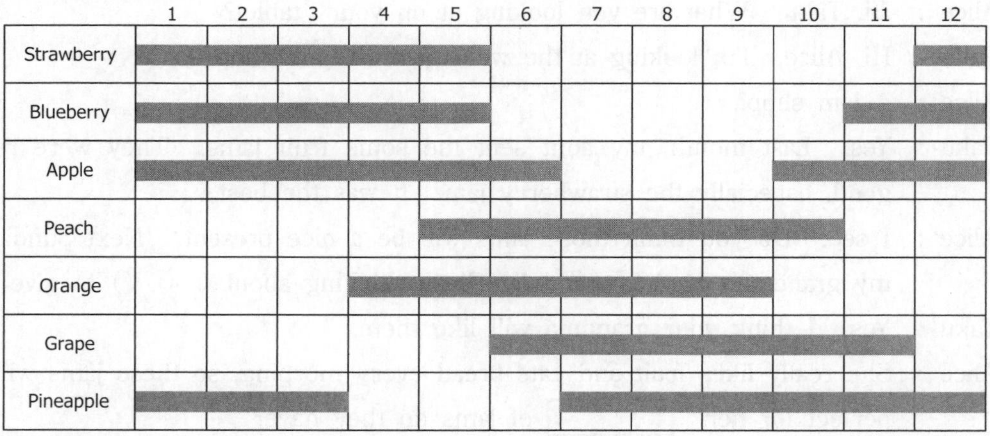

🍎 Price ： all 1,000 yen / one bottle (500g)

🍎 Discount service
- 3 bottles →10 % OFF !
- 4 bottles →15 % OFF !!
- 5 bottles or more →20 % OFF !!!

🍎 Wrapping service
- 1～3 bottles →100 yen
- 4 bottles or more →Free!!

🍎 Shipping fee

300 yen	Nishi City
400 yen	Kita City, Chuo City
500 yen	Higashi City, Minami City
600 yen	Other areas

🍎 If you want to buy, **CLICK HERE** !

＊ yearly schedule　年間スケジュール

⑴　対話中の(　①　)～(　⑤　)に入る最も適切なものを，ア～エの中から一つ選んで，その記号を書きなさい。

①　ア　who　　イ　when　　ウ　where　　エ　what

②　ア　May　　イ　June　　ウ　July　　エ　October

③　ア　two　　イ　three　　ウ　four　　エ　five

④　ア　2,700　　イ　3,000　　ウ　3,300　　エ　3,600

⑤　ア　You should send her the strawberry jam in December.

　　イ　I'll give you some because I had all kinds of jam at home.

　　ウ　I think it's a good idea to eat the strawberry jam with rice.

　　エ　Your grandma will buy the blueberry jam in November.

⑵　対話の流れに合うように，文中の[　　　　]に入る適切な英語を，２語で書き，英文を完成させなさい。

5 下の英文を読んで，次のページの(1)～(4)の問いに答えなさい。

Aoi was a junior high school student in Ibaraki. She was a member of the dance team of her school. The team was one of the best dance teams in her town. Miku was her classmate and on the same team. She was Aoi's best friend. They always practiced together.

One day in July, they were talking about the sports day in October. Every year the dance team gave a special dance performance on stage on the sports day. However, because of the *coronavirus pandemic, there was no sports day in the *past two years. Also, all the dance contests were *canceled during the pandemic. So, they were really excited when their teacher said that they would have the sports day that year. Aoi said, "This will be the first dance performance in front of other people for us." Miku said, "Yes. I can't wait!" [1]

They started practicing hard for the sports day. During the pandemic, they couldn't practice very much because their activities were *limited. But now they could practice a lot. They were happy that they could do the things they wanted to do.

But Aoi was worried about one thing. There was something she had to tell Miku. She had to move to Australia after the sports day because of her father's job. She thought, "This may be my last performance with Miku. I must tell her I am going to move to Australia, but how can I do that? I don't think I can." [2]

September came. Aoi *was still unable to tell the *truth to Miku. One day, Aoi's homeroom teacher said that Aoi was going to move to Australia. Miku was really surprised to hear that. After school that day, she said to Aoi, "Is that true? Are you leaving after the sports day? Why didn't you tell me?" "I'm so sorry," said Aoi with *tears in her eyes. "I knew I should, but I couldn't. It was too hard for me. Sorry ..." Aoi cried. [3]

After that day, they practiced harder every day. They didn't want to *waste any time until the sports day. And they realized that working hard for something with their friends is great fun. They thanked each other for always being there.

On the sports day, they did their best. All the people who saw their performance really enjoyed it. Aoi said to Miku, "Thank you for always being there for me. I'll never forget dancing with you today. Today is one of the best days in my life." "I'll never forget, *either," said Miku. "And I'm *looking forward to dancing with you again someday in the future." They cried, and then smiled. [4]

* coronavirus pandemic 新型コロナウイルス感染症の大流行　past 過去の
cancel(ed) 中止する　limited 制限された　be unable to ～ ～できない
truth 真実　tear(s) 涙　waste むだにする　either (否定文で)～もまた
look forward to ～ ～を楽しみに待つ

(1) 本文の内容に合う文を，次のア～クの中から三つ選んで，その記号を書きなさい。

ア Aoi was the best dancer in her town.
イ Aoi was sad to know there was no sports day that year.
ウ Miku didn't think she could dance in front of other people.
エ Aoi was glad that they could practice dancing a lot.
オ Aoi was worried that Miku would move to Australia.
カ Miku was surprised to hear that Aoi would leave Japan.
キ After the sports day, Aoi and Miku practiced dancing harder.
ク Aoi and Miku will remember that they danced together on the sports day.

(2) 次の文は，文中の 1 ～ 4 のどこに入るのが最も適切か，番号で答えなさい。

Miku cried, too.

(3) 次の①，②の質問に，それぞれ指定された語数の英文で答えなさい。ただし，符号(，．？！など)は，語数に含まないものとします。

① Who said that Aoi was going to move to Australia? （4語）

② When was the sports day held? （2語以上5語以内）

(4) 次は，本文を読んだ中学生のエミ(Emi)と留学生のジョン(John)の対話文です。対話文中の(①)，(②)に入る最も適切なものを，ア～エの中から一つ選んで，その記号を書きなさい。

John： I can't understand why Aoi didn't tell Miku that she was going to move to Australia. She didn't tell such an important thing to her best friend. I don't know why.
Emi： Well ... I can understand her feelings. She liked Miku very much and she was too sad to (①).
John： I see. *By the way, they thanked each other for (②), right? I thought it was great.
Emi： I thought so, too.

* by the way ところで

① ア practice dancing with her　イ tell the truth to her
ウ move to Australia with her father　エ talk to her homeroom teacher

② ア dancing the best in their town　イ giving a special dance performance
ウ always being together　エ dancing together in the future

6 あなたは中学校の英語の授業で「私の学校の良いところ」について発表することになっています。そこで，以下の４個のことがらのうち，一つを選んで原稿を作成することに決めました。与えられた書き出しに続けて，選んだことがらについて英語24語以上で書きなさい。なお，与えられた書き出しの語句は，24語には含まないものとします。また，記入例にならい，符号(，．？！など)は，その前の語につけて書き，語数には含まないものとします。

私の学校の良いところ

・生徒の仲が良い
・先生が親切
・部活動が盛ん
・行事が豊富

記入例	Are	you	Ms.	Brown?
	No,	I'm	not.	

I like my school because

			24
			40

聞き取りテスト放送原稿

ただいまから１番の，放送による聞き取りテストを行います。問題は(1)から(4)までの四つです。放送中メモを取ってもかまいません。

それでは(1)の問題から始めます。

(1)　これから，No.1 から No.5 まで，五つの英文を放送します。放送される英文を聞いて，その内容に合うものを選ぶ問題です。それぞれの英文の内容に最もよく合うものを，ア，イ，ウ，エの中から一つ選んで，その記号を書きなさい。

それぞれの英文は，２回放送します。

では，はじめます。

No.1

My brother is cleaning his room.

繰り返します。

No.2

You can borrow books at this place.　You can also study here.

繰り返します。

No.3

Kota bought a new pen yesterday.　It has a star and his name in Japanese on it.

繰り返します。

No.4

Next Thursday, I have two tests in the morning and one in the afternoon.　Next day I have two in the morning and no test in the afternoon.

繰り返します。

No.5

Tom is the tallest of the four.　Mike is not as tall as Yota.　Yota is shorter than Kei.

繰り返します。

これで(1)の問題を終わります。

次に，(2)の問題に移ります。

(2)　これから，No.1 から No.4 まで，四つの対話を放送します。それぞれの対話のあとで，その対話について一つずつ質問します。それぞれの質問に対して，最も適切な答えを，ア，イ，ウ，エの中から一つ選んで，その記号を書きなさい。

対話と質問は，２回放送します。

では，はじめます。

No.1（A が女性，B が男性）

A：Hi, Ken.　Did you finish the math homework?

B：Not yet.　I'm doing it right now.　How about you, Meg?

A：I did it last night.　Do you need some help?

B：Oh, thank you!

Question：Did Meg finish the math homework?

繰り返します。（対話と質問を繰り返す。）

No.2（A が男性，B が女性）

A：Hi, Mary.　It's a really beautiful day today.

B：Yes, it is.　But the weather report said it would rain in the afternoon.

A：Really?　We have a soccer match this afternoon.

B：Oh, I don't think you can play it.

Question：What is the weather like now?

繰り返します。（対話と質問を繰り返す。）

No.3（A が女性，B が男性）

A：How was the party at Tom's house yesterday, Paul?

B：It was fun, Meg!　Why didn't you come?

A：I wanted to, but I couldn't.　I had a piano lesson last night.　I have a concert this weekend.

B：Oh, really?　Good luck!

Question：What did Paul do last night?

繰り返します。（対話と質問を繰り返す。）

No.4（Aが男性，Bが女性）

A：You look sad, Mary.　What happened?

B：I lost a pen my sister bought me for my birthday last week.

A：That's too bad.　Let me help you look for it.

B：Thanks, Ken.　I remember using it at the library, so it must be there.

Question：What are they probably going to do next?

繰り返します。（対話と質問を繰り返す。）

これで(2)の問題を終わります。

次に，(3)の問題に移ります。

(3)　これから，タクミ(Takumi)とキャシー(Cathy)の二人の対話を放送します。そのあとで，その内容について，Question No.1 と Question No.2 の二つの質問をします。それぞれの質問に対して，最も適切な答えを，ア，イ，ウ，エの中から一つ選んで，その記号を書きなさい。

対話と質問は２回放送します。

では，はじめます。

(Takumi は男の人，Cathy は女の人の声で)

Takumi :　How was your weekend, Cathy?

Cathy :　I went to Midori Park to play tennis with my sister.

Takumi :　Did you enjoy that?

Cathy :　Yes.　We had a good time.　How about you, Takumi?　How did you spend your weekend?

Takumi :　I visited the city museum last Saturday.

Cathy :　Oh, do you like art?

Takumi :　Well, I have an uncle who teaches art at a college.　The museum has his paintings, so I went there to see them.

Cathy :　That's great!　What's his name?

Takumi :　Jiro Okamoto.　I'm sure you've never heard of him.

Cathy :　Yes, I have!　I've seen him in the local newspaper.　I remember his name because I got interested in his paintings then.

Takumi :　Did you?　I'm going to visit his house next Sunday.　He said he'd show me some of his new paintings.　Would you like to come with me?

Cathy :　Sure!　I can't wait!

Questions :

No.1　Whose paintings are there in the city museum?

No.2　Where will Cathy go next Sunday?

繰り返します。(対話と質問を繰り返す。)

これで(3)の問題を終わります。

次に，(4)の問題に移ります。

(4) トシ(Toshi)の中学校で，グリーン先生(Mr. Green)が生徒たちに話をしています。これからその内容を放送します。グリーン先生が生徒たちに伝えた内容について正しいものはどれですか。下のア，イ，ウ，エの中から一つ選んで，その記号を①に書きなさい。

また，あなたがトシの立場なら，グリーン先生の指示に対してどうしますか。②のメモを見て，Aの２つのトピックからいずれかを選んで解答用紙に○をつけ，Bに入るそのトピックを選んだ理由として最も適切な答えを，ア，イ，ウ，エの中から一つ選んで，その記号を書きなさい。

英文は，２回放送します。
では，はじめます。

Next month, an American student will come to our school. He is fifteen years old. He's going to stay in Japan for about three weeks. He came to Japan when he was ten years old, so this is the second visit to Japan for him. You should talk to him in English because he cannot speak Japanese well. On his first day at our school, we will hold a welcome party for him. At the party, I want you to make a short speech about our city. He is interested in Japanese food and Japanese history. Choose one of them as the topic for your speech and tell me why you choose it by the end of the class.

繰り返します。(英文を繰り返す。)

これで，放送による聞き取りテストを終わります。続いて，問題２に進みなさい。

【数　学】（50分）〈満点：100点〉

1　次の各問に答えなさい。

(1)　$-8 \div 2 + (-3)^2$ を計算しなさい。

(2)　$5(x-7)-2(2x-5)$ を計算しなさい。

(3)　$(\sqrt{2}+1)(\sqrt{2}+2)-\dfrac{2}{\sqrt{2}}$ を計算しなさい。

(4)　2次方程式 $x^2+3x-1=0$ を解きなさい。

2　次の各問に答えなさい。

(1)　連続する4つの自然数を小さい順に a，b，c，d とし，$M = a \times b$，$N = c \times d$ とする。
「$N - M$ は，$a + b + c + d$ と等しくなる」
このことを次のように説明した。

> （説明）
> b，c，d を a を用いて表すと，$b = a + 1$，$c = a + 2$，$d =$ [ア] となる。
> $M = a \times (a + 1) = a^2 + a$，$N = (a + 2) \times ($ [ア] $) =$ [イ] だから，
> $N - M = ($ [イ] $) - (a^2 + a) =$ [ウ]
> また，$a + b + c + d = a + (a + 1) + (a + 2) + ($ [ア] $) =$ [ウ]
> よって，$N - M$ は，$a + b + c + d$ と等しくなる。

このとき，上の [ア] ～ [ウ] に当てはまる式を，それぞれ書きなさい。

(2)　あめが1個，チョコレートが2個入っている青い袋と，あめが2個，チョコレートが1個入っている赤い袋が，それぞれいくつかある。いま，青い袋の数は，赤い袋の数の2倍より10袋多い。また，袋の中に入っているあめの数の合計は，チョコレートの数の合計より65個少ない。

あめとチョコレートが入っている青い袋の数を x 袋，赤い袋の数を y 袋として，連立方程式をつくると，次のようになる。

$$\begin{cases} x = \boxed{\text{ア}} \\ \boxed{\text{イ}} = 2x + y - 65 \end{cases}$$

この連立方程式を解くと，$x =$ [ウ]，$y =$ [エ] となるので，あめとチョコレートが入っている青い袋の数は [ウ] 袋，赤い袋の数は [エ] 袋である。

このとき，上の [ア]，[イ] には当てはまる式を，[ウ]，[エ] には当てはまる数を，それぞれ書きなさい。

(3)　右の図において，点Pは，関数 $y=\dfrac{1}{4}x^2$ のグラフと関数 $y=\dfrac{a}{x}$ のグラフの交点で，その x 座標は4である。

点(8，0)を通り y 軸に平行な直線と，関数 $y=\dfrac{1}{4}x^2$ のグラフとの交点をQ，関数 $y=\dfrac{a}{x}$ のグラフとの交点をRとする。

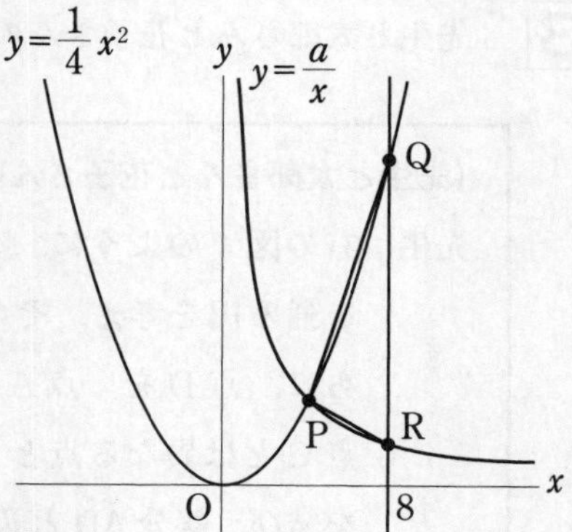

図

　このことから，$a=$ [ア] であり，△PQRの面積は [イ] である。

　このとき，上の [ア]，[イ] に当てはまる数を，それぞれ書きなさい。

(4)　1枚の硬貨を4回続けて投げるとき，表が2回以上出る確率を求めなさい。
ただし，硬貨の表，裏が出ることは同様に確からしいものとする。

3 先生と太郎さんと花子さんの次の会話を読んで，あとの(1)～(3)の問いに答えなさい。

(先生と太郎さんと花子さんの会話)

先生：右の**図1**のように，△ABCの３つの頂点A，B，Cを通る円を考え，その円の中心をOとします。さらに，点Dを，点Aを含まない方の$\overset{\frown}{BC}$上の点B，点Cとは異なる点とし，点Aと点D，点Bと点Dを結び，線分ADと辺BCの交点をEとします。

太郎：先生，１つ質問があります。３つの頂点A，B，Cを通る円は，１つしかないのですか。

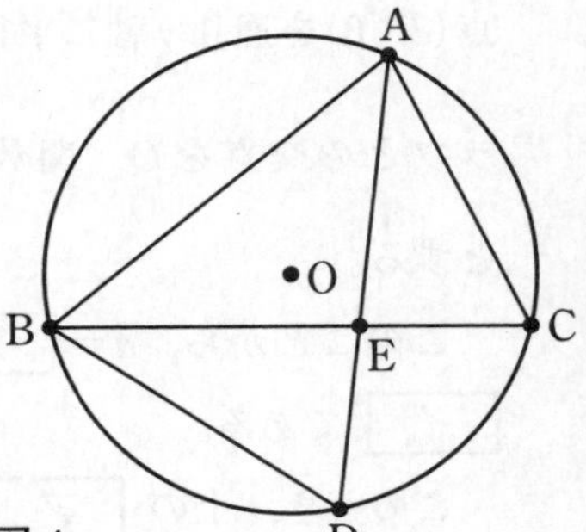

図１

先生：よい質問ですね。３つの頂点A，B，Cを通る円は１つしかありません。どのような三角形でも，３つの頂点を通る円は１つです。

太郎：そうなのですね。わかりました。ありがとうございます。

先生：では，**図１**において，∠AEB = 96°，∠CBD = 34°のとき，∠ACBの大きさを求めることはできますか。

花子：はい，［ア］になります。

先生：正解です。よくできました。次に，右の**図２**のように，△ABCがAB = ACの二等辺三角形の場合を考えます。△BDEと△ACEが相似であることはわかりますか。

花子：はい。対頂角の∠BEDと∠AEC，$\overset{\frown}{AB}$に対する円周角の∠BDEと∠ACEがそれぞれ等しいことから，２組の角がそれぞれ等しいので，△BDEと△ACEは相似です。

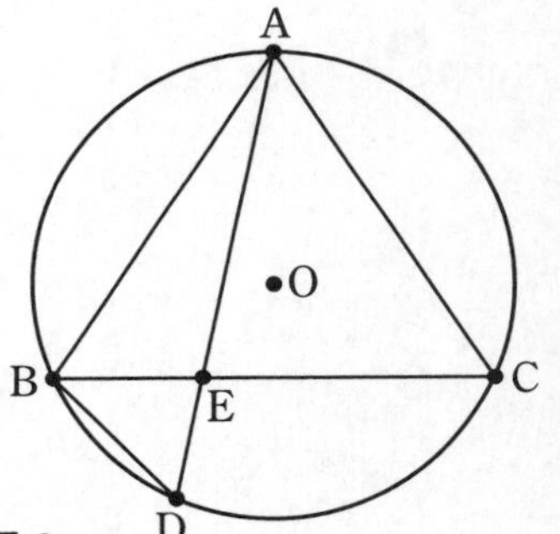

図２

先生：そうですね。他にも相似である三角形がありますが，わかりますか。

太郎：んー。

先生：実は，△ABEと△ADBも相似です。

花子：えっ，そうなのですか。

太郎：あっ，本当に相似になっている。△ABEと△ADBが相似であることを証明してみます。

イ

これでよいでしょうか。

先生：よくできましたね。その通りです。それでは，図2において，AE = 7 cm，AC = 8 cm とします。このとき，線分 ED の長さは何 cm になりますか。

花子：先生，できました。 ウ cm になります。

先生：花子さん，正解です。

(1) 会話中の ア に当てはまる角の大きさを求めなさい。

(2) 会話中の イ に当てはまる証明を書きなさい。

(3) 会話中の ウ に当てはまる数を求めなさい。

4 Aさん，Bさん，Cさんは，紙飛行機を10個ずつ作り，作った紙飛行機を1個ずつ飛ばして滞空時間を調べた。下の**図1**，**図2**は，それぞれ，Aさん，Bさんが作った紙飛行機の滞空時間を，0秒以上6秒未満，6秒以上12秒未満，12秒以上18秒未満，……の階級に分けて，ヒストグラムにまとめたものである。

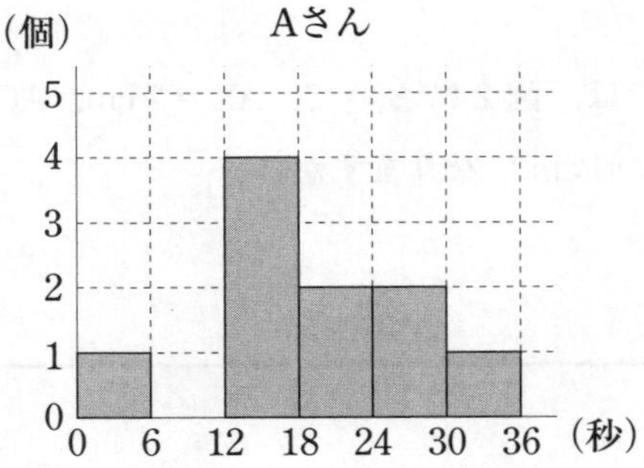

図1

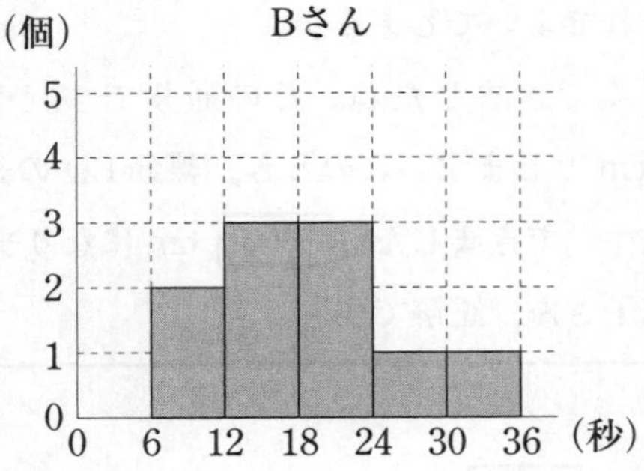

図2

このとき，次の(1)～(3)の問いに答えなさい。

(1) Aさんが作った紙飛行機の滞空時間の最頻値を求めなさい。

(2) AさんとBさんが作った紙飛行機の滞空時間について，このヒストグラムから読み取ることができるものとして正しいものを，次の**ア**～**エ**の中から一つ選んで，その記号を書きなさい。

ア 滞空時間の最小値は，Aさんの方が大きい。
イ 2人が作った紙飛行機の中に，滞空時間が27秒のものがある。
ウ 第1四分位数が含まれる階級の階級値は，Bさんの方が大きい。
エ 18秒以上24秒未満の階級の累積度数は，Bさんの方が大きい。

(3) Cさんが作った紙飛行機の滞空時間を度数分布表にまとめると，右の**表**のようになる。**図2**から求めたBさんのおよその平均値と，**表**から求めたCさんのおよその平均値が同じであるとき，**表**のx，yの値をそれぞれ求めなさい。

表

滞空時間(秒)	度数(個)
以上　　未満	
0 ～ 6	0
6 ～ 12	3
12 ～ 18	x
18 ～ 24	y
24 ～ 30	1
30 ～ 36	1
計	10

5 太郎さんは，家から1200 m 離れた図書館に自転車で向かい，到着後少しの間図書館に滞在してから自転車で家に戻った。妹の花子さんは，太郎さんが家を出発したとき図書館にいて，太郎さんが図書館に着く前に図書館を出発し，歩いて家に向かった。太郎さんと花子さんは，太郎さんが家を出発してから8分後にすれ違った。また，太郎さんが家を出発してから20分後に，太郎さんは花子さんを追い越した。太郎さんの自転車の速さを毎分120 m，花子さんの歩く速さを毎分60 m とし，速さはそれぞれ一定であるものとする。下の図は，太郎さんが家を出発してからの時間を x 分，家から太郎さん，花子さんがいる地点までの距離を y m として，x，y の関係をグラフに表したものである。

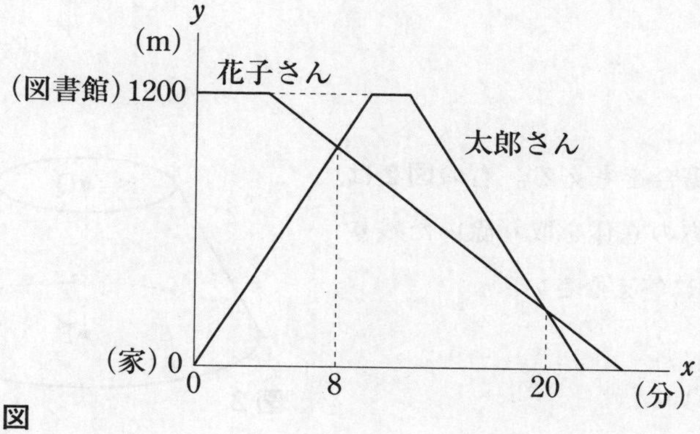

図

このとき，次の(1)～(3)の問いに答えなさい。

(1) 太郎さんと花子さんがすれ違った地点は，家から何 m の地点か，求めなさい。

(2) 花子さんが図書館を出発してから家に着くまでについて，y を x の式で表しなさい。

(3) 花子さんが家に着いたのは，太郎さんが家に着いてから何分後か，求めなさい。

6 右の図１は，底面の半径が６cm，高さが$6\sqrt{3}$ cm，母線の長さが12cmの円錐である。円錐の頂点をO，底面の円の中心をP，線分OP上の点O，点Pと異なる点をQとし，円錐を，点Qを通り底面に平行な平面で切断する。

このとき，次の⑴，⑵の問いに答えなさい。ただし，円周率はπとする。

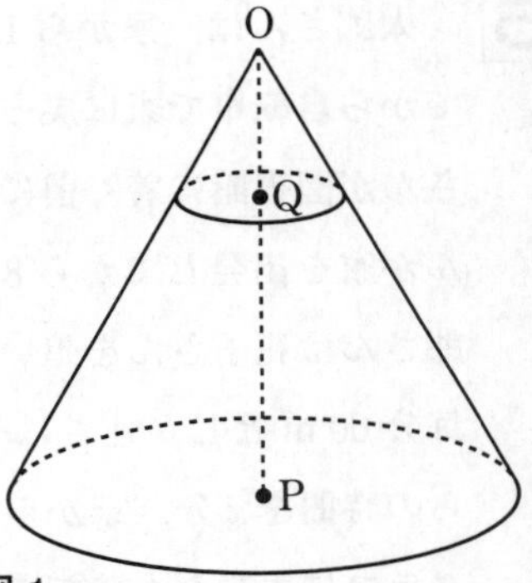

図１

⑴　OQ＝$2\sqrt{3}$ cmの場合を考える。切断面の周の長さを求めなさい。

⑵　点Qを線分OPの中点とした場合を考える。右の**図２**は，円錐を切断して，頂点Oを含む方の立体を取り除いた残りの立体である。下の①，②の問いに答えなさい。

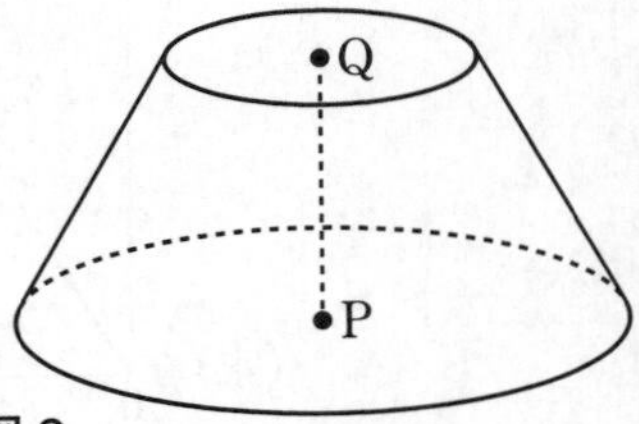

図２

①　**図２**の立体の体積を求めなさい。

②　**図２**の立体の表面積を求めなさい。

【社　会】（50分）〈満点：100点〉

1　社会科の授業で，「日本と世界の諸地域の特徴を調べてみよう」という課題で，班ごとにテーマを設定し，学習しました。次の１～３に答えなさい。

1　１班では，「中部地方の自然環境と産業」というテーマを設定し，資料１～資料５を集めました。下の(1)～(3)の問いに答えなさい。

(1)　資料２は，資料１中のＸ－Ｙの地形を表した断面図です。資料２中の［あ］，［い］に当てはまる語の組み合わせとして最も適切なものを，下のア～エの中から一つ選んで，その記号を書きなさい。

資料１　中部地方の地図

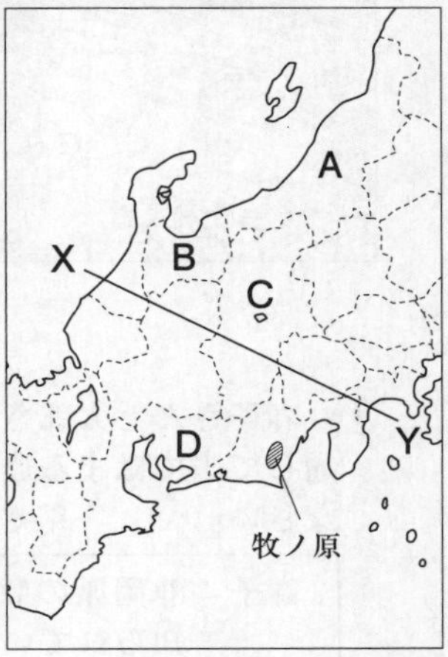

資料２　資料１中のＸ－Ｙの地形を表した断面図

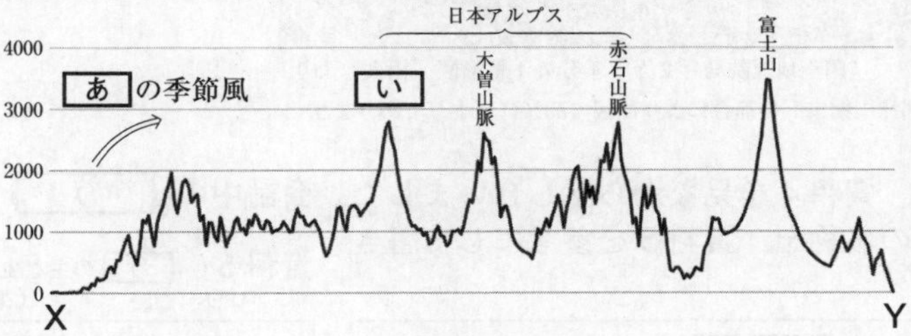

ア［あ　冬　　い　越後山脈］
イ［あ　冬　　い　飛騨山脈］
ウ［あ　夏　　い　越後山脈］
エ［あ　夏　　い　飛騨山脈］

(2)　資料３は，資料１中のＡ～Ｄのいずれかの県の製造品出荷額等の割合を示しています。Ｄの県に当てはまるものを，資料３中のア～エの中から一つ選んで，その記号を書きなさい。

資料３　資料１中のＡ～Ｄの県の製造品出荷額等の割合（2019年）

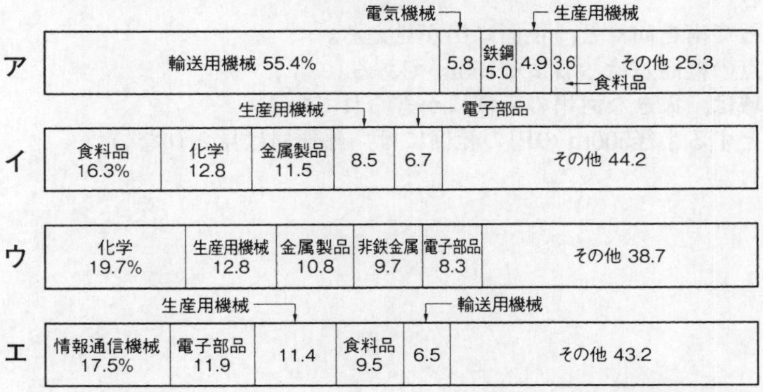

〔『データでみる県勢 2023』より作成〕

⑶　**資料4**は，**資料1**中の牧ノ原の地形図です。これについて，下の①，②の問いに答えなさい。

資料4

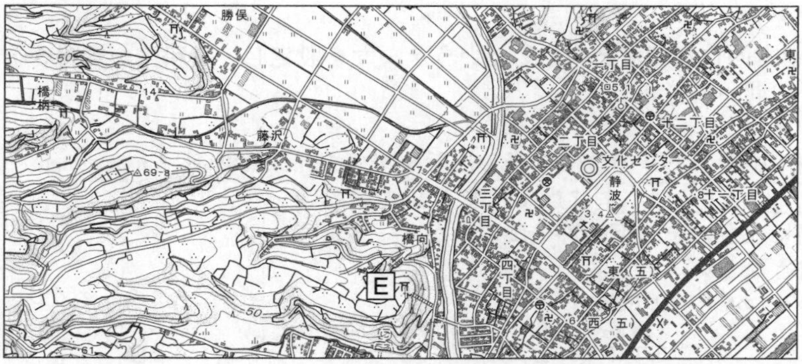

〔国土地理院発行２万５千分の１地形図「相良」より〕
〈編集部注：編集上の都合により原図の85%に縮小してあります。〉

①　春子さんと太郎さんは，**資料4**を見ながら話し合いました。会話中の [う] に共通して当てはまる農作物の名称を，**資料5**を参考にして書きなさい。

春子：静岡県の牧ノ原は，[う] の産地としてよく知られているね。
太郎：そうだね。**資料4**を見ると，主に標高のやや高い台地で [う] が栽培されていることがわかるよ。
春子：日当たりや水はけが良い場所が栽培に適しているんだね。

資料5　[う] の主な生産県
(2021年)

県	収穫量(t)
静岡	29700
鹿児島	26500
三重	5360
宮崎	3050
京都	2450

〔『データでみる県勢 2023』より作成〕

②　**資料4**から読み取れることとして最も適切なものを，次のア～エの中から一つ選んで，その記号を書きなさい。

ア　Eの神社に立って南を向くと，正面に田が見える。
イ　小学校と三角点の標高差は，およそ150m である。
ウ　寺院のある地域は，大きな河川の東側にかぎられている。
エ　市役所を中心とする半径500m の円の範囲には，郵便局は見られない。

2　2班では，「日本の資源・エネルギー」というテーマを設定し，資料6～資料8をもとに＜メモ1＞を作成しました。下の(1)～(3)の問いに答えなさい。

資料6　日本の発電量の推移

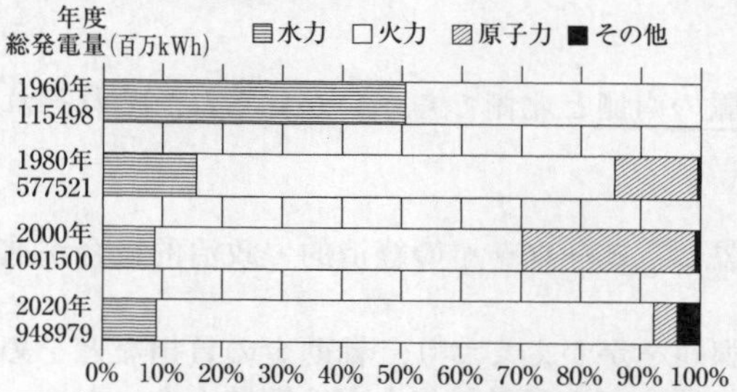

〔『データブック オブ・ザ・ワールド 2023年版』より作成〕

資料7　日本の鉱産資源の輸入依存度(2021年)

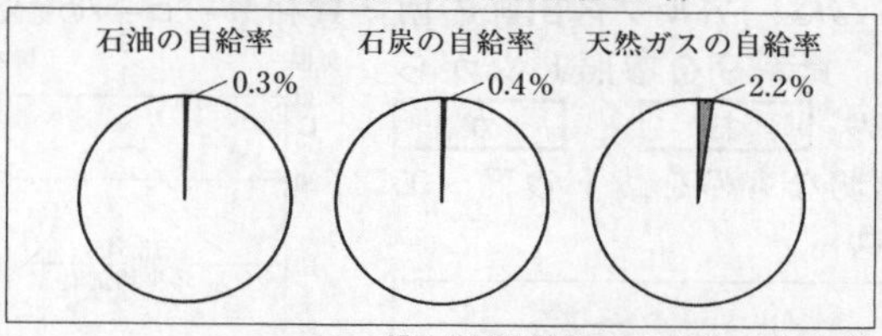

〔『日本国勢図会 2023/24』より作成〕

資料8　主な発電所の分布(2017年)

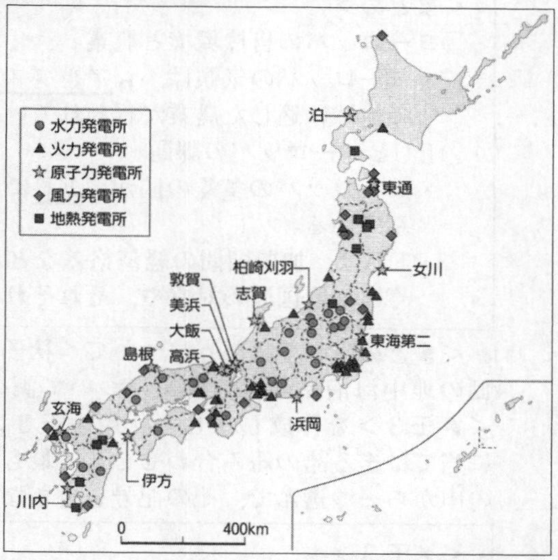

〔「電気事業便覧」より作成〕

＜メモ1＞
○資料6から
・かつては高い割合をしめていた水力発電が減り，現在は火力発電が中心となっている。
○資料7から
・火力発電などの燃料に使われる鉱産資源は，その多くを輸入に頼っている。
○資料8から
・火力発電所は，工業地帯・地域や大都市が集中する a 関東地方から九州地方北部にかけての沿岸部に多く分布している。

(1)　＜メモ1＞の下線部aについて，この地域は何と呼ばれますか。6字で書きなさい。

(2)　資料6～資料8から読み取れることとして最も適切なものを，次のア～エの中から一つ選んで，その記号を書きなさい。

ア　2020年の総発電量は，1960年の総発電量のおよそ6倍である。
イ　石油，石炭，天然ガスのうち，日本の自給率が最も高い鉱産資源は石油である。
ウ　2000年の原子力による発電量は，1960年の水力による発電量よりも多い。
エ　日本を7つの地方に区分したとき，火力発電所が全く分布していない地方が2つある。

(3)　次郎さんは，火力発電の特徴について調べ，＜メモ2＞を作成しました。＜メモ2＞の［ え ］に当てはまる内容を書きなさい。

＜メモ2＞
火力発電は，天候などに影響されないで安定的に電力を供給できるが，石油や石炭，天然ガスを燃料とすることによる問題点もある。たとえば，これらの鉱産資源がいつか枯渇してしまうことや，電気代が燃料価格の変動の影響を受けやすいことなどである。また，発電するときに［ え ］ため，地球温暖化につながるという問題もある。

3　3班では，「ヨーロッパの産業と課題」というテーマを設定し，調べたことをもとに＜まとめ＞を作成しました。下の(1)～(3)の問いに答えなさい。

＜まとめ＞
○ヨーロッパの自然環境と農業
・ヨーロッパの気候は，b アルプス山脈の南側と北側でちがいが見られ，それぞれの地域に適した農業が行われている。
○EUとヨーロッパの課題
・ヨーロッパの多くの国が c EUに加盟し，ヨーロッパの経済的・政治的統合が進んでいる。
・EUは，加盟国間の経済格差などの課題をかかえており，補助金の負担などをめぐる加盟国間の対立や，それぞれの d 国内での意見対立などの問題もあった。

(1)　＜まとめ＞の下線部bについて，秋子さんは，アルプス山脈の南側の地中海沿岸地域の農業について調べ，**資料9**を参照しながら＜メモ3＞を作成しました。＜メモ3＞の［お］，［か］に当てはまる語の組み合わせとして最も適切なものを，下のア～エの中から一つ選んで，その記号を書きなさい。

資料9　ローマの気候

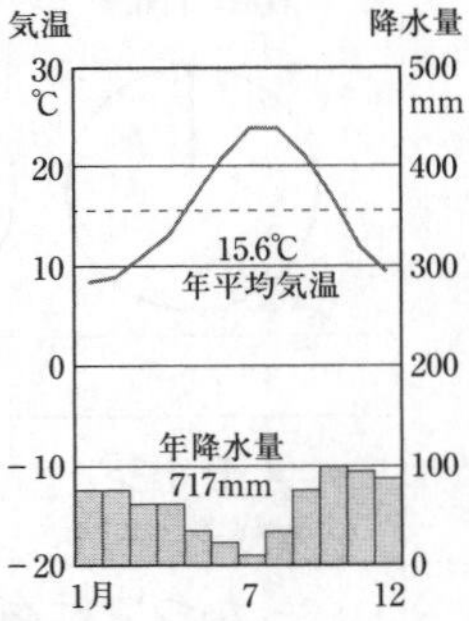

〔『理科年表 平成21年』より作成〕

＜メモ3＞
地中海沿岸地域では，［お］に適した［か］などの栽培が盛んに行われている。

ア［お　寒さの厳しい冬の気候　　か　じゃがいもやライ麦］
イ［お　寒さの厳しい冬の気候　　か　オリーブやぶどう］
ウ［お　乾燥した夏の気候　　か　じゃがいもやライ麦］
エ［お　乾燥した夏の気候　　か　オリーブやぶどう］

(2)　＜まとめ＞の下線部cについて，三郎さんは，EUとほかの国々を比較するため，**資料10**を作成しました。**資料10**中のア～エは，EU，アメリカ合衆国，中国，日本のいずれかを示しています。EUに当てはまるものを，ア～エの中から一つ選んで，その記号を書きなさい。

資料10　EU，アメリカ合衆国，中国，日本の面積・人口・GDPの比較（2020年）

	面積（万km^2）	人口（億人）	GDP（億ドル）
ア	960	14.3	147228
イ	413	4.5	152922
ウ	38	1.3	50578
エ	983	3.4	208937

〔『世界国勢図会 2022/23』より作成〕

(3)　＜まとめ＞の下線部dについて，国内での意見対立を経て2020年にEUを離脱した国について述べた文として最も適切なものを，次のア～エの中から一つ選んで，その記号を書きなさい。
ア　国内を本初子午線が通っている。
イ　国内にライン川の河口がある。
ウ　首都の市内にバチカン市国がある。
エ　2024年に首都で夏季オリンピック・パラリンピックが開催される。

2　社会科の授業で，「日本について文化の特徴と世界から受けた影響を考えよう」という課題で，班ごとにテーマを設定し，学習しました。次の１，２に答えなさい。

１　１班では，「さまざまな時代の文化」というテーマを設定し，調べたことをまとめ，カード１～カード４を作成しました。下の(1)～(5)の問いに答えなさい。

カード１　国風文化 唐の影響が弱まる中で，日本の風土や生活に合った日本風の文化が栄え，仮名文字を使った文学作品などが生み出された。	**カード２　室町文化（東山文化）** ａ足利義政が京都の東山に建てた銀閣に代表される，禅宗の影響を受けた質素で落ち着いた文化が栄えた。
カード３　元禄文化 社会が安定し，産業や都市が発達する中で，大阪や京都の裕福な町人をにない手とする文化が栄えた。	**カード４　大正時代の文化** 新聞や雑誌，ラジオなどのメディアの発達を背景として，文化の大衆化が進み，都市では欧米風の生活様式も広まった。

(1)　太郎さんは，カード１の時代の政治の様子について調べ，＜メモ１＞を作成しました。＜メモ１＞の　あ　に当てはまる人物の名前を書きなさい。

＜メモ１＞
　この時代には，天皇家と親戚関係を結んで政治の実権をにぎった一族が摂政や関白の地位を独占した。11世紀前半に摂政となった　あ　は，摂関政治の全盛期をきずき，資料１の和歌をよんだ。

資料１

この世をば　わが世とぞ思う
望月の　欠けたることも
無しと思えば

(2)　カード２の時代には，床の間やたたみ，障子などを備えた部屋が見られるようになりました。禅宗の寺の建築方法を武士の住宅に取り入れた，このような住宅様式の名称を書きなさい。

(3)　春子さんは，カード２の下線部ａの人物について調べ，＜メモ２＞を作成しました。＜メモ２＞の　い　に当てはまる内容として最も適切なものを，下のア～エの中から一つ選んで，その記号を書きなさい。

＜メモ２＞
　足利義政のあとつぎをめぐる問題から有力な守護大名が対立し，応仁の乱に発展した。京都から全国に広がって11年続いたこの戦乱により，　い　。

ア　天皇を尊び，外国の勢力を排除しようとする尊王攘夷運動が広がった
イ　年貢の軽減を求める百姓一揆や，米を買いしめた商人に対する打ちこわしが増加した
ウ　生活が苦しくなって領地を手放す御家人が増加した
エ　家来が実力で主人をたおす下剋上が広がり，戦国大名が登場した

(4)　カード３の文化について述べた文として最も適切なものを，次のア～エの中から一つ選んで，その記号を書きなさい。

ア　平氏の栄華と衰退の様子をえがいた『平家物語』が書かれ，琵琶法師が語り伝えた。
イ　国ごとに『風土記』がつくられ，全国の自然や産物，伝承などがまとめられた。
ウ　近松門左衛門が，義理と人情になやむ人々などを題材に人形浄瑠璃の脚本を書いた。
エ　千利休が，小さな茶室で質素な風情を楽しむわび茶の作法を完成させた。

(5)　太郎さんは，カード４の時代の社会や政治について調べ，＜メモ３＞を作成しました。＜メモ３＞の [う] に当てはまる内容を，「年齢」と「性別」にふれながら書きなさい。

＜メモ３＞
　大正デモクラシーと呼ばれる民主主義の風潮が広がる中，社会運動や普通選挙を求める運動が活発になった。1925年には普通選挙法が制定され，[う] に選挙権があたえられた。

2　２班では，「日本が世界から受けた影響」というテーマを設定し，調べたことをまとめ，カード５～カード７を作成しました。下の(1)～(3)の問いに答えなさい。

カード５
　701年，唐の律令にならって大宝律令が制定され，b律令国家のしくみが整えられた。

カード６
　16世紀，日本にヨーロッパ人が来航し，鉄砲やcキリスト教などさまざまな技術や文化を伝えた。

カード７
　1872年，フランスの技術を取り入れたd富岡製糸場が設立され，生糸の増産がはかられた。

(1)　夏子さんは，カード５の下線部bのもとで定められた税について調べ，＜メモ４＞を作成しました。＜メモ４＞の [え]，[お] に当てはまる語の組み合わせとして最も適切なものを，下のア～エの中から一つ選んで，その記号を書きなさい。

＜メモ４＞
　人々が負担した税には，戸籍に登録された６歳以上の男女が稲を納める [え] のほか，布や特産物を納める税などがあった。また，労役や兵役などの負担もあり，九州北部の警備にあたった兵士は [お] と呼ばれた。

ア［え　調　　お　防人］　イ［え　調　　お　屯田兵］
ウ［え　租　　お　防人］　エ［え　租　　お　屯田兵］

(2)　カード６の下線部cについて，資料２は江戸時代に行われた絵踏の様子であり，人々が役人の前でキリスト像や聖母マリア像を踏んでいます。絵踏が行われた目的を，資料３を参考にし，「キリスト教徒」の語を用いて書きなさい。

資料２　絵踏の様子

資料３　キリスト教をめぐる政策やできごと

西暦	で　き　ご　と
1587	豊臣秀吉が宣教師の国外追放を命じる
1612	徳川家康が幕領にキリスト教禁止令を出す
1613	全国にキリスト教禁止令を出す
1637	島原・天草一揆がおこる
1640	宗門改めを強化する

(3)　カード７の下線部dについて，富岡製糸場が設立された場所として最も適切なものを，資料４中のア～エの中から一つ選んで，その記号を書きなさい。

資料４

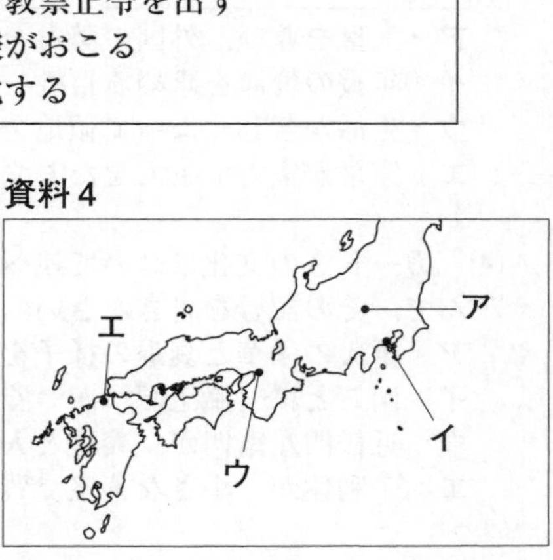

3 社会科の授業で，「多様性の社会と政治について考えよう」という課題で，班ごとにテーマを設定し，学習しました。次の１，２に答えなさい。

１　１班では，「現代社会の特色と課題」というテーマを設定し，調べたことをもとに＜まとめ＞を作成しました。下の⑴～⑶の問いに答えなさい。

＜まとめ＞
○グローバル化：国境を越えた人やもの，お金，情報の移動が盛んになっている。
　➡多様な人々が互いに尊重し合いながらともに暮らす社会が求められる。
○少子高齢化：子どもの数が減り，高齢者の割合が高くなっている。
　➡ａ家族のあり方が多様化する中，子育てや介護に対する支援の充実が求められる。
○情報化：生活の中で大量の情報がやり取りされている。
　➡ｂ情報を正しく活用することが求められる。

⑴　歩さんは，グローバル化や少子高齢化が労働環境にあたえる影響に注目し，＜メモ１＞を作成しましたが，１か所誤りがあることに気づきました。＜メモ１＞の下線部ア～エのうち，内容が適切でないものを一つ選んで，その記号を書きなさい。

＜メモ１＞
・グローバル化が進む中，近年の日本ではア外国人労働者が増えている。
・国際競争がはげしくなる中，人件費をおさえる企業が増え，イ1980年代頃から非正規労働者の割合が増加傾向にある。
・高齢になっても働くことを希望する人が増えたため，ウ終身雇用の導入が進められている。
・少子高齢化により，今後はエ労働力が不足すると予想されている。

⑵　＜まとめ＞の下線部ａについて，資料１中の［　あ　］に当てはまる家族の名称を，漢字３字で書きなさい。

資料１　家族の類型別世帯数の推移

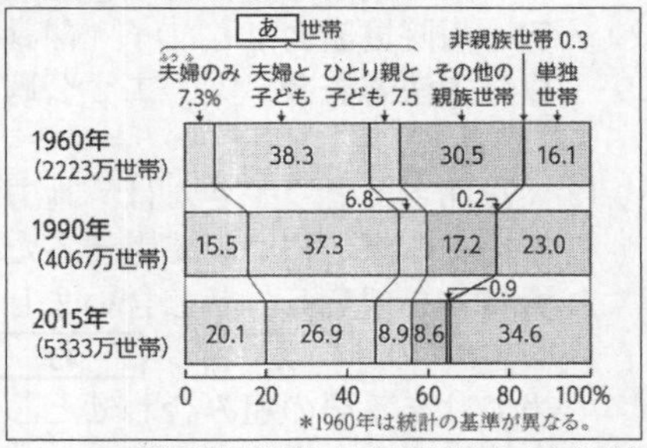

〔「国勢調査報告」平成27年ほかより作成〕

⑶　＜まとめ＞の下線部ｂについて，太郎さんは＜メモ２＞を作成しました。＜メモ２＞の［　い　］に当てはまる語として最も適切なものを，下のア～エの中から一つ選んで，その記号を書きなさい。

＜メモ２＞
　情報化が進展する中で，個人的な情報が本人の知らないうちに収集されることがあり，情報の管理や発信には注意する必要がある。個人の私生活に関する情報を公開されないプライバシーの権利を保障するため，［　い　］が設けられている。

ア　クーリング・オフ制度　　イ　個人情報保護制度
ウ　直接請求制度　　　　　　エ　情報公開制度

2　2班では，「民主政治と地方自治」というテーマを設定し，学習しました。下の(1)〜(3)の問いに答えなさい。

(1)　次郎さんは，日本の選挙制度について調べ，**資料2**を用意しました。また，次のⅠ，Ⅱの文は，**資料2**中のX，Yのいずれかの選挙制度の特徴を説明したものです。**資料2**中のXの選挙制度の名称と，この選挙制度の特徴の組み合わせとして最も適切なものを，下のア〜エの中から一つ選んで，その記号を書きなさい。

Ⅰ　落選者に投じられた票が多く，大政党が多くの議席を得やすい。

Ⅱ　得票の少ない小政党でも，比較的議席を得やすい。

資料2　日本の主な選挙制度

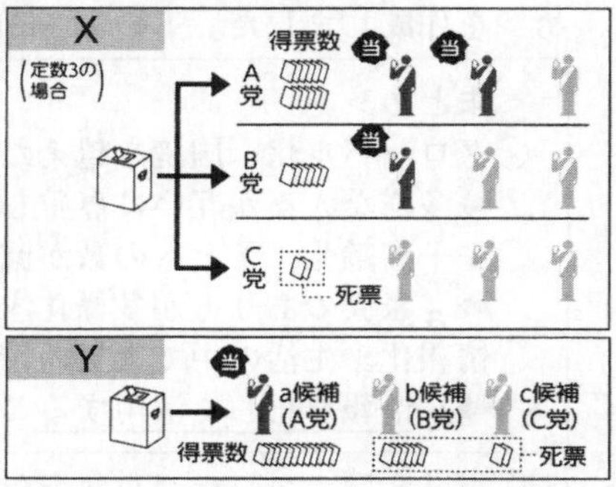

ア［ 名称　小選挙区制　　特徴　Ⅰ ］　　イ［ 名称　小選挙区制　　特徴　Ⅱ ］
ウ［ 名称　比例代表制　　特徴　Ⅰ ］　　エ［ 名称　比例代表制　　特徴　Ⅱ ］

(2)　夏子さんは，国会のしくみについて調べ，**資料3**を作成しました。**資料3**中の[う]に当てはまる語を，漢字2字で書きなさい。また，**資料3**中の下線部cについて，予算の議決で，参議院が衆議院と異なる議決をした場合に開催される会議として最も適切なものを，次のア〜エの中から一つ選んで，その記号を書きなさい。

ア　両院協議会　　　イ　閣議
ウ　憲法審査会　　　エ　公聴会

資料3　2023年度予算が成立するまで

1月23日	第211回国会(常会)召集 [う]が作成した予算案を衆議院に提出
2月28日	衆議院予算委員会で可決 衆議院本会議で可決
3月28日	参議院予算委員会で可決 c 参議院本会議で可決 →2023年度予算成立
6月21日	第211回国会閉会

(3)　次郎さんと夏子さんは，地方自治をめぐる課題について考えるため，**資料4**を用意し，話し合いました。会話中の[え]，[お]に当てはまる語の組み合わせとして最も適切なものを，下のア〜エの中から一つ選んで，その記号を書きなさい。また，[か]に当てはまる内容を，「格差」「地方公共団体」の語を用いて書きなさい。

資料4　都府県の歳入とその内訳(2020年度)

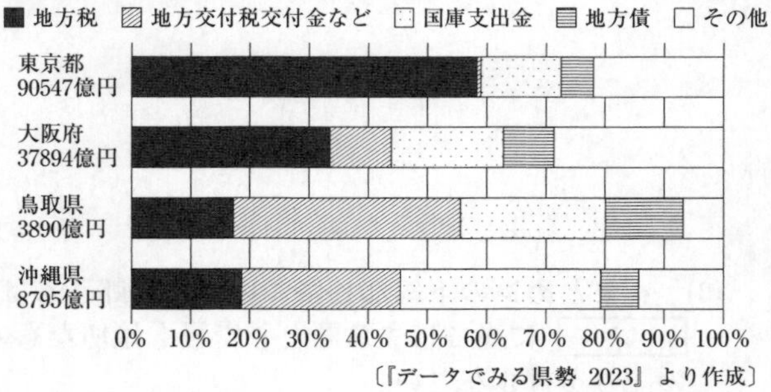

〔『データでみる県勢 2023』より作成〕

次郎：歳入の総額が最も多いのは東京都で，最も少ない鳥取県の約[え]倍だね。
夏子：東京都や大阪府は，鳥取県や沖縄県に比べて[お]の割合が高いね。
次郎：[か]ために，国から地方交付税交付金を配分されているよ。

ア［ え　10　　お　自主財源 ］　　イ［ え　10　　お　依存財源 ］
ウ［ え　23　　お　自主財源 ］　　エ［ え　23　　お　依存財源 ］

4　社会科の授業で，「社会の変化と私たちの暮らしについて考えよう」という課題で，班ごとにテーマを設定し，学習しました。次の**1**～**3**に答えなさい。

1　1班では，「近現代の歴史」というテーマを設定し，**資料1**を作成しました。下の(1)～(3)の問いに答えなさい。

(1)　太郎さんは，**資料1**中の**A**の時期に派遣された岩倉使節団について調べ，＜メモ1＞を作成しました。＜メモ1＞の［　あ　］に当てはまる内容を，「改正」の語を用いて書きなさい。

＜メモ1＞
　1871年，岩倉具視を全権大使とする使節団が欧米に派遣された。岩倉使節団の目的の一つは，［　あ　］ことであったが，日本の法制度などが未整備であったことからこれは失敗に終わった。使節団は政治や産業などを視察し，およそ2年後に帰国した。

資料1　近現代の歴史

西暦	できごと	
1868	明治維新……………………	↑
		A
1889	大日本帝国憲法発布………………	↓
1914	第一次世界大戦(～18)	
1939	第二次世界大戦(～45)	
1945	a 日本の民主化が始まる	
1956	b 日本が国際連合に加盟	

(2)　**資料1**中の下線部**a**について，次の①，②の問いに答えなさい。

①　日本の民主化政策について述べた文として適切でないものを，次の**ア**～**エ**の中から一つ選んで，その記号を書きなさい。

ア　民主化政策は，マッカーサーを最高司令官とするGHQの指令に従って進められた。
イ　農地改革により，地主から土地を借りて耕作する小作人の割合が大きく減った。
ウ　治安維持法が廃止され，戦時中に解散していた政党が活動を再開した。
エ　教育勅語が制定され，民主主義に基づく教育制度が整備された。

②　春子さんは，民主化政策の一つである財閥解体について調べ，＜メモ2＞を作成しました。＜メモ2＞の［　い　］に共通して当てはまる法律として最も適切なものを，下の**ア**～**エ**の中から一つ選んで，その記号を書きなさい。

＜メモ2＞
　さまざまな分野の企業を傘下に置いて日本経済を支配してきた三井・三菱・住友などの財閥は，軍国主義の支えとなったとみなされ，解体された。1947年には，企業の健全な競争をうながすことを目的とした［　い　］が制定された。その後今日まで，［　い　］に基づき，公正取引委員会が不正な行為の監視などにあたっている。

ア　男女雇用機会均等法　　**イ**　独占禁止法
ウ　消費者契約法　　**エ**　労働関係調整法

(3) 太郎さんは，**資料１**中の下線部ｂについて調べ，＜メモ３＞を作成しました。＜メモ３＞の［ う ］，［ え ］に当てはまる語の組み合わせとして最も適切なものを，下のア～エの中から一つ選んで，その記号を書きなさい。

資料２

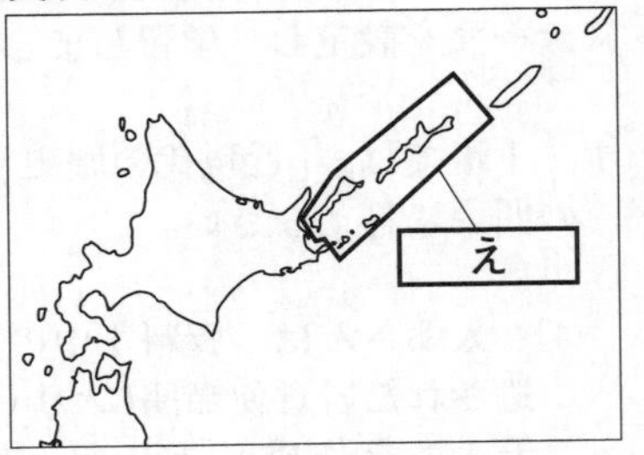

＜メモ３＞

日本の国際連合への加盟は，1956年に［ う ］との国交が回復したことによって実現した。このとき，［ う ］との間の領土問題が未解決のまま残され，日本は現在まで**資料２**中の［ え ］の返還を要求している。

ア［ う　ソ連　　え　北方領土 ］　　イ［ う　ソ連　　え　尖閣諸島 ］
ウ［ う　中国　　え　北方領土 ］　　エ［ う　中国　　え　尖閣諸島 ］

2　２班では，「環太平洋地域の結びつき」というテーマを設定し，**資料３**，**資料４**を用意しました。下の(1)，(2)の問いに答えなさい。

資料３　オーストラリアに暮らす移民の出身州別割合の推移

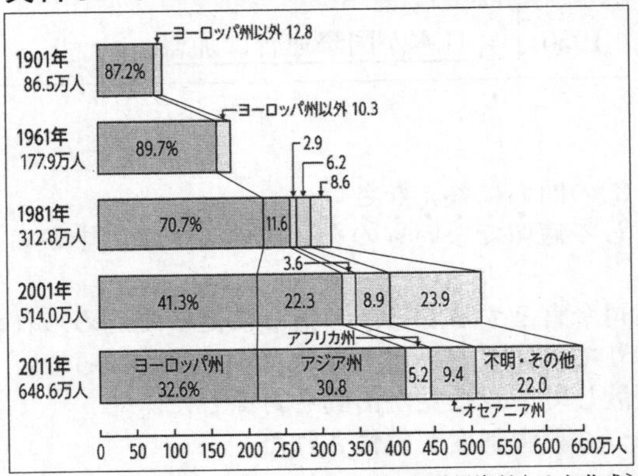

〔「オーストラリア統計局資料」より作成〕

資料４　日本の主な輸入相手国・地域（上位10か国・地域）の輸入額・輸入品（2021年）

	輸入額（兆円）	輸入品（上位２品目）
中国	20.4	機械類，衣類
アメリカ合衆国	8.9	機械類，医薬品
オーストラリア	5.8	石炭，液化天然ガス
（台湾）	3.7	機械類，プラスチック
韓国	3.5	機械類，石油製品
サウジアラビア	3.0	原油，石油製品
アラブ首長国連邦	3.0	原油，石油製品
タイ	2.9	機械類，肉類
ドイツ	2.6	機械類，医薬品
ベトナム	2.5	機械類，衣類

〔『日本国勢図会　2023/24』より作成〕

(1) 次郎さんと夏子さんは，**資料３**を見ながら話し合いました。会話中の［ お ］，［ か ］に当てはまる語の組み合わせとして最も適切なものを，下のア～エの中から一つ選んで，その記号を書きなさい。

次郎：オーストラリアに暮らす移民の出身州は，20世紀初めから現在にかけて大きく変化しているね。
夏子：そうだね。かつてはオーストラリアを植民地としていた［ お ］との結びつきが強かったけれど，近年は距離が近いアジア州などからの移民が増えているんだね。
次郎：アジア州からの移民のうち，中国にルーツを持つ人々は［ か ］と呼ばれているね。［ か ］は，オーストラリアだけでなく東南アジアなどにも多く暮らしているんだって。

ア［ お　イギリス　　か　ヒスパニック ］　　イ［ お　イギリス　　か　華人 ］
ウ［ お　フランス　　か　ヒスパニック ］　　エ［ お　フランス　　か　華人 ］

(2) **資料4**から読み取れることとして最も適切なものを，次のア～エの中から一つ選んで，その記号を書きなさい。

ア　10か国・地域は，すべて太平洋に面している。
イ　10か国・地域には，ASEANに加盟している国・地域は含まれない。
ウ　日本への輸入額が5兆円を超える国のうち，輸入品の上位2品目に工業製品が含まれるのは2か国である。
エ　輸入品の上位2品目に鉱産資源が含まれる国は，すべて西アジアに属している。

3　3班では，「社会権」というテーマを設定し，**資料5**を作成しました。下の(1)～(3)の問いに答えなさい。

資料5　社会権について

○社会権の歴史
資本主義のもとで貧富の差が広がると，人間らしい生活を保障する社会権が主張されるようになった。c 20世紀前半に制定されたドイツのワイマール憲法で，初めて社会権が保障された。

○日本国憲法に定められた社会権
25条　生存権
26条　[き]
27条　勤労の権利
28条　d 労働基本権
　└団結権，団体交渉権，団体行動権

(1) **資料5**中の下線部cについて，次のⅠ～Ⅲは，20世紀前半のできごとについて述べたものです。それらを古い順に並べたものを，下のア～カの中から一つ選んで，その記号を書きなさい。

Ⅰ　ニューヨークでの株価暴落をきっかけに世界恐慌が起こった。
Ⅱ　中国で辛亥革命が起こり，中華民国が成立した。
Ⅲ　日本，ドイツ，イタリアの間で日独伊三国同盟が結ばれた。

ア［Ⅰ－Ⅱ－Ⅲ］　イ［Ⅰ－Ⅲ－Ⅱ］　ウ［Ⅱ－Ⅰ－Ⅲ］
エ［Ⅱ－Ⅲ－Ⅰ］　オ［Ⅲ－Ⅰ－Ⅱ］　カ［Ⅲ－Ⅱ－Ⅰ］

(2) **資料5**中の [き] に当てはまる内容を，10字以内で書きなさい。

(3) 秋子さんと三郎さんは，**資料5**中の下線部dについて話し合いました。これについて，次の①，②の問いに答えなさい。

秋子：使用者と比べて立場の弱い労働者の権利を守るため，労働基本権があるんだね。
三郎：そうだね。労働者が団結して使用者と交渉するための組織をつくることを保障した [く] のように，労働者を守るための法律も整備されているね。
秋子：労働者が安心して生活できるようにすることは，e 企業の社会的責任の一つでもあるんじゃないかな。

① 会話中の [く] に当てはまる法律の名称を，漢字5字で書きなさい。

② 会話中の下線部eについて，企業の社会的責任について述べた文として適切でないものを，次のア～エの中から一つ選んで，その記号を書きなさい。

ア　従業員の健康を保つために健康診断を実施する。
イ　リサイクルしやすく環境にやさしい製品を開発する。
ウ　コンサートや美術展覧会などへの支援活動を行う。
エ　利潤を増やすために新しい工場設備を導入する。

【理　科】　(50分)　〈満点：100点〉

1　次の(1)～(4)の問いに答えなさい。

(1)　図の天気図中のＡ，Ｂ，Ｃの三つの地点を気圧の高い順に並べたものとして正しいものを，次のア～カの中から一つ選んで，その記号を書きなさい。

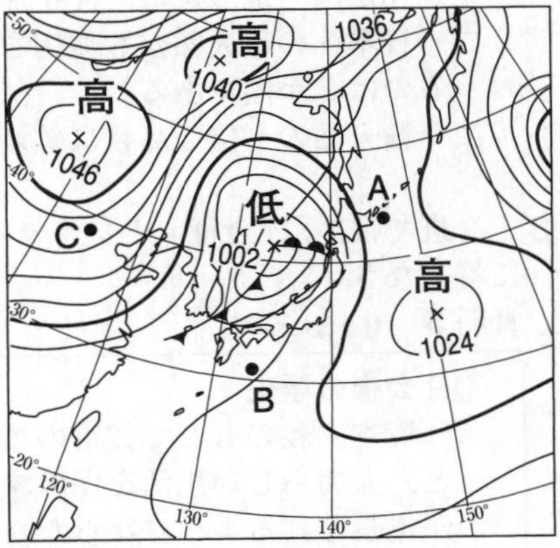

図

ア　Ａ＞Ｂ＞Ｃ
イ　Ａ＞Ｃ＞Ｂ
ウ　Ｂ＞Ａ＞Ｃ
エ　Ｂ＞Ｃ＞Ａ
オ　Ｃ＞Ａ＞Ｂ
カ　Ｃ＞Ｂ＞Ａ

(2)　図は，ヒトの体内のある器官を模式的に示したものである。図中のＡの器官について説明したものとして最も適当なものを，次のア～エの中から一つ選んで，その記号を書きなさい。

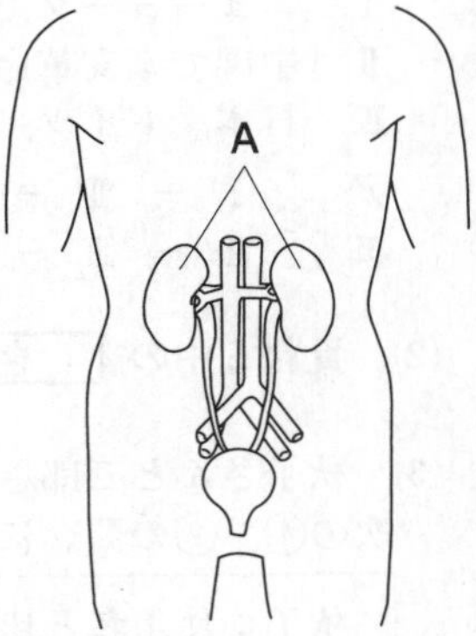

図

ア　Ａの器官は肝臓で，血液中の尿素などの不要な物質を取り除いている。
イ　Ａの器官はじん臓で，血液中の尿素などの不要な物質を取り除いている。
ウ　Ａの器官は肝臓で，細胞で生じた有害なアンモニアを無害な尿素につくりかえる。
エ　Ａの器官はじん臓で，細胞で生じた有害なアンモニアを無害な尿素につくりかえる。

(3)　図のように，スライドガラスの上に食塩水をしみこませたろ紙を置き，その上に赤色リトマス紙を置いて，両端をクリップP，Qでとめ，クリップPを電源装置の＋極，クリップQを電源装置の－極につないだ。赤色リトマス紙の中央に線を引き，その線上にうすい水酸化ナトリウム水溶液をつけると，その部分が青色に変化した。その後，電源装置のスイッチを入れて電圧を加えると，青色に変化した部分が，クリップP，Qのいずれか一方の側に広がった。赤色リトマス紙の青色に変化した部分が広がった側と，このような現象が起こる原因となったイオンの化学式の組み合わせとして最も適当なものを，次のア～エの中から一つ選んで，その記号を書きなさい。

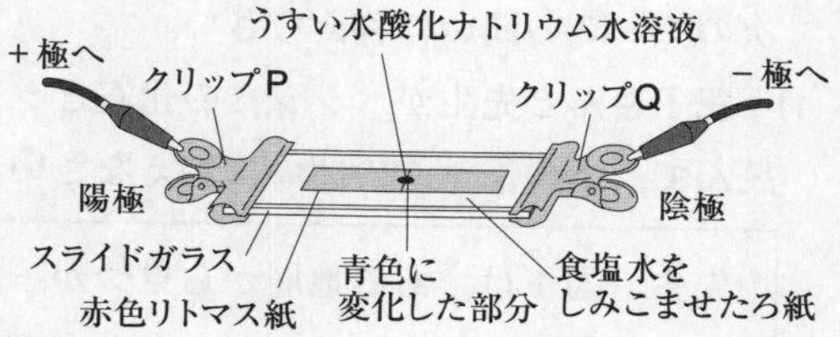

図

	赤色リトマス紙が青色に変化した側	原因となったイオンの化学式
ア	クリップP側	H^+
イ	クリップP側	OH^-
ウ	クリップQ側	H^+
エ	クリップQ側	OH^-

(4)　電気の力，弾性力，摩擦力，磁力の四つの力のうち，離れた物体の間でもはたらく力の組み合わせとして最も適当なものを，次のア～カの中から一つ選んで，その記号を書きなさい。

ア　電気の力，弾性力
イ　電気の力，摩擦力
ウ　電気の力，磁力
エ　弾性力，摩擦力
オ　弾性力，磁力
カ　摩擦力，磁力

2 次の(1)〜(3)の問いに答えなさい。

(1) 花子さんと先生が，シジミの化石とシジミの体のつくりについて話している。次の会話を読んで，下の①〜③の問いに答えなさい。

図1

先生：図1は，ある地層から見つかったシジミの化石を表したものです。シジミのなかまの化石は中生代の地層からも見つかっています。

花子：シジミはそんな昔から生きていたのですね。

先生：シジミは，生息している環境が当時とほとんど変わっていないため，シジミの化石を含む地層が当時どのような環境でできたかを推定することができます。このように，地層が堆積した当時の環境を推定するのに役立つ化石を何といいましたか。

花子：[あ] 化石といいました。

先生：正解です。それでは，シジミの化石が見つかった地層は，当時どのような環境であったと推定されますか。

花子：現在のシジミが生息する環境から，[い] であったと思います。

先生：その通りです。次に，シジミの体のつくりについて，確認しておきましょう。図2は，シジミの体のつくりを観察したときのスケッチです。シジミは無セキツイ動物の軟体動物のなかまでしたね。

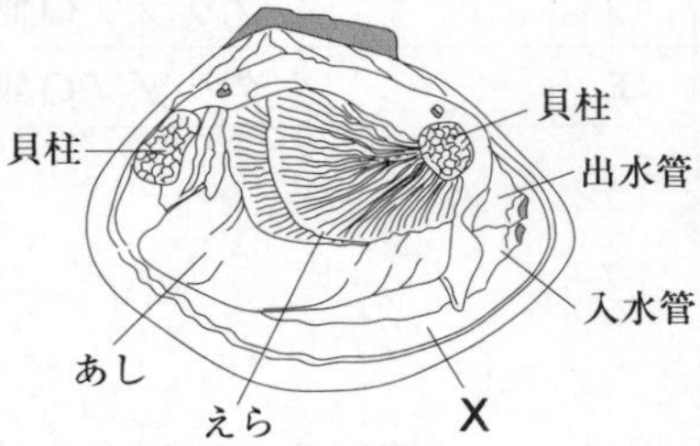

図2

花子：確か，軟体動物は，Xの [う] というやわらかい膜で内臓が包まれているのですよね。

先生：その通りです。また，図2のように，シジミにもあしがあり，移動することができますが，セキツイ動物のような内骨格や節足動物のような外骨格はありません。[え] のはたらきだけであしを動かしているのですよ。

花子：セキツイ動物や節足動物とは体のつくりが大きく違うのですね。

① 文中の [あ] に当てはまる語を書きなさい。

② 文中の [い] に当てはまる内容として最も適当なものを，次のア〜ウの中から一つ選んで，その記号を書きなさい。

ア 浅い暖かい海　　イ 寒冷な海　　ウ 湖や河口付近

③ 文中の [う]，[え] に当てはまる語を書きなさい。

(2) 太郎さんと先生が，浮力について話している。次の会話を読んで，下の①～③の問いに答えなさい。

太郎：物体にはたらく浮力について調べるため，**図1**のように，ばねばかりにつるしたおもりを，**図2**のように，水中に少しずつ沈めていきました。このとき，おもりの底面から水面までの距離と，ばねばかりの示した値の関係を調べてグラフをつくると，**図3**のようになりました。

先生：このグラフから，どのようなことが読み取れますか。

太郎：はい。おもりにはたらく浮力の大きさは，おもりがすべて水中に沈むまでは底面から水面までの距離が大きくなるにつれて［ あ ］なりますが，おもりがすべて水中に沈んだあとは［ い ］なることがわかります。

先生：そうですね。次に，水面に浮いている木片にはたらく浮力について考えてみましょう。

太郎：木片が浮いているときは，木片にはたらく重力と木片にはたらく浮力とがつり合っています。

先生：その通りです。

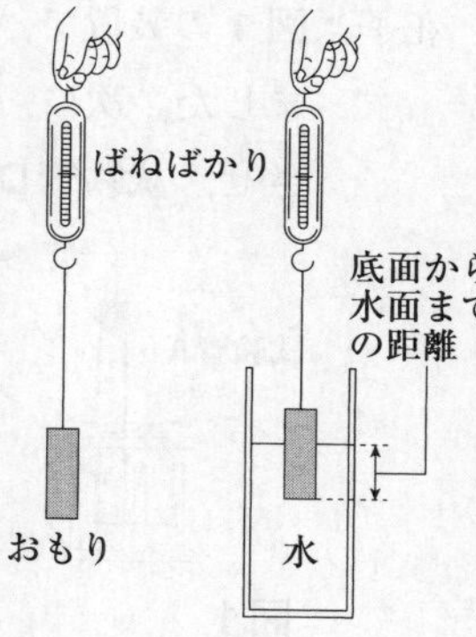

図1　**図2**

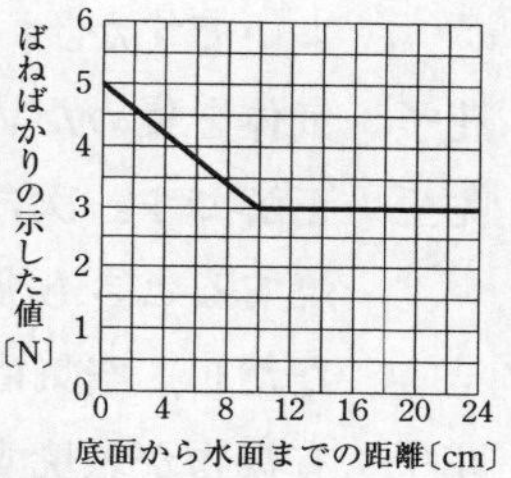

図3

① 底面から水面までの距離が10 cmのとき，おもりにはたらく浮力は何Nか，求めなさい。

② 文中の［ あ ］，［ い ］に当てはまる語の組み合わせとして最も適当なものを，次のア～エの中から一つ選んで，その記号を書きなさい。

	あ	い
ア	大きく	一定に
イ	大きく	小さく
ウ	小さく	一定に
エ	小さく	大きく

③ **図4**のように，木片が水に浮いているとき，木片にはたらく浮力を，解答用紙の図に矢印でかきなさい。ただし，**図4**の矢印Wは木片にはたらく重力を示し，浮力の作用点をO点とする。

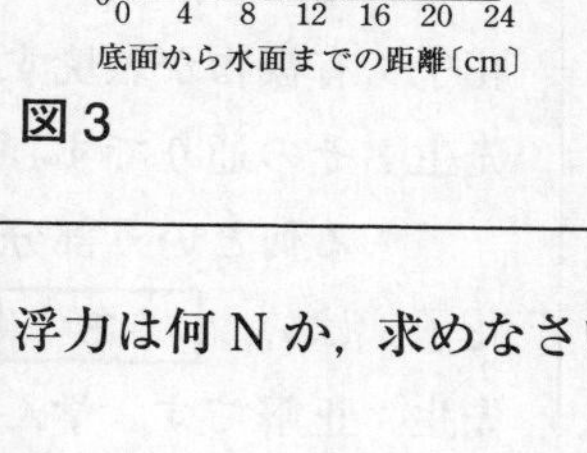

図4

(3) 花子さんと先生が，水素と二酸化炭素の性質について話している。次の会話を読んで，下の①～④の問いに答えなさい。

花子：図１の装置で，試験管Ａに［ あ ］を入れて水素を発生させ，試験管Ｂに集めました。次に，図２の装置で，試験管Ｃに［ い ］を入れて二酸化炭素を発生させ，試験管Ｄに集めました。

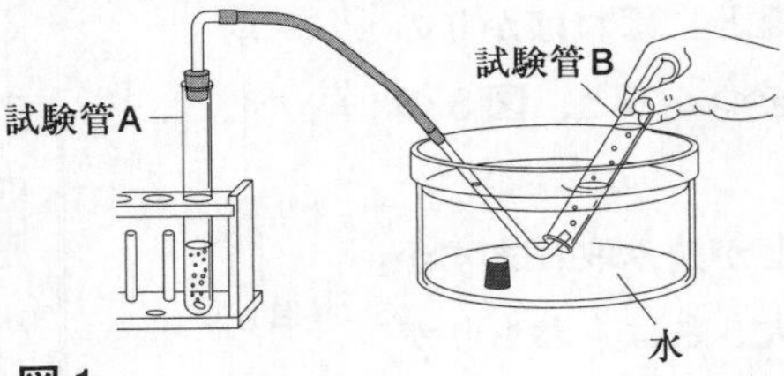

図１

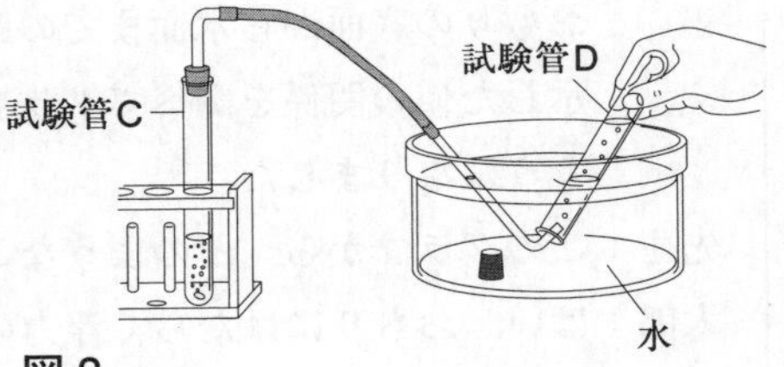

図２

先生：図１で発生した気体が水素であることを確かめるには，どのような実験をすればよいですか。

花子：気体を集めた試験管Ｂに［ う ］ことで，水素であることを確かめられます。

先生：正解です。次に，図２で発生した二酸化炭素は，メタン(CH_4)などの有機物が燃焼するときも発生します。メタンが燃焼する反応を化学反応式で表してください。ただし，空気は十分にあるものとします。

花子：有機物が燃焼するときは水も発生するので，化学反応式は［ え ］になります。

先生：その通りです。では，植物は呼吸によって発生した二酸化炭素を，葉の表面にある何という部分から放出しますか。

花子：はい，［ お ］から放出します。

先生：正解です。学んだことがしっかり身についていますね。

① 文中の［ あ ］，［ い ］に当てはまる物質の組み合わせとして最も適当なものを，次のア～エの中からそれぞれ一つ選んで，その記号を書きなさい。

ア うすい塩酸と亜鉛　　イ うすい塩酸と硫化鉄

ウ うすい塩酸と石灰石　　エ オキシドールと二酸化マンガン

② 文中の［ う ］に当てはまる内容として最も適当なものを，次のア～エの中から一つ選んで，その記号を書きなさい。

ア 石灰水を入れて軽くふると石灰水が白くにごる

イ 火のついた線香を入れると線香が激しく燃える

ウ 赤インクを入れると赤インクの色が消える

エ マッチの火を近づけると音がして気体が燃える

③ 文中の［ え ］に当てはまる化学反応式を書きなさい。

④ 文中の［ お ］に当てはまる語を書きなさい。

3 太郎さんは，赤ワインを加熱して出てくる気体を冷やしたときに得られる液体について調べるために，次の実験を行った。下の(1)〜(5)の問いに答えなさい。ただし，赤ワインを水とエタノールの混合物とし，他の成分は考えないものとする。

≪実験≫

【方法】

❶　図1のような装置で，赤ワイン20 cm^3を枝付きフラスコの中に入れて，弱火で加熱し，1分ごとに温度をはかった。

❷　沸とうして出てきた気体を冷やし，液体にして約2 cm^3ずつ3本の試験管に集めた。このとき，液体を集めた試験管を，順に試験管1〜3とした。

❸　3本の試験管に液体を集めた後，<u>集めた液体の中からガラス管の先を抜き取り，ガスバーナーの火を消した。</u>

❹　試験管1〜3に集めた液体をろ紙にしみこませ，蒸発皿の上でろ紙に火をつけた。

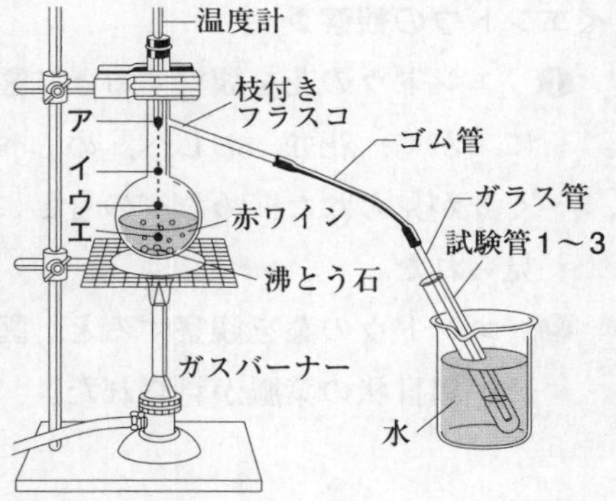

図1

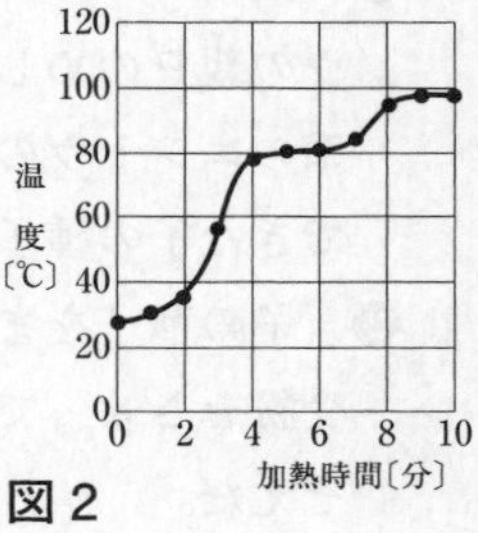

図2

【結果】

❶　赤ワインの加熱時間と温度の関係は，図2のようになった。

❷　試験管1に集めた液体をしみこませたろ紙は燃えたが，試験管2，3に集めた液体をしみこませたろ紙は燃えなかった。

(1)　図1で，温度計の球部の位置として最も適当なものを，図1中のア〜エの中から一つ選んで，その記号を書きなさい。

(2)　下線部の操作を行う理由を，「集めた液体」という語を用いて書きなさい。

(3)　**方法❶，❷**のように，液体を加熱して沸とうさせ，出てきた気体を冷やして再び液体として取り出す操作を何というか，書きなさい。

(4)　**結果❷**について説明した次の文中の［あ］，［い］に当てはまる語を書きなさい。

赤ワインに含まれる成分のうち，［あ］の方が［い］が低く，試験管1に集めた液体には［あ］が多く含まれていたためである。

(5)　この実験を，赤ワイン10 cm^3で行ったときの加熱時間と温度の関係のグラフとして正しいものを，次のア〜エの中から一つ選んで，その記号を書きなさい。

ア

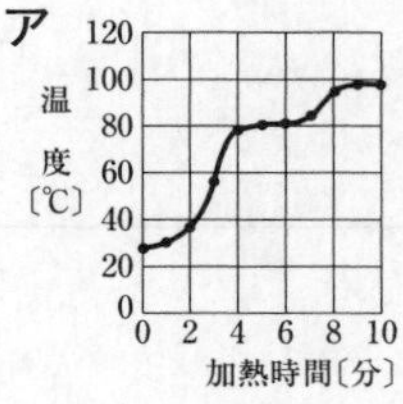

イ

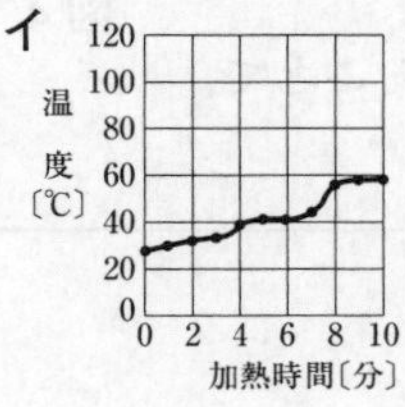

ウ

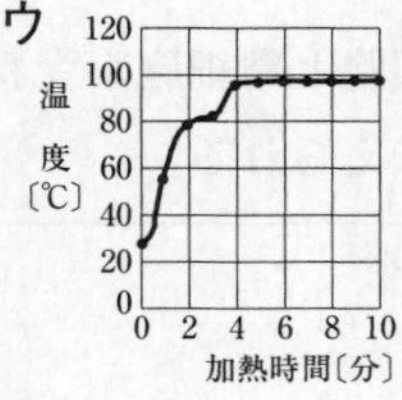

エ

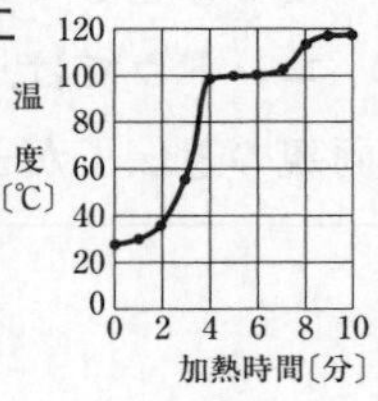

4 花子さんは，遺伝のしくみを調べるために，エンドウの観察とエンドウを使った実験を行い，それぞれの結果をノートにまとめた。あとの(1)～(5)の問いに答えなさい。

花子さんの観察・実験ノートの一部

≪エンドウの観察≫

❶　エンドウの花を観察すると，図１のように，がく，花弁，おしべ，めしべなどのつくりが見られた。めしべのもとには子房が見られた。

❷　エンドウの葉を観察すると，図２のように，網目状の葉脈が見られた。

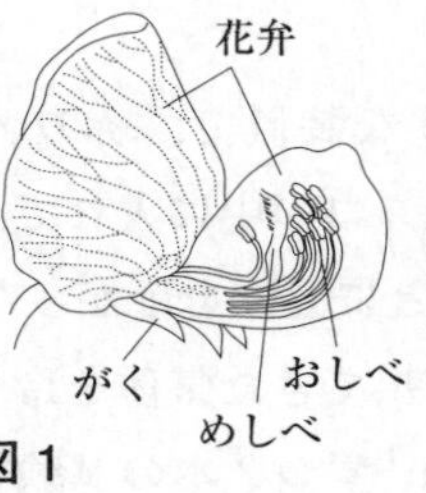

図１

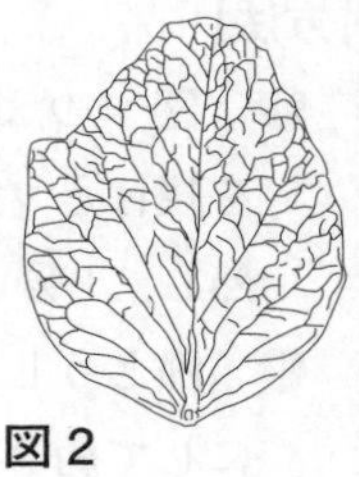

図２

≪実験≫

❶　図３のように，丸い種子だけをつける純系のエンドウの親Ｐのめしべに，しわのある種子だけをつける純系のエンドウの親Ｑのおしべの花粉をつけて受粉させ，できた子の種子の形を調べた。

❷　子の種子をまき，図４のように，花がさいたら自家受粉をさせ，できた孫の種子の形を調べ，その数をかぞえた。

【結果】

❶　子は，すべて丸い種子だった。

❷　孫の種子には，丸い種子としわのある種子があり，丸い種子の数が603個，しわのある種子の数が199個であった。

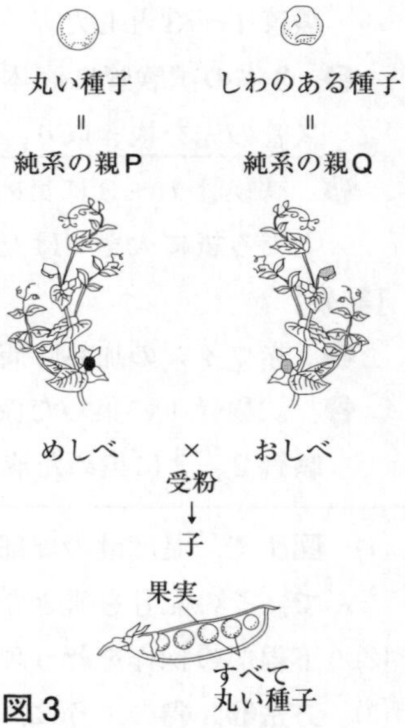

図３

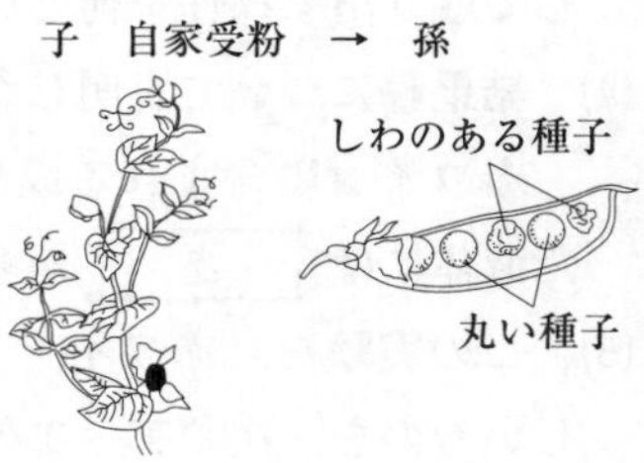

図４

≪遺伝について調べてわかったこと≫

❶　エンドウの種子の形には丸い形としわのある形があり，どちらか一方の形質しか現れない。このような形質を対立形質という。

❷　１つの形質に対応する遺伝子は，細胞の中に２つ一組で存在している。

❸　エンドウでは，卵細胞と精細胞が受精することで，両親の遺伝子が子に伝えられる。

(1)　観察からわかるエンドウの分類について，次の文中の【あ】，【い】に当てはまる語の組み合わせとして正しいものを，下のア〜エの中から一つ選んで，その記号を書きなさい。

めしべのもとに子房が見られたことから，エンドウは【あ】のなかまである。また，図2のように，葉脈が網目状になっていることから，【い】に分類されることがわかる。

	あ	い
ア	裸子植物	単子葉類
イ	裸子植物	双子葉類
ウ	被子植物	単子葉類
エ	被子植物	双子葉類

(2)　結果❶からわかることについてまとめた次の文中の【う】，【え】に当てはまる語を書きなさい。

子がすべて丸い種子であったことから，種子の形について，丸は【う】の形質，しわは【え】の形質である。

(3)　種子の形を伝える遺伝子のうち，種子を丸い形にする遺伝子をA，しわのある形にする遺伝子をaとすると，親Pのもつ遺伝子はAAで，図5のように表すことができる。実験❶で，親Pの卵細胞のもつ遺伝子と，親Qの精細胞のもつ遺伝子の組み合わせとして正しいものを，次のア〜エの中から一つ選んで，その記号を書きなさい。

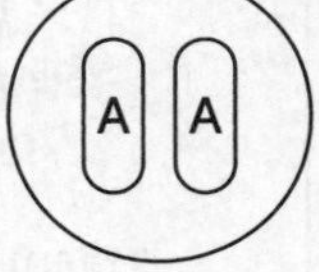

図5

	親Pの卵細胞のもつ遺伝子	親Qの精細胞のもつ遺伝子
ア	AA	aa
イ	aa	AA
ウ	A	a
エ	a	A

(4)　実験❷で得られた孫の種子の中で，親Pと同じ遺伝子の組み合わせをもつ種子の数に最も近いものを，次のア〜エの中から一つ選んで，その記号を書きなさい。

ア　100個　　イ　150個　　ウ　200個　　エ　400個

(5)　孫の丸い種子としわのある種子をそれぞれ育てて交配させたところ，できた種子には丸い形としわのある形があり，その数の比は，丸：しわ＝1：1になった。このとき用いた孫の丸い種子の体細胞がもつ遺伝子を，図5を参考に，解答用紙の図にかきなさい。

5　太郎さんは，電流と発熱量の関係を調べるために先生と実験を行った。あとの(1)～(5)の問いに答えなさい。ただし，電熱線から発生した熱はすべて水の温度上昇に使われたものとする。

≪実験１≫

【手順】

❶　抵抗の大きさが4.0 Ωの電熱線Ｐと，抵抗の大きさが2.0 Ωの電熱線Ｑを用いて，図１のような装置を２つ用意し，発泡ポリスチレンのコップの中に100 g の水を入れてから，しばらく放置した。

❷　電熱線Ｐに4.0 Ｖの電圧を加え，水をときどきかき混ぜながら，１分ごとに水の上昇温度を測定した。

❸　電熱線Ｑに4.0 Ｖの電圧を加え，水をときどきかき混ぜながら，１分ごとに水の上昇温度を測定した。

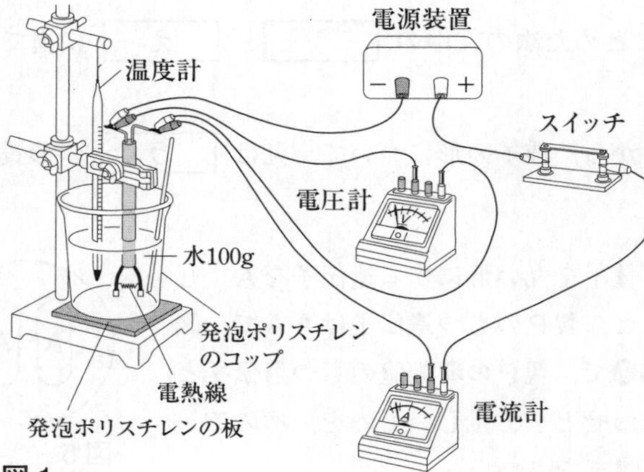

図１

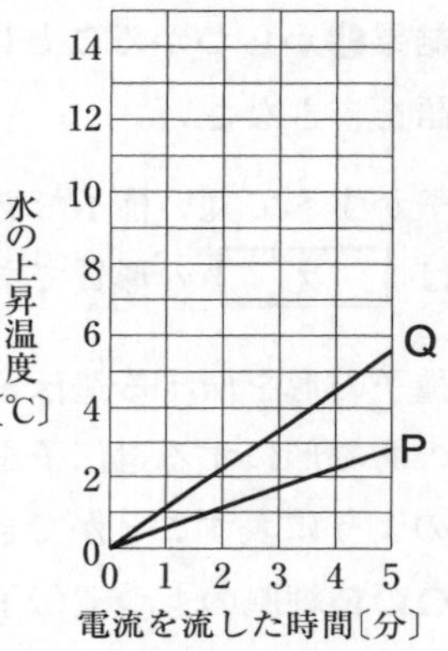

図２

【結果】

実験１の手順❷，❸で，５分後の水の上昇温度は，電熱線Ｐの方は2.8℃，電熱線Ｑの方は5.6℃で，電流を流した時間と水の上昇温度との関係をグラフにすると，図２のようになった。

太郎さんと先生は，実験後に次のような会話をした。

先生：この実験で水の温度が上昇したのはなぜですか。
太郎：はい，電熱線に電流が流れたことで熱が発生したためです。
先生：そうですね。では，図２の電熱線Ｐのグラフからどのようなことがわかりますか。
太郎：はい，電熱線から発生する熱量は，電流を流した時間に［　あ　］することがわかります。先生，どうして電熱線Ｐと電熱線Ｑのグラフは図２のようになるのですか。

先生：それは，電熱線Ｐと電熱線Ｑの電力と関係があります。それぞれの電熱線に4.0 Ｖの電圧を加えたときの消費電力は何Ｗですか。

太郎：はい，電熱線Ｐの消費電力は［　い　］Ｗ，電熱線Ｑの消費電力は［　う　］Ｗです。

先生：正解です。図２では，同じ時間あたりの電熱線Ｑによる水の上昇温度が，電熱線Ｐによる水の上昇温度のおよそ２倍になっていますが，それは，電熱線から発生する熱量が電熱線の消費電力に［　あ　］するからです。

≪実験２≫

実験１の図１と同じ装置を２つ用意し，電熱線Ｐの方はコップの中に100 gの水を入れて8.0 Ｖの電圧を加えた。また，電熱線Ｑの方はコップの中に200 gの水を入れて4.0 Ｖの電圧を加え，どちらも水をときどきかき混ぜながら，１分ごとに水の上昇温度を測定した。

【結果】

図３のように，電流を流した時間と水の上昇温度との関係をグラフにすると，電熱線Ｐは［　え　］，電熱線Ｑは［　お　］のようになった。

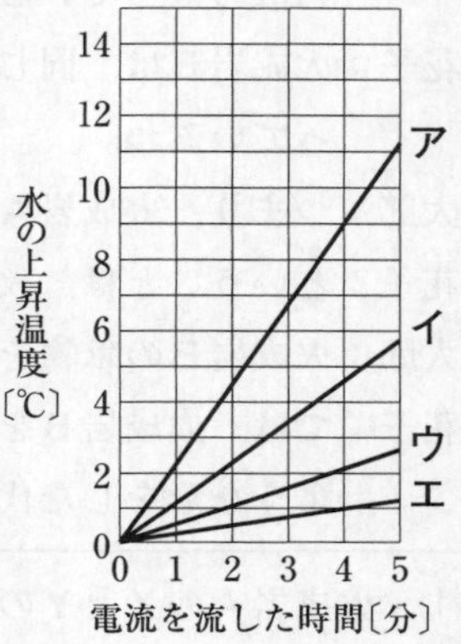

図３

⑴　実験１の手順❷，❸で，下線部の操作を行った理由を，「温度」という語を用いて書きなさい。

⑵　文中の［　あ　］に当てはまる語を書きなさい。

⑶　文中の［　い　］，［　う　］に当てはまる数値を，それぞれ書きなさい。

⑷　実験１で，電熱線Ｐから５分間で発生した熱量は何Ｊか，求めなさい。

⑸　文中の［　え　］，［　お　］に当てはまるグラフとして最も適当なものを，図３のア～エの中からそれぞれ一つ選んで，その記号を書きなさい。

6 花子さんと太郎さんは，火成岩について話している。次の会話を読んで，下の(1)〜(5)の問いに答えなさい。

花子：図は，双眼実体顕微鏡で観察した火成岩Aと火成岩Bをスケッチしたものだよ。これらの火成岩にはいろいろな違いがあるね。

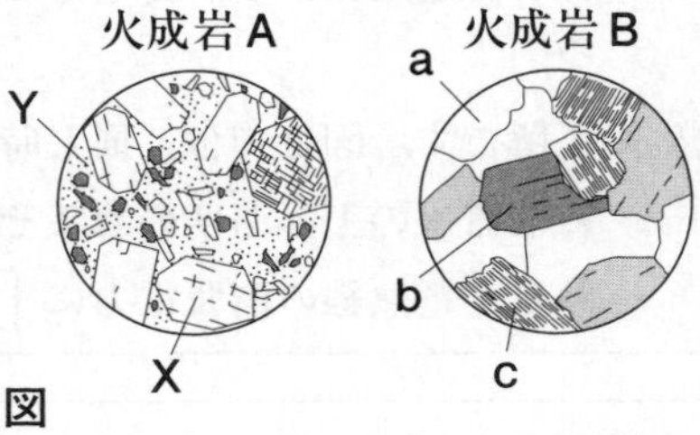

図

太郎：火成岩Aは，Xのような大きな結晶が，Yのようなごく小さな鉱物やガラス質の部分に散らばっているように見えるね。

花子：火成岩Bは，同じくらいの大きな鉱物の結晶が組み合わさった【あ】組織になっているね。

太郎：つまり，火成岩Aは【い】で，火成岩Bは【う】だということがわかるね。

花子：ということは，火成岩Bはマグマが【え】冷えてできたということだね。

太郎：火成岩Bの鉱物を調べたら，aは石英，bは黒雲母，cは長石だったよ。

花子：では，火成岩Bをつくったマグマが噴出してできた火山の形は【お】で，このような形をした代表的な火山は【か】だね。

(1) 火成岩AのXとYの部分をそれぞれ何というか，書きなさい。

(2) 文中の【あ】に当てはまる語を書きなさい。

(3) 文中の【い】，【う】に当てはまる語の組み合わせとして正しいものを，次のア〜エの中から一つ選んで，その記号を書きなさい。

	い	う
ア	火山岩	深成岩
イ	火山岩	堆積岩
ウ	深成岩	火山岩
エ	深成岩	堆積岩

(4) 文中の【え】に当てはまる説明を書きなさい。ただし，マグマが冷えた場所と，冷え方についてふれること。

(5) 文中の【お】と【か】に当てはまるものとして【お】には<Ⅰ群>のア，イから，【か】には<Ⅱ群>のア，イから，最も適当なものをそれぞれ一つ選んで，その記号を書きなさい。

<Ⅰ群>

ア

傾斜が緩やかな形

イ

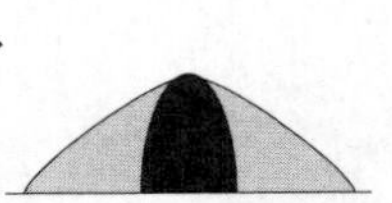
おわんをふせた形

<Ⅱ群>

ア　雲仙普賢岳

イ　マウナロア

野本　そう思います。【本文】でインドの「鍵付き冷蔵庫」について触れられていましたよね。機能自体は特に目新しいものではないのに、鍵がついているという点で、インドでは価値があると判断されたわけです。一方で、【Ⅰ】の②を見てください。ここからは、［　B　］ということが推測できるのではないでしょうか。

司会　立場や環境によって、何に価値があるかは違うということですね。そして「新しい価値」を生み出している商品とは、立場や環境に応じた機能のついたものということでしょうか。

三上　なるほど。それは確かに商品をつくるときには重要な視点ですよね。自分が必要とする機能がついていれば、消費者は買おうという気持ちになります。日本の技術者は、その点はどうでしょうか。

坂野　イ筆者は日本の技術者の姿勢を批判していますね。「物の世界」に閉じこもって、「良い物さえ作っていればいい」という考え方が、その姿勢の原因となっているようです。

司会　「新しい価値」を生み出すために、ウ日本の技術者も、姿勢を変える必要があるのですね。

(四) 【Ⅱ】の［　A　］に入る最も適切なものを、次の1〜4の中から選んで、その番号を書きなさい。

1 商品の安全性を常に意識する人の割合は、機能を常に意識する人の一・五倍ほど多く、機能は安全性ほど注目されていない
2 商品の機能を常に意識する人とよく意識する人は、合わせて九割近くもいて、機能に注目する人は価格に次いで多い
3 商品の機能と価格をよく意識する人の割合は、ほぼ同程度であり、機能と価格のどちらも重視している人が多い
4 商品のブランドイメージを常に意識する人とよく意識する人は合わせて約五割で、機能を常に意識する人と同程度である

(五) 【Ⅱ】の［　B　］に入る最も適切なものを、次の1〜4の中から選んで、その番号を書きなさい。

1 スマートフォンの多様な機能は、七十歳代以上の人にとっては必ずしも必要不可欠なものではない
2 スマートフォンは、中高生・大学生がコミュニケーションをとるためだけに用いられている
3 スマートフォンは、その使いやすさが小学生にとっても魅力的なため、広く普及している
4 スマートフォンの多様な機能は、それまでの携帯電話と比べて難解で、若い世代ほど使いたがらない

(六) 【Ⅱ】にイ筆者は日本の技術者の姿勢を批判していますとあるが、日本の技術者のどのような点を批判しているのか。「〜傾向がある点。」に続くように、三十字以上、四十字以内で書きなさい。ただし、「水準」「技術的」という二つの言葉を用いること。

(七) 【Ⅱ】にウ日本の技術者も、姿勢を変える必要があるとあるが、具体的にどうすることが必要なのか。次の文の［　　］に入る内容を、三十五字以上、四十五字以内で書きなさい。ただし、「生活」「理解」という二つの言葉を用いること。

客が［　　　　　　　　］こと。

【Ⅰ】消費者庁が行った調査の結果

①商品やサービスを選ぶときに意識すること

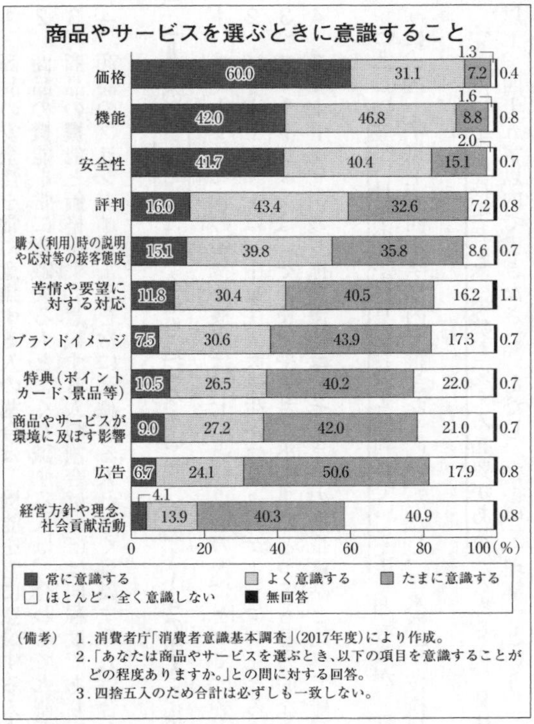

消費者庁　平成30年度「消費者白書」より

②年齢層別携帯電話保有率

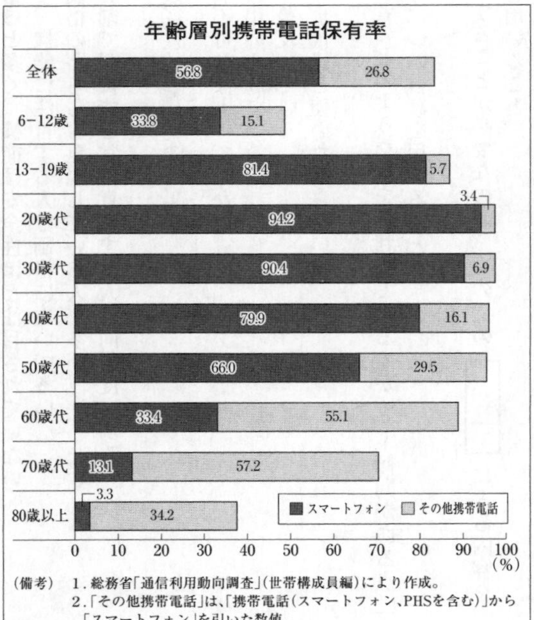

消費者庁　平成30年度「消費者白書」より
(2016年末のグラフを抜粋)

【Ⅱ】グループでの話し合いの一部

司会　今日は「技術者に必要なこと」をテーマとして話し合いをします。みなさんは日本の技術についてどのような印象がありますか。

野本　私はとても水準が高い製品をたくさん生み出しているという良い印象を持っています。だから、「良い物さえ作っていればいい」という考え方を批判しているこの文章を読んで驚きました。

三上　筆者は良い物を作ること自体は否定しているわけではなく、それだけではいけないということを言いたいのだと思います。筆者が必要なこととして挙げているのは、「新しい価値」を生み出すことですね。

坂野　「新しい価値」を生み出すというのは、新しい機能を開発して製品に付与することというイメージがありますが、違うのでしょうか。

野本　本文でも製品の機能について触れられていますし、【Ⅰ】の①のグラフにも「機能」が項目にありますね。①のグラフからは、［　A　］ことが読み取れます。ただ、筆者は機能が充実しているだけでは商品としては物足りないと述べています。

三上　筆者の言う「新しい価値」は、坂野さんのイメージとは異なるようですね。

坂野　言われてみれば、たくさん機能があればいいというものではないですね。注目するとしたら、どんな機能がついているかだと思います。

司会　確かにそうですね。「新しい価値」の意味も、そこにあるのでしょうか。

(一) ア インドには鍵付き冷蔵庫という一風変わった製品がある とあるが、この製品はインド人にとってどのような点で価値があるのか。[Ⅰ] と [Ⅱ] に入る最も適切な語句を、【本文】の中から [Ⅰ] は十一字、[Ⅱ] は十八字で抜き出して書きなさい。

単に [Ⅰ] できるというだけでなく、[Ⅱ] 場合があるというインド独特の事情に合わせた設計になっている点。

(二) 次の一文は、【本文】の中の〈 1 〉～〈 4 〉のどこに入るか。最も適切な箇所の番号を書きなさい。

> なぜなら、新しい価値を生み出すのは、「Ｗｈａｔ」のみだからである。

(三) 【本文】の内容と合っているものを、次の1～4の中から一つ選んで、その番号を書きなさい。

1 日本の技術力は以前に比べて衰退しており、かつての力を回復させるために他国の製品開発の方法に注目する必要がある。
2 日本の技術者は、他国と比べて画期的な製品を生み出す力を持つ人が多いので、その強みをもっと生かすことが大切である。
3 商品を販売《はんばい》する地域の文化を知ることは、その地域の消費者にとって実用性が高い商品をつくり出すことにつながる。
4 世界各国の中でも、特にインドや韓国の技術者は技術力が高いうえ、物づくりについて日本の技術者にはない視点を持っている。

四　野本さんは、国語の授業で、技術者に必要なことについて書かれた文章や、消費者庁が行った調査の結果をもとに、グループでの話し合いを行いました。次の【本文】と【Ⅰ】・【Ⅱ】について、後の(一)～(七)の問いに答えなさい。

【本文】

「Ｈｏｗ（どうやって）」とは、誰かのお手本を見習って、それをどうやって作ろうかと考えるやり方である。ところが、ビジネスと結びついた技術の世界では、お手本と肩を並べたら後は、「Ｈｏｗ」のままでいてはいけない。お手本とはまったく違う、自分たち独自の「新しい価値」を生み出す製品を作らなくては、生き残れなくなるからである。〈　1　〉

これは、大量生産を前提とする製品については特に言えることである。「価値」とは、時代や文化、環境、人々の要求によって、絶えず変わっていくものである。ずっと変わらない価値をもつ製品など存在しない。※1有田焼の※2酒井田柿右衛門《さかいだかきえもん》のように、価値はつねに生み出し続けていくものなのである。

技術の世界で生き残っていくためには、「Ｈｏｗ」から抜け出して、「Ｗｈａｔ（何を）」で考える必要がある。〈　2　〉

こう言うと、iPhone のような製品を思い浮かべる人がいるかもしれない。しかし、iPhone のような画期的な製品のみが「新しい価値」を生み出すわけではないのである。たとえば、ア インドには鍵付き冷蔵庫という一風変わった製品がある。鍵付き冷蔵庫は、文字どおり、普通の冷蔵庫にただ鍵が付いているだけの製品である。技術的に画期的なところなど何一つない。ところが、この製品もまた、立派に「新しい価値」を生み出しているのである。

初めのうちは何とも不思議な冷蔵庫を作るものだと思ったが、実物を見てすぐに納得した。インドには※3カースト制がある。鍵付きの扉は、1つの住居に異なるカーストの人がいる場合のことを考えての工夫なのである。鍵を付けていないと、冷蔵庫の中にある物は自由に持って帰ってもかまわない、というサインになってしまうそうである。物を冷やして保存・保管するという冷蔵庫の働き自体に変わりはないが、インドでは、それだけでは足りないということである。つまり、製品としての機能を満たしていても、それで「商品」としての価値が生まれるわけではない。別の見方をすれば、製品と商品とは必ずしも同じでない、ということである。日本の技術者はとくに、この見方ができていないと筆者は思う。〈　3　〉

インドにはタタ自動車など、ユニークな製品がいろいろとある。それでてっきり、この冷蔵庫もインド製かと思っていたら、なんと、韓国製だというのだから驚いた。こういう商品は、自分の国の中にいたままでは決して考えつかない。現地の社会に入り込んで生活し、現地の文化、現地の人の生き方や考え方を理解して、初めて生まれてくる商品である。

実際、韓国の※4サムスンには「地域専門家」という技術者がいて、商品を売り込む現地に移り住み、人々が日々の生活の中で何に困っているか、何を不満に思っているか、何を欲しいと思いそうなのかをジッと観察しているそうである。これは※5マーケティングリサーチではない。異文化理解そのものである。そういう理解の仕方をして初めて生み出せるものがあるのである。鍵付き冷蔵庫は、技術的に見れば新しいところは何もない。しかし、インドの人たちにとっては「新しい価値」をきちんと生み出しているのである。

ところが、技術的に新奇性のない製品を作る外国メーカーを一段低く見る傾向が、残念ながら日本の技術者にはある。技術水準の高さでしか評価しない、そのようなものの見方は、傲慢以外の何物でもないと筆者は思う。「物の世界」に閉じこもって「良い物さえ作っていればいい」と考えているかぎり、こういう傲慢さはなくならないだろう。さらに言えば、「良い物さえ作っていればいい」という考え方をしているかぎり、「Ｗｈａｔ」で新しい価値を生み出すような技術者にはなれないのである。〈　4　〉

（畑村洋太郎「技術の街道をゆく」による。問題作成上、一部改変した。）

※1　有田焼＝佐賀県有田町やその周辺でつくられる磁器。
※2　酒井田柿右衛門＝初代は江戸時代の陶芸家。子孫が代々柿右衛門の名を襲名している。
※3　カースト制＝インドの伝統的な身分制度。
※4　サムスン＝韓国の企業。
※5　マーケティングリサーチ＝市場の動向を知り、分析《ぶんせき》すること。

【Ⅱ】話し合いの一部

先生　江戸時代の力士である谷風梶之助の話ですね。みなさんはどのような感想を持ちましたか。

由紀　魚売りの言葉を聞いて、鰹を買った谷風の行動がおもしろかったです。力量を競い合う力士という職業を考えると、しゃれをまじえた魚売りの言葉を気にするのも理解できます。

歩　私は、オ谷風の行動についての筆者の批評が興味深いと思いました。筆者はこの出来事を近くで見ていたのですよね。

広志　本当だ。「予が若かりし時まのあたり見たる事」だと書いてありますね。単に出来事について語るだけでなく、その出来事を見た筆者の批評が入るのは、確かに興味深いと思います。出来事が現実味を帯びて伝わってきます。

先生　筆者の感想や批評が入るのは、「仮名世説」が随筆だからでしょうね。

由紀　なるほど。随筆は筆者の経験や見聞と、それに対する感想などを述べるものですよね。筆者の言葉を読んでいると、筆者が谷風の行動を見て苦笑している様子を想像してしまいます。

㈠　【Ⅰ】のアかはんとしけるに　の読み方を現代仮名遣《づか》いに直して、全て平仮名で書きなさい。

㈡　【Ⅰ】のイ行過しを　の主語として、最も適切なものを、次の1～4の中から選んで、その番号を書きなさい。

1　谷風梶之助　　2　小角力　　3　魚うるをのこ　　4　予（筆者）

㈢　【Ⅰ】にウをかしかりき　とあるが、どのような点がおかしいのか。最も適切なものを、次の1～4の中から選んで、その番号を書きなさい。

1　魚売りの男が鰹の値引きを申し出たのに、谷風が妙な縁起かつぎをして高い値段で買った点。
2　魚売りの男の口のうまさに気を良くした谷風が、言い値以上の金額を払って鰹を買った点。
3　谷風が魚売りの男の忠告を誤解して、たくさんの鰹を買ってむだな出費をしてしまった点。
4　谷風が魚売りの男の言葉を真に受けて、その男が示したとおりの値段で鰹を買ってしまった点。

㈣　【Ⅰ】にエさのみ忌むべきことにはあらざるを　とあるが、このようにいえる理由として最も適切なものを、次の1～4の中から選んで、その番号を書きなさい。

1　鰹の値段をまけるように交渉したからといって、谷風の人気に影響が出るわけではないから。
2　鰹の値段をまけるのは魚売りの男であって、谷風が相撲で負けるわけではないから。
3　鰹の値段をまけてもらったからといって、谷風の名誉に傷がつくわけではないから。
4　鰹の値段をまけさせることによって、魚売りの言うような天罰が下るわけがないから。

㈤　【Ⅱ】にオ谷風の行動についての筆者の批評　とあるが、ここでいう筆者の批評を述べた部分を、【Ⅰ】から十二字で抜き出して書きなさい。

三　次の【Ⅰ】、【Ⅱ】を読んで、後の㈠～㈤の問いに答えなさい。

【Ⅰ】古典の文章

関取《せきとり》[※1]谷風梶之助《たにかぜかぢのすけ》、小角力《こずまふ》[※2]を供につれ日本橋本船町《にほんばしほんふなちやう》を通りける時、鰹《かつを》をアかはんとしける（買おうとしたが）に価《あたひ》いと高かりければ、供のものにいひつけて、「まけよ」といはせてイ行過《ゆきすぎ》しを、魚うるをのこ（魚を売る男が）よびとどめて、「関取のまけるといふはいむべき事なり」（不吉なこととして避けるべきことだ）といひければ、谷風立《たち》かへり「買へ買へ」といひてかはせたるもウをかしかりき。これは谷風のまくるにあらず、魚うるをのこの方をまけさする事なれば、エさのみ忌《い》むべきことにはあらざるを（それほど避けなければならないことではない）、「かへかへ」といひしはちとせきこみし（少しあせっていた）と見えたり。是《これ》は予が若かりし時まのあたり見たる事なりき。

（「仮名世説」による。）

※1　関取＝一人前として扱われる力士。
※2　小角力＝弟子の力士。

(一) ア やはり自分の胸を占めているのはこれなのだ とあるが、このときの基の心情として、最も適切なものを、次の1～4の中から選んで、その番号を書きなさい。

1 自分が部長として未熟であることや、思うような演奏ができずにいることに気づいていながら、具体的に助言してくれない瑛太郎をうらめしく思っている。

2 自分の実力を上げることができさえすればよいと考えて、他の部員をかえりみることがなかった自分の身勝手さに罪悪感を抱き、部長をやめようと決意を固めている。

3 部長として部員の気持ちに気を配れない未熟さを反省するよりも、理想の演奏を追求することに心を奪われている自分に気づき、音へのこだわりの強さを痛感している。

4 いくら努力しても瑛太郎の演奏にはかなわないことに打ちのめされるとともに、瑛太郎に対するねたましさをどうしても打ち消せない自分を情けなく感じている。

(二) イ 今の俺はただのコーチだ とあるが、瑛太郎がこのように基に言った理由を述べた次の文の □ に入る内容を、三十字以上、四十字以内で書きなさい。ただし、「人間」「比較」という二つの言葉を用いること。(句読点を含む。)

基が、瑛太郎のことを □ しまい、焦っているように思えたから。

(三) ウ そんなさらりと言わないでほしい とあるが、基がこのように思ったのはなぜか。最も適切なものを、次の1～4の中から選んで、その番号を書きなさい。

1 基が今まで思い描いていた部長のあり方と、瑛太郎が基に求める部長としての役割が食い違っているように感じて、混乱したから。

2 瑛太郎の言葉があまりに具体性に欠けていて助言としては説得力がないと感じて、もう少し丁寧な説明をしてほしいと思ったから。

3 基が自分の演奏の欠点と真剣に向き合おうとしているのに、瑛太郎がその基の姿勢や努力を評価していないように感じられたから。

4 瑛太郎が基のどのような点を評価しているかがわかる大切な言葉だと感じ、今後もずっと心にとどめておきたいと思ったから。

(四) 本文の表現と内容の説明として、最も適切なものを、次の1～4の中から選んで、その番号を書きなさい。

1 比喩表現や反復表現によって基と瑛太郎の様子を描くことで、二人がともにつくり上げようとしている理想の音楽のイメージを印象づけている。

2 会話文や基の心の揺れの描写を通して、演奏に対する基の葛藤と、基の気持ちに寄り添い励まそうとする瑛太郎の様子が描かれている。

3 基と瑛太郎の二人の視点から物語を展開し、部員の心を一つにまとめていこうと試行錯誤する基と瑛太郎のひたむきさをわかりやすく伝えている。

4 平易な短文を積み重ねていくことで、瑛太郎の真意を聞いて少しずつ瑛太郎への反発心が薄れ、信頼を深めていく基の心情の変化を表現している。

二　次の文章を読んで、後の㈠～㈣の問いに答えなさい。

千間《せんげん》学院高校（千学）の茶園基《ちゃえんもとき》は、一年生ながらコーチの不破瑛太郎《ふわえいたろう》から吹奏楽部の部長に指名された。あるとき、コンクールのメンバーを部員全員で決めるオーディションが行われたが、自分の演奏に納得できなかった基は自分に手を挙げず、それがきっかけで池辺《いけべ》先輩ともめてしまった。その日の部活動の終了後、基は校内のチャペルで瑛太郎と話をした。

「僕は自分のことで精一杯でした。池辺先輩のことだけじゃなくて、部長として上手《うま》くやれてるとも思えないし、※1玲於奈《れおな》や※2堂林《どうばやし》君の方が余程リーダーシップがあるし」

話しながら、どんどん自分の愚かさが身に染《し》みてきた。無音が怖くて、そのまま「すみませんでした」と瑛太郎に頭を下げた。

「少し前から気になってたんだ」

瑛太郎は立ち上がる。「出しなよ」と基が肩から提げたサックスのケースを指さした。

「茶園は、どうも自分の演奏に納得がいってないみたいだって。まさかオーディションで自分に手を挙げないとは思わなかったけど」

楽器ケースを開けた基は、彼の言葉にうな垂れた。

「茶園、この前堂林とここで、俺が『スケルツァンド』を吹いてるのを覗《のぞ》いただろ」

「ばれてたんですね」

基がリードを準備し楽器を組み立てるのを、瑛太郎は座席に座って待っていてくれた。※3リードを※4マウスピースに固定しながら、基は淡い青色に染まる十字架を見上げた。

「楽譜通り正確なリズムや音程で吹けるとか、指のテクニックとか、そういうのは練習すれば何とかなります。そうじゃなくて、先生みたいに吹いてみたいなって思って。でも僕の力じゃ逆立ちしても真似《まね》できなくて」

適切な表現がすぐに出てこなくて、基は口をぱくぱくと数回動かした。

「砂の……砂の海みたいなところを、ずっと泳いでるんです。カラカラで、息ができなくて、出口がなくて、苦しいんです」

両目の奥に鈍い痛みが走った。風船が膨らむみたいにそれは大きくなって、目頭が熱くなる。アやはり自分の胸を占めているのはこれなのだ。池辺先輩のこと、部長としての至らなさ。それらを小さく感じてしまうくらい、自分は自分の演奏に夢中になっている。

「自分の理想に追いつきたいのに追いつけないっていうのは、しんどいもんだ」

「しんどいです」

擦《かす》れた声で基が頷《うなず》くと、瑛太郎が立ち上がった。基が楽器の準備を終えたのを見て、「しんどいよな」と繰り返す。

「茶園には魔法がかかってるみたいだ。ていうか、魔法じゃなくて、呪いかな」

基を指さしたあと、瑛太郎は自分の顔を指さした。

「君は、不破瑛太郎が素晴らしい人間だという思い込みが強すぎる」

どこか自嘲気味に、そんなことを言う。

「確かに俺は七年前に千学の部長で、テレビにも出て、全日本にも出場した。茶園はそれに憧れて吹奏楽を始めたかもしれない。でも、イ今の俺はただのコーチだ」

「でも、僕は先生の『スケルツァンド』を聴いて、どうして自分はあんな風に吹けないんだろうって、毎日毎日……毎日思いました。今だって思ってます」

「では、そんな茶園に一つアドバイスをしよう」

十字架を背に、瑛太郎はサックスのキーに指をかけた。

「憧れの向こう側にあるものには、追いつけなくて当然だ。だから焦《あせ》らなくていい。君は君の理想を、コンクールまでじっくり追いかけていけばいい」

「でも、部長は自分のことばかりじゃいけない」

「みんなに気を配ってほしいとか、上級生相手にリーダーシップを発揮してほしいなら、俺は茶園を部長になんてしなかったよ」

「じゃあ、どうして」

自然と俯《うつむ》いてしまっていた顔を上げて、基は問いかけた。喉が軋《きし》んで声にならなかったのに、瑛太郎にはちゃんと届いていた。

「お前がオーディションに受かることじゃなくて、自分の理想を追いかけることに一生懸命になれる奴《やつ》だからだよ」

ははっと笑った彼の口が、マウスピースに触れる。ふう、と息を吹き入れ、音を伸ばす。低い音から高い音へ、高い音から低い音へ。

「あの……」

ウそんなさらりと言わないでほしい。音出しの合間の雑談みたいな扱いしないでほしい。できることならもう一度同じ台詞《せりふ》を言ってほしい。

彼の今の言葉を、一生、自分の中に焼き付けておきたかった。

（額賀澪《ぬかがみお》「風に恋《こ》う」による。）

※1　玲於奈＝三年生。基の幼なじみで、基の前の吹奏楽部の部長。
※2　堂林＝基のクラスメイトで、吹奏楽部の副部長。
※3　リード＝管楽器のマウスピースに取りつける部品。振動させることで音を出す。
※4　マウスピース＝管楽器において口を当てて息を吹き込むためにつける部品。

二〇二四年度　常磐大学高等学校

【国語】（五〇分）〈満点：一〇〇点〉

注意　抜き出しの問題は、すべて句読点・記号等も一字として字数に含みます。

一

㈠　次の⑴～⑹の――線部について、片仮名の部分を漢字で、漢字の部分の読みを平仮名で書きなさい。

⑴　ユウワクに負けて遊んでしまった。

⑵　新しい時代をキズき上げる。

⑶　会議の進行をボウガイされる。

⑷　誕生パーティーを催す。

⑸　図書館で資料を閲覧する。

⑹　十分に練習を重ねて試合に臨む。

㈡　次の行書で書かれた漢字を楷書で書くときの総画数と同じ総画数である漢字を、1～4の中から選んで、その番号を書きなさい。

頭

1　諸
2　奮
3　縮
4　層

㈢　次の【会話】の□に入る言葉として、最も適切なものを、1～4の中から選んで、その番号を書きなさい。

【会話】

白木　青山さん、倉田さんのうわさは聞いたかな。春に転校するっていう話だよ。

青山　そうなんだ。でも、そのうわさは本当なのかな。本人からは何も聞いていないよ。

白木　私もだよ。でも、転校するらしいってみんなが言っているんだよね。□というから、本当かもしれないよ。本人に確かめてみようか。

1　鉄は熱いうちに打て
2　三つ子の魂百まで
3　玉磨かざれば光なし
4　火のない所に煙は立たぬ

英語解答

1 (1) No. 1 エ No. 2 イ No. 3 ア
No. 4 エ No. 5 ウ
(2) No. 1 ア No. 2 ア No. 3 ウ
No. 4 イ
(3) No. 1 ウ No. 2 エ
(4) ① イ
② A…food B…ウ
〔A…history B…ア〕

2 (1) ① swimming ② longer
③ decided
(2) ④ finish ⑤ often ⑥ facts

3 (1) ウ (2) イ→ウ→ア

4 (1) ①…エ ②…イ ③…イ ④…ウ
⑤…ア
(2) (例) What kind(s)

5 (1) エ, カ, ク (2) 3
(3) ① (例) Aoi's homeroom teacher did.
② (例) It was held in October.
(4) ①…イ ②…ウ

6 (例) (I like my school because) my school has a lot of kind teachers. They take good care of students. For example, our English teacher teaches us English even after school! I am lucky to have teachers like him. (33 語)

1 〔放送問題〕解説省略

2 〔長文読解総合―Eメール〕

≪全訳≫A．やあ，クリス。／元気かい？　夏休みを楽しんでる？　僕は先週，家族と海に泳ぎに行って，来週はおじさんと富士山に登る予定だよ。夏休みは他の休みより長いから，僕は夏が一番好きなんだ。でも夏の宿題については心配してるよ。僕は理科のレポートのトピックをまだ決めていないんだ。君は何について書くつもり？

B．こんにちは，シュン。／僕は理科のレポートを今書いているところだよ。母が僕に毎日，８月の中頃までに宿題を全部終わらせるように言うんだ。僕のトピックは，夏によく見る昆虫の１つだよ。それは蚊さ！　それについていくつかおもしろいことを発見したんだ。例えば，刺すのはメスの蚊だけなんだ。君はそのことを知ってた？　僕のレポートを読んだら，蚊についてのおもしろい事実がたくさんわかるよ。／９月に会おう！

(1)<語形変化>①go ～ing「(スポーツ・気晴らしなどを)しに行く」の形。　②直後に than があるので比較級にする。　③直前の haven't から，現在完了形('have/has＋過去分詞')の否定文だとわかる。

(2)<適語補充>④'tell＋人＋to ～'「〈人〉に～するように言う」の形。母親が子どもに全ての宿題をどうするように言いそうかを考える。　⑤the insects 以降は，目的格の関係代名詞が省略された'名詞＋主語＋動詞…'「…が～する―」の形で，the insects を説明している。蚊は「私たちが夏によく見る昆虫」である。　⑥空所は動詞 find「～を見つける，わかる」の目的語。クリスのレポートから興味深い何を見つけることができるのかを考える。　fact「事実」

3 〔長文読解総合―説明文〕

(1)<要旨把握>≪全訳≫私たちは写真を撮るとき，Ｖサインをするのが好きだ。それはピースサインとも呼ばれる。多くの人が，気分がいいことを表すためにこのサインをする。しかし，このサインはいつもいい意味を持つわけではない。ギリシャでは，他の人に向かってＶサインをするのは失礼にあたる。ギリシャでは昔，悪いことをした人に向かって，２本の指を使って物を投げつけていた。そのとき以来，このサインは悪い意味を持っている。同じサインが，異なる国では異なる方法で用いられることがあるので，私たちは外国を訪れるときは気をつけるべきだ。

＜解説＞文章全体のまとめとして書かれている最終文の前半の内容が，ウ．「同じ身ぶりが，異なる国では異なる意味を持つかもしれない」に合致する。　ア．「ほとんどの人が，海外で写真を撮るときにＶサインをするのが好きだ」　イ．「ギリシャの人々は悪いことをした人に向かってＶサインをする」　エ．「私たちは外国を訪れるときは常に異なる身ぶりを使うべきだ」

⑵＜文整序＞≪全訳≫あなたは毎日どれくらい水を飲むだろうか。科学者や医師は，１日につき1.2リットル以上の水を飲むべきだと言っている。なぜ私たちはこんなに大量の水を飲まなければならないのか。／→イ．私たちの体は，約60％が水分でできているから，水が必要なのだ。／→ウ．これは，もしあなたの体重が50kgなら，体内には約30リットルの水があるということだ。／→ア．また，私たちは毎日，体内の約2.5リットルの水を失っている。／食べ物などから約1.3リットルの水を摂取することができる。だから健康を保つには，私たちは１日に約1.2リットルの水を飲む必要がある。

＜解説＞イの内容は，空所前の「なぜ大量の水を飲まなければならないのか」という問いかけに対する答えとなるので，これを先頭に置く。ウの主語 This が，イの about 60% of our body is made of water の内容を受けていると考えられるので，イ→ウとする。アは，Also「また」を使って，空所前の問いに対するもう１つの答えとなっているので，これを最後に置く。

4〔長文読解総合―対話文〕

≪全訳≫❶アリス(Ａ)：こんにちは，タク。タブレットで何を見ているの？❷タク(Ｔ)：やあ，アリス。僕はジャム専門店のサイトを見ているんだ。❸Ａ：ジャム専門店？❹Ｔ：そうだよ。先月，おばさんがフルーツジャムをいくつか僕に送ってくれたんだ。それらは本当においしかったよ，特にイチゴジャムはね。それは最高だったんだ。❺Ａ：なるほどね。それらのジャムはいい贈り物になると思う？次の日曜日が私のおばあちゃんの誕生日で，私は①何をあげたらいいかずっと考えているの。❻Ｔ：うん。君のおばあちゃんはそれらを気に入ると思うよ。❼Ａ：おばあちゃんは果物が本当に好きだし，毎朝パンを食べているから，こういうジャムはおばあちゃんにぴったりよ。どんな種類のジャムがあるの？❽Ｔ：これを見てよ。これらがその店にあるジャムだよ。❾Ａ：へえ，たくさんの種類のジャムがあるのね。今は②6月だから，オレンジ，リンゴ，モモ，ブドウのジャムから選べるわね。❿Ｔ：おばあちゃんの好きな果物は何？⓫Ａ：おばあちゃんはオレンジとリンゴが好きだから，私はその２つを買うわ。イチゴも好きだけど，今回は無理ね。⓬Ｔ：見て！　このサイトによると，もし③3本買ったら，10％の割引が受けられるよ。⓭Ａ：わあ！　それじゃ，モモのジャムも買うことにするわ。⓮Ｔ：おばあちゃんはどの市に住んでいるの？⓯Ａ：ミナミ市に住んでるわ。⓰Ｔ：じゃあ，配送料は500円だね。⓱Ａ：わかった。⓲Ｔ：あっ，ラッピングサービスがあるよ。もしプレゼントがきれいな箱に入っていたら，きっとおばあちゃんは喜ぶと思うよ。⓳Ａ：それはいい考えね！　このサービスを使ってみるわ。そうすると料金は合計で④3300円ね。⓴Ｔ：きっとおばあちゃんは君のプレゼントを気に入るよ。これらのジャムはとてもおいしいから。⑤12月になったらおばあちゃんにイチゴジャムを送ってあげるといいよ。一番おいしいのはそれだからね。21Ａ：そうね，そうするわ。

フルーツランド

当店のウェブサイトへようこそ！　当店はたくさんの種類のジャムをそろえているので，お気に入りのものがきっと見つかります。

年間スケジュール

イチゴ／ブルーベリー／リンゴ／モモ／オレンジ／ブドウ／パイナップル

価格：全て1000円／1本(500グラム)
割引サービス 3本→10%オフ！ 4本→15%オフ！ 5本以上→20%オフ！
ラッピングサービス 1～3本→100円 4本以上→無料！

配送料	
300円	ニシ市
400円	キタ市，チュウオウ市
500円	ヒガシ市，ミナミ市
600円	その他の地域

購入したい場合は，ここをクリック！

(1)＜適語句・適文選択＞①‘疑問詞＋to不定詞’の形。アリスがずっと考え続けているのは，祖母の誕生日に「何」をあげればよいかということ。　②空所に続く内容から，オレンジ，リンゴ，モモ，ブドウが買える月を選ぶ。　③空所に続く内容から，10%割引されるときの購入本数を選ぶ。　④第11～19段落の内容から，アリスが祖母にジャムを送るのにかかる合計料金を計算する。ウェブサイト下部の価格情報より，アリスは1本1000円のジャムを3本購入するが，10%割引が適用されるので3000－3000×0.1＝2700。これに3本分のラッピングサービス100円とミナミ市への配送料500円を加える。　⑤直後の文の主語Itは，第4段落後半の内容からstrawberry jamを指すと考えられる。イチゴジャムが買えるのは12月からなので，12月になったら特においしかったイチゴジャムを送るようタクはアリスに言ったのである。

(2)＜適語句補充＞空所を含むアリスの問いに対してタクがウェブサイトを見せると，アリスはジャムの種類が豊富であることに驚いていることから，アリスはジャムの種類を尋ねたのだとわかる。

5〔長文読解総合─物語〕

≪全訳≫❶アオイは茨城の中学生だった。彼女は学校のダンス部のメンバーだった。そのチームは，町で最も上手なダンス部の1つだった。ミクは彼女のクラスメイトで，同じ部に所属していた。彼女はアオイの親友だった。2人はいつも一緒に練習していた。❷7月のある日，2人は10月の体育祭について話していた。体育祭では毎年，ダンス部がステージで特別なダンスパフォーマンスを披露していた。しかし，新型コロナウイルス感染症の大流行が理由で，過去2年間は体育祭が開かれなかった。また感染症の大流行中は，全てのダンスコンテストが中止された。だから，先生がその年は体育祭が開かれると言ったとき，彼女たちは本当に興奮した。アオイは言った。「これは私たちにとっては，人前での初めてのパフォーマンスになるわね」　ミクは言った。「そうね。待ちきれないわ！」❸2人は体育祭のために一生懸命練習し始めた。感染症の大流行中，彼女たちは活動が制限されていたので，あまり練習できなかった。しかし今，彼女たちはたくさん練習できた。彼女たちは自分たちがしたいことができることがうれしかった。❹しかし，アオイには1つ心配事があった。ミクに言わなければならないことがあったのだ。彼女は父親の仕事のために，体育祭の後にオーストラリアに引っ越さなければならなかった。彼女は思った。「これはミクと一緒にできる最後のパフォーマンスかもしれない。オーストラリアに引っ越すことをミクに言わなければならないけど，どうしたらそんなことができるかしら？　とてもできるとは思えないわ」❺9月になった。アオイはまだミクに真実を言うことができないでいた。ある日，アオイの担任の先生が，アオイがオーストラリアに引っ越す予定であることを告げた。ミクはそれを聞いて本当に驚いた。その日の放課後，ミクはアオイに言った。「あれは本当？　体育祭の後に引っ越すの？　どうして教えてくれなかったの？」「ごめん」と，アオイは目に涙を浮かべながら言った。「言うべきだとはわかっていたんだけど，言えなかったの。私にはつらすぎたの。ごめん…」　アオイは泣いた。ミクも泣いた。❻その日から，2人は毎日，より一生懸命に練習した。彼女たちは体育祭まで少しの時間も無駄にしたくなかった。そして2人は，友達と一緒に何かのために一生懸命がんばることはとても楽しいことだと気づいた。２人はお互いに，いつもそばにいてくれることに対して感謝した。7体育祭では，彼女たちは全力を尽くした。彼女たちのパフォーマンスを見た人たち全員が，それをとても楽しんだ。アオイはミクに言った。「私のためにいつもそばにいてくれてありがとう。あなたと今日踊ったことは絶対に忘れないわ。今日は私の人生で最もすばらしい日の１つよ」「私も絶対に忘れないわ」とミクは言った。「それに，将来いつかまたあなたと踊るのを楽しみにしているわ」　２人は泣いて，それから笑った。

⑴＜内容真偽＞ア．「アオイは町で一番ダンスが上手だった」…×　このような記述はない。　イ．「アオイはその年の体育祭が行われないことを知って悲しかった」…×　第２段落第５文参照。その年は体育祭が行われると知ってうれしかった。　ウ．「ミクは自分が他人の前で踊れるとは思わなかった」…×　このような記述はない。　エ．「アオイは自分たちがたくさんダンスを練習できることを喜んだ」…○　第３段落後半の内容に一致する。　オ．「アオイはミクがオーストラリアに引っ越すことを心配した」…×　第４段落第１～３文参照。引っ越すのはミクではなくアオイである。　カ．「ミクはアオイが日本を去ると聞いて驚いた」…○　第５段落第３，４文の内容に一致する。　キ．「体育祭の後，アオイとミクはダンスをもっと一生懸命練習した」…×　第５段落～第６段落第１文参照。体育祭の後ではなく，ミクがアオイの引っ越しについて聞いた日の後である。　ク．「アオイとミクは，体育祭で一緒に踊ったことを忘れないだろう」…○　第７段落第３～６文の内容に一致する。

⑵＜適所選択＞脱落文は「ミクも泣いた」という意味。空所３に入れると，まずアオイが泣いたという空所前の内容に自然につながる。

⑶＜英問英答＞①「アオイがオーストラリアへ引っ越す予定だと言ったのは誰か」―「アオイの担任の先生が言った」　第５段落第３文参照。疑問詞 who が主語となる‘Who＋一般動詞…？’「誰が～か」の形の疑問文に対しては，‘主語＋do/does/did.’の形で答えることに注意。　②「体育祭はいつ開かれたか」―「それは10月に開かれた」　第２段落第１文参照。主語は the sports day から代名詞の it に変える。In October. のみでも可。

⑷＜内容一致＞≪全訳≫ジョン（Ｊ）：なぜアオイはミクに，オーストラリアへ引っ越すことを教えなかったのか，僕には理解できないな。彼女はそのような重要なことを自分の親友に言わなかったんだから。僕にはなぜだかわからないよ。／エミ（Ｅ）：うーん…私は彼女の気持ちが理解できるわ。彼女はミクが大好きだったから，あまりにも悲しくて①真実を彼女に言えなかったのよ。／Ｊ：なるほどね。ところで彼女たちはお互いに，②いつも一緒にいてくれたことに対して感謝してたよね？　それはすばらしいと思ったな。／Ｅ：私もそう思ったわ。

＜解説＞①‘too ～ to …’「…するには～すぎる，～すぎて…できない」の形。アオイがミクに，自分が海外へ引っ越すことを言わなかった理由となる部分である。第５段落後半の２人の会話から，アオイの気持ちがわかる。　②‘thank＋人＋for …’「…のことを〈人〉に感謝する」の形。アオイとミクがお互いに感謝していた内容が入る。第６段落最終文および第７段落第３文参照。

6〔テーマ作文〕

与えられている I like my school because に続く形で，まずは自分の学校が好きである理由を書く。与えられている４つのうち自分が英語で書けそうだと思うものを選んで書くとよいだろう。続けて，その理由の具体的な例や説明を加えていくとよい。　（別解例）（I like my school because）it holds a lot of school events such as the chorus contest, the Sports Day, and the school trip. The good thing is that we can express our opinions when we plan these events.（34 語）

数学解答

1 (1) 5　(2) $x-25$　(3) $4+2\sqrt{2}$

(4) $x=\dfrac{-3\pm\sqrt{13}}{2}$

2 (1) ア…$a+3$　イ…a^2+5a+6

ウ…$4a+6$

(2) ア…$2y+10$　イ…$x+2y$　ウ…120

エ…55

(3) ア…16　イ…28　(4) $\dfrac{11}{16}$

3 (1) 62°

(2) (例)△ABEと△ADBにおいて，共通な角より，∠BAE＝∠DAB……①　△ABCがAB＝ACの二等辺三角形より，∠ABE＝∠ACB……②　$\overset{\frown}{AB}$に対する円周角より，∠ACB＝∠ADB……③　②，③より，∠ABE＝∠ADB……④　①，④より，2組の角がそれぞれ等しいので，△ABE∽△ADB

(3) $\dfrac{15}{7}$

4 (1) 15秒　(2) エ

(3) $x=1$，$y=4$

5 (1) 960m　(2) $y=-60x+1440$

(3) 2分後

6 (1) 4π cm

(2) ①　$63\sqrt{3}\pi$ cm^3　②　99π cm^2

1〔独立小問集合題〕

(1)＜数の計算＞与式＝$-4+9=5$

(2)＜式の計算＞与式＝$5x-35-4x+10=x-25$

(3)＜数の計算＞与式＝$2+2\sqrt{2}+\sqrt{2}+2-\dfrac{2\times\sqrt{2}}{\sqrt{2}\times\sqrt{2}}=4+3\sqrt{2}-\dfrac{2\sqrt{2}}{2}=4+3\sqrt{2}-\sqrt{2}=4+2\sqrt{2}$

(4)＜二次方程式＞解の公式より，$x=\dfrac{-3\pm\sqrt{3^2-4\times1\times(-1)}}{2\times1}=\dfrac{-3\pm\sqrt{13}}{2}$である。

2〔独立小問集合題〕

(1)＜文字式の利用―説明＞a，b，c，dは連続する4つの自然数で，小さい順になっているので，b，c，dをaを用いて表すと，$b=a+1$，$c=a+2$，$d=a+3$となる。$N=c\times d=(a+2)\times(a+3)=a^2+5a+6$となるので，$N-M=(a^2+5a+6)-(a^2+a)=a^2+5a+6-a^2-a=4a+6$である。また，$a+b+c+d=a+(a+1)+(a+2)+(a+3)=4a+6$となる。

(2)＜連立方程式の応用＞青い袋の数はx袋，赤い袋の数はy袋で，青い袋の数は赤い袋の数の2倍より10袋多いので，$x=2y+10$……①が成り立つ。次に，あめは，青い袋には1個，赤い袋には2個入っているから，あめの数の合計は$x+2y$個と表せる。チョコレートは，青い袋には2個，赤い袋には1個入っているから，チョコレートの数の合計は$2x+y$個と表せる。あめの数の合計はチョコレートの数の合計より65個少ないので，$x+2y=2x+y-65$……②が成り立つ。②より，$-x+y=-65$となり，①を代入すると，$-(2y+10)+y=-65$，$-2y-10+y=-65$，$-y=-55$　$\therefore y=55$　これを①に代入して，$x=2\times55+10$　$\therefore x=120$　よって，青い袋の数は120袋，赤い袋の数は55袋である。

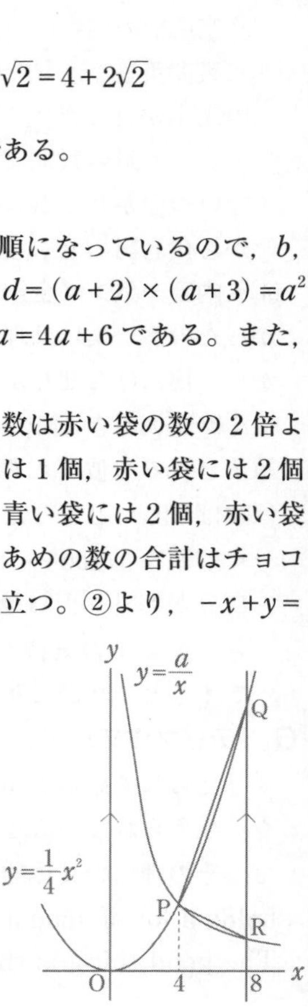

(3)＜関数―比例定数，面積＞右図で，点Pは関数$y=\dfrac{1}{4}x^2$のグラフ上にありx座標が4だから，$y=\dfrac{1}{4}\times4^2=4$より，P(4，4)である。点Pは関数$y=\dfrac{a}{x}$のグラフ上の点でもあるので，$4=\dfrac{a}{4}$より，$a=16$となる。次に，2点Q，Rは点(8，0)を通り$y$軸に平行な直線上にあるので，$x$座標は

ともに8である。点Qは関数$y=\frac{1}{4}x^2$のグラフ上にあるので，$y=\frac{1}{4}\times8^2=16$となり，Q(8, 16)である。また，点Rは関数$y=\frac{16}{x}$のグラフ上にあるので，$y=\frac{16}{8}=2$より，R(8, 2)である。よって，QR＝16－2＝14となる。△PQRは，底辺をQRと見ると，2点P，Qのx座標より，高さは8－4＝4となる。これより，△PQR＝$\frac{1}{2}\times14\times4=28$となる。

(4)＜確率―硬貨＞1枚の硬貨を1回投げるときの表裏の出方は，表，裏の2通りだから，4回投げるときの出方は，全部で2×2×2×2＝16(通り)ある。このうち，表が2回以上出る場合は，2回出る場合が(1回目，2回目，3回目，4回目)＝(表，表，裏，裏)，(表，裏，表，裏)，(表，裏，裏，表)，(裏，表，表，裏)，(裏，表，裏，表)，(裏，裏，表，表)の6通り，3回出る場合が(表，表，表，裏)，(表，表，裏，表)，(表，裏，表，表)，(裏，表，表，表)の4通り，4回出る場合が(表，表，表，表)の1通りだから，6＋4＋1＝11(通り)ある。よって，求める確率は$\frac{11}{16}$である。

3 〔平面図形―円と三角形〕

≪基本方針の決定≫(3)　△ABEと△ADBの対応する辺の比を考える。

図1

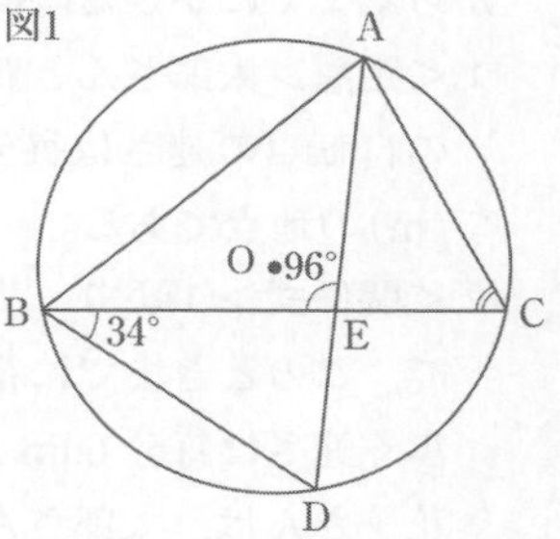

図2

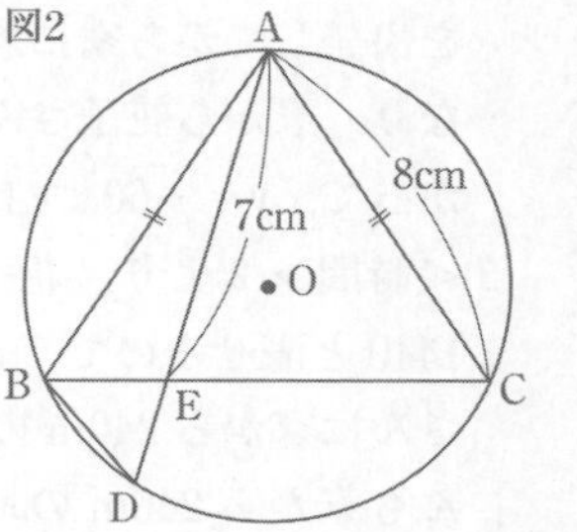

(1)＜角度＞右図1で，$\overset{\frown}{\mathrm{CD}}$に対する円周角より，∠CAE＝∠CBD＝34°である。よって，△ACEで内角と外角の関係より，∠ACB＝∠AEB－∠CAE＝96°－34°＝62°となる。

(2)＜証明＞右下図2の△ABEと△ADBで，∠BAE＝∠DABだから，あと1組の角が等しいことがいえると，2組の角がそれぞれ等しくなり，△ABE∽△ADBである。△ABCがAB＝ACの二等辺三角形であることと，$\overset{\frown}{\mathrm{AB}}$に対する円周角が等しいことを利用する。解答参照。

(3)＜長さ―相似＞右図2で，(2)より，△ABE∽△ADBだから，対応する辺の比が等しくなり，AB：AD＝AE：ABである。AB＝AC＝8だから，8：AD＝7：8が成り立ち，AD×7＝8×8，AD＝$\frac{64}{7}$となる。よって，ED＝AD－AE＝$\frac{64}{7}-7=\frac{15}{7}$(cm)である。

4 〔データの活用―ヒストグラム〕

≪基本方針の決定≫(3)　Bさん，Cさんの各階級の〔階級値〕×〔度数〕の合計が同じになる。

(1)＜最頻値＞Aさんがつくった紙飛行機の滞空時間で，度数が最も大きい階級は，4個の12秒以上18秒未満の階級である。よって，最頻値は，この階級の階級値であり，(12＋18)÷2＝15(秒)となる。

(2)＜正誤問題＞ア…誤。Aさんの最小値は0秒以上6秒未満，Bさんの最小値は6秒以上12秒未満だから，最小値はBさんの方が大きい。　　イ…誤。Aさん，Bさんがつくった紙飛行機の中に滞空時間が24秒以上30秒未満のものがあることはわかるが，27秒のものがあるかまではわからない。　　ウ…誤。10個の紙飛行機の滞空時間だから，第1四分位数は，滞空時間の小さい方5個の中央値である。つまり，小さい方から3番目の滞空時間である。Aさんがつくった紙飛行機は，12秒未満が1個，18秒未満が1＋4＝5(個)だから，小さい方から3番目は12秒以上18秒未満であり，第1四分位数が含まれる階級は12秒以上18秒未満の階級となる。Bさんがつくった紙飛行機は，12秒未満が2個，18秒未満が2＋3＝5(個)だから，小さい方から3番目は12秒以上18秒未満であり，第1四分位数が含まれる階級は12秒以上18秒未満の階級となる。よって，第1四分位数が含まれる階級は同じ階級であるから，階級値も同じ値となる。　　エ…正。18秒以上24秒未満の階級の累積度数は，0秒以上6秒未満，6秒以上12秒未満，12秒以上18秒未満，18秒以上24秒未満の階級の度数の合計である。Aさんは$0+1+4+2=7$(人)，Bさんは$0+2+3+3=8$(人)だから，18秒以上24秒未満の階級の累積度数はBさんの方が大きい。

(3)＜度数＞まず，Cさんがつくった紙飛行機の合計が10個より，$0+3+x+y+1+1=10$が成り立ち，$x+y=5$……①となる。次に，Bさん，Cさんがつくった紙飛行機はともに10個だから，平均値が同じであることより，各階級の〔階級値〕×〔度数〕の合計も同じになる。各階級の階級値は，小さい方から，3秒，9秒，15秒，21秒，27秒，33秒だから，Bさんの各階級の〔階級値〕×〔度数〕の合計は，$3\times0+9\times2+15\times3+21\times3+27\times1+33\times1=186$(秒)となる。また，Cさんは，$3\times0+9\times3+15x+21y+27\times1+33\times1=15x+21y+87$(秒)と表せる。よって，$15x+21y+87=186$が成り立ち，$15x+21y=99$，$5x+7y=33$……②となる。①，②の連立方程式を解くと，①$\times7-$②より，$7x-5x=35-33$，$2x=2$，$x=1$(個)となり，これを①に代入して，$1+y=5$，$y=4$(個)となる。

5〔関数―関数の利用〕

≪基本方針の決定≫(3)　太郎さんが花子さんを追い越したとき，2人は同じ地点にいる。この地点から家までにかかる時間を考える。

(1)＜距離＞太郎さんと花子さんは，太郎さんが家を出発してから8分後にすれ違っている。太郎さんの自転車の速さは毎分120mだから，太郎さんと花子さんがすれ違ったのは，家から$120\times8=960$(m)の地点である。

(2)＜関係式＞(1)より，太郎さんが家を出発してから8分後，花子さんは家から960mの地点にいるので，このときまでに花子さんが図書館から歩いた道のりは$1200-960=240$(m)である。花子さんの歩く速さは毎分60mだから，この道のりを歩くのにかかる時間は$240\div60=4$(分)である。よって，花子さんは，太郎さんが家を出発してから$8-4=4$(分)後に図書館を出発する。これより，図書館を出発してから家に着くまでの歩いた時間は$x-4$分と表せるから，歩いた道のりは$60(x-4)$mとなり，家から花子さんがいる地点までの道のりは$1200-60(x-4)=-60x+1440$(m)となる。したがって，$y=-60x+1440$である。

(3)＜時間＞(2)より，花子さんが図書館を出発してから家に着くまでの道のりについて，$y=-60x+1440$と表せるので，太郎さんが家を出発してから20分後は，$y=-60\times20+1440=240$より，花子さんは家から240mの地点にいる。このとき，太郎さんは花子さんを追い越しているので，太郎さんも家から240mの地点にいる。この地点から家までは，花子さんは$240\div60=4$(分)，太郎さんは$240\div120=2$(分)かかるので，$4-2=2$より，花子さんが家に着いたのは，太郎さんが家に着いてから2分後となる。

6〔空間図形―円錐〕

≪基本方針の決定≫(1)　切断面は円である。　(2)①　もとの円錐の体積から，取り除いた立体の体積をひく。　②　展開図を考える。

(1)＜長さ＞右図1で，もとの円錐の底面の周上の点をA，点Qを通り底面に平行な平面と線分OAの交点をBとする。切断面は，もとの円錐の底面に平行だから，半径BQの円である。点Pは底面の中心なので，OPは底面に垂直であり，切断面にも垂直である。よって，$\angle AOP=\angle BOQ$，$\angle OPA=\angle OQB=90^\circ$より，$\triangle OAP\backsim\triangle OBQ$だから，$AP:BQ=OP:OQ=6\sqrt{3}:2\sqrt{3}=3:1$である。これより，$BQ=\frac{1}{3}AP=\frac{1}{3}\times6=2$となるので，切断面の周の長さは$2\pi\times2=4\pi$(cm)となる。

図1
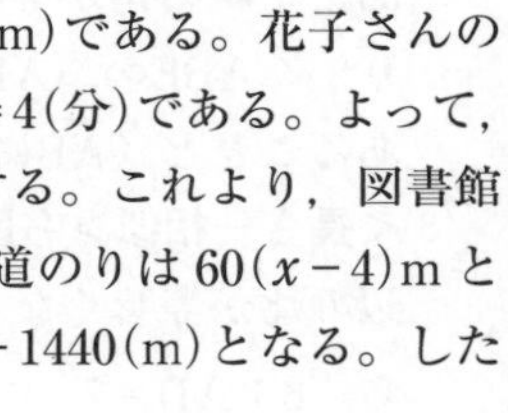

(2)＜体積，面積＞①右図2で，取り除いた頂点Oを含む方の立体は，底面が半径BQの円で，高さOQの円錐である。(1)と同様に，△OAP∽△OBQであり，点Qは線分OPの中点なので，AP：BQ＝OP：OQ＝2：1である。よって，$BQ=\frac{1}{2}AP=\frac{1}{2}\times6=3$となる。また，$OQ=\frac{1}{2}OP=\frac{1}{2}\times6\sqrt{3}=3\sqrt{3}$である。よって，もとの円錐の体積は$\frac{1}{3}\pi\times6^2\times6\sqrt{3}=72\sqrt{3}\pi$，取り除いた立体の体積は$\frac{1}{3}\pi\times3^2\times3\sqrt{3}=9\sqrt{3}\pi$だから，求める残りの立体の体積は，$72\sqrt{3}\pi-9\sqrt{3}\pi=63\sqrt{3}\pi$(cm³)となる。　②図2の残りの立体を，右図3のように展開する。図2で，△OAP∽△OBQより，OA：OB＝OP：OQ＝2：1だから，$OB=\frac{1}{2}OA=\frac{1}{2}\times12=6$である。図3で，おうぎ形OAA′の$\overset{\frown}{AA'}$の長さと円Pの周の長さは等しいので，おうぎ形OAA′の中心角をxとすると，$2\pi\times12\times\frac{x}{360^\circ}=2\pi\times6$が成り立つ。これより，$\frac{x}{360^\circ}=\frac{1}{2}$だから，曲面部分を展開した図形AA′B′Bの面積は，〔おうぎ形OAA′〕−〔おうぎ形OBB′〕＝$\pi\times12^2\times\frac{x}{360^\circ}-\pi\times6^2\times\frac{x}{360^\circ}=\pi\times12^2\times\frac{1}{2}-\pi\times6^2\times\frac{1}{2}=54\pi$である。また，円Qの面積は$\pi\times3^2=9\pi$，円Pの面積は$\pi\times6^2=36\pi$である。以上より，求める立体の表面積は，〔図形AA′B′B〕＋〔円Q〕＋〔円P〕＝$54\pi+9\pi+36\pi=99\pi$(cm²)となる。

図2

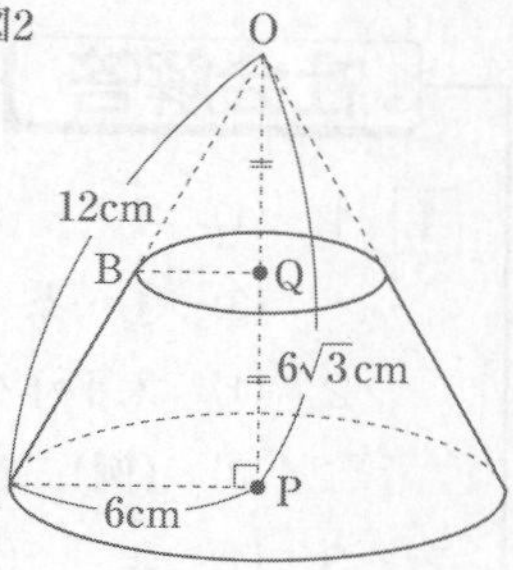

図3

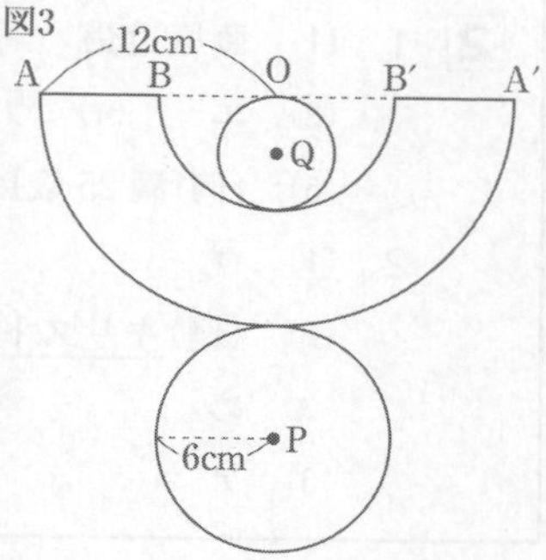

≪①の別解≫図2で，取り除いた円錐ともとの円錐は相似で，相似比はOQ：OP＝1：2だから，体積比は$1^3:2^3=1:8$である。よって，求める立体の体積は$\frac{1}{3}\pi\times6^2\times6\sqrt{3}\times\left(1-\frac{1}{8}\right)=63\sqrt{3}\pi$(cm³)となる。

＝読者へのメッセージ＝

6では，円錐を切断しました。底面に平行な平面で切断すると，切断面は円になりますが，底面に平行でない平面で切断すると，切断面はどのようになると思いますか。切断する角度によって変わり，だ円や放物線，双曲線になります。高校で詳しく学習します。

社会解答

1 1 (1) イ　(2) ア
(3) ①…茶　②…ウ
2 (1) 太平洋ベルト　(2) ウ
(3) (例)二酸化炭素が発生する
3 (1) エ　(2) イ　(3) ア

2 1 (1) 藤原道長　(2) 書院造
(3) エ　(4) ウ
(5) (例)満25歳以上の(全ての)男子
2 (1) ウ
(2) (例)キリスト教徒を発見するため。
(3) ア

3 1 (1) ウ　(2) 核家族　(3) イ
2 (1) エ　(2) 語…内閣　記号…ア
(3) 記号…ウ
内容　(例)地方公共団体間の財政格差をおさえる

4 1 (1) (例)不平等条約の改正交渉を行う
(2) ①…エ　②…イ　(3) ア
2 (1) イ　(2) ウ
3 (1) ウ　(2) 教育を受ける権利
(3) ①…労働組合法　②…エ

1〔地理―総合〕

1(1)＜季節風，日本アルプス＞日本海側の地域に雨や雪を降らせる季節風は，冬に北西から吹く。また，日本アルプスは，飛驒山脈〔北アルプス〕，木曽山脈〔中央アルプス〕，赤石山脈〔南アルプス〕で構成されている(イ…○)。なお，越後山脈は，新潟県と群馬県，福島県との境界をなす山脈である。

(2)＜愛知県の工業＞Dは愛知県である。愛知県は豊田市の自動車工業を中心として輸送用機械の生産が盛んである(ア…○)。なお，Bは富山県であり，化学工業やアルミニウム工業が盛んで，ウが当てはまる。Cは長野県であり，諏訪湖周辺を中心に情報通信機械の生産が盛んで，エが当てはまる。残ったイはAの新潟県が当てはまり，食料品工業が盛んである。

(3)①＜茶の生産＞静岡県の牧ノ原や鹿児島県では，茶の生産が盛んである。資料4の地形図を見ると，標高のやや高い地域に茶畑(∴)が見られる。

②＜地形図の読み取り＞特にことわりのないかぎり地形図上では上が北となる。寺院(卍)は，資料4の地形図の中央部を流れる河川の東側にかぎられる(ウ…○)。なお，Eの神社(⛩)の南側には，田(‖)ではなく茶畑が見られる(ア…×)。小学校(文)は，近くにある電子基準点(⍋)脇に書かれた数値から，3.4mほどの高さにあることがわかる。一方で，三角点(◬)の高さは69.8mであるため，標高差はおよそ66.4mである(イ…×)。資料4の地形図の縮尺は25000分の1であるため，500mの地形図上の長さは500÷25000×100＝2(cm)である。市役所(◎)から半径2cm以内には，郵便局(〶)が見られる(エ…×)。

2(1)＜太平洋ベルト＞関東地方から九州地方沿岸部にかけての地域は，太平洋ベルトと呼ばれ，工業地帯・地域や大都市が集中している。

(2)＜資料の読み取り＞資料6を見ると，2000年の原子力による発電量は，総発電量である1091500百万kWhのおよそ30％であり，1091500百万×0.3＝327450百万(kWh)であるのに対し，1960年の水力による発電量は，総発電量である115498百万kWhのおよそ50％であり，115498百万×

0.5＝57749百万(kWh)であるため，2000年の原子力による発電量は1960年の水力による発電量よりも多い(ウ…○)。なお，資料6を見ると，2020年の総発電量は948979百万kWhであるのに対し，1960年の総発電量は115498百万kWhであり，948979百万 ÷115498百万＝8.2…であるため，2020年の総発電量は1960年の総発電量の約8倍である(ア…×)。資料7を見ると，石油の自給率は0.3％であり，石炭や天然ガスの自給率よりも低い(イ…×)。資料8を見ると，火力発電所が全く分布していない地方はない(エ…×)。

(3)＜火力発電の特徴＞石油や石炭，天然ガスは，燃焼するときに温室効果ガスである二酸化炭素を発生させるため，火力発電は地球温暖化の原因になると考えられる。

3(1)＜地中海性気候＞資料9を見ると，夏の降水量が少ないため，地中海沿岸地域は夏に乾燥し，農業では乾燥に強いオリーブやぶどうの栽培が盛んである(エ…○)。

(2)＜資料の読み取り＞面積が広く，人口が14.3億人と表中で最も多いため，アは中国である。アの中国を面積において少し上回り，GDP表中で最も高いエはアメリカ合衆国である。面積が狭く，人口が1.3億人であるウは日本である。残ったイがEUである。

(3)＜イギリス＞2020年にEUを離脱したのはイギリスであり，首都ロンドンにある旧グリニッジ天文台には本初子午線が通過する(ア…○)。なお，ライン川の河口に位置するのはオランダである(イ…×)。首都ローマの市内にバチカン市国があるのはイタリアである(ウ…×)。首都パリで2024年にオリンピック・パラリンピックが開催されるのはフランスである(エ…×)。

2 〔歴史―古代～近現代の日本〕

1(1)＜藤原道長＞11世紀前半に摂政となって摂関政治の全盛期を築き，「望月の歌」で自らの栄華を誇ったのは，藤原道長である。

(2)＜書院造＞室町時代の後半である東山文化の時期に現れた，足利義政が建てた銀閣に隣接する東求堂同仁斎を代表とする，近代の和風住宅の原型となった様式を，書院造という。

(3)＜応仁の乱＞1467年，室町幕府第8代将軍である足利義政の後継ぎをめぐる問題などから応仁の乱が起こった。これをきっかけに，身分が下の者が実力によって身分が上の者にとって代わる下剋上の風潮が広まり，領国を支配する戦国大名が全国に現れた(エ…○)。なお，尊王攘夷運動は江戸時代末期(ア…×)，百姓一揆や打ちこわしは江戸時代(イ…×)，困窮して領地を手放す御家人が現れたのは鎌倉時代後半(ウ…×)の出来事である。

(4)＜元禄文化＞近松門左衛門が人形浄瑠璃や歌舞伎の脚本を書いたのは，江戸時代前半の17世紀後半を中心とする元禄文化の時期のことである(ウ…○)。なお，『平家物語』は鎌倉文化(ア…×)，『風土記』は奈良時代の天平文化(イ…×)，千利休がわび茶の作法を完成させたのは桃山文化(エ…×)の時期である。

(5)＜普通選挙法＞大正時代の1925年に制定された普通選挙法では，それまでの納税制限が撤廃され，満25歳以上の全ての男子に選挙権が与えられた。

2(1)＜律令国家の民衆の負担＞飛鳥時代末期～平安時代初期の律令国家の時期において，6歳以上の男女が収穫した稲の3％を納めたのは，租である。また，律令国家の時代，九州北部の警備にあたった兵士は，防人と呼ばれた(ウ…○)。また，調は成年男子が特産物を都まで運んだ税である。また，屯田兵は，明治時代に北海道の開拓と防備にあたった兵士である。

(2)＜絵踏＞キリスト教徒が多く参加した島原・天草一揆をきっかけとして，九州北部ではそれ以前から行われていた絵踏が強化され，全国で行われた宗門改めとともに，キリスト教徒の発見と仏教への改宗の強制が行われた。

(3)＜富岡製糸場＞富岡製糸場は明治時代初期の1872年，官営模範工場の１つとして群馬県に設けられた(ア…○)。なお，イは横浜で，ウは造幣局(大阪府)，エは八幡製鉄所(福岡県)が設立された場所である。

3〔公民―総合〕

1(1)＜労働環境の変化＞１つの企業に定年まで勤め続ける終身雇用は，高度経済成長期に一般化したが，バブル経済の崩壊後は終身雇用の正規労働者〔正社員〕の割合は低下し，雇用期間の決まっている非正規労働者〔非正社員〕の割合が上昇している(ウ…×)。

(2)＜核家族＞「夫婦のみ」または「夫婦と未婚の子ども」または「ひとり親と未婚の子ども」で構成される世帯を核家族という。

(3)＜個人情報保護制度＞プライバシーの権利を保障するために，個人情報保護制度として民間事業者や行政機関に対し，個人情報の適切な保護・取扱いが法律で義務づけられている(イ…○)。なお，クーリング・オフ制度は，訪問販売などで商品を購入した後一定期間以内であれば無条件に契約を解除できる制度(ア…×)，直接請求制度は，地方自治において地域住民が署名を集めて条例の制定・改廃や首長の解職などを直接求めることができる制度(ウ…×)，情報公開制度は，国や地方公共団体が市民の請求に応じて情報を開示する制度(エ…×)である。

2(1)＜比例代表制＞資料２のXのように，得票数に応じて政党に議席が配分される選挙制度を，比例代表制という。比例代表制は，得票率が低い政党でも議席を獲得しやすい(エ…○)。なお，小選挙区制は１つの選挙区から１人を選出する選挙制度で，落選者に投じられた票(死票)が多くなり，小政党に不利となる特徴がある。

(2)＜予算の制定＞予算案は，内閣が作成して国会に提出する。また，予算の議決には衆議院の優越が適用され，衆議院と参議院で議決が異なった場合は，両院協議会が開かれ，意見が一致しない場合は衆議院の議決が国会の議決となる(ア…○)。

(3)＜地方財政＞資料４より，東京都の歳入総額を，鳥取県の歳入総額と比べると，90547億÷3890億＝23.2…であり，約23倍となっている。また，東京都や大阪府は，鳥取県や沖縄県と比べると，自主財源である地方税の歳入総額に占める割合が高い(ウ…○)。依存財源のうち地方交付税交付金は，地方公共団体間の財政格差をおさえるために，国から地方公共団体に配分される財源であり，使途は地方公共団体が自由に決定する。

4〔三分野総合―社会の変化と私たちの暮らしを題材とした問題〕

1(1)＜岩倉使節団＞岩倉使節団の目的の１つは，幕末に結んだ不平等条約の改正交渉を行うことであったが，法の整備などの近代化政策の不徹底などの理由で目的は達成できなかった。

(2)①＜戦後日本の民主化政策＞第二次世界大戦後の日本の民主化政策において，教育の民主化を図るため，教育の機会均等や男女共学などを内容とする教育基本法が1947年に制定され，戦前の教育の柱とされていた教育勅語は失効した(エ…×)。

②＜独占禁止法＞1947年，企業の健全な競争を促すことを目的に制定されたのは，独占禁止法であ

る(イ…○)。なお，男女雇用機会均等法は，1985年に制定された，雇用の面での女性への差別を禁止する法律(ア…×)，消費者契約法は，2000年に制定された，契約上のトラブルから消費者を保護する法律(ウ…×)，労働関係調整法は，1946年に制定された，労働委員会の調整で労働争議の解決を図る法律(エ…×)である。

⑶＜日ソ共同宣言＞戦後の日本の国際連合への加盟は，1956年，日ソ共同宣言によりソ連との国交が回復したことをきっかけに実現した。しかし，このときは北方領土問題が未解決のまま残され，ソ連崩壊後のロシアともいまだに平和条約を締結できていない(ア…○)。

2⑴＜移民＞かつてオーストラリアを植民地としていたのはイギリスである。また，中国にルーツを持ち，世界各地に移住した人々の子孫を華人という(イ…○)。

⑵＜資料の読み取り＞資料4を見ると，日本の輸入額が5兆円を超える国は，中国，アメリカ合衆国，オーストラリアである。このうち，輸入品の上位2品目に工業製品が含まれているのは中国とアメリカ合衆国であり，オーストラリアは鉱産資源となっている(ウ…○)。なお，10か国・地域のうち，サウジアラビア，アラブ首長国連邦，ドイツは太平洋に面していない(ア…×)。10か国・地域のうち，タイとベトナムはASEAN(東南アジア諸国連合)に加盟している(イ…×)。オーストラリアは，輸入品の上位2品目が鉱産資源だが，オセアニア州に属している(エ…×)。

3⑴＜年代整序＞年代の古い順に，Ⅱ(中華民国の成立—1912年)，Ⅰ(世界恐慌が始まる—1929年)，Ⅲ(日独伊三国同盟の成立—1940年)となる。

⑵＜日本国憲法の社会権＞日本国憲法で保障されている社会権にあたるのは，生存権(第25条)，教育を受ける権利(第26条)，勤労の権利(第27条)，労働基本権(第28条)である。

⑶①＜労働組合法＞労働者が団結して使用者と交渉するための組織をつくることを保障した法律は，労働組合法である。使用者は労働組合に加入していることを理由に労働者を差別してはならないなど，憲法第28条に定められた労働基本権を保障する具体的な内容が定められている。

②＜企業の社会的責任＞企業の社会的責任〔CSR〕とは，企業が利潤の追求以外で果たすべき社会への貢献活動のことであり，教育・文化・環境保護に関する活動や，消費者の安全，従業員の生活の安定に努めることなどが挙げられる(エ…×)。

理科解答

1 (1) オ　(2) イ　(3) イ　(4) ウ

2 (1) ① 示相　②…ウ

③ う…外とう膜　え…筋肉

(2) ① 2.0N　② ア

③

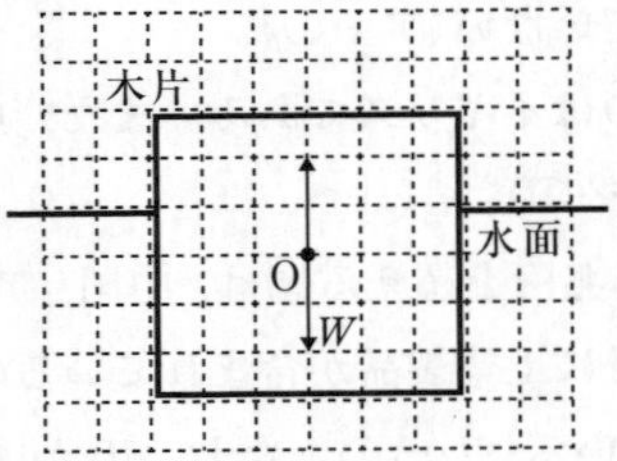

(3) ① あ…ア　い…ウ　②…エ

③ $CH_4+2O_2 \longrightarrow CO_2+2H_2O$

④ 気孔

3 (1) ア

(2) (例)集めた液体の逆流を防ぐため。

(3) 蒸留

(4) あ…エタノール　い…沸点

(5) ウ

4 (1) エ

(2) う…顕性〔優性〕

え…潜性〔劣性〕

(3) ウ　(4) ウ

(5) 右図

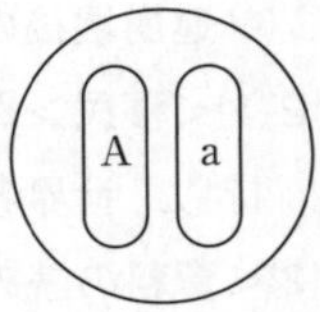

5 (1) (例)水の温度を均一にするため。

(2) 比例　(3) い…4.0　う…8.0

(4) 1200J　(5) え…ア　お…ウ

6 (1) X…斑晶　Y…石基　(2) 等粒状

(3) ア　(4) (例)地下深くでゆっくり

(5) お…イ　か…ア

1〔小問集合〕

(1)＜等圧線＞等圧線は，1000hPaを基準に4hPaごとに細い実線で，20hPaごとに太い実線で結んである。また，高気圧では中心に向かって気圧は高くなり，低気圧では中心に向かって気圧は低くなる。よって，図の各地点のおよその気圧は，A地点は1022hPa，B地点は1015hPa，C地点は1034hPaと読み取れる。したがって，3つの地点を気圧の高い順に並べると，C＞A＞Bとなる。

(2)＜じん臓＞図のAはじん臓で，血液中の尿素などの不要な物質を取り除き，取り除かれた不要な物質は尿として体外に排出される。なお，肝臓には，細胞で生じた有害なアンモニアを無害な尿素につくりかえる，ブドウ糖をグリコーゲンに変えて貯蔵する，胆汁をつくるなどのはたらきがある。

(3)＜アルカリ＞水酸化ナトリウム(NaOH)は水に溶けて，＋の電気を帯びたナトリウムイオン(Na^+)と－の電気を帯びた水酸化物イオン(OH^-)に電離する。これらのイオンのうち，水酸化ナトリウム水溶液がアルカリ性を示す原因となるイオンはOH^-である。よって，赤色のリトマス紙を青色に変化させるイオンはOH^-で，－の電気を帯びた陰イオンは＋の電気に引かれて移動するから，実験で，青色に変化した部分が広がった側は，＋極につながれたクリップP側となる。

(4)＜力＞4つの力のうち，物体どうしが離れていてもはたらく力は，電気の力と磁力である。なお，弾性力は，外から力が加えられて変形した物体に生じるもとの形に戻ろうとする力，摩擦力は，物体が他の物体と触れ合って運動しようとするときや運動しているときにはたらく，運動を妨げようとする力で，どちらも触れ合った物体の間ではたらく力である。

2〔小問集合〕

(1)＜示相化石，軟体動物＞①地層が堆積した当時の環境を推定するのに役立つ化石を，示相化石という。なお，地層ができた時代の推測に役立つ化石を示準化石という。　②現在のシジミは，湖や海水と河川の水などが混ざるところに生息している。そのため，シジミの化石が見つかった地層は，その当時，湖や河口付近であったと推定される。　③図２のシジミは軟体動物で，背骨や節がなく，内臓がＸの外とう膜でおおわれ，あしは筋肉でできている。

(2)＜浮力＞①図３より，底面から水面までの距離が0cmのとき，ばねばかりの示した値は5.0Nで，これはおもりにはたらく重力である。また，底面から水面までの距離が10cmのとき，ばねばかりの示した値は3.0Nで，これは水中でのおもりの重さで，おもりが重力のはたらく向きと逆の上向きに浮力を受けたため，おもりにはたらく重力よりも小さい値を示している。よって，浮力は，おもりにはたらく重力から，水中でのおもりの重さをひくことで求められる。したがって，求める浮力は，5.0－3.0＝2.0(N)となる。　②図３より，底面から水面までの距離が大きくなるにつれて，ばねばかりの示した値が小さくなるため，おもりにはたらく浮力の大きさは，しだいに大きくなる。そして，底面から水面までの距離が10cm以上になると，ばねばかりの示した値は一定になっている。これは，おもりが全て水中に沈んだあとは，浮力の大きさが一定になるためである。　③木片が水に浮いているとき，木片にはたらく重力と，木片にはたらく浮力の大きさは，同一直線上にあり，大きさが等しく，向きは反対で，つり合っている。よって，浮力の作用点Ｏから，真上に２目盛りの長さの矢印をかけばよい。解答参照。

(3)＜気体の発生，化学反応式，気孔＞①水素は，うすい塩酸に亜鉛を加えることで発生させることができ，二酸化炭素は，うすい塩酸に石灰石を加えることで発生させることができる。なお，うすい塩酸に硫化鉄を加えると硫化水素が発生し，オキシドールに二酸化マンガンを加えると酸素が発生する。　②水素は，マッチの火を近づけると音を出して燃え，水ができる。なお，石灰水を入れて軽く振ると石灰水が白くにごるのは，二酸化炭素を確かめる方法である。また，火のついた線香を入れると線香が激しく燃えるのは酸素を，赤インクを入れると赤インクの色が消えるのは，塩素などの脱色作用がある気体を確かめる方法である。　③メタン(CH_4)が燃焼すると，空気中の酸素(O_2)と結びつき，二酸化炭素(CO_2)と水(H_2O)が生じる。化学反応式は，矢印の左側に反応前の物質の化学式，右側に反応後の物質の化学式を書き，矢印の左右で原子の種類と数が等しくなるように化学式の前に係数をつける。　④植物は呼吸によって発生した二酸化炭素を，葉に分布する気孔から放出する。気孔は水蒸気の出口でもあり，酸素や二酸化炭素の出入り口でもある。

3　〔物質のすがた〕

(1)＜実験器具＞図１で，温度計の球部は，アのように，枝付きフラスコの枝の高さにする。これは，枝の部分から出て行く気体の温度を測定するためである。

(2)＜実験方法＞ガスバーナーの火を消す前に，集めた液体の中からガラス管の先を抜き取るのは，集めた液体がフラスコの中に戻ってしまう逆流を防ぐためである。先にガスバーナーの火を消すと，フラスコ内の気圧が下がり，ガラス管から試験管に集めた液体を吸い上げてしまうおそれがある。

(3)＜蒸留＞方法❶，❷のように，出てきた気体を冷やして再び液体として取り出す操作を，蒸留という。蒸留は，物質の沸点の違いを利用して，混合物からそれぞれの物質を分離する方法である。

(4)＜蒸留＞エタノールは燃えやすい液体で，結果❷において，試験管１に集めた液体をしみこませたろ紙が燃え，試験管２，３に集めた液体をしみこませたろ紙は燃えなかったことから，試験管１に集めた液体にはエタノールが多く含まれていたと考えられる。これより，赤ワインに含まれる成分のうち，エタノールの方が水より先に気体となって出てきたと考えられるので，沸点は，水よりもエタノールの方が低いことがわかる。なお，沸点は，水が100℃，エタノールが78℃である。

(5)＜沸点＞図2より，赤ワイン$20cm^3$は，温度の上昇がゆるやかになった約4分後に，約80℃で沸騰が始まったと考えられる。赤ワインの体積を半分の$10cm^3$にすると，加熱は同様に行われ，液体に与えられる熱量は変わらないため，沸騰が始まるまでの時間は半分になる。このとき，沸騰する温度は変わらないから，赤ワイン$10cm^3$は，ウのように約2分後に温度の上昇がゆるやかになり，約80℃で沸騰が始まると考えられる。

4〔生物の世界，生命・自然界のつながり〕

(1)＜植物の分類＞エンドウは，観察❶で，めしべのもとに子房が見られたことから，被子植物に分類され，図2のように，葉脈が網目状であることから，双子葉類に分類されることがわかる。なお，裸子植物は子房がなく，胚珠《はいしゅ》がむき出しになっている植物であり，単子葉類の葉脈は平行脈である。

(2)＜子に現れる形質＞対立形質を持つ純系どうしをかけ合わせたとき，丸い種子のように子に現れる形質を顕性(優性)の形質，しわのある種子のように子に現れない形質を潜性(劣性)の形質という。

(3)＜減数分裂＞卵細胞や精細胞などの生殖細胞は減数分裂によってつくられ，対になっている親の遺伝子はそれぞれ分かれて別の生殖細胞に入る。よって，親Pが持つ遺伝子がAAのとき，親Pの卵細胞の持つ遺伝子はAとなる。また，しわのある種子だけをつくる純系の親Qが持つ遺伝子はaaなので，その精細胞の持つ遺伝子はaとなる。

(4)＜遺伝の規則性＞実験❶でできた子の種子には，親PからAの遺伝子が，親Qからaの遺伝子が伝わるから，子の種子の持つ遺伝子はAaであり，子がつくる生殖細胞が持つ遺伝子とその数の比は，A：a=1：1となる。よって，実験❷でできた孫の種子が持つ遺伝子とその数の比は，右表のように，AA：Aa：aa=1：2：1になる。これより，親Pの遺伝子の組み合わせがAAだから，AAの遺伝子を持つ種子は，孫の種子のうちの$\frac{1}{1+2+1}=\frac{1}{4}$である。したがって，孫の種子の数は603+199=802(個)であり，このうちAAの遺伝子を持つ種子は，$802\times\frac{1}{4}=200.5$より，約200個になる。

	A	a
A	AA	Aa
a	Aa	aa

(5)＜遺伝の規則性＞しわのある種子が持つ遺伝子はaaなので，丸い種子としわのある種子を育てて交配させたとき，できた種子にしわのある種子から伝わった遺伝子はaのみである。これより，できた種子に丸いものとしわのあるものがあることから，できた種子に丸い種子から伝わった遺伝子はAまたはaの2種類であったとわかる。よって，用いた孫の丸い種子はAとaの両方の遺伝子を持つので，その遺伝子はAaとなる。解答参照。

5〔電流とその利用〕

(1)＜実験方法＞電熱線に電圧を加えると，電熱線が発熱し，まず電熱線の周りの水の温度が上昇するため，コップ内の水の温度は均一ではなくなる。そのため，水をときどきかき混ぜて，コップ内の水の温度を均一にする必要がある。

(2)＜発熱量＞図2より，電流を流した時間と水の上昇温度のグラフは，原点を通る直線になる。よって，電熱線から発生する熱量は，電流を流した時間に比例することがわかる。

(3)＜消費電力＞消費電力は，〔電力(W)〕=〔電圧(V)〕×〔電流(A)〕で求められる。抵抗の大きさが4.0Ωの電熱線Pに加わる電圧が4.0Vのとき，オームの法則〔電流〕=$\frac{〔電圧〕}{〔抵抗〕}$より，電熱線Pに流れる電流は$\frac{4.0}{4.0}=1.0$(A)である。よって，電熱線Pの消費電力は，4.0×1.0=4.0(W)となる。同様に，抵抗の大きさが2.0 Ωの電熱線Ｑに加わる電圧が4.0Vのとき，電熱線Ｑに流れる電流は，$\frac{4.0}{2.0}=2.0$(A)である。したがって，電熱線Ｑの消費電力は，$4.0\times2.0=8.0$(W)となる。

⑷＜発熱量＞発熱量は，〔発熱量(J)〕＝〔電力(W)〕×〔時間(s)〕で求められる。よって，⑶より，電熱線Ｐの消費電力は4.0Wなので，５分間で発生した熱量は，$4.0\times5\times60=1200$(J)となる。

⑸＜発熱量＞まず，実験１で，電熱線Ｐは，⑶より消費電力は4.0W，図２より５分後の水100gの上昇温度は2.8℃である。実験２では，電熱線Ｐに8.0Vの電圧を加えているから，消費電力は，電流が$\frac{8.0}{4.0}=2.0$(A)より，$8.0\times2.0=16.0$(W)である。水の質量は，実験１のときと同じ100gなので，実験１の消費電力が4.0Wのときと比べて，５分後の水の上昇温度は$16.0\div4.0=4$(倍)になり，$2.8\times4=11.2$(℃)である。よって，このときのグラフはアとなる。次に，実験１で，電熱線Ｑは，⑶より消費電力は8.0W，図２より５分後の水100gの上昇温度は5.6℃である。実験２では，電熱線Ｑに4.0Vの電圧を加えているから，消費電力は，実験１のときと同じである。水の質量は200gで，実験１と比べて２倍になっているため，５分後の水の上昇温度は$\frac{1}{2}$倍になり，$5.6\times\frac{1}{2}=2.8$(℃)である。したがって，このときのグラフはウとなる。

6 〔大地の変化〕

⑴＜火山岩＞図の火成岩Ａに見られるつくりを斑状組織といい，Ｘの大きな結晶を斑晶，Ｙの非常に小さな鉱物やガラス質の部分を石基という。なお，斑状組織を持つ火成岩は火山岩である。

⑵＜深成岩＞図の火成岩Ｂのように，同じくらいの大きな鉱物の結晶が組み合わさったつくりを，等粒状組織という。なお，等粒状組織を持つ火成岩は深成岩である。

⑶＜火成岩＞⑴，⑵より，図で，斑状組織を持つ火成岩Ａは火山岩，等粒状組織を持つ火成岩Ｂは深成岩である。

⑷＜深成岩＞⑶より，火成岩Ｂは深成岩なので，マグマが地下深くでゆっくり冷えてできたといえる。マグマがゆっくり冷え固まることで，鉱物の結晶が十分に成長し，等粒状組織となる。

⑸＜火山＞火成岩Ｂは，石英，黒雲母，長石を持つことから，白っぽい火成岩であることがわかる。白っぽい火成岩をつくるマグマは，ねばりけが大きいため，おわんをふせた形の火山になる。このような火山には，雲仙普賢岳や昭和新山などがある。

国語解答

一 (一) (1) 誘惑　(2) 築　(3) 妨害
(4) もよお　(5) えつらん
(6) のぞ
(二) 2　(三) 4

二 (一) 3
(二) すばらしい人間だと強く思い込むあまり，瑛太郎と自分の演奏を比較して(33字)
(三) 4　(四) 2

三 (一) かわんとしけるに　(二) 1
(三) 4　(四) 2
(五) ちとせきこみしと見えたり

四 (一) Ⅰ 物を冷やして保存・保管
Ⅱ 1つの住居に異なるカーストの人がいる
(二) 2　(三) 3　(四) 2　(五) 1
(六) 技術水準の高さでしか判断せず，技術的に新奇性のない製品をつくることを低く見る(38字)［傾向がある点。］
(七) 生活している環境や文化を理解して，必要とされている新しい価値を備えた商品を生み出そうとする
(45字)

一 〔国語の知識〕

(一)＜漢字＞(1)「誘惑」は，心を迷わせて，よくない状態に誘い込むこと。　(2)音読みは「建築」などの「チク」。　(3)「妨害」は，邪魔をすること。　(4)音読みは「開催」などの「サイ」。　(5)「閲覧」は，書類などを調べ読むこと。　(6)「臨(む)」は，大事な場面に自分の身を置く，という意味。

(二)＜漢字の知識＞行書で書かれている「頭」は，楷書では十六画。「諸」は，十五画。「奮」は，十六画。「縮」は，十七画。「層」は，十四画。

(三)＜ことわざ＞二人は「倉田さんのうわさ」が「本当」かどうかについて話している。「火のない所に煙は立たぬ」は，根拠となる事実がなければうわさは立たない，という意味。「鉄は熱いうちに打て」は，何事も時期を選ぶことが大切である，という意味。「三つ子の魂百まで」は，小さいときの性格は，年を取っても変わらない，という意味。「玉磨かざれば光なし」は，優れた才能があっても，努力して学ばなければ立派な人になれない，という意味。

二 〔小説の読解〕出典：額賀澪『風に恋う』。

(一)＜心情＞基は，池辺先輩ともめてしまったことや「部長としての至らなさ」を「小さく感じてしまう」ほどに，「自分の演奏に夢中になって」いて，自分の理想の演奏に追いつきたいと思っている自分を強く感じた。

(二)＜文章内容＞基は，瑛太郎の吹いた『スケルツァンド』を聴いて，「どうして自分はあんな風に吹けない」のかと，自分と瑛太郎を比較し，理想に追いつけずもがいていた。瑛太郎は，そのように基が苦しむのは基が瑛太郎に対して「素晴らしい人間だという思い込みが強すぎる」からだと思った。

(三)＜文章内容＞基は，瑛太郎から，基を部長に指名したのは「自分の理想を追いかけることに一生懸命になれる奴だから」だと言われた。基は，その言葉を「一生，自分の中に焼き付けて」おきたいと思うほどに大切だと感じ，「もう一度同じ台詞を言ってほしい」と思った。

㈣＜表現＞「息ができなくて，出口がなくて，苦しい」など，自分の理想の演奏に追いつけないで「しんどい」気持ちの基の様子が描かれている。そして，苦しむ基に対し，「憧れの向こう側にあるものには，追いつけなくて当然」なのであせらなくてよい，基が「自分の理想を追いかけることに一生懸命になれる奴」だから部長に基を指名したと，基を励ます瑛太郎の姿が描かれている。

三〔古文の読解―随筆〕出典：大田南畝『仮名世説』下。

≪現代語訳≫関取の谷風梶之助が，弟子の力士を供として連れて日本橋の本船町を通ったとき，鰹を買おうとしたが(鰹の)値段がとても高かったので，(谷風が)供の者に言いつけて「(鰹の値段を)まけてくれ」と言わせて通り過ぎたのを，魚を売る男が(谷風を)呼びとめて，「関取がまけると言うのは(勝負に負けることに通じるので)不吉なこととして避けるべきことだ」と言ったので，谷風が引き返して(供の弟子の力士に)「(鰹を)買え買え」と言って買わせたのはおもしろいことだった。これは谷風が(相撲で)負けるのではなく，魚を売る男にまけさせることなのだから，それほど避けなければならないことではないのに，(谷風が)「買え買え」と言ったのは少しあせっていたと思われた。これは私が若いときに目の前で見たことである。

㈠＜歴史的仮名遣い＞歴史的仮名遣いの語頭以外のハ行は，原則として現代仮名遣いでは「わいうえお」となるので，「かはんとしけるに」は「かわんとしけるに」となる。

㈡＜古文の内容理解＞谷風は，弟子の力士を供に連れて日本橋の本船町を通っていたときに鰹を買おうとしたが，値段がとても高かったので，供の力士に「まけよ」と言わせて，自分は通り過ぎた。

㈢＜古文の内容理解＞谷風が，弟子の力士に鰹の値段を「まけよ」と言わせると，魚を売る男は，関取が「まける」と言うのは不吉だから避けるべきだと言った。谷風は，魚を売る男の言葉を本当だと受け取って，元々示してあった値段で鰹を買ってしまったのである。

㈣＜古文の内容理解＞魚を売る男は，谷風に，関取が「まける」と言うのは不吉だから避けるべきだと言った。しかし，値段をまけるのは魚売りの男であって，谷風が負けるわけではないので，谷風が「まけよ」と言うことは，不吉ではなかったのである。

㈤＜古文の内容理解＞値段をまけるのは魚売りの男であって，谷風が負けるわけではないのに，谷風は，関取がまけると言うのは避けるべきだという魚を売る男の言葉を受けて，弟子の力士に鰹をそのままの値段で買わせた。谷風が魚を売る男の言葉を本当だと受け取って「かへかへ」と言ったのは，少しあせっていたように作者には思えた。

四〔論説文の読解―自然科学的分野―技術〕出典：畑村洋太郎『技術の街道をゆく』。

≪本文の概要≫ビジネスと結びついた技術の世界では，誰かのお手本を見習って物をつくるだけではいけない。特に，大量生産を前提とする製品については，独自の「新しい価値」を生み出す製品をつくらないと生き残れなくなるからである。しかし，画期的な製品のみが「新しい価値」を生み出すのではない。例えば，インドの鍵つき冷蔵庫のように，技術的に画期的なところがなくても，「新しい価値」を生み出している製品はある。このような「価値」を持った商品は，その商品が使われる社会に入り込んで生活し，現地の文化，現地の人の生き方や考え方を理解することで，初めて生み出せるものである。製品としての機能を満たしているからといって，それだけで「商品」としての価値が生まれるわけではないのである。ところが，日本の技術者は，技術水準の高さでしか評価をせず，技術的に新奇性のない製品をつくることを一段低く見る傾向がある。「物の世界」に閉じこもり，技術的に画期的な良い物さえつくっていればよいと考えていては，「新しい価値」を生み出すような技術者にはなれない。

㈠＜文章内容＞インドにある「鍵付き冷蔵庫」は，「普通の冷蔵庫にただ鍵が付いているだけの製品」である。だから，冷蔵庫の基本的な機能としての「物を冷やして保存・保管する」というはたらきを，当然持っている。その機能に加えて，インドの「カースト制」をふまえ，「１つの住居に異なるカーストの人がいる場合」のために，扉に鍵をつけるという「工夫」が，冷蔵庫にされているのである。

㈡＜文脈＞ビジネスと結びついた「技術の世界で生き残っていく」ために，お手本を見習って物をつくる「How」から抜け出て，「『What(何を)』で考える必要がある」理由は，「新しい価値を生み出すのは，『What』のみだから」である。

㈢＜要旨＞インドにある「韓国製」の「鍵付き冷蔵庫」は，「技術的に見れば新しいところは何もない」が，扉に鍵をつけることで「１つの住居に異なるカーストの人がいる場合」に対応し，「新しい価値」を生み出している(４…×)。このような，ある人々にとって価値のある商品は，その商品を売り込む「現地の社会に入り込んで生活」し，現地の文化などを理解して「初めて生まれてくる」ものである(３…○)。日本の技術者は，「技術的に新奇性のない製品を作る外国メーカー」を低く見る傾向にあるが，「良い物さえ作っていればいい」と考えているかぎり，日本人は「『What』で新しい価値を生み出すような技術者にはなれない」のである(１・２…×)。

㈣＜資料＞商品の安全性を「常に意識する」人は41.7%で，商品の機能を「常に意識する人」は42.0%なので，商品の安全性より機能を重視する人が多い(１…×)。商品の機能を「常に意識する人」と「よく意識する人」は，合わせて88.8%であり，価格を「常に意識する人」と「よく意識する人」を合わせた91.1%の次に多い(２…○)。商品の機能を「よく意識する人」が46.8%であるのに対し，価格を「よく意識する人」は31.1%であり，同程度とはいえない(３…×)。ブランドイメージを「常に意識する人」と「よく意識する人」は，合わせて38.1%で，約五割の人が当てはまるとはいえない(４…×)。

㈤＜資料＞70歳代のスマートフォンの保有率は13.1%，80歳以上の保有率は3.3%と少ないため，70歳代以上の人には，スマートフォンの機能はあまり必要とされていないと考えられる(１…○)。また，資料からは，40歳代以降に比べ，13－19歳，20歳代のスマートフォンの保有率の高さが読み取れるものの，コミュニケーションをとるためだけに用いられているかどうかは読み取れない(２・４…×)。小学生である6－12歳のスマートフォンの保有率は，33.8%であり，広く普及しているとはいえない(３…×)。

㈥＜文章内容＞日本の技術者は，「技術的に新奇性のない製品を作る外国メーカーを一段低く」見て，「技術水準の高さ」のみで評価する傾向がある。「筆者」は，そのような「技術水準の高さ」のみで評価する見方を「傲慢以外の何物でもない」と強く批判している。

㈦＜文章内容＞「製品としての機能を満たして」いるからといって，「『商品』としての価値が生まれるわけでは」ない。商品を売る現地の人々が「日々の生活の中で何に困っているか，何を不満に思っているか，何を欲しいと思いそうなのか」を観察し理解することで，初めて「技術的に画期的」ではなくても，現地の人々にとっての「新しい価値を生み出す」ことができるのである。

2023年度 常磐大学高等学校

【英　語】（50分）〈満点：100点〉

1　次の(1)～(4)は，放送による問題です。それぞれ放送の指示にしたがって答えなさい。

(1)　これから，No. 1からNo. 5まで，五つの英文を放送します。放送される英文を聞いて，その内容に合うものを選ぶ問題です。それぞれの英文の内容に最もよく合うものを，ア，イ，ウ，エの中から一つ選んで，その記号を書きなさい。

No. 1

No. 2

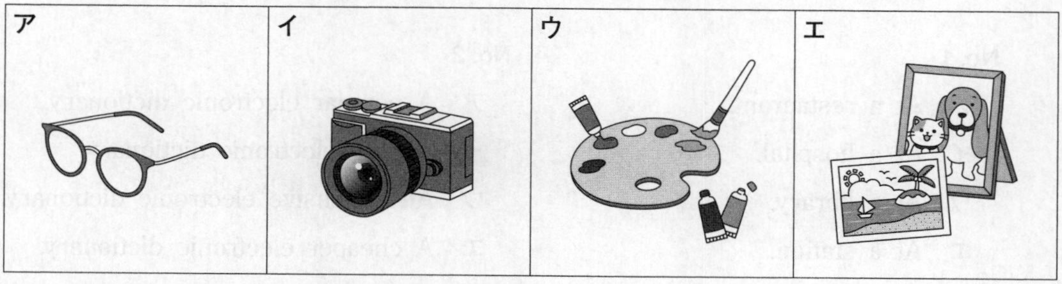

No. 3

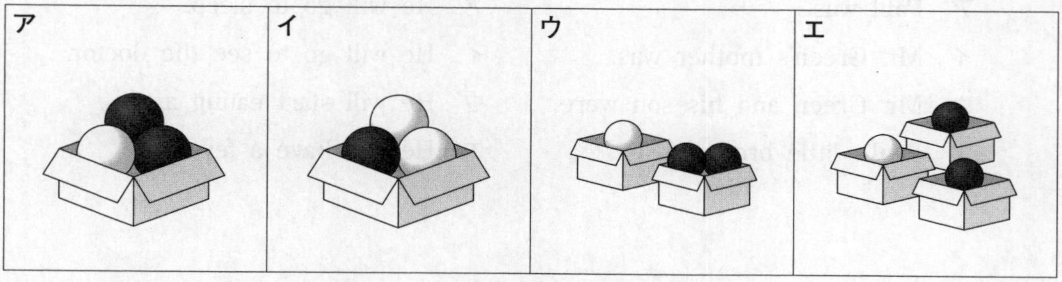

No. 4

ア

土曜日の予定	
11時	トムと 泳ぎに行く
3時	サムと 映画に行く

イ

日曜日の予定	
11時	トムと 泳ぎに行く
3時	サムと 映画に行く

ウ

土曜日の予定	
11時	トムと 映画に行く
3時	サムと 泳ぎに行く

エ

日曜日の予定	
11時	トムと 映画に行く
3時	サムと 泳ぎに行く

No. 5

ア

50m 走結果

Ken	6.9秒
Shota	7.2秒
Brian	7.5秒
Jack	7.3秒

イ

50m 走結果

Ken	7.2秒
Shota	7.6秒
Brian	6.9秒
Jack	7.3秒

ウ

50m 走結果

Ken	6.9秒
Shota	7.6秒
Brian	7.3秒
Jack	7.2秒

エ

50m 走結果

Ken	6.9秒
Shota	7.7秒
Brian	7.2秒
Jack	7.3秒

(2) これから，No. 1 から No. 4 まで，四つの対話を放送します。それぞれの対話のあとで，その対話について一つずつ質問します。それぞれの質問に対して，最も適切な答えを，ア，イ，ウ，エの中から一つ選んで，その記号を書きなさい。

No. 1

ア At a restaurant.

イ At a hospital.

ウ At a library.

エ At a station.

No. 2

ア A popular electronic dictionary.

イ A little electronic dictionary.

ウ An expensive electronic dictionary.

エ A cheaper electronic dictionary.

No. 3

ア Paul was.

イ Mr. Green's mother was.

ウ Mr. Green and his son were.

エ Paul's little brother was.

No. 4

ア He will go to sleep.

イ He will go to see the doctor.

ウ He will start eating again.

エ He will have a fever.

(3) これから，アキラ(Akira)とベティ(Betty)との二人の対話を放送します。そのあとで，その内容について，Question No. 1 と Question No. 2 の二つの質問をします。それぞれの質問に対して，最も適切な答えを，ア，イ，ウ，エの中から一つ選んで，その記号を書きなさい。

No. 1

ア The sports day.
イ Sports.
ウ Dance.
エ Rain.

No. 2

ア It will be fine.
イ It will be rainy.
ウ It will be cloudy.
エ It will be fine and rainy.

(4) リサ(Risa)の中学校で，ホワイト先生(Mr. White)が生徒たちに話をしています。これからその内容を放送します。ホワイト先生が生徒たちに伝えた内容について正しいものはどれですか。下のア，イ，ウ，エの中から一つ選んで，その記号を①に書きなさい。

また，あなたがリサの立場なら，ホワイト先生の質問に対して何と答えますか。英語1文で②に書きなさい。

① ホワイト先生が生徒たちに伝えた内容

ア Mr. White wants his students to stop talking about their future dream.
イ The students told Mr. White about their future dream last week.
ウ The students will have to write about their future dream this week.
エ Mr. White wants his students to talk about their future dream.

② ホワイト先生の質問に対する答え

( )

これで，放送による聞き取りテストを終わります。続いて，問題2に進みなさい。

※ 放送による問題の放送文は，英語の問題の終わりに付けてあります。

2 次のAとBの英文は，中学生のタカシ(Takashi)とメアリー(Mary)がやり取りしたメールです。それぞれの英文を読んで，下の⑴，⑵の問いに答えなさい。

A

> Hi, Mary,
>
> Yesterday, I ①(go) to the new *department store that opened two weeks ago. A lot of people were shopping there. I wanted to buy a sport shirt. The store had ②(many) sports goods than the shop near our school. There ③(be) so many nice shirts that it was difficult for me to choose the best one! I'll go there again this weekend. Would you like to come with me?

* department store デパート

B

> Hello, Takashi,
>
> Yes! The new department store you are talking about is the one in ④(f　　) of the station, right? I want to buy a present for my grandmother, because next ⑤(M　　) is her birthday. She likes cooking and eating at home, so I'm planning to buy some *dishes or glasses. *By the way, I heard the department store has a nice Italian restaurant. ⑥(W　　) don't we eat there after shopping?

* dish(es) 皿　by the way ところで

⑴ Aの英文が完成するように，文中の①～③の(　　)の中の語を，それぞれ1語で適切な形に直して書きなさい。

⑵ Bの英文が完成するように，文中の④～⑥の(　　)内に，最も適切な英語を，それぞれ1語ずつ書きなさい。なお，答えはすべて(　　)内に示されている文字で書き始めるものとします。

3 次の(1)，(2)の問いに答えなさい。

(1) 次の英文は，ある記事の一部です。この記事が伝えている内容として最も適切なものを，下のア～エの中から一つ選んで，その記号を書きなさい。

Do you like chocolate? It is loved and eaten by many people in the world. Scientists say that chocolate has some good *effects on our health. For example, eating chocolate can improve our *blood circulation. But be careful! Most of chocolate has a lot of *fat in it. So if you eat it too much, it will be bad for your health. Eat the right *amount of chocolate, and you can enjoy not only good *taste but also good health.

* effect(s) 効果　blood circulation 血行　fat 脂肪　amount 量
taste 味

ア Everyone in the world likes chocolate very much.
イ Eating the right amount of chocolate is good for your health.
ウ Eating chocolate will make you very sick.
エ Scientists say that you should eat a lot of chocolate.

(2) 次の英文中の[　　　]には，下のア～ウの三つの文が入ります。意味の通る英文になるように，ア～ウの文を並べかえて，記号で答えなさい。

You may think that living in a big city is better than living in the *countryside. [　　　] You can climb the mountains and swim in the rivers. Second, the countryside is *safer place to live. Third, many people in the countryside are *friendlier.

* countryside 田舎　safer safe「安全な」の比較級
friendlier friendly「親切な」の比較級

ア First, the countryside is full of nature and the air is clean.
イ However, living in the countryside has its good points.
ウ If you live in the countryside, you can enjoy many *outdoor activities.

* outdoor 屋外の，野外の

4 高校生のアキ(Aki)とアメリカからの留学生のボブ(Bob)が，次のページのウェブサイトを見ながら話をしています。下の対話文を読んで，(1)，(2)の問いに答えなさい。

Bob : Hi, Aki. What are you doing?

Aki : Hi, Bob. I'm looking at the website of the Wakaba Museum. I'm going there with my brother on Saturday. The museum is now (①) two *special exhibitions.

Bob : What kind of exhibitions are they?

Aki : One is about Ukiyo-e paintings. The other is about Japanese comics.

Bob : Really? That sounds exciting. I love both of them. Ukiyo-e is a kind of Japanese paintings that were very popular during the *Edo period, right?

Aki : Yes, it is. I'm surprised that you know about Ukiyo-e.

Bob : I'm very interested in Japanese things. I think Ukiyo-e is really beautiful, and Japanese comics are just great. Japanese comics are very popular in my country.

Aki : I see. So you are here now, right?

Bob : That's right. I'm here in Japan because I want to learn more about Japanese (②). Can I go to the museum with you?

Aki : Of course you can.

Bob : Thank you. Where is the museum? Is it in our town?

Aki : No, it isn't, but not very far from here. It will take about an hour to the museum. The nearest station is Mirai Station. Also, we can (③).

Bob : OK. ［　　　　］ do we need to *enter the museum?

Aki : According to the website, the ticket is 500 yen.

Bob : Look here. It will be half the price (④).

Aki : Oh, that's right.

Bob : And do we need to pay any *additional charge for the special exhibitions?

Aki : (⑤)

Bob : That's great! I'm really excited now. I can't wait!

* special exhibitions 特別展　Edo period 江戸時代　enter 入る
additional charge 別料金

Wakaba Museum

Opening Hours

Tuesday to Friday	10:00 – 17:30
Saturdays	10:00 – 19:30
Sundays	9:00 – 19:00

Closed Days

Every Monday
Winter holidays (December 28 – January 4)

Tickets

College Students and older	¥750★1
High School and Junior High School Students	¥500★2
Elementary Students and younger	Free

★1 ¥500 for groups of 20 or more visitors
★2 ¥250 if you show your student card

How to get here

By train	*5-minute walk from Mirai Station
By bus	1-minute walk from Wakaba Museum bus stop

Special exhibitions★3

1. The Wonderful World of Ukiyo-e Paintings
2. Manga: The History of Japanese Comics

★3 No additional charge is necessary for the special exhibitions.

* ～-minute walk　徒歩～分

(1) 対話中の（ ① ）～（ ⑤ ）に入る最も適切なものを，ア～エの中から一つ選んで，その記号を書きなさい。

① ア doing　イ keeping　ウ asking　エ holding

② ア food　イ people　ウ culture　エ history

③ ア take bus and taxi　イ change trains
ウ go there by bus　エ get to the museum

④ ア if we show our student card　イ if we are a group of 20
ウ if we are students　エ if we visit on Saturday

⑤ ア Yes, we have to pay some money for both of them.
イ No, we don't have to pay any money for them.
ウ Yes, we have to pay some money for one of them.
エ No, but we have to give one of our paintings or comic books to the museum.

(2) 対話の流れに合うように，文中の［　　　　］に入る適切な英語を，２語で書き，英文を完成させなさい。

5 下の英文を読んで，次のページの(1)～(4)の問いに答えなさい。

Aya is a high school student. Last winter she visited *Hawaii with her family. One night, she had dinner at a restaurant with a *live ukulele performance. She liked the *sound of the ukulele and got interested in it. After she came back to Japan, she started to take ukulele *lessons.

Last month, Aya's family moved to Midori Town. So, she had to look for a new music school to take lessons. But there was no school that gave ukulele lessons in Midori Town. She said to herself, "I want to get better at playing the ukulele, but there is no one who can teach me here. How can I practice it without the help of another person?" [1]

One day, her brother Hiro showed her a website and said, "Look. On this website, you can learn the ukulele! A *Hawaiian woman called Ms. Lei *posts *videos that show how to play it. Also, you can send her a message. How about watching her videos and asking her about how to improve your *skills?" Aya said, "That's a good idea! Thank you, Hiro."

Aya visited Ms. Lei's website. [2] She was happy that she could practice a lot of songs. Two weeks later, she decided to send a message to her to ask some questions. She had to write a message in English, but she thought it was a good *chance to communicate with a person from other countries in English. Soon Aya received an answer from Ms. Lei. She was really happy. Since then Aya has enjoyed not only learning the ukulele but communicating with Ms. Lei in English.

One day, Hiro said, "How about taking a video of yourself playing the ukulele and posting it on the Internet? Aya said, "That may be interesting." When she posted a video, she used a *nickname 'Aloha Girl.' [3] Then she waited for *comments. Two days later, she got one comment. It said, "I like it!" Aya was happy to see it. After that she got more positive comments about her video.

One Wednesday morning, Aya *was spoken to by a girl at school. "Hi, you are 'Aloha Girl,' right?" Aya was surprised and said, "Yes, but how do you know that?" The girl said, "I'm Yui. I found the video last Saturday. You were playing the ukulele in it. I thought, 'I have seen this girl at school,' and I have been looking for you. I'm interested in the Hawaiian music, too." [4] Aya said, "Wow, it's a small world, isn't it?" Yui smiled.

* Hawaii ハワイ　live ukulele performance ウクレレの生演奏　sound 音
lesson(s) レッスン　Hawaiian ハワイ(人)の　post(s) 投稿する
video(s) 動画　skill(s) 技術　chance 好機　nickname 愛称
comment(s) コメント　be spoken to 話しかけられる

(1) 本文の内容に合う文を，次のア～クの中から三つ選んで，その記号を書きなさい。

ア Aya started taking ukulele lessons while she was staying in Hawaii.

イ Aya started to go to a new music school because she moved to Midori Town.

ウ Ms. Lei shared some videos about how to play the ukulele on the Internet.

エ Hiro asked Aya to play the ukulele for him because he liked it.

オ Aya thought it was good for herself to write a message in English.

カ Aya was happy to know that there were some people who liked her video.

キ Aya sent Ms. Lei many positive comments about her videos.

ク Yui watched a video and Ms. Lei was playing the ukulele in it.

(2) 次の文は，文中の [1] ～ [4] のどこに入るのが最も適切か，番号で答えなさい。

She watched the videos many times and practiced hard.

(3) 次の①，②の質問に，それぞれ指定された語数の英文で答えなさい。ただし，符号(, . ? ! など)は，語数には含まないものとします。

① Who found Ms. Lei's website? （2語）

② What did Aya call herself on the Internet? （3語以上5語以内）

(4) 次の対話は，本文を読んだ中学生のナオ(Nao)が留学生のジョー(Joe)に質問しているところです。(　　)に入る英文をあなたの立場で，8語以上16語以内で書きなさい。ただし，符号(, . ? ! など)は，語数には含まないものとします。

Nao : I like speaking English but I'm not good at writing in English. Maybe it was difficult for Aya to write an English message at first. How do you think she could do that?

Joe : I think that (　　　).

Nao : I see.

6 あなたは中学校の英語の授業で「高校生になったら頑張りたいこと」を発表することになっています。そこで，以下の７個の頑張りたいことがらのうち，一つを選んで原稿を作成することに決めました。与えられた書き出しに続けて，選んだことがらとその理由を，英語30語以上で書きなさい。なお，与えられた書き出しの語句は，30語には含まないものとします。また，記入例にならい，符号(，．？！など)は，その前の語につけて書き，語数には含まないものとします。

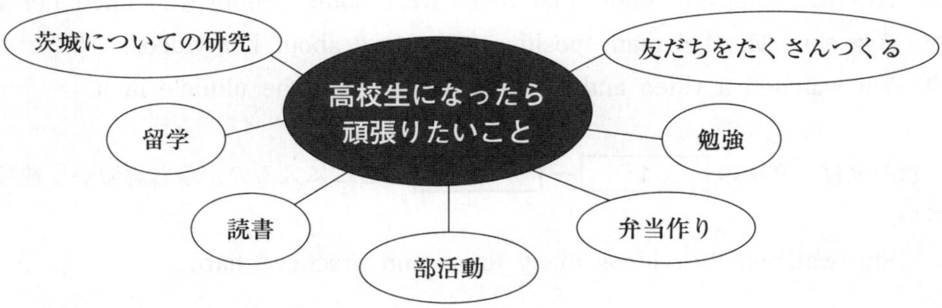

記入例	Are	you	Ms.	Brown?
	No,	I'm	not.	

When I become a high school student, I want to

30

60

＜放送による問題放送文＞

ただいまから１番の，放送による聞き取りテストを行います。問題は(1)から(4)までの四つです。放送中メモを取ってもかまいません。

それでは(1)の問題から始めます。

(1)　これから，No.1 から No.5 まで，五つの英文を放送します。放送される英文を聞いて，その内容に合うものを選ぶ問題です。それぞれの英文の内容に最もよく合うものを，ア，イ，ウ，エの中から一つ選んで，その記号を書きなさい。

それぞれの英文は，２回放送します。

では，はじめます。

No.1

My sister is brushing her teeth.

繰り返します。

No.2

We use this when we take pictures.

繰り返します。

No.3

There are three balls in a box.　One is white, and the others are black.

繰り返します。

No.4

It is Saturday today.　Tomorrow, I’m going to go swimming with Tom at eleven in the morning.　Then, I’m going to see a movie with Sam at three in the afternoon.

繰り返します。

No.5

Ken was the fastest runner of the four.　Brian ran faster than Shota.　Jack was a little slower than Brian.

繰り返します。

これで(1)の問題を終わります。

次に，(2)の問題に移ります。

(2)　これから，No.1 から No.4 まで四つの対話を放送します。それぞれの対話のあとで，その対話について一つずつ質問します。それぞれの質問に対して，最も適切な答えを，ア，イ，ウ，エの中から一つ選んで，その記号を書きなさい。

対話と質問は，２回放送します。

では，はじめます。

No.1

A：Good morning.　What can I do for you?

B：I have had a headache since last night and I have a fever, too.

A：I see.　I'll give you some medicine.　Take this twice a day.

B：Thank you very much.

Question：Where are they talking?

繰り返します。（対話と質問を繰り返す。）

No.2

A：Hello.　Can I help you?

B：I'm looking for an electronic dictionary.

A：How about this one?　It's new and popular among students.

B：Well, it's a little expensive.　Do you have cheaper ones?

Question：What does the boy want to buy?

繰り返します。（対話と質問を繰り返す。）

No.3

A：Hi, Paul.　I saw Mr. Green at Sakura Park yesterday.

B：Oh, really?　What was he doing there?

A：He was having lunch with his son.　Did you know he had a son?

B：Yes, I did.　His son and my little brother are in the same class at school.

Question：Who was having lunch at the park?

繰り返します。（対話と質問を繰り返す。）

No.4

A：You haven't eaten much.　Are you OK, Mike?

B：I'm not hungry.　I don't feel very well.

A：Oh, do you have a fever?　Do you need to see the doctor?

B：No, I think I'll be OK if I go to bed now.

Question：What will Mike do?

繰り返します。（対話と質問を繰り返す。）

これで(2)の問題を終わります。

次に，(3)の問題に移ります。

(3) これから，アキラ(Akira)とベティ(Betty)との二人の対話を放送します。そのあとで，その内容について，Question No.1 と Question No.2 の二つの質問をします。それぞれの質問に対して，最も適切な答えを，ア，イ，ウ，エの中から一つ選んで，その記号を書きなさい。

対話と質問は，２回放送します。

では，はじめます。

Akira : We'll have our sports day next Saturday. I can't wait! How about you, Betty?

Betty : Well ... I'm not good at sports, so I don't like it.

Akira : I see, but don't worry. You don't have to do well. Just doing your best is enough.

Betty : Thank you. I'll try.

Akira : Oh, you like dance, right? Do you know there will be a dance performance by the members of the dance team?

Betty : Really? That sounds great! I love dance.

Akira : Yes, that will be exciting. What will the weather be like this weekend?

Betty : It will be cloudy on Saturday.

Akira : I hope it will be fine weather on that day.

Betty : I hoped it would rain, but now I hope it will be fine, too!

Questions :

No.1 What does Betty like?

No.2 How will the weather be on Saturday?

繰り返します。(対話と質問を繰り返す。)

これで(3)の問題を終わります。

次に，(4)の問題に移ります。

(4)　リサ(Risa)の中学校で，ホワイト先生(Mr. White)が生徒たちに話をしています。これからその内容を放送します。ホワイト先生が生徒たちに伝えた内容について正しいものはどれですか。下のア，イ，ウ，エの中から一つ選んで，その記号を①に書きなさい。

また，あなたがリサの立場なら，ホワイト先生の質問に対して何と答えますか。英語１文で②に書きなさい。

英文は，２回放送します。

では，はじめます。

Good morning, everyone. Now I'm going to tell you about the thing I want you to do this week, so please listen carefully. Last week each of you talked about your favorite subject. This week, I want you to talk about your future dream. Today, make groups of three people first, and then talk about your dream in your group. What do you want to do or be in the future? When all the members in your group finish talking about that, please let me know. Now, let's start.

繰り返します。(英文を繰り返す。)

これで，放送による聞き取りテストを終わります。続いて，問題２に進みなさい。

【数　学】 (50分) 〈満点：100点〉

1 次の各問に答えなさい。

(1) $(-2)^2+5\times(-3)$ を計算しなさい。

(2) $\dfrac{5x+y}{4}-\dfrac{x+y}{2}$ を計算しなさい。

(3) $\sqrt{6}\times\sqrt{8}+\dfrac{6}{\sqrt{3}}$ を計算しなさい。

(4) 2次方程式 $x^2-4x-45=0$ を解きなさい。

2 次の各問に答えなさい。

（1）「3でわると余りが2になる自然数の2乗を3でわると，余りが1になる」

このことを次のように説明した。

> **(説明)**
>
> 3でわると余りが2になる自然数は，n を0以上の整数として，
>
> [ア] と表せる。
>
> ([ア])$^2 = 9n^2 + 12n + 4 = 9n^2 + 12n + 3 + 1 = 3 \times$ ([イ]) $+ 1$
>
> [イ] は整数だから，$3 \times$ ([イ]) $+ 1$ は3でわると余りが1になる数である。
>
> よって，3でわると余りが2になる自然数の2乗を3でわると，余りが1になる。

このとき，上の [ア] ，[イ] に当てはまる式を，それぞれ書きなさい。

（2） 現在，父の年齢は子の年齢の4倍である。5年後，父の年齢は子の年齢の3倍になる。

現在の父の年齢を x 歳，子の年齢を y 歳として，連立方程式をつくると，次のようになる。

$$\begin{cases} x = \boxed{\text{ア}} \\ x + 5 = 3(\boxed{\text{イ}}) \end{cases}$$

この連立方程式を解くと，$x =$ [ウ] ，$y =$ [エ] となるので，現在の父の年齢は [ウ] 歳，子の年齢は [エ] 歳である。

このとき，上の [ア] ，[イ] には当てはまる式を， [ウ] ，[エ] には当てはまる数を，それぞれ書きなさい。

(3)　右の図において，2点A，Bは関数$y=\frac{1}{2}x^2$のグラフと，傾きが$\frac{1}{2}$である直線との交点で，点Aの座標は$\left(-3,\ \frac{9}{2}\right)$，点Bの座標は(4, 8)である。また，点Pは直線AB上の点で，x座標は2である。点Pを通りy軸に平行な直線をひき，関数$y=\frac{1}{2}x^2$のグラフとの交点をQ，x軸との交点をRとする。

このことから，直線ABの式は$y=\frac{1}{2}x+$ ア であり，PQ：QR＝ イ である。

このとき，上の ア には当てはまる数を， イ には当てはまる最も簡単な整数の比を，それぞれ書きなさい。

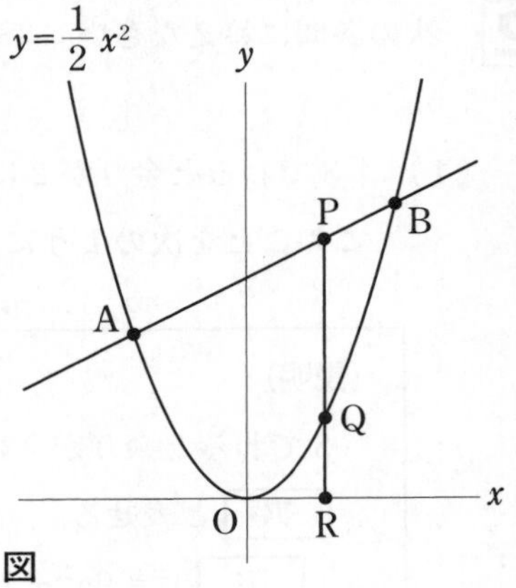

図

(4)　2つのさいころA，Bを同時に1回投げ，さいころAの出た目の数をa，さいころBの出た目の数をbとする。

このとき，$\frac{b}{a+1}$の値が整数になる確率を求めなさい。

ただし，2つのさいころはどの目が出ることも同様に確からしいものとする。

3 先生と太郎さんと花子さんの次の会話を読んで，あとの(1)～(3)の問いに答えなさい。

(先生と太郎さんと花子さんの会話)

先生：右の図1は，線分 AB を直径とする半円の $\overset{\frown}{AB}$ 上に，点 A，点 B とは異なる点 C をとり，さらに，$\overset{\frown}{BC}$ 上に，点 B，点 C とは異なる点 D をとったものです。線分 AD と線分 BC の交点を E とします。

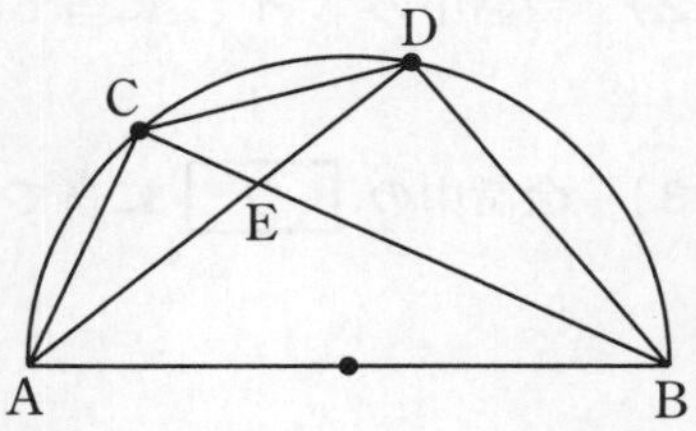

図1

太郎：4 点 A，B，C，D は，左から，A，C，D，B の順になりますね。

先生：そのとおりです。では，$\angle ADC = 25°$ としたときの $\angle CAB$ の大きさはわかりますか。

花子：$\overset{\frown}{AC}$ に対する円周角の大きさが等しいことから，$\angle ABC = 25°$ になるわ。先生，わかりました。$\angle CAB$ の大きさは [ア] になります。

先生：正解です。よくできました。次に，右の図2のように，$\overset{\frown}{BD} = \overset{\frown}{CD}$ となる場合を考えてみます。このとき，$\triangle ABD$ と $\triangle BED$ が相似になるのですが，証明することはできますか。

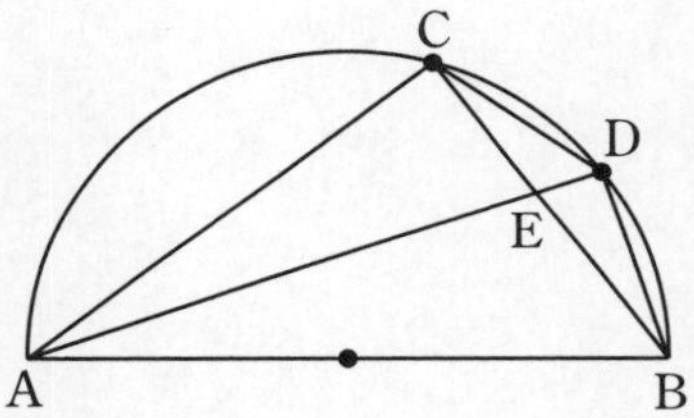

図2

太郎：

[イ]

先生，できました。これでよいでしょうか。

先生：はい，よくできました。では，図2において，AD = 9 cm，BD = 3 cm，AB = $3\sqrt{10}$ cm とします。このとき，$\triangle AEC$ の面積は，$\triangle ABD$ の面積の何倍になるか求めてみましょう。

花子：さっき，$\triangle ABD$ と $\triangle BED$ が相似であることを証明したけど，これを利用するのかしら。

先生：花子さん，よいところに気づきましたね。それも利用します。

太郎：先生，[ウ] 倍になります。

先生：太郎さん，正解です。

（1） 会話中の ア に当てはまる角の大きさを求めなさい。

（2） 会話中の イ に当てはまる証明を書きなさい。

（3） 会話中の ウ に当てはまる数を求めなさい。

4 ある電話会社の１か月の電話使用料金について，次のような３つのプランＡ，Ｂ，Ｃがある。

プランＡ

通話料金：１分あたり 30 円

※１か月の電話使用料金は，通話時間に応じた通話料金のみ

プランＢ

基本料金：1500 円

通話料金：30 分までは０円

30 分を超えた分については１分あたり 20 円

※１か月の電話使用料金は，基本料金と通話時間に応じた通話料金の合計

プランＣ

3300 円

※１か月の電話使用料金は，通話時間に関係なく，一律 3300 円

右の図は，プランＢにおいて，通話時間をx分，１か月の電話使用料金をy円としたときのxとyの関係を表したものである。

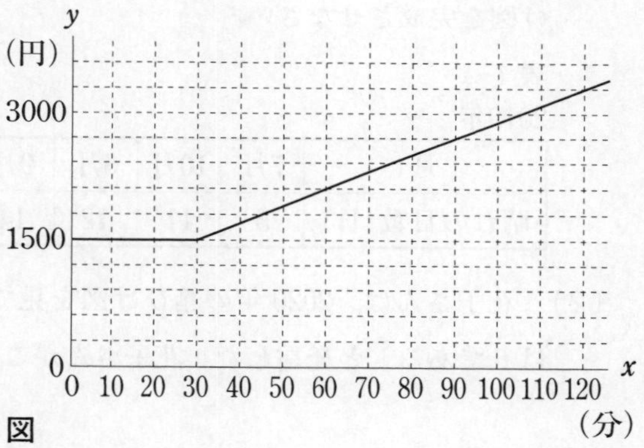

図

このとき，次の(１)～(３)の問いに答えなさい。

(１)　１か月の通話時間が 10 分のとき，プランＡとプランＢの電話使用料金の差を求めなさい。

(２)　プランＢにおいて，$x \geqq 30$ のとき，yをxの式で表しなさい。

(３)　プランＡとプランＢの１か月の電話使用料金が同じになる通話時間，プランＢとプランＣの１か月の電話使用料金が同じになる通話時間を，それぞれ求めなさい。

5 太郎さんは，インターネットで，M市の2019年，2020年，2021年における1月～12月の月ごとの晴れの日数について調べた。下の図は，調べた結果を箱ひげ図に表したものである。2019年の箱ひげ図は一部が欠けている。

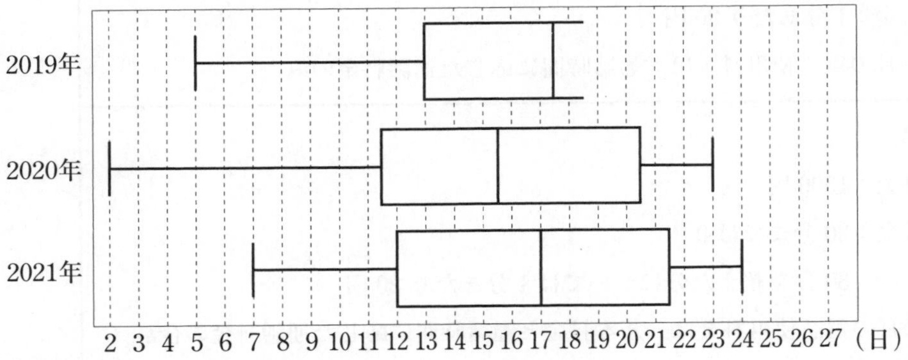

図

このとき，次の(**1**)～(**3**)の問いに答えなさい。

(**1**) 下の**表1**は，2019年の月ごとの晴れの日数を，晴れの日数が少ない方から並べてまとめたものである。これをもとに，一部が欠けている2019年の箱ひげ図に線をかき加え，箱ひげ図を完成させなさい。

表1

2019年

月	7月	10月	6月	9月	12月	2月	3月	8月	11月	4月	5月	1月
晴れの日数(日)	5	11	12	14	14	17	18	18	19	21	22	25

(**2**) 花子さんは，2020年の箱ひげ図を見て，「2020年は，晴れの日数が16日以上あった月数は6である」と発言した。花子さんがこのように発言した理由を，説明しなさい。

(**3**) 下の**表2**は，2021年の月ごとの晴れの日数をまとめたものである。また，2021年の4月～7月の晴れの日数について，次のことがわかっている。

表2

2021年

月	1月	2月	3月	4月	5月	6月	7月	8月	9月	10月	11月	12月
晴れの日数(日)	21	23	16	ア	イ	ウ	エ	12	11	18	22	24

・4月～7月の晴れの日数の合計は52日である。

・4月～7月で，晴れの日数は，6月が最も少なく，4月が最も多い。

・晴れの日数は，7月は5月より1日多い。

このとき，ア ～ エ に当てはまる数を，それぞれ求めなさい。

6　右の図1は，底面が1辺10 cmの正方形ABCDで，OA＝OB＝OC＝ODの正四角すいである。また，体積は400 cm^3，表面積は360 cm^{2}である。辺OBの中点をPとし，辺OC上の点O，点Cと異なる点をQとする。

このとき，次の(1)～(3)の問いに答えなさい。

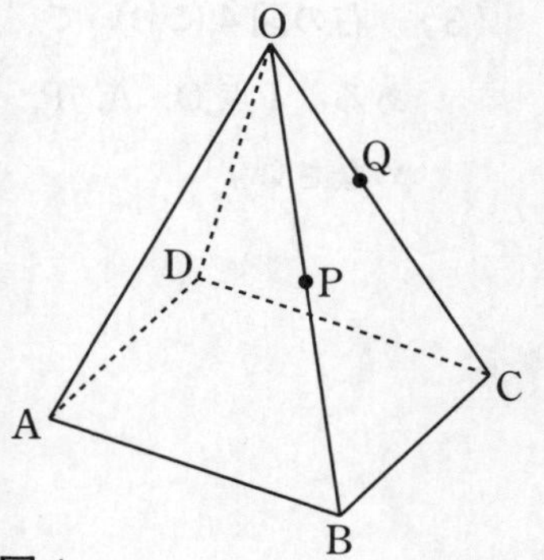

図1

(1)　右の図2のように，底面の正方形ABCDの対角線AC，BDの交点をH，辺ABの中点をIとするとき，線分OH，線分OIの長さをそれぞれ求めなさい。

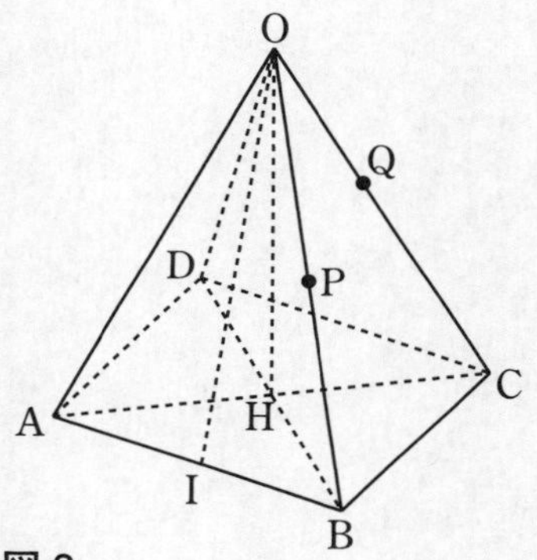

図2

(2)　右の図3において，点Qは辺OCの中点である。2点P，Qを通り面ABCDに垂直な平面で正四角すいO-ABCDを切るとき，切り口の面積を求めなさい。

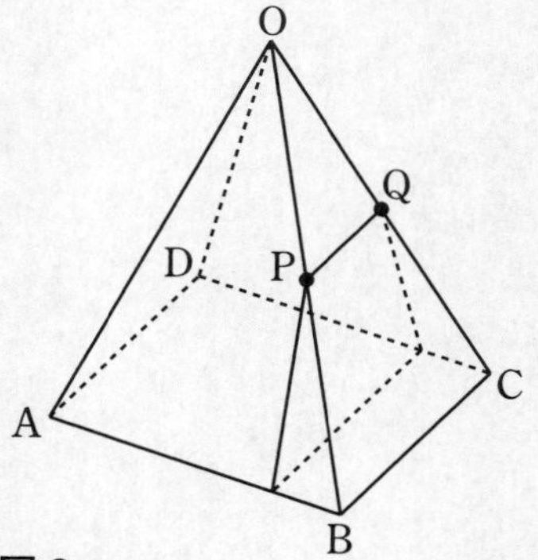

図3

（3） 右の図4において，点QはOQ：QC＝2：3となる点である。4点O，A，P，Qを頂点とする四面体の体積を求めなさい。

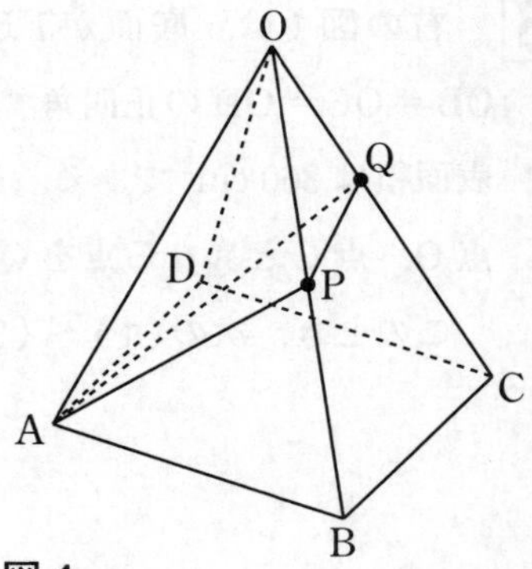

図4

【社　会】（50分）〈満点：100点〉

1　ある中学校の社会科の授業で，「さまざまな地域の自然環境と産業・生活の関係を調べてみよう」という課題で，班ごとにテーマを設定し，学習しました。次の１～３に答えなさい。

１　１班では，「九州地方の自然環境と産業・生活」というテーマを設定し，**資料１**を作成しました。下の⑴～⑷の問いに答えなさい。

資料１　九州地方の地図

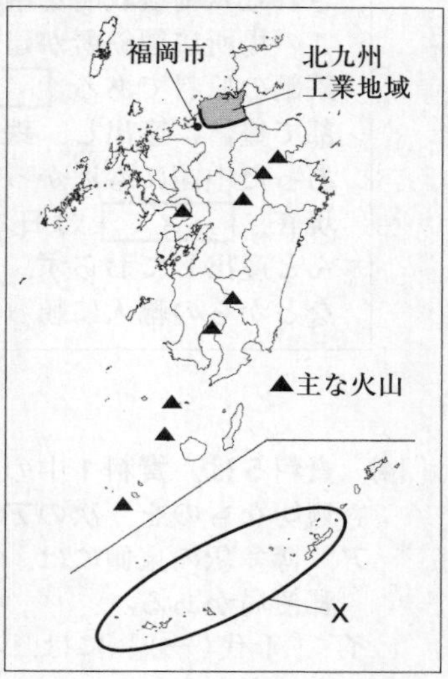

⑴　太郎さんは，**資料１**を見ながら春子さんと話し合いました。会話中の［あ］，［い］に当てはまる語の組み合わせとして最も適切なものを，下のア～エの中から一つ選んで，その記号を書きなさい。

> 太郎：九州地方には，活動が活発な火山が多いね。その中でも阿蘇山は，世界最大級の［あ］をもつ火山として有名だね。
> 春子：火山は，噴火による大きな災害を引きおこすこともあるけれど，温泉や［い］発電など，さまざまな面で産業や生活に役立ってもいるね。

ア［あ　フィヨルド　　い　火力］
イ［あ　フィヨルド　　い　地熱］
ウ［あ　カルデラ　　い　火力］
エ［あ　カルデラ　　い　地熱］

⑵　春子さんは，**資料１**中の**X**の地域の気候と暮らしについて，**資料２**・**資料３**をもとに＜メモ１＞を作成しました。＜メモ１＞の［う］に当てはまる内容を書きなさい。

資料２　主な台風の経路

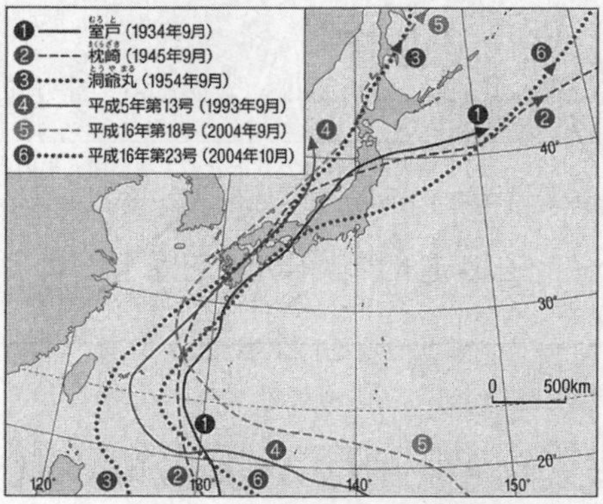

〔「理科年表　平成26年」より作成〕

資料３　資料１中のＸの地域の伝統的な家屋

＜メモ１＞
　資料１中の**X**の地域は，**資料２**からわかるとおり，台風の通り道になりやすい。そこで，この地域では［う］ため，**資料３**のように屋根瓦《がわら》をしっくいで固め，周りを石垣で囲んだ家屋が見られる。

(3) 太郎さんは，資料１中の北九州工業地域について調べ，<メモ２>を作成しました。<メモ２>と資料４中の [　え　] に共通して当てはまる鉱産資源の名称を書きなさい。

<メモ２>
　北九州工業地域は，明治時代に建設された八幡製鉄所を中心に発展した。この場所に製鉄所が建設されたのは，鉄鋼の原料である [　え　] が九州北部で豊富に産出し，鉄鉱石の輸入先であった中国にも近かったためである。現在，[　え　] は日本国内ではほとんど産出しておらず，オーストラリアなどからの輸入に頼っている。

資料４　[え] の主な産出国と日本の輸入相手国

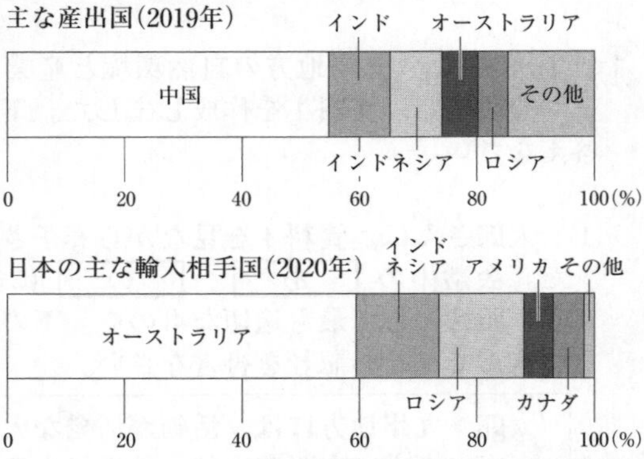

〔「日本国勢図会」2022/23年版より作成〕

(4) 資料５は，資料１中の福岡市の一部の地形図です。資料５から読み取れることとして最も適切なものを，次のア〜エの中から一つ選んで，その記号を書きなさい。

ア　博多駅の東側には，交番と郵便局がある。

イ　「千代(一)」には，小・中学校がある。

ウ　A地点からB地点までの長さを５cmとすると，実際の距離は約1.25kmである。

エ　那珂川の河口付近には，土砂が積もってできた扇状地が見られる。

資料５

〔国土地理院発行２万５千分の１地形図「福岡」より〕
〈編集部注：編集上の都合により原図の85%に縮小してあります。〉

2　２班では，「関東平野と人口・農業」というテーマを設定し，調べたことをもとに<まとめ>を作成しました。下の(1)〜(3)の問いに答えなさい。

<まとめ>
○関東平野と人口
・日本で最も大きな平野である関東平野には，東京や横浜などの大都市がいくつも分布し，東京大都市圏が形成されている。
・a 人口が集中する地域では，交通渋滞やごみの増加などの b 都市問題が発生している。
○関東平野と農業
・埼玉，千葉，茨城などの各県では，都市向けに野菜などを生産する近郊農業が行われている。
・交通網や輸送技術の発達により，c 消費地から離れた地域でも自然環境を生かした農産物の栽培が盛んになっている。

(1)　<まとめ>の下線部aについて，**資料6**のⅠ，Ⅱは，関東地方に位置する埼玉県さいたま市，群馬県下仁田町のいずれかの人口ピラミッドを示したものです。**資料6**について述べた文として最も適切なものを，次のア～エの中から一つ選んで，その記号を書きなさい。

ア　Ⅰの市町で，人口に占める割合が最も高い年齢層は，男女とも50～54歳である。

イ　Ⅱの市町は，Ⅰの市町に比べて少子高齢化が進んでいると考えられる。

ウ　Ⅰの市町は，Ⅱの市町に比べて19歳以下の年齢層の人口流出による過疎化が深刻化していると考えられる。

エ　Ⅰ，Ⅱのどちらの市町でも，80歳以上の年齢層では，女性よりも男性の方が人口が多い。

資料6

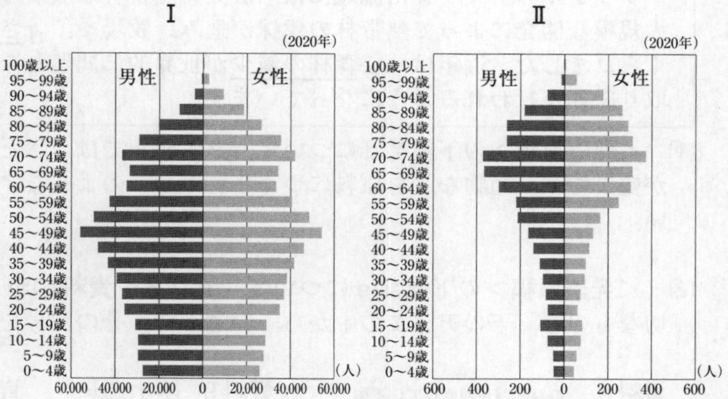

〔総務省統計局「統計ダッシュボード」より作成〕

(2)　<まとめ>の下線部bについて，次郎さんは，都市と周辺部の気温に関する**資料7**を見つけ，<メモ3>を作成しました。<メモ3>の[お]に当てはまる語を，解答欄に合うようにカタカナ8字で書きなさい。

> <メモ3>
> 資料7からわかるように，東京などの大都市の中心部では，周辺地域に比べて気温が高くなる[お]現象がみられる。これは，自動車やエアコンからの排熱が気温を上昇させたり，密集する建物によって熱がこもりやすくなったりするためである。

資料7　東京とその周辺地域の朝5時の平均気温（2006年12月～2007年1月）

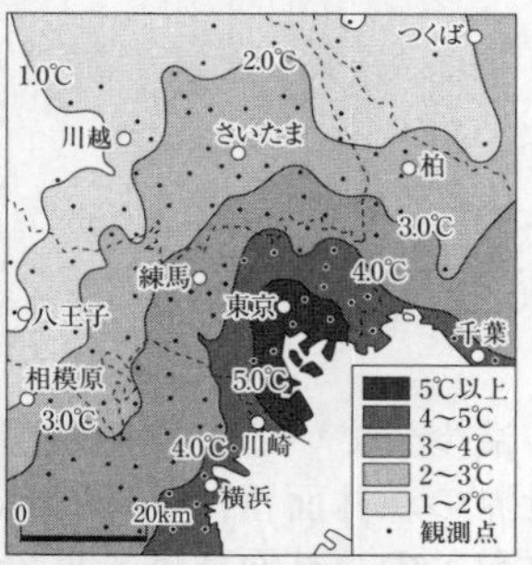

〔「広域 METROS 研究会資料」より作成〕

(3)　<まとめ>の下線部cについて，夏子さんは調べたことをもとに<メモ4>を作成しました。<メモ4>の[か]，[き]に当てはまる語の組み合わせとして最も適切なものを，下のア～エの中から一つ選んで，その記号を書きなさい。

> <メモ4>
> 関東地方周辺の高原地域では，[か]を生かして，[き]やレタスなどの野菜の生産が盛んに行われている。

ア［か　夏でもすずしい気候　　き　キャベツ］
イ［か　夏でもすずしい気候　　き　ピーマン］
ウ［か　冬でも温暖な気候　　き　キャベツ］
エ［か　冬でも温暖な気候　　き　ピーマン］

3　3班では，「南アメリカ州の産業と環境問題」というテーマを設定し，調べたことをもとに＜発表原稿＞を作成しました。下の(1)，(2)の問いに答えなさい。

> **＜発表原稿＞**
> 　ブラジルのアマゾン川流域には，広大な熱帯林が広がっています。20世紀後半以降，大規模な開発によって熱帯林の伐採が進み，牧場や，d さとうきび，大豆などの畑がつくられました。近年は，e 森林の減少が世界的に問題となり，この地域でも環境保全の取り組みが行われるようになっています。

(1)　＜発表原稿＞の下線部dについて，ブラジルでは，さとうきびを原料とする燃料の生産が盛んです。植物などを原料につくられる，このようなアルコール燃料の名称を書きなさい。

(2)　＜発表原稿＞の下線部eについて，資料8～資料10から読み取れることとして最も適切なものを，下のア～エの中から一つ選んで，その記号を書きなさい。

資料8　森林面積が減少している国（2010～2020年）上位10か国

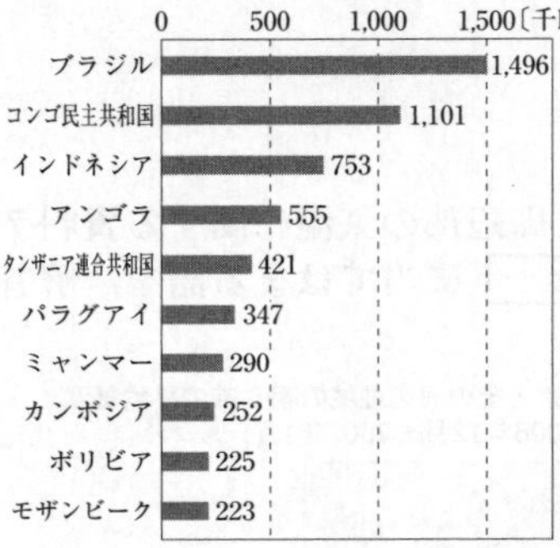

資料9　世界の森林面積の推移

年	森林面積（千 ha）
1990	4236433
2000	4158050
2010	4106317
2020	4058931

資料10　森林面積が大きい国（2020年）上位10か国

国	森林面積（千 ha）
ロシア	815312
ブラジル	496620
カナダ	346928
アメリカ合衆国	309795
中国	219978
オーストラリア	134005
コンゴ民主共和国	126155
インドネシア	92133
ペルー	72330
インド	72160

〔資料8～10は「世界森林資源評価2020」より作成〕

ア　森林面積が減少している上位10か国は，世界の6つの州すべてに分布している。
イ　2020年の世界の森林面積は，1990年のおよそ3分の2に減少している。
ウ　2020年のロシアの森林面積は，世界の森林面積の約20%を占めている。
エ　森林面積が大きい上位10か国のうち，森林面積が減少している上位10か国に含まれている国は1か国である。

2

ある中学校の社会科の授業で，「地域の歴史に注目してみよう」という課題で，班ごとにテーマを設定し，学習しました。次の１，２に答えなさい。

1　１班では，「近畿地方の歴史」というテーマを設定し，近畿地方でおこったできごとの年表を作成しました。下の⑴～⑹の問いに答えなさい。

西暦	できごと	
607	a 聖徳太子が斑鳩《いかるが》に法隆寺を建立する	
1221	b 京都に六波羅探題が置かれる…………	↑
1378	c 足利義満が京都の室町に邸宅を移す	X
1583	d 豊臣秀吉が大阪城の建設を開始する……	↓
1837	[あ] の乱がおこる	

⑴　太郎さんは，年表中の下線部aの人物が行った政治について調べ，<メモ１>を作成しました。<メモ１>の [い] に当てはまる内容を，「能力」の語を用いて書きなさい。

<メモ１>
従来，豪族は家柄に応じて朝廷の決まった職務に任命されていた。この仕組みを改めた聖徳太子は，[い] ため，冠の色などによって朝廷での位を区別する冠位十二階の制度を定めた。また，役人の心構えを示すため，十七条の憲法を定めた。

⑵　資料１は，年表中の下線部bのできごとと同じ時代に制定された法律の一部です。この法律の名称を書きなさい。

資料１

一　諸国の守護の職務は，頼朝公の時代に定められたように，京都の御所の警備と，謀反《むほん》や殺人などの犯罪人の取りしまりに限る。

⑶　年表中の下線部cの人物について述べた文として最も適切なものを，次のア～エの中から一つ選んで，その記号を書きなさい。

ア　鉄砲を効果的に用いた戦い方で，武田氏との戦いに勝利した。
イ　株仲間の結成を奨励し，営業税を納めさせる代わりに特権を認めた。
ウ　４人の娘を天皇のきさきとし，摂政として大きな権力をにぎった。
エ　明との間に国交を開き，勘合を用いた貿易を開始した。

⑷　年表中の下線部dについて，この頃に栄えた文化を代表する作品に当てはまるものを，次のア～エの中から一つ選んで，その記号を書きなさい。

ア

イ

ウ

エ

⑸　太郎さんは，年表中の [あ] の人物について調べ，<メモ２>を作成しました。この人物の名前を書きなさい。

<メモ２>
大阪町奉行所の元役人であったが，天保のききんに対する奉行所の対応に不満をもち，門人らとともに大商人をおそい，貧しい人々に米や金などを分け与えようとした。

(6)　1班は，ヨーロッパの歴史についても調べました。年表中のXの時期のヨーロッパのできごととして最も適切なものを，次のア～エの中から一つ選んで，その記号を書きなさい。

ア　イギリス，ロシア，フランスの間で三国協商が成立した。
イ　コロンブスが大西洋を西に航海し，カリブ海の島に到達した。
ウ　イギリスで蒸気機関が改良され，産業革命が始まった。
エ　ローマが地中海を囲む地域を統一し，ローマ帝国となった。

2　2班では，「近・現代史の舞台となった場所」というテーマを設定し，カード1～カード4と地図を作成しました。下の(1)～(3)の問いに答えなさい。

カード1　下関
1895年，［　う　］戦争の講和会議が開かれ，下関条約が結ばれた。

カード3　柳条湖
1931年，日本軍が南満州鉄道の線路を爆破し，e満州事変が始まった。

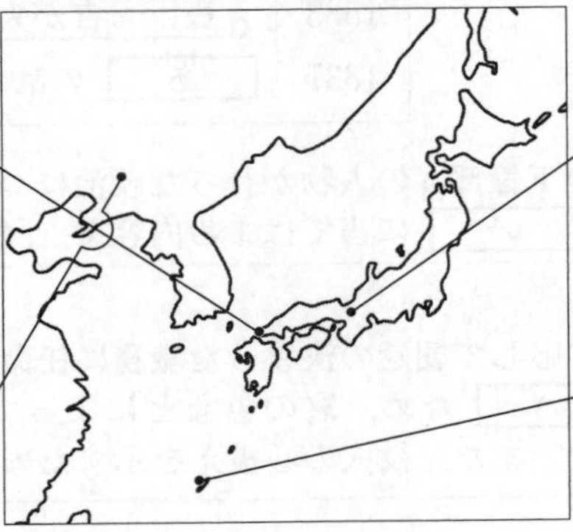

カード2　京都
1922年，部落差別からの解放を求める人々が［　え　］を結成した。

カード4　沖縄
日本の独立後もアメリカの占領下にあり，f1972年に返還された。

(1)　カード1の［　う　］，カード2の［　え　］に当てはまる語の組み合わせとして最も適切なものを，次のア～エの中から一つ選んで，その記号を書きなさい。

ア［う　日清　　え　全国水平社］　　イ［う　日清　　え　青鞜社］
ウ［う　日露　　え　全国水平社］　　エ［う　日露　　え　青鞜社］

(2)　カード3の下線部eについて調べた夏子さんは，＜まとめ＞を作成しました。＜まとめ＞の［　お　］に当てはまる内容を，資料2を参考にして書きなさい。

＜まとめ＞

1932年
日本が満州の主要地域を占領し，満州国の建国を宣言した。
➡
1933年
リットン調査団の報告に基づき，国際連盟が日本軍の撤兵を勧告した。
➡
日本は国際連盟の勧告を不服とし，［　お　］。

資料2　1933年2月25日の新聞記事

(3)　カード4の下線部fについて，1972年よりも後のできごとを，次のア～エの中から一つ選んで，その記号を書きなさい。

ア　日米安全保障条約の改定にあたり，大規模な反対運動がおこった。
イ　6歳以上の男女に小学校教育を受けさせることを定めた学制が公布された。
ウ　地中海のマルタ島沖の船上で米ソ首脳会談が行われ，冷戦の終結が宣言された。
エ　経済の民主化を進めるため，日本経済を支配してきた財閥の解体が行われた。

3　ある中学校の社会科の授業で，「政治や経済の動きと私たちの暮らしの関わりを考えよう」という課題で，班ごとにテーマを設定し，学習しました。次の１，２に答えなさい。

１　１班では，近年行われた選挙に注目して「選挙の仕組みと課題」というテーマを設定し，**資料１**を作成しました。下の(1)～(5)の問いに答えなさい。

資料１　第49回衆議院議員総選挙（2021年）の流れ

10月14日	a 衆議院が解散される
10月19日	b 公示
10月31日	投票
11月10日	あ　 が召集され，新たな c 内閣総理大臣が指名される

(1)　**資料１**中の下線部ａについて，春子さんは衆議院議員の選挙権・被選挙権について調べ，＜メモ１＞を作成しました。＜メモ１＞の　い　，　う　に当てはまる数字や語の組み合わせとして最も適切なものを，下のア～エの中から一つ選んで，その記号を書きなさい。

＜メモ１＞
　衆議院議員の選挙権は満18歳以上，被選挙権は満　い　歳以上の国民がもつ。
被選挙権を得る年齢が衆議院議員と同じであるのは，　う　である。

ア［い　30　　う　市(区)町村長］　　イ［い　25　　う　都道府県知事］
ウ［い　30　　う　都道府県知事］　　エ［い　25　　う　市(区)町村長］

(2)　**資料１**中の下線部ｂについて，国会議員の総選挙の施行を公示することは，天皇の国事行為の一つです。天皇の国事行為として適切でないものを，次のア～エの中から一つ選んで，その記号を書きなさい。
ア　栄典の授与　　イ　弾劾裁判所の設置
ウ　国会の召集　　エ　内閣の指名に基づく最高裁判所長官の任命

(3)　**資料１**中の　あ　に当てはまる国会の種類を，次のア～エの中から一つ選んで，その記号を書きなさい。
ア　常会　　イ　臨時会　　ウ　特別会　　エ　緊急集会

(4)　**資料１**中の下線部ｃについて，内閣総理大臣や内閣について説明した文として最も適切なものを，次のア～エの中から一つ選んで，その記号を書きなさい。
ア　内閣総理大臣は，国会が議決した法律や予算を拒否する権限をもつ。
イ　内閣総理大臣は，内閣を構成する国務大臣を任命・罷免する権限をもつ。
ウ　憲法改正原案が国会で可決された場合，内閣は国民に対して憲法改正の発議を行う。
エ　衆議院で内閣不信任の決議が行われた場合，内閣は必ず衆議院を解散する。

(5)　太郎さんは，近年の選挙をめぐる課題について調べ，**資料２**，**資料３**を見つけました。投票の権利を守るために実施される**資料２**のような期日前投票制度は，2003年に施行されました。この制度は，**資料３**から読み取れる課題の解決に役立つと考えられています。この課題とは何か，「投票率」の語を用いて書きなさい。

資料２　期日前投票を知らせるポスター

資料３　衆議院議員選挙の投票率の推移

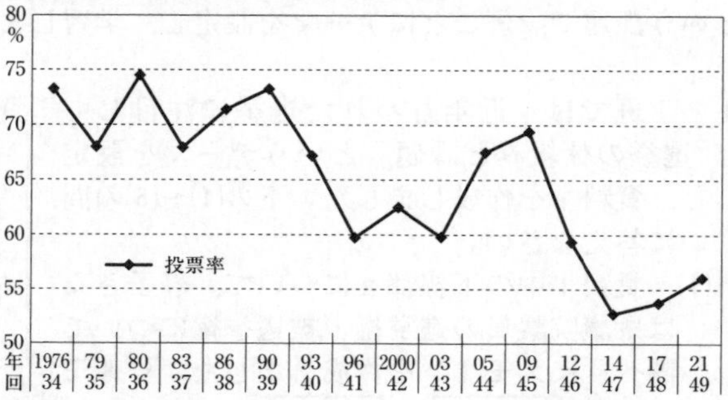

〔総務省 HP より作成〕

2　２班では，「市場経済と私たちの暮らし」というテーマを設定し，話し合いました。下の(1)〜(3)の問いに答えなさい。

夏子：最近，いろいろな商品の値上がりが話題になっているね。ものの価格はどのように決まるのかな。 次郎：d 需要量と供給量の関係で決まると習ったよ。でも，需要量や供給量が変化する要因には，景気変動などさまざまなものがありそうだね。 夏子：物価や景気が大きく変動すると e 消費生活への影響も大きいから，f 日本銀行は金融政策を行っているね。

(1)　下線部 d について，夏子さんは，資料４をもとに＜メモ２＞を作成しました。＜メモ２＞の［え］，［お］に当てはまる語の組み合わせとして最も適切なものを，下のア〜エの中から一つ選んで，その記号を書きなさい。

資料４　需要量・供給量と価格

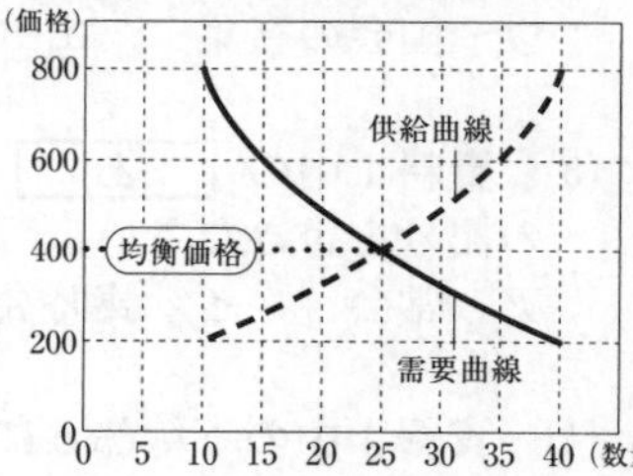

＜メモ２＞ 資料４中で価格が600円のとき，需要量が供給量よりも［え］ため，商品は［お］。

ア［え　多い　　お　余る］　　イ［え　多い　　お　不足する］
ウ［え　少ない　お　余る］　　エ［え　少ない　お　不足する］

(2)　下線部 e について，商品の欠陥によって消費者が被害を受けた場合に，商品をつくった企業に損害賠償を求めることができることを定めた法律を，次のア〜エの中から一つ選んで，その記号を書きなさい。

ア　製造物責任法　　イ　消費者基本法　　ウ　情報公開法　　エ　消費者契約法

(3)　下線部 f について，次郎さんは，日本銀行（日本の中央銀行）の三つの役割を＜メモ３＞にまとめました。＜メモ３＞の［か］を文章で説明しなさい。

＜メモ３＞ ○日本銀行の三つの役割 ・［　　　か　　　］（発券銀行） ・政府が管理するお金の出し入れを行う（政府の銀行） ・一般の銀行に対するお金の貸し出しや預金の受け入れを行う（銀行の銀行）

4 ある中学校の社会科の授業で，「世界の国々のさまざまな結びつきをみてみよう」という課題で，班ごとにテーマを設定し，学習しました。次の１～３に答えなさい。

１　１班では，「世界の食料生産と食料自給率」というテーマを設定し，**資料１**～**資料３**を集めました。下の(1)～(3)の問いに答えなさい。

資料１　小麦の主な生産国と生産量（2019年）上位10か国

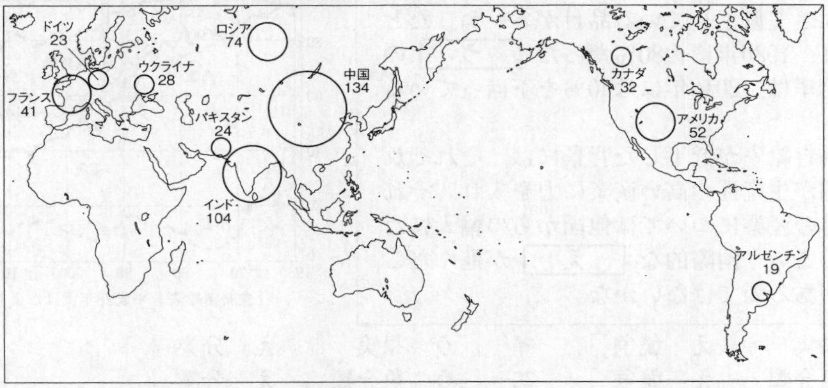

資料２　米の主な生産国と生産量（2019年）上位10か国

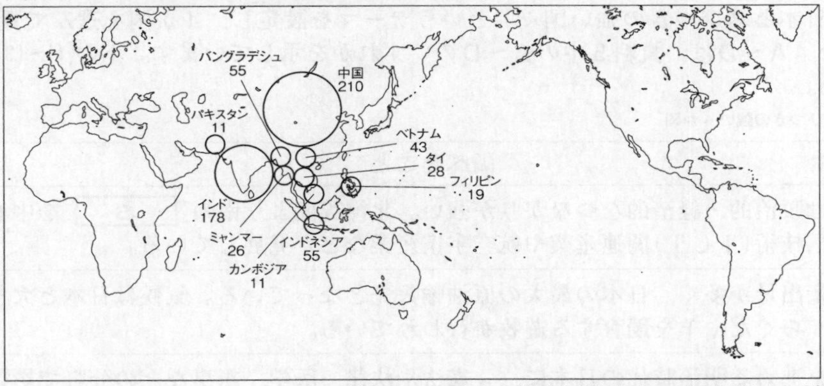

〔資料１・２はともに「世界国勢図会」2021/22年版より作成〕

(1)　太郎さんは，**資料１**，**資料２**からわかったことを＜メモ１＞にまとめました。＜メモ１＞の［　あ　］に当てはまる内容を，州名を一つ挙げて書きなさい。

＜メモ１＞
○小麦と米の生産地域の特徴
　小麦が，アジア州やヨーロッパ州，北アメリカ州など世界のさまざまな地域で生産されているのに対して，米は主に［　あ　］。

(2)　春子さんは，日本国内での米と小麦の栽培の歴史について調べ，＜メモ２＞を作成しました。＜メモ２＞の［　い　］に当てはまる語を書きなさい。

＜メモ２＞
　鎌倉時代には，牛馬を用いた耕作や鉄製の農具が広まるなど農業が発達し，米を収穫した後の田で裏作として小麦などを栽培する［　い　］が行われるようになった。

(3)　太郎さんは，**資料3**を見ながら春子さんと話し合いました。会話中の [う]，[え] に当てはまる語の組み合わせとして最も適切なものを，下のア～エの中から一つ選んで，その記号を書きなさい。

太郎：米以外の5品目の自給率は，1960年から2016年までの間に低下しているんだね。
春子：そうね。特に1980年代から1990年代にかけて大きく低下している品目が多いね。たとえば，1980年に約80％だった [う] の自給率は，2010年には40％を下回っているよ。
太郎：食料自給率が低下した背景には，それぞれの国が生産性の高い産業に力を入れ，それ以外の産業については他国からの輸入にたよるという国際的な [え] が進んだことがあるのではないかな。

資料3　日本の品目別食料自給率の推移

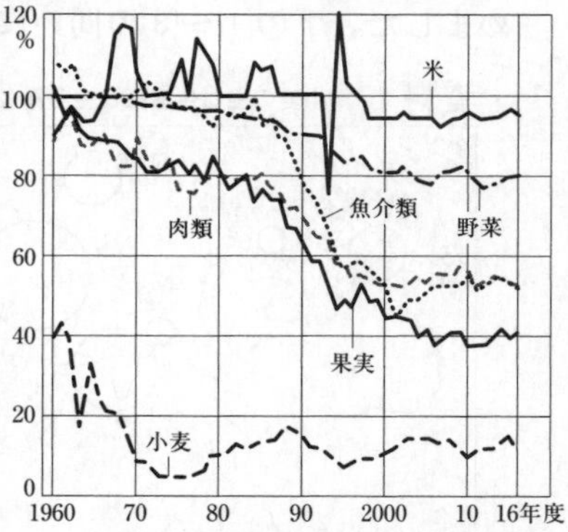

〔「食料需給表」平成28年度ほかより作成〕

ア［う　果実　　え　競争］　イ［う　果実　　え　分業］
ウ［う　魚介類　え　競争］　エ［う　魚介類　え　分業］

2　2班では，「日本と結びつきの強い国々」というテーマを設定し，4か国を選んで**資料4**を作成しました。A～Dは，**資料5**中のA～Dのいずれかを示しています。下の(1)～(3)の問いに答えなさい。

資料4　日本と結びつきの強い4か国

国	調べたこと
A	日本とは政治的・経済的なつながりが強い。北緯37度より南の [お] を中心に，情報通信技術（ＩＣＴ）関連産業や航空宇宙産業などが発展している。
B	原油の産出量が多く，日本の最大の原油輸入先となっている。気候は日本と大きく異なり，らくだや羊を飼育する遊牧が行われている。
C	近代化を進める明治時代の日本に，a 憲法や法律，医学，軍事などの分野で影響を与えた。現在は日本に医薬品や自動車などを輸出している。
D	古くから日本との関係性が深く，現在は日本の最大の貿易相手国となっている。世界中に工業製品を輸出していることから「世界の工場」と呼ばれている。

(1)　**資料5**を参考にして，**資料4**中のA～Dのうち，日本との時差が最も大きい国を一つ選んで，その記号を書きなさい。

(2)　**資料4**中の [お] に当てはまる語を，カタカナで書きなさい。

資料5

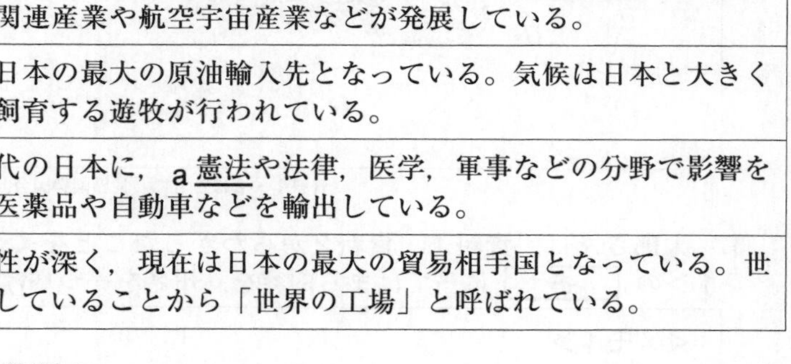

⑶　資料４中の下線部ａについて，次郎さんは，大日本帝国憲法と日本国憲法の特徴をまとめた資料６を作成しました。資料６中の［　か　］に当てはまる語を書きなさい。また，大日本帝国憲法発布の翌年に出され，忠君愛国や父母への孝行などの道徳を示したものを，下のア～エの中から一つ選んで，その記号を書きなさい。

資料６　大日本帝国憲法と日本国憲法の特徴

大日本帝国憲法		日本国憲法
1889年２月11日	発布・公布	1946年11月３日
天皇主権	主権	国民主権
神聖不可侵で統治権をもつ元首	天皇	日本国・日本国民統合の［　か　］
「臣民の権利」(法律によって制限)	国民の権利	基本的人権の尊重
天皇が統帥権をもつ	軍隊	戦力の不保持

ア　五箇条の御誓文　　イ　公事方御定書　　ウ　徴兵令　　エ　教育勅語

3　３班では，「グローバル化と現代の世界」というテーマを設定し，話し合いました。下の⑴，⑵の問いに答えなさい。

秋子：グローバル化が進む現代の世界は，どのように変化しているのかな。
三郎：ヨーロッパ連合やｂ東南アジア諸国連合のように，同じ地域にある国々で協力関係を強めようとする動きが盛んだよね。
秋子：グローバル化の影響で，日本国内でも，ｃさまざまな文化や生活習慣などをもつ人々がともに暮らすようになってきているね。

⑴　会話中の下線部ｂについて，次の①，②の問いに答えなさい。
①　東南アジア諸国連合の略称を，アルファベット５字で書きなさい。
②　三郎さんは，日本と東南アジアの国々の結びつきの歴史について調べ，＜メモ３＞を作成しました。＜メモ３＞の［　き　］に共通して当てはまる語を，下のア～エの中から一つ選んで，その記号を書きなさい。

＜メモ３＞
15世紀に尚氏が建てた［　き　］は，東アジアや東南アジアの国々と中継貿易を行って栄えた。そのため，東南アジアなどの産物が，［　き　］を経由して日本にもたらされた。

ア　朝鮮国　　イ　清　　ウ　琉球王国　　エ　ルソン

⑵　会話中の下線部ｃについて，秋子さんは調べたことをもとに，＜メモ４＞を作成しました。＜メモ４＞の［　く　］に当てはまる語を，漢字２字で書きなさい。

＜メモ４＞
日本国憲法は，全ての人が差別されることなく等しくあつかわれることを保障している。第14条では，「すべて国民は，法の下に［　く　］であつて，人種，信条，性別，社会的身分又は門地により，政治的，経済的又は社会的関係において，差別されない。」と定めている。

【理　科】（50分）〈満点：100点〉

1　次の(1)～(4)の問いに答えなさい。

(1)　図のように，コイルの上端に棒磁石のＮ極を近づけると，検流計の針が＋側に振れた。次に，コイルの上端に近づけた棒磁石のＮ極をコイルから遠ざけると，検流計の針が振れた。この実験のように，コイルに電流が流れる現象を何というか。また，下線部で検流計の針が振れた向きは＋側か，－側か。これらの組み合わせとして正しいものを，次のア～エの中から一つ選んで，その記号を書きなさい。

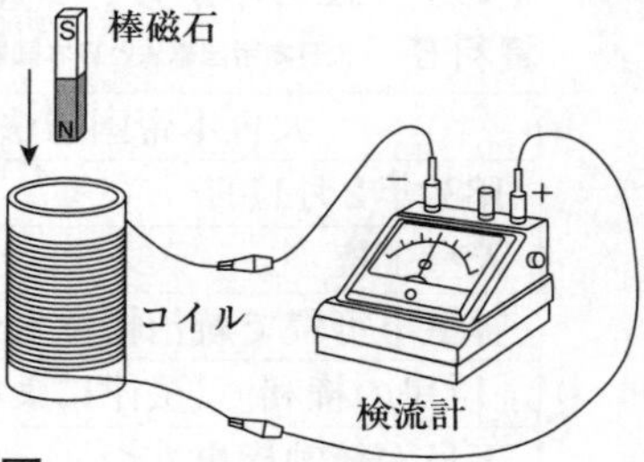

図

	コイルに電流が流れる現象	針が振れた向き
ア	真空放電	＋側
イ	真空放電	－側
ウ	電磁誘導	＋側
エ	電磁誘導	－側

(2)　ホウ酸の飽和水溶液を冷やすと，ホウ酸の結晶が現れた。現れた結晶をろ過によって取り出す方法として正しいものを，次のア～エの中から一つ選んで，その記号を書きなさい。

ア
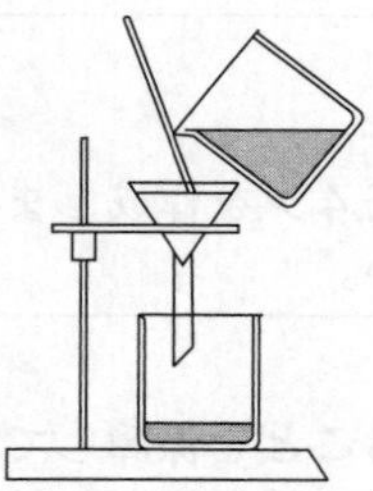

イ
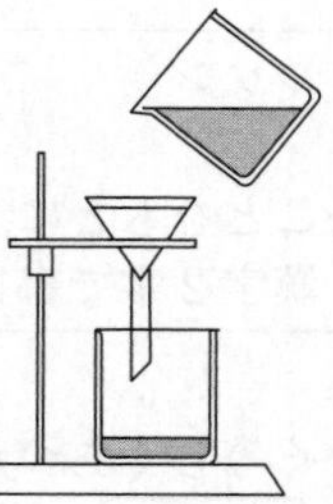

ウ
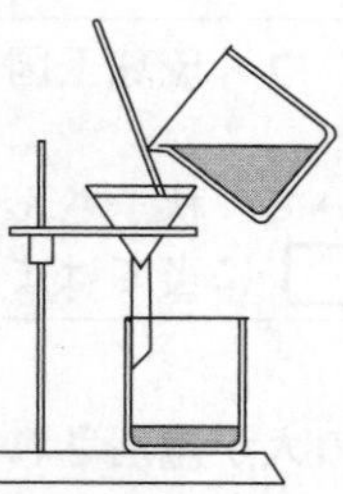

エ
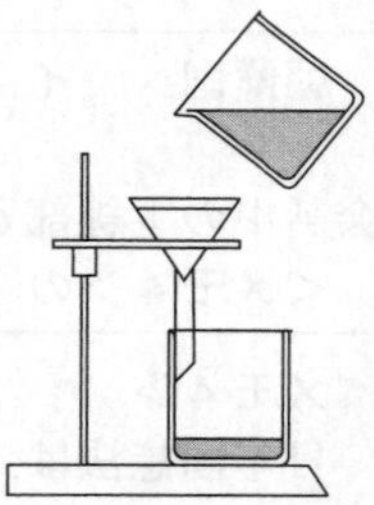

(3) 次の文は，ヒキガエルの生殖について説明したものである。文中の [あ]，[い] に当てはまる語の組み合わせとして正しいものを，下のア～エの中から一つ選んで，その記号を書きなさい。ただし，図中の [あ] には文中の [あ] と同じ語が当てはまる。

図の雌の卵巣でつくられた卵と，雄の精巣でつくられた [あ] が受精することで受精卵ができる。受精卵は細胞分裂を繰り返し，しだいに体の器官や形ができて，ふ化しておたまじゃくしになる。おたまじゃくしは，自分で食物をとり始める。このように，受精卵が細胞分裂を始めてから自分でえさをとり始めるまでの間の子のことを [い] といい，受精卵から親と同じような形になる成長の過程を発生という。

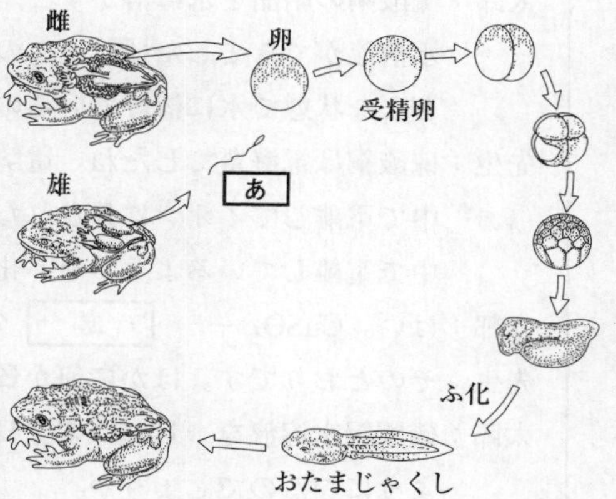

図

	あ	い
ア	精子	胚
イ	精子	胚珠
ウ	精細胞	胚
エ	精細胞	胚珠

(4) 台風の説明として正しいものを，次のア～エの中から一つ選んで，その記号を書きなさい。

ア　台風は熱帯低気圧のうち，最大風速が毎秒 17.2 m 以上になったもので，秋になって太平洋高気圧の勢力が弱くなると，日本に近づくことが多くなる。
イ　台風は熱帯低気圧のうち，最大風速が毎秒 17.2 m 以上になったもので，秋になってシベリア高気圧の勢力が強くなると，日本に近づくことが多くなる。
ウ　台風は温帯低気圧のうち，最大風速が毎秒 17.2 m 以上になったもので，秋になって太平洋高気圧の勢力が弱くなると，日本に近づくことが多くなる。
エ　台風は温帯低気圧のうち，最大風速が毎秒 17.2 m 以上になったもので，秋になってシベリア高気圧の勢力が強くなると，日本に近づくことが多くなる。

2　次の(1)～(3)の問いに答えなさい。

(1)　太郎さんと先生が，硫酸銅の水への溶け方について話している。次の会話を読んで，下の①～③の問いに答えなさい。

> 太郎：硫酸銅の結晶を水に溶かすと，青色の硫酸銅水溶液ができました(図)。このとき硫酸銅は，どんな状態で水に溶けているのですか。
>
> 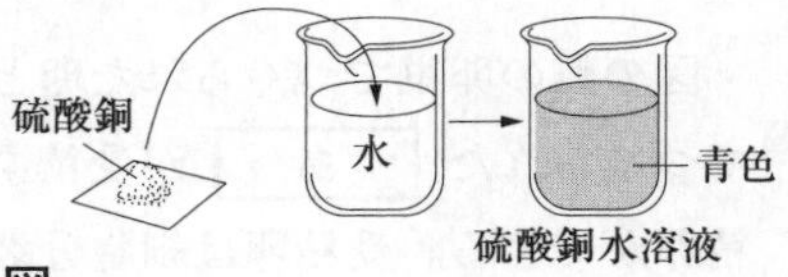
>
>
> 図
>
> 先生：硫酸銅は電解質でしたね。電解質は，水溶液中で電離してイオンに分かれた状態になっています。それでは，硫酸銅が水溶液中で電離しているようすを，化学式を使って表すと，どのようになりますか。
>
> 太郎：はい。$CuSO_4 \longrightarrow$ [　あ　] のようになります。
>
> 先生：そのとおりです。ほかに何か質問はありますか。
>
> 太郎：硫酸銅水溶液を一日おいて翌日に観察すると，溶けているイオンのようすはどのようになるのでしょうか。
>
> 先生：それは1年生のときに学んだ，固体を水に溶かしたときの粒子のようすと同じになります。
>
> 太郎：つまり，[　い　] のような図になるのですね。
>
> 先生：その通りです。学んだことがしっかり身についていますね。

①　文中の [　あ　] に当てはまる式を書きなさい。

②　文中の [　い　] に当てはまる模式図として最も適当なものを，次のア～エの中から一つ選んで，その記号を書きなさい。ただし，図では硫酸銅水溶液中のイオンを，イオンの種類にかかわらずすべて○で表している。

ア

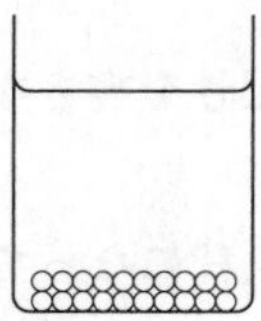

イ

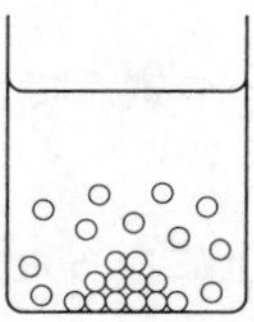

ウ

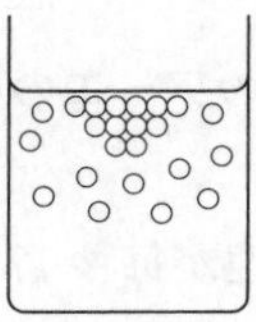

エ

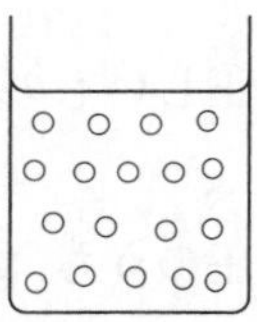

③　硫酸銅水溶液に亜鉛板を入れると，亜鉛板の表面に赤色の物質が付着した。このとき起こった反応を説明した次の文中の [　う　] には当てはまる数値を，[　え　] には当てはまる語を書きなさい。

亜鉛板では，亜鉛原子が [　う　] 個の電子を放出してイオンとなって溶け出し，亜鉛板の表面では，銅イオンが電子を受けとって銅原子となり付着した。この反応から，亜鉛と銅では，[　え　] の方がイオンになりやすいと考えられる。

(2) 花子さんと先生が，凸レンズによってできる像について話している。次の会話を読んで，下の①～④の問いに答えなさい。

花子：焦点距離が20 cmの凸レンズと，Fの文字をくりぬいたスリットを用いて像のでき方を調べてみました(図)。

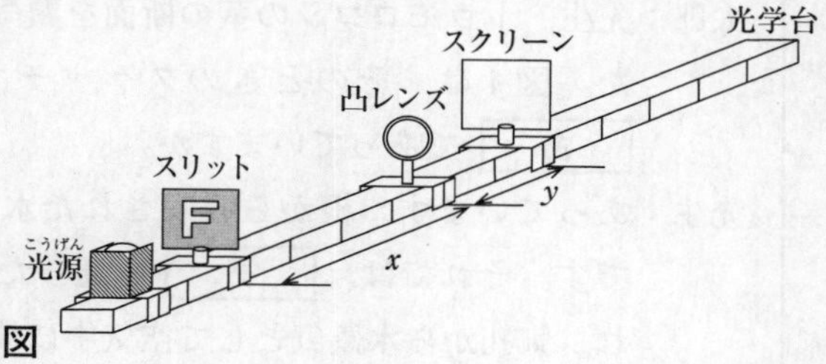

図

先生：どのようなことがわかりましたか。

花子：スリットから凸レンズまでの距離xを40 cmにすると，スリットのFの文字と同じ大きさの a像がスクリーン上にはっきり映りました。このとき，凸レンズからスクリーンまでの距離yは40 cmでした。

先生：なるほど。ほかにどのようなことがわかりましたか。

花子：距離xを40 cmより長くすると，距離yは40 cmより [あ] なり，スクリーンに映った像はスリットのFの文字より [い] なりました。

先生：そのとおりです。ところで，凸レンズを使った器具にはどのようなものがありますか。

花子：はい，b双眼実体顕微鏡には凸レンズが使われていると思います。

① 下線部aの像のように，スクリーン上に映った像を何というか，書きなさい。

② 下線部aの像として最も適当なものを，次のア～エの中から一つ選んで，その記号を書きなさい。ただし，図はスクリーンを凸レンズの側から見たものとする。

ア 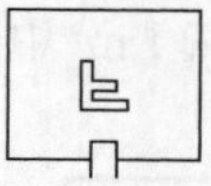
イ 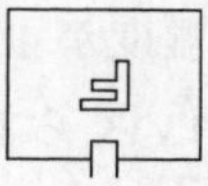
ウ 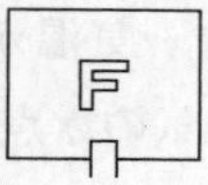
エ 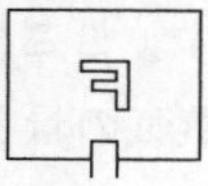

③ 文中の [あ] ，[い] に当てはまる語の組み合わせとして正しいものを，次のア～エの中から一つ選んで，その記号を書きなさい。

	あ	い
ア	長く	大きく
イ	長く	小さく
ウ	短く	大きく
エ	短く	小さく

④ 下線部bについて説明した次の文中の [う] に，当てはまる語を書きなさい。

双眼実体顕微鏡は両目で見るので，観察するものを [う] 的に見ることができる。

(3)　太郎さんと先生が，トウモロコシの茎のつくりと，空気中の水蒸気について話している。次の会話を読んで，下の①～③の問いに答えなさい。

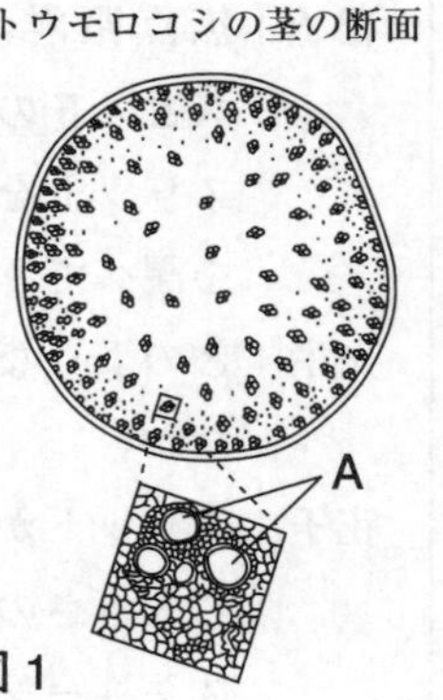

図1

太郎：先生，トウモロコシの茎の断面を顕微鏡で観察しました。図1は，そのときのスケッチです。Aの管は[あ]であっていますか。

先生：あっています。根から吸収された水が通る[あ]です。それでは，[あ]を通った水が葉まで運ばれ，気孔から水蒸気として空気中に放出される現象を何といいますか。

太郎：[い]です。

先生：正解です。

太郎：先生，空気中に含むことができる水蒸気の量に限度はないのでしょうか。

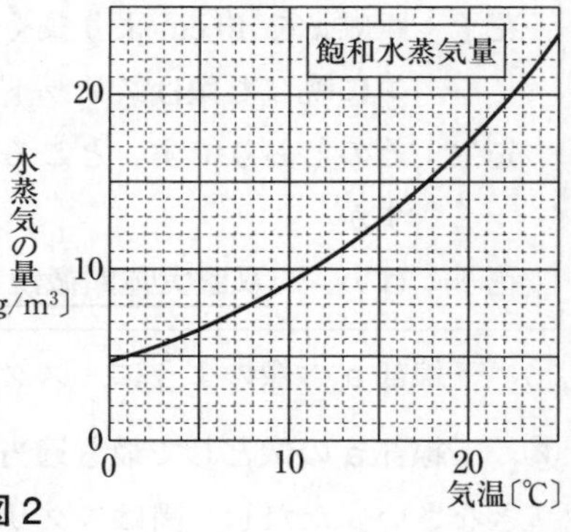

図2

先生：あります。空気 $1\,m^3$ 中に最大限まで含むことができる水蒸気の量を飽和水蒸気量といい，図2のように，気温によって飽和水蒸気量は変化します。

太郎：気温が高いほど飽和水蒸気量は大きくなっていますね。

先生：はい，そうです。また，気温と湿度がわかれば，空気 $1\,m^3$ 中に含まれる水蒸気の量と，そのときの露点を求めることができます。ここで問題です。気温が24.0℃で湿度が40.0％の空気 $1\,m^3$ 中に含まれる水蒸気の量と，この空気の露点はそれぞれいくらでしょう。

太郎：空気 $1\,m^3$ 中に含まれる水蒸気の量は[う]gで，露点は[え]です。

先生：正解です。

①　文中の[あ]，[い]に当てはまる語を書きなさい。

②　トウモロコシが属する植物のなかまとして正しいものを，次のア～エの中から一つ選んで，その記号を書きなさい。

ア　裸子植物　　イ　双子葉類　　ウ　単子葉類　　エ　シダ植物

③　文中の[う]に当てはまる数値を求めなさい。また，[え]に当てはまる温度として最も適当なものを，次のア～エの中から一つ選んで，その記号を書きなさい。

ア　6.0℃　　イ　9.0℃　　ウ　11.0℃　　エ　14.0℃

3 太郎さんは，地層のでき方と岩石の性質について観察を行い，ノートにまとめた。下の(1)～(5)の問いに答えなさい。

太郎さんのノートの一部

【観察】

❶ 露頭に見られる地層を観察した。図はそのスケッチである。

❷ 露頭にはP－Qの不連続な境目があり，その上部のAの層には，上から①れき岩，砂岩，泥岩の層がほぼ水平に重なっており，砂岩と泥岩の層の間に②凝灰岩の層が見られた。

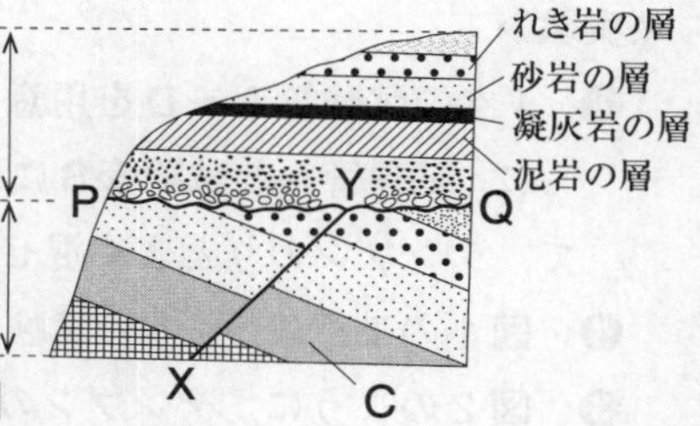

図

❸ P－Qの下部のBの層には，③X－Yに沿った地層のずれや，④サンゴの化石を含むCの層があった。

(1) 下線部①について，れき岩，砂岩，泥岩は何により区分されるか。正しいものを，次のア～エの中から一つ選んで，その記号を書きなさい。

ア 岩石を構成する粒の色　　イ 岩石を構成する粒の大きさ

ウ 岩石に含まれる鉱物の色　　エ 岩石に含まれる鉱物の種類

(2) 下線部②について，凝灰岩の層が見られたことから，この層が堆積した当時，付近でどのようなことがあったと考えられるか，書きなさい。

(3) 下線部③について，地層のずれを何というか。また，ずれが生じたときに地層にはどのような向きの力が加わったか。これらの組み合わせとして正しいものを，次のア～エの中から一つ選んで，その記号を書きなさい。

	地層のずれ	加わった力の向き
ア	しゅう曲	水平方向の両側から押される向き
イ	しゅう曲	水平方向の両側に引っ張られる向き
ウ	断層	水平方向の両側から押される向き
エ	断層	水平方向の両側に引っ張られる向き

(4) 下線部④について，サンゴの化石が含まれていたことから，Cの層が堆積した当時の環境として正しいものを，次のア～エの中から一つ選んで，その記号を書きなさい。

ア 温暖な浅い海底　　イ 寒冷な浅い海底

ウ 温暖な深い海底　　エ 寒冷な深い海底

(5) 図中の，Aの層，Bの層，X－Yに沿った地層のずれを，できた順に並べたものとして正しいものを，次のア～カの中から一つ選んで，その記号を書きなさい。

ア A⇨B⇨X－Y　　イ A⇨X－Y⇨B　　ウ B⇨A⇨X－Y

エ B⇨X－Y⇨A　　オ X－Y⇨A⇨B　　カ X－Y⇨B⇨A

4 太郎さんは，消化液のはたらきを調べるために，だ液を使った実験を行った。そのあと，養分の消化と吸収のしくみをインターネットで調べて，それぞれの結果をノートにまとめた。あとの(1)～(5)の問いに答えなさい。

太郎さんのノートの一部

≪実験≫

❶ 4本の試験管A～Dを用意し，それぞれの試験管にデンプンのりを5 cm^3 入れ，さらに，試験管Aと試験管Bにはだ液を1 cm^3，試験管Cと試験管Dには水を1 cm^3 入れて，デンプンのりとよく混ぜ合わせた。

❷ 図1のように，4本の試験管を40℃の湯の入ったビーカーに入れ，10分間おいた。

❸ 図2のように，デンプンの有無を調べるために，試験管Aと試験管CにX液を数滴加え，色の変化を見た。

❹ 図3のように，試験管Bと試験管Dにベネジクト液を加えて加熱し，変化を見た。

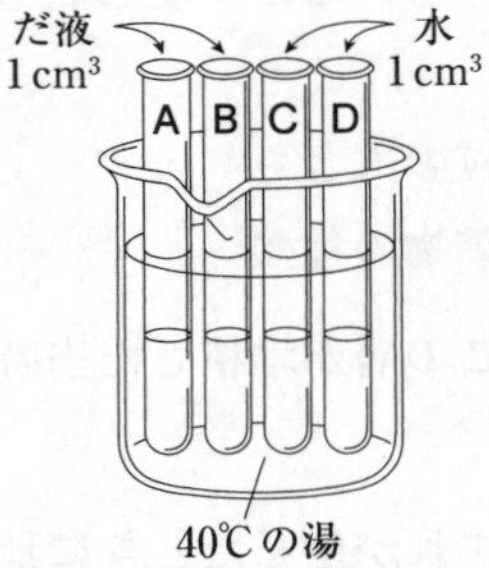

図1

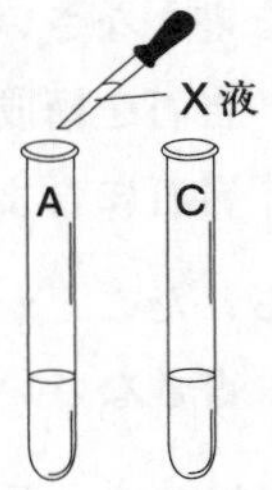

図2

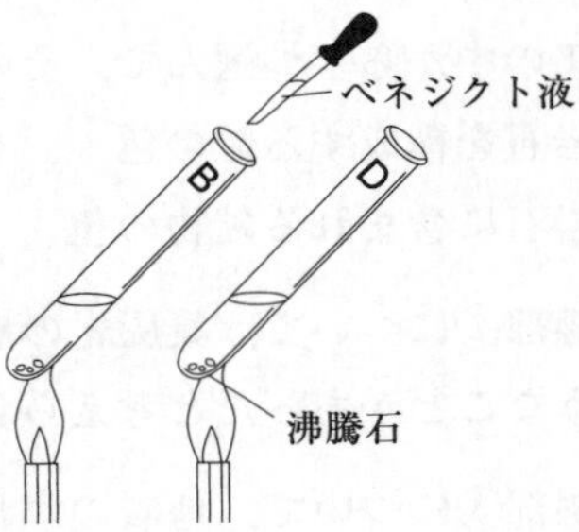

図3

【結果】

❶ 試験管Aの溶液の色は変化しなかったが，試験管Cの溶液の色は変化した。

❷ 試験管Bには赤かっ色の沈殿が生じたが，試験管Dの溶液には変化がなかった。

≪養分の消化と吸収のしくみについてわかったこと≫

デンプンは，だ液やすい液などの消化液に含まれる [あ] などの消化酵素によって分解され，最終的に [い] になる。[い] は，[う] の内壁にある図4のような柔毛の [え] から体内に取り入れられる。

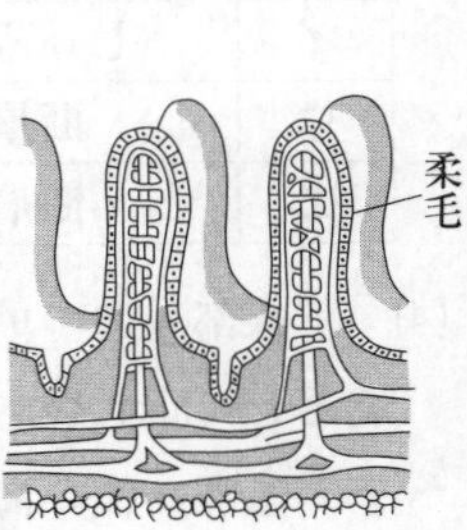

図4

(1) **実験❷**において，4本の試験管を下線部のようにした理由を，「ヒト」という語を用いて説明しなさい。

(2) **実験❸**において，使用したX液の名称と，**結果❶**における，試験管Cの溶液が変化した色の組み合わせとして正しいものを，次のア～エの中から一つ選んで，その記号を書きなさい。

	X液	色
ア	BTB液	青紫色
イ	BTB液	黄色
ウ	ヨウ素液	青紫色
エ	ヨウ素液	黄色

(3) **実験**で，だ液のはたらきによってデンプンがなくなったことを確かめるには，どの試験管の結果を比べればよいか。試験管A～Dの中から二つ選んで，その記号を書きなさい。

(4) 文中の［あ］，［い］に当てはまる物質名を書きなさい。

(5) 文中の［う］，［え］に当てはまる語の組み合わせとして正しいものを，次のア～エの中から一つ選んで，その記号を書きなさい。

	う	え
ア	小腸	毛細血管
イ	小腸	リンパ管
ウ	大腸	毛細血管
エ	大腸	リンパ管

5 花子さんは，力と仕事の関係，および物体の運動のようすを調べるために先生と実験を行い，ノートにまとめた。あとの(1)～(5)の問いに答えなさい。ただし，100 g の物体にはたらく重力の大きさを 1.0 N とし，糸の重さや摩擦力，空気の抵抗は考えないものとする。

花子さんのノートの一部

≪実験１≫

❶ 図１のように，ばねばかりに糸で 200 g の球をとりつけ，床から真上に一定の速さで 0.3 m 引き上げ，引き上げているあいだのばねばかりの目盛りを読んだ。

❷ 図２のように，❶と同じ球を床の上のＣ点に置き，斜面に沿って一定の速さで高さ 0.3 m のＢ点まで 0.5 m 引き上げ，そのときのばねばかりの目盛りを読んだ。

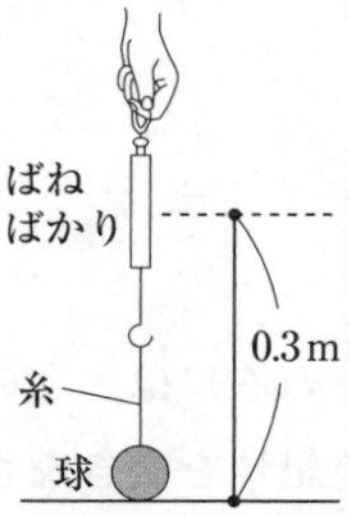

図１

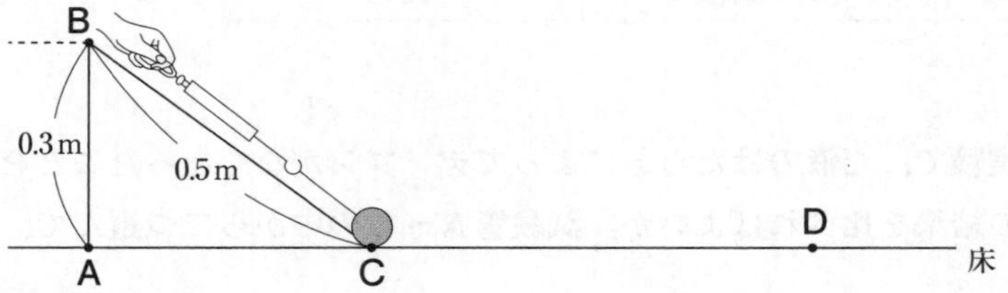

図２

【結果】

❶ **実験１❶**で，ばねばかりは 2.0 N を示していた。

❷ **実験１❷**では，不明。

花子さんと先生は，実験後に次のような会話をした。

先生：**結果❷**で，不明とありますが，どういうことですか。

花子：ばねばかりの目盛りを読んだメモを紛失してしまいました。

先生：それはいけません。でも，計算で求められるので，求めてみましょう。まず，**実験１❶**で球を 0.3 m 引き上げたときの仕事はいくらですか。

花子：はい，［ あ ］J です。

先生：そのとおりです。［ い ］より，同じ球を床から真上に 0.3 m 引き上げたときの仕事と，Ｃ点からＢ点まで引き上げたときの仕事は等しいはずです。このことから手が引いた力を求めることができます。

花子：なるほど，わかりました。手が引いた力の大きさは［ う ］N ですか。

先生：正解です。では次に，物体の運動と力の関係を調べてみましょう。

≪実験２≫

実験１で用いた球をばねばかりからはずし，図２の斜面ＢＣ上のある点に置いて静かに手を放した。球は斜面上を下ったあと水平な床のＣＤ間を運動した。ＣＤ間を運動しているようすを 0.1 秒で１回発光するストロボスコープを用いて撮影した。図３は，そのときのようすを模式的に示したものである。なお，ＣＤ間の１目盛りを 2 cm とする。

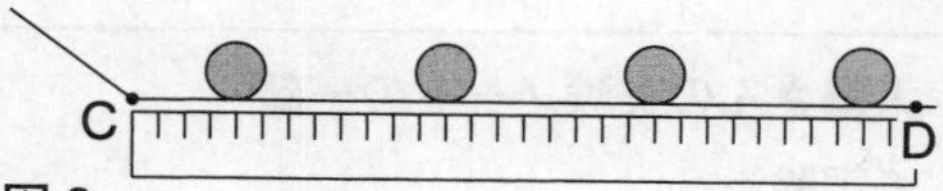

図３

【考察】

球はＣＤ間を [え] cm/秒の速さで等速直線運動している。そのような運動をするのは，運動している間，球には [お] ためである。

(1) 文中の [あ] に当てはまる数値を求めなさい。

(2) 文中の [い] には当てはまる語を書きなさい。また， [う] には当てはまる数値を求めなさい。

(3) 文中の [え] に当てはまる数値を求めなさい。

(4) 文中の [お] に当てはまる説明として正しいものを，次のア～エの中から一つ選んで，その記号を書きなさい。

ア　運動の向きに力がはたらいていない
イ　運動の向きに一定の大きさの力がはたらいている
ウ　運動の向きと反対向きに一定の大きさの力がはたらいている
エ　運動の向きにしだいに大きくなる力がはたらいている

(5) 図４の矢印 *W* は，ＣＤ間を運動しているとき球にはたらいている重力を示したものである。これを参考に，球にはたらいている床からの垂直抗力を，解答用紙の図に矢印でかきなさい。ただし，作用点には点(•)を打つこと。

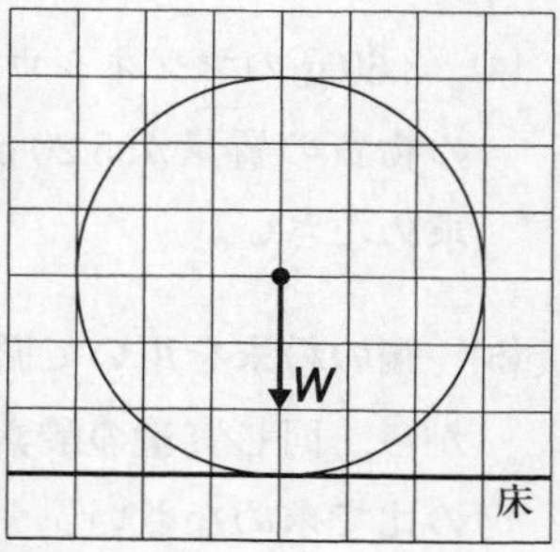

図４

6

太郎さんは，金属と酸素の反応について調べる実験を行い，ノートにまとめた。下の(1)～(5)の問いに答えなさい。

太郎さんの実験ノートの一部

≪実験≫

❶ ステンレス皿にマグネシウムの粉末と金網をのせて全体の質量を測定する。

❷ 図のように，ステンレス皿に金網でふたをしてマグネシウムの粉末をじゅうぶん加熱する。

❸ 加熱をやめてじゅうぶんさましたあと，全体の質量を測定する。

❹ マグネシウムの粉末の質量を変えて，❶～❸の操作を繰り返す。

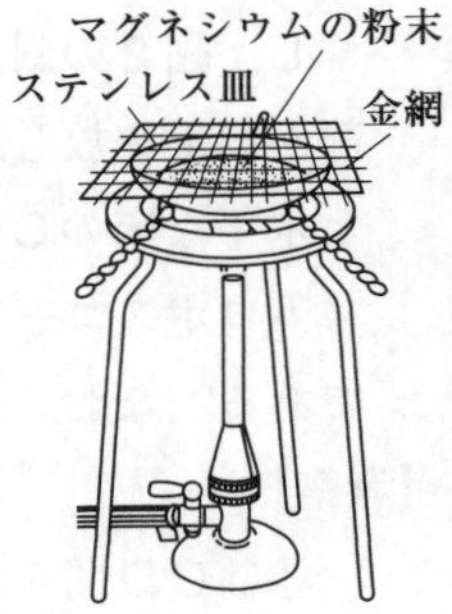

図

【結果】

加熱前後の全体の質量からステンレス皿と金網の質量をひいて，加熱前のマグネシウムの粉末の質量と加熱後の物質の質量を求めて**表1**にまとめた。ただし，加熱したマグネシウムの粉末はすべて反応したものとする。

表1

加熱前のマグネシウムの粉末の質量〔g〕	0.30	0.60	0.90	1.20	1.50
加熱後の物質の質量〔g〕	0.50	1.00	1.50	2.00	2.50

(1) **実験**で，マグネシウムは空気中の酸素と結びついて酸化マグネシウムになった。このとき起こった化学変化の化学反応式を書きなさい。

(2) 加熱前のマグネシウムの粉末の質量と加熱後の物質の質量の関係を表すグラフをかきなさい。

(3) **結果**から，マグネシウムと酸素が反応するときの質量の比を，最も簡単な整数の比で書きなさい。

(4) 3.60 g のマグネシウムの粉末を**実験**と同様に加熱したところ，加熱不足のせいで加熱後の物質の質量が5.20 g になった。このとき反応しなかったマグネシウムの質量は何 g か，求めなさい。

(5) 銅の粉末を用いて同様の**実験**を行ったところ，**表2**のような結果が得られた。この結果から，同じ質量の酸素と反応するマグネシウムの質量と銅の質量の比を，最も簡単な整数の比で求めなさい。

表2

加熱前の銅の粉末の質量〔g〕	0.40	0.80	1.20	1.60	2.00
加熱後の物質の質量〔g〕	0.50	1.00	1.50	2.00	2.50

いう観点から考えると、やはりネットばかり利用するのは危険に思えます。

石山　そうですね。情報を読むにしろ、オンラインゲームなどを楽しむにしろ、手軽さやすばやさ、楽しさばかりが優先されて、ことばとしっかり向き合って思考を深められないのは問題です。ことばとどう向き合うかを考えなければならないと思います。

小倉　ネットの利用時間を抑えて、他のメディアに注目してみるというのはどうでしょうか。例えば、【Ⅰ】の③を見ると、新聞はネットメディアより「信頼できる」と考える人が多いようです。

司会　確かに新聞は文章が論理的で、取り上げられる問題もバランスが取れていて考え事の題材に適していると思われますが、どうでしょうか。

坂本　私も賛成です。新聞はネットのように目まぐるしく情報が追加されていくことはありませんし、落ち着いてことばと向き合うことができます。それによって新聞に書いてあることからさまざまに思考をめぐらせることも可能になるのではないでしょうか。

㈢　【Ⅰ】から読み取れることとして、最も適切なものを、次の1～4の中から選んで、その番号を書きなさい。

1　雑誌・書籍は、自分の考えの形成に役立つので、新聞より信頼度が高い。
2　二十代の若者のネット利用時間は、六十代のネット利用時間の三倍以上である。
3　交流のツールであるSNSは、掲示板や動画投稿サイトより信頼度が低い。
4　外でも家にいるときと同様に使えるスマートフォンの利用者は、七割近い。

㈣　【Ⅱ】の［A］に入る最も適切な言葉を、【本文】の中から八字で抜き出して書きなさい。

㈤　【Ⅱ】の　確かに新聞は文章が論理的で、取り上げられる問題もバランスが取れていて考え事の題材に適していると思われますが、どうでしょうか　という司会の発言は、どのような役割を果たしているか。その説明として最も適切なものを、次の1～4の中から選んで、その番号を書きなさい。

1　これまでの話し合いの内容に関する疑問を示して、それぞれに考えさせる役割。
2　これまでの話し合いで出た意見に自分の考えを補足して、他の意見を引き出す役割。
3　これからの話し合いのために新しい視点を提示して、話し合いを発展させる役割。
4　これからの話し合いの前提となる情報をまとめたうえで、全員に確認させる役割。

㈥　【本文】と【Ⅰ】・【Ⅱ】を参考にして、ネットのことばの問題点について、あなたの意見を書きなさい。ただし、以下の条件に従うこと。

1　百字以上、百五十字以内で書くこと。（句読点を含む。）
2　二段落構成とし、第一段落には、【本文】、【Ⅰ】、【Ⅱ】をふまえてネットのことばの問題点を挙げ、第二段落には、第一段落で挙げた問題点を克服するためにどうすべきかを具体的に書くこと。
3　正しい原稿用紙の使い方をすること。ただし、題名と氏名は書かないこと。また、〜や═等の記号（符号）を用いた訂正もしないこと。
4　文体は、常体「だ・である」で書くこと。

【Ⅰ】総務省が行った調査の結果

①〔平日〕主なメディアの平均利用時間

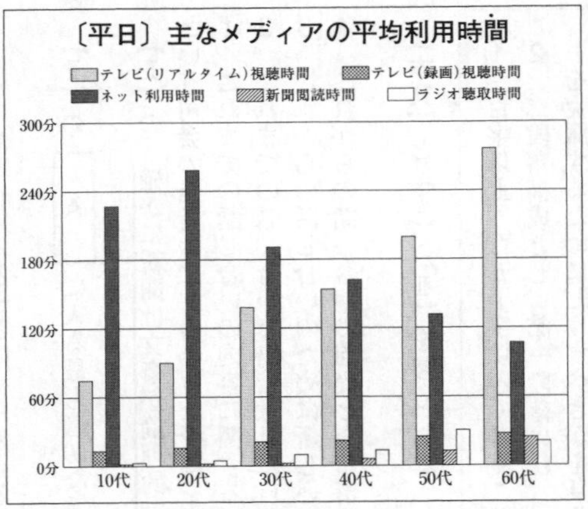

総務省　令和２年度「情報通信メディアの利用時間と情報行動に関する調査」

②インターネットの端末別利用状況

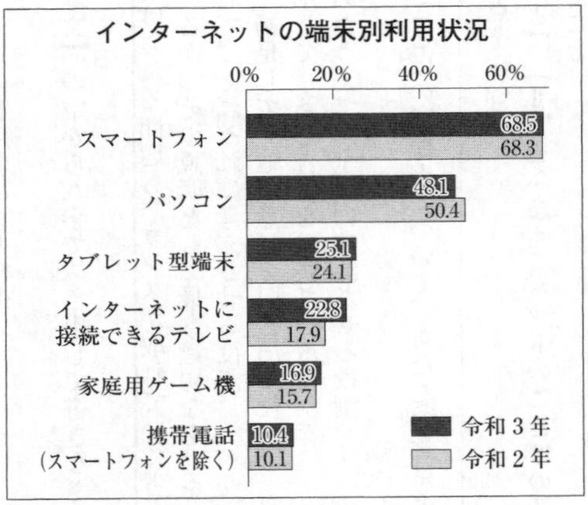

総務省　令和３年度「通信利用動向調査」

③各メディアに対する信頼

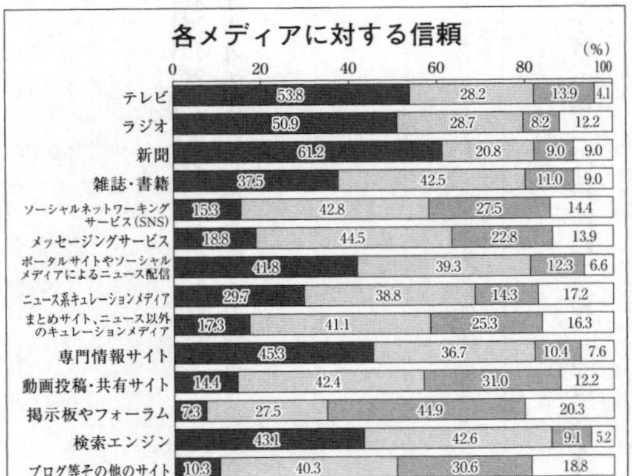

総務省　令和３年度「情報通信白書」

【Ⅱ】グループでの話し合いの一部

司会　今日は「インターネットのことばと思考」をテーマとして話し合いをします。ネットで見られることばに、どんな印象を持っていますか。

小倉　私は主に情報検索などでインターネットを利用しますが、ネットにはたくさんのことばがあふれているという印象です。ことばを追っているうちに、本来の目的とは関係のない情報に関心が移ってしまっているということもあります。

坂本　私も同じです。それに、ネットにはたくさんのことばや情報があふれているけれども、個々のことばをしっかり読んでいない気がします。ことばは、何かを考えるきっかけになるはずなのに、ネットではむしろことばに対して注意を払わなくなる気がするのはなぜでしょうか。

石山　情報が多すぎて追いきれないため、じっくり読んでその情報やことばの意味を考える余裕《よゆう》がなくなるからだと思います。

司会　なるほど。私たちが読んだ文章でも、ネットには［　A　］はたらきがあり、ネット上のことばを読んでいても、思考が深まりをほとんど見せないと述べられています。

小倉　そうですね。それに手書きの文字に比べて、他人のことばも自分のことばも字体が変わらないせいか、他人と自分のことばの境界線がおぼろげになるという問題もあります。自分を表現するためのことばが失われるのは、少しこわいですね。

司会　しかしながら【Ⅰ】の①を見ると、十代から四十代までは、どの世代も、最も利用しているメディアはネットです。これはどう思いますか。

坂本　手軽に豊富な情報にアクセスできるし、楽しいゲームやアプリも多いので、だらだらと利用時間が長くなるのでしょうね。ただ、思考を深めると

㈠ 小倉さんは、授業で、ネットのことばについてノートにまとめた。[ア]〜[ウ]に入る最も適切な語句を、【本文】の中から[ア]は五字、[イ]は四字、[ウ]は八字で抜き出して書きなさい。

ネットというシステム

○ネット上の作業の切りかえ＝瞬間的、簡単

→ 作業を中断した意識がない
次々に別のテーマに移る

→ ことばが[ア]ことが少なくなる

↕

紙媒体での作業の切りかえ＝[イ]が必要

○ネットことばの媒体＝液晶ディスプレー

・画面のフレーム、フォーマットがおなじ
・誰もがおなじ文字、おなじようなデザインのメール
・他人の文をコピー＆ペースト、リツイート

→ 自分のことばの[ウ]が進む

㈡ 次の一文は、【本文】の中の〈1〉〜〈4〉のどこに入るか。最も適切な箇所の番号を書きなさい。

あるいはネット空間に放りだされたあとは、糸の切れた風船のように見えなくなる存在です。

四 小倉さんは、国語の授業で、インターネットのことばについて書かれた文章や、総務省が行った調査の結果をもとに、グループでの話し合いを行い、意見文を書くことになりました。次の【本文】と【Ⅰ】・【Ⅱ】について、後の㈠～㈥の問いに答えなさい。

【本文】

ネットが思考を拡散させるバイアス※1が強く働くシステムだということを、経験的に納得している人は少なくないはずです。

だから、いつまでたっても仕事を終えることができないと、苛立《いらだ》つことも多い。

もちろん紙とペンで仕事をしていた時代であっても、作業を中断して、辞書で調べものを始めたり、新聞を読み始めたりということがありました。しかしネットことば時代における作業の中断と再開とは本質的に意味が異なります。

ネット上において作業の中身（画面）を切りかえるとき、それがあまりに瞬間的で簡単なために、それまでかかっていた作業を中断したという意識もなくなります。別のテーマに移りつづけたとき、その前に自分が何に取り組んでいたのか思いだせないということもある。たくさんのメールをチェックしたり、フェイスブックを開いてメッセージを「読む」。しかしそのうち、いくつのことばが記憶に残るのか。ほとんどのことばは右から左へと流れて消えていくだけ、ということはないでしょうか。

その間、思考は深まりを見せることがほとんどなくて、時間だけが過ぎていくということが起こります。これはゲームをやっているときとよく似ています。〈 1 〉

こうしてやるべきことがいっこうに進行しないということが少なくありません。

ネットことばが紙の上の書きことばと一番異なるのは、ことばを認知するまさにその媒体にあります。

パソコンもケータイもなかったころ、文字を目にするのはもっぱら紙の上でした。本、雑誌、新聞、ビジネス文書、便せん、メモ帳、日記帳、ビラ、チラシ、行政文書などは、文書ごとに、印刷されたり手書きされたりしているモノ（＝紙）が異なる。新聞を読み終えると、腰をあげて雑誌を手にしたり、書店に行って本を購入し、どこかに腰を落ち着けて頁《ページ》を開いたりと、文章を読む行為には、そうした切りかえのための身体活動が必要でした。〈 2 〉

しかし現代の液晶ディスプレー※2では、マウスのワンクリック※3やパネルのワンタッチで、文書の表示画面が即座に切りかわります。そのとき頭のなかのことばと思考も切りかわらなければならないはずなのですが、画面のフレームやフォーマット※4がおなじために、その転換は曖昧になります。メールだと、送ったメッセージも届いた返事も、おなじ文字で、おなじようなデザインで目にすることになる。自分が書いた文も、他人が書いた文もその境界線がおぼろげなのです。おまけにコピー＆ペースト※5して、自分の文に他人の文をすべりこませたり、他人のメッセージを自分からのメッセージとしてリツイート※6するという人もいます。〈 3 〉

そのことによって書きことばに歴然として存在した「私のことば」と「他人のことば」という意識が希薄化します。近年、学生の卒業論文に無断引用が目立つため、コピー＆ペーストを発見するソフトが論文審査に利用されています。これは論文の盗用や引用が簡単にできるというだけでなく、ことばにおける「個」の境がおぼろげになっているからでもあります。つねにおなじ画面でさまざまなことばに接するうちに、ことばにおける「私」と「他人」という壁が崩れているのです。簡単にいえば、ネット上で出会うことばはすべてみんなのものであり、私のものでもあるという感覚です。

私と他人のことばの壁が曖昧化して、私のことばにたいする所有意識も、やはり曖昧化する。みんなのことばが自分のものに感じられるということは、ひるがえっていえば、自分のことばも自分のものではなくみんなのもの。〈 4 〉

社会をにぎわせている政治家、官僚、芸能人の無責任な放言、失言の数々は、ことばの所有意識の希薄化によるものです。所有意識の希薄化は同時に責任を放棄することにもつながるのです。

（藤原智美《ともみ》「つながらない勇気」による。）

※1　バイアス＝考えや判断に偏りを生じさせる原因となる要素。
※2　液晶ディスプレー＝パソコンや携帯電話などの画面のこと。
※3　ワンクリック＝パソコンを操作するマウスのボタンを、一度だけ押す動作。
※4　フォーマット＝一定の型や形式。
※5　コピー＆ペースト＝画面上の文書の一部を、別の場所に複写すること。
※6　リツイート＝ツイッターで他人のつぶやきを自分のタイムラインに引用する機能。

【Ⅱ】話し合いの一部

先生　この文章を読んでどんな感想を持ちましたか。

純　時光と茂光について使者から報告を受けたときの天皇の言葉が印象的だと思いました。でも、天皇が「王位は口惜しきものなりけり」と考えているのはなぜでしょうか。

光一　それは、軽々しく行動できない立場上、すばらしい歌を気軽に聴きに行くことができないからだと思います。ぼくも天皇の言葉は興味深いと思いましたが、ウ使者は天皇の反応が予想外だと感じたようですね。

雪絵　確かに、使者から報告を受けたときの天皇の反応は、使者にとっては意外だったのかもしれません。でも私は、日常生活から離れて芸術に夢中になれることを羨《うらや》む天皇の考え方に共感しました。

光一　この話では、音楽のような風流事は、「此の世の事思ひすてむ事」、つまり出家して世を捨てる心境にも通じるものとして描かれていましたが、出家については唐突な印象があります。作者はどうして出家の話題に触れたのでしょうか。

先生　それは、この話が収録されている『発心集』が、仏教説話と呼ばれるジャンルの説話集で、仏の道に目覚めた人、仏の道をきわめた人の物語を多く集めたものだからですね。

(一) 【Ⅰ】のゆるぎあひて の読み方を現代仮名遣《づか》いに直して、全て平仮名で書きなさい。

(二) 【Ⅰ】の［　］に入る語として、最も適切なものを、次の1～4の中から選んで、その番号を書きなさい。

1 けら　2 けり　3 ける　4 けれ

(三) 【Ⅰ】のア此の由 が指す内容として、最も適切なものを、次の1～4の中から選んで、その番号を書きなさい。

1 天皇が、時光に急いで朝廷におもむくように命じたこと。
2 天皇が、時光に今すぐ朝廷で演奏をするように命じたこと。
3 天皇が、時光に自分にも笙の吹き方を教えてほしいと頼んだこと。
4 天皇が、時光に茂光の篳篥の才を評価すべきだと助言したこと。

(四) 【Ⅰ】のイ此の由 が指す内容として、最も適切なものを、次の1～4の中から選んで、その番号を書きなさい。

1 時光と茂光が、天皇の命令より唱歌の方が大切だと断言したこと。
2 時光と茂光が、唱歌していて使者の言葉を無視したこと。
3 時光と茂光が、笙より唱歌の方が風流だと主張したこと。
4 時光と茂光が、自宅で唱歌していたいと強く願ったこと。

(五) 【Ⅱ】の光一さんの感想に、ウ使者は天皇の反応が予想外だと感じた とあるが、使者が心の中で天皇の反応を予想している部分を、【Ⅰ】から十三字で抜き出して書きなさい。

三

次の【Ⅰ】、【Ⅱ】を読んで、後の㈠～㈤の問いに答えなさい。

【Ⅰ】古典の文章

中比《なかごろ》（そう遠くない昔）、市正時光《いちのかみときみつ》と云《い》ふ※1笙《しやう》吹きありけり。茂光《しげみつ》と云ふ※2篳篥師《ひちりきし》と囲碁《ゐご》を打ちて、同し声に（一緒に）※3裏頭楽《くわとうらく》を唱歌《しやうが》にしける（口ずさんだが）が、面白く覚えける程に（楽しく思っていたところ）、※4内よりとみの事にて（急ぎの用事で）時光を召しけり（お呼びになった）。

御使ひいたりて（やってきて）、ア此《こ》の由《よし》（事情）を云ふに、いかにも（全く）、耳にも聞き入れず只《ただ》もろともにゆるぎあひて（一緒になって体をゆらして）、ともかくも（何とも）申さざりければ、御使ひ、帰り参りて、イ此の由をありのままにぞ申す。いかなる御いましめ（おとがめ）かあらんと思ふほどに、「いとあはれなる者どもかな。さほどに楽《がく》にめでて（それほどに音楽に夢中になって）、何事も忘るばかり（忘れるぐらい）思ふらんこそ、いとやむごとなけれ（尊いことであるよ）。王位は口惜《くちを》しきものなりけり（残念なものであるよ）。行きてもえ聞かぬ事（行って彼らの歌を聞くことができない）」とて涙ぐみ給《たま》へりければ、思ひの外（意外なこと）になむあり［　　］。

これらを思へば、此の世の事思ひすてむ事も（俗世のことを思うのをやめることについても）、数奇《すき》は（風流の心は）ことにたよりとなりぬべし（適した手段となるに違いない）。

（「発心集《ほっしん》」による。）

※1　笙＝十七本の竹管を束ねた管楽器。雅楽に用いる笛の一種。

※2　篳篥＝雅楽に用いる縦笛の一種。

※3　裏頭楽＝古代中国から伝わった、雅楽で演奏される曲の一つ。

※4　内＝天皇。

(一) アビクトリーロード とあるが、この呼び名を聞いたときの「私」の心情として、最も適切なものを、次の1〜4の中から選んで、その番号を書きなさい。

1 限られた人しか来ることのできない場所まで自分が歩いてきたことを確認し、他の参加者に勝利したことを自覚して、優越感に浸っている。

2 参加者が疲労や足の痛みで最も苦しむ場所の呼び名に、勝利という言葉が含まれることを知って、なぜそう呼ばれるのか不思議に思っている。

3 誰にも頼ることなく自力で歩いてこられたことが誇らしく、これまでの自分の弱さに勝利できたように感じて、得意に思っている。

4 ゴールまで残りわずかの地点を歩いている自分の今の状況に、勝利という言葉がしっくりくるように感じて、充実した思いを抱いている。

(二) イ今は、『恵みの雨』の言葉の意味が、すとんと胸に落ちてきた とあるが、その理由として、最も適切なものを、次の1〜4の中から選んで、その番号を書きなさい。

1 多くの困難を乗り越えた経験を持っている宗方さんに尊敬の念を抱き、『恵みの雨』の説明を素直に聞く気になれたから。

2 実際に多くの困難を乗り越えてさまざまなことを学ぶという経験によって、『恵みの雨』の言葉の意味を自然と納得できたから。

3 困難を増やすだけの雨について『恵みの雨』という意外なとらえ方を示されて、賛成はできないものの新鮮な発見をしたから。

4 三十キロの時点では納得できず反発した『恵みの雨』の言葉の意味を、困難を乗り越えた今、前向きに許容する気になったから。

(三) ウ涙があふれてきた とあるが、どうしてか。「私」が泣いた理由を述べた次の文の □ に入る内容を、三十五字以上、四十五字以内で書きなさい。ただし、「時間」「無理」という二つの言葉を用いること。(句読点を含む。)

私は □ のでほっとして気がゆるんだから。

(四) 本文の表現と内容の説明として、最も適切なものを、次の1〜4の中から選んで、その番号を書きなさい。

1 客観的で細かく丁寧な描写によって、何としてもゴールしたいという「私」の思いの切実さやゴール直後の解放感に説得力を持たせている。

2 会話文を多用して登場人物の人間関係を明らかにすることによって、「彼」や宗方さん、「私」の間に強い結束が生まれていることを表現している。

3 体言止めを用いて「私」の心情を率直に表現することによって、百キロの道のりを完歩できた「私」の感慨や感動をわかりやすく伝えている。

4 風景の変化に登場人物の心情を託して、気弱だった「私」の心に、困難に立ち向かおうとする勇気が芽生えていく様子を印象づけている。

二　次の文章を読んで、後の㈠～㈣の問いに答えなさい。

高校生の「私」は、夜通しで百キロメートルを歩く催し（百キロウォーク）に一人で参加した。何度もくじけそうになったが、途中で出会った宗方《むなかた》さんや陽一《よういち》（彼）との交流に支えられながら、残り四キロの地点にさしかかった。

「ここ、※ビクトリーロードって言うんだと」

彼はだれに言うともなくつぶやいた。すぐ横は海ということもあって、風が強い。

「親父《おやじ》が言ってた」

「そんな呼び名があるんですか。知りませんでした」

宗方さんが相槌《あいづち》を打つ。

アビクトリーロード。百キロの最後、そこまでたどり着いた人だけが歩ける海岸線。だれかと勝負したわけじゃない。だれに勝ったわけでもない。体は疲労でくたくただし、足だって痛い。それなのに、心は心地よい達成感に包まれていた。

そのとき、ふと思い出した。そういえば、理由を聞いてない。

「宗方さん、『恵みの雨』って呼ぶ理由、教えてください」

「その言葉、俺も聞いたことある」

「ああ、そういえばお話ししてませんでしたね」

ゆっくりと歩を進めながら、宗方さんは話してくれた。

「人は困難が多ければ多いほど、より多くのことに気づくことができる。百キロの最中に、雨が降ったことで、さらに気づくことも増えるでしょう。それに感謝して、『恵みの雨』と、そう呼ぶんだそうです」

「そうなんですか……」

多くのことに気づかせてくれる、雨。確かに、そうかもしれない。雨だけじゃなく、百キロというとんでもない距離を歩かなければ、気づかなかったこと、考えていなかっただろうことはいっぱいあった。

正直、三十キロの時点で宗方さんに名前の由来を聞いたとしても、そのころの私はきっと理解できなかったと思う。雨なんて、ただ迷惑なだけ。困難を増やしてどうするの？

イでも今は、『恵みの雨』の言葉の意味が、すとんと胸に落ちてきた。

長い道のりの途中、あきらめそうになったことなんてなんどもあったし、自分の境遇をただ呪って泣いたことだってあった。今はすべてがなつかしい。心の中のもやもやしたものは消え、ただ感謝だけが胸にあった。

どれほどそうして歩いただろうか。不意にだれかが声を上げた。つられて顔を上げる。するとそこには、たくさんの人と、そして、百キロのゴールがあった。時計を見る。二時十分前だった。

間に合った。私たちは、完歩できたんだ。

ほっとした。百キロの間じゅう、ずっと時間の不安と戦っていた。チェックポイントに着くのはいつも制限時間ギリギリだったし、歩いていても不安で仕方がなかった。でも、間に合ったんだ。

「あんた、なに泣いてんだよ。気持ちわりいな」

「……うるさいってば」

ゴールを見たとたん、安心したのか、止めようといくら努力しても、あとからあとからウ涙があふれてきた。最初は、とうてい無理だと思っていたゴール。途中からやっと百キロという距離がおぼろげに見えてきて、最後には絶対たどり着きたい目標へと変わった、百キロ。それがついに、目の前にある。

私ひとりでは絶対になしえなかった、完歩。

苦しいとき、必ずだれかが支えてくれた。手を差し伸べてくれた。心が折れてしまいそうなとき、みんなが背中を押してくれた。だからこそ、私は今ゴールに向かって歩くことができる。百キロという長い道のりを、完歩することができるんだ。

「おめでとうございます！」

オレンジの服の人たちが、口々に言ってくれた。あたたかな拍手に包まれる。

いつだったか、学校のマラソン大会でビリでゴールしたとき、先生だけでなく、とっくの昔にゴールしていたクラスメイトまでもが口々に励ましてくれたけど、そのときはただ恥ずかしいだけだった。

ゴール後に苦しい呼吸を整えながら、本当はもう少し速く走れたかも、なんて思ってさらに死にたいくらいいやな気分になった。

あのときは、走るのが遅い私をみんな見下してるんだな、だからがんばってなんて言うんだと卑屈なことを考えもしたけれど、今ならわかる。ならもっと本気で手を抜かずに走ればよかった、ただそれだけの話だったんだ。

そう、今ならばわかる。苦しいくらい、よくわかる。

おめでとうございます。その言葉が、これほどまでに嬉《うれ》しいということ。

つらいとき、がんばってくださいという言葉がどれだけありがたいかということ。

そして、ありがとうという感謝の気持ちが、これほどまでに深くてあたたかいということ。

（片川優子「明日の朝、観覧車で」による。）

※ビクトリーロード＝勝利の道という意味。

二〇二三年度 常磐大学高等学校

【国　語】（五〇分）〈満点：一〇〇点〉

注意　抜き出しの問題は、すべて句読点・記号等も一字として字数に含みます。

一

次の㈠～㈢の問いに答えなさい。

㈠　次の(1)～(6)の――線部について、片仮名の部分を漢字で、漢字の部分の読みを平仮名で書きなさい。

(1)　チツジョを守って行動する。
(2)　的に向けて矢をイる。
(3)　何が起こったのかをハアクする。
(4)　駅前に銅像が据えられた。
(5)　紳士が丁寧に一礼する。
(6)　文章の余計な部分を削る。

㈡　次の行書で書かれた漢字を楷書で書くときの総画数と同じ総画数である漢字を、1～4の中から選んで、その番号を書きなさい。

1　景
2　増
3　確
4　勢

㈢　次の【会話】の［　］に入る言葉として、最も適切なものを、1～4の中から選んで、その番号を書きなさい。

【会話】

川口　山本さん、次の試合に向けての準備はできてるの。
山本　うん。上位リーグに進むには次で勝たないといけないからがんばってるよ。
川口　確かに次が最後のチャンスだもんね。まさしく［　］だね。

1　漁夫の利
2　背水の陣
3　塞翁《さいおう》が馬
4　蛍雪の功

英語解答

1 (1) No.1 ウ No.2 イ No.3 ア
No.4 イ No.5 エ
(2) No.1 イ No.2 エ No.3 ウ
No.4 ア
(3) No.1 ウ No.2 ウ
(4) ① エ
② (例) I want to be a doctor.

2 (1) ① went ② more ③ were
(2) ④ front ⑤ Monday ⑥ Why

3 (1) イ (2) イ→ア→ウ

4 (1) ①…エ ②…ウ ③…ウ ④…ア
⑤…イ
(2) How much

5 (1) ウ，オ，カ (2) 2
(3) ① (例) Hiro did.
② (例) She called herself ‘Aloha Girl.’
(4) (例) she asked her English teacher to check her message

6 (例) (When I become a high school student, I want to) read as many books as I can. I love reading books because they take me to places I cannot visit. I think the high school library has many books, so I will be able to find many interesting books there. Also, I want to try to read books written in English to improve my English reading skills. (57語)

1 〔放送問題〕解説省略

2 〔長文読解総合─Ｅメール〕

≪全訳≫Ａ．やあ，メアリー。／昨日僕は，２週間前にオープンした新しいデパートに行ったよ。たくさんの人がそこで買い物をしていた。僕はスポーツシャツを１着買いたかったんだ。その店は僕たちの学校の近くの店よりたくさんのスポーツ用品があった。いいシャツがとてもたくさんあったから，僕は一番いいのを選ぶのが難しかったよ！　僕は今週末，そこにもう一度行くつもりだ。君も僕と一緒に来ないかい？

Ｂ．こんにちは，タカシ。／うん！　あなたが話しているその新しいデパートは，駅前にあるデパートのことだよね？　次の月曜日がおばあちゃんの誕生日だから，私はおばあちゃんにプレゼントを買いたいの。彼女は家で料理をして食事をするのが好きだから，私はお皿かグラスをいくつか買うつもりでいるの。ところで，そのデパートにはいいイタリアンレストランがあるらしいの。買い物の後に，そこで食事をしない？

(1)＜語形変化＞①文頭に Yesterday「昨日」があるので過去の文。　go－went－gone　②文後半に than があるので比較級の文。形容詞 many/much の比較級は more。　many/much－more－most　③‘There＋be動詞＋主語…’「～がある〔あった〕」の構文。‘主語’に当たる部分の so many nice shirts が複数形であり，また昨日のデパートでの出来事について述べていることから，be動詞は were に決まる。

(2)＜適語補充＞④in front of ～で「～の前に」。空所前の the one とは the department store のこと。　⑤大文字で始まっていて，is her birthday と続いていることから，曜日を表す語が入るとわかる。　⑥Why don’t we ～？は「～しませんか」という‘提案’を表す表現。

3 〔長文読解総合─説明文〕

(1)＜要旨把握＞≪全訳≫あなたはチョコレートが好きだろうか。それは世界の多くの人々に愛され，食べられている。科学者たちは，チョコレートは私たちの健康に良い効果があると言っている。例えば，チョコレートを食べることは私たちの血行を改善することができる。しかし気をつけてほしい。ほとんどのチョコレートは，その中に大量の脂肪を含んでいる。だからそれを食べすぎれば，それは健康に悪いだろう。適切な量のチョコレートを食べれば，おいしさだけでなく，健康も享受できる。

＜解説＞文章全体のまとめとして最終文に書かれている内容が，イ．「適切な量のチョコレートを食べることはあなたの健康に良い」に合致する。　ア．「世界の全ての人はチョコレートが大好きだ」　ウ．「チョコレートを食べることは，あなたをとても気分悪くするだろう」　エ．「科学者たちは，チョコレートをたくさん食べるべきだと言っている」

(2)＜文整序＞≪全訳≫都会に住むのは田舎に住むよりもいいと思うかもしれない。／→イ．しかし，田舎に住むことには利点がある。／→ア．１つ目に，田舎は自然がいっぱいで空気がきれいだ。／→ウ．田舎に住めば，たくさんの屋外活動を楽しむことができる。／山に登ったり，川で泳いだりすることができるのだ。２つ目に，田舎は住むのに(都会よりも)安全な場所だ。３つ目に，田舎にいる多くの人は，(都会の人よりも)親切である。

＜解説＞アの内容は，イで述べている田舎の利点の具体例になっているので，イ→アとする。また，ウの内容は，アの豊かな自然ときれいな空気のおかげでできる内容なので，これをアの後に置く。

4〔長文読解総合―対話文〕

≪全訳≫❶ボブ(Ｂ)：やあ，アキ，何をしているの？❷アキ(Ａ)：こんにちは，ボブ。ワカバ博物館のウェブサイトを見ているの。土曜日に兄〔弟〕とそこに行くのよ。その博物館は今，２つの特別展を①開催しているの。❸Ｂ：それらはどんな展示なの？❹Ａ：１つは浮世絵に関するものよ。もう１つは日本の漫画に関するものね。❺Ｂ：本当？　それはわくわくするね。僕はその両方とも大好きだよ。浮世絵は江戸時代にとても人気があった日本の絵の一種だよね？❻Ａ：ええ，そうよ。私はあなたが浮世絵について知っていることに驚いているわ。❼Ｂ：僕は日本のものにとても興味があるんだ。浮世絵は本当にきれいで，日本の漫画は本当にすごいと思うよ。日本の漫画は僕の国でとても人気があるんだ。❽Ａ：なるほど。だからあなたは今ここにいるのね。❾Ｂ：そのとおり。僕は日本の②文化をもっと学びたいから，ここ日本にいるんだ。君たちと一緒にその博物館に行ってもいいかな？❿Ａ：もちろんいいわよ。⓫Ｂ：ありがとう。その博物館はどこにあるの？　それは僕らの町にあるのかい？⓬Ａ：いいえ，そうじゃないけど，ここからあまり遠くはないわよ。博物館まではだいたい１時間くらい。最寄りの駅はミライ駅よ。それに，③そこにはバスで行くこともできるわ。⓭Ｂ：オーケー。その博物館に入るのに，僕たちはいくら必要なのかな？⓮Ａ：このウェブサイトによると，チケットは500円よ。⓯Ｂ：ここを見て。④学生証を見せれば，料金が半額になるよ。⓰Ａ：あっ，そうね。⓱Ｂ：それから，僕らはその特別展のために別料金を払う必要があるかい？⓲Ａ：⑤いいえ，私たちはそれらのためにお金を払う必要はないわ。⓳Ｂ：それはいいね！　僕は今，本当にわくわくしているよ。待ちきれないね！

ワカバ博物館

開館時間

火曜日―金曜日	10:00－17:30
土曜日	10:00－19:30
日曜日	9:00－19:00

休館日

毎週月曜日
冬季休暇 (12月28日―1月4日)

チケット

大学生以上	750円★1
高校生・中学生	500円★2
小学生以下	無料

★1　20人以上の団体の場合は500円
★2　学生証を提示した場合は250円

到着手段

電車で	ミライ駅から徒歩５分
バスで	ワカバ博物館バス停から徒歩１分

特別展★３

１．浮世絵のすばらしい世界
２．漫画：日本の漫画史

★３　特別展は別料金不要

⑴＜適語句・適文選択＞①two special exhibitions「２つの特別展」を目的語とする動詞として適切なものを選ぶ。このholdは「(会など)を開催する」という意味。　②ボブは日本の何をもっとたくさん学びたいから日本にいるのかを考える。第５，７段落の発言から，ボブは日本の「文化」に興味があることが読み取れる。　③博物館の場所と，そこへの行き方について話している場面。ウェブサイトのHow to get hereから，電車だけでなくバスでも行けることがわかる。　④空所前のIt will be half the priceは「半額になる」という意味。ウェブサイトの★２にチケットが半額になる条件が書かれている。　⑤ボブに特別展のために別料金を払う必要があるかどうかを尋ねられたアキの返答。ウェブサイトの★３から，追加の支払いがいらないことがわかる。

⑵＜適語句補充＞空所を含むボブの問いに対して，アキがチケットの料金を答えていることから，ボブは入館料がいくらかを尋ねたのだとわかる。‘金額’を尋ねる疑問詞はhow much。

5〔長文読解総合―物語〕

≪全訳≫❶アヤは高校生だ。この前の冬，彼女は家族でハワイを訪れた。ある晩，彼女はウクレレの生演奏があるレストランで夕食をとった。彼女はウクレレの音が気に入って，それに興味を持った。日本に帰ってきた後，彼女はウクレレのレッスンを受け始めた。❷先月，アヤの家族はミドリ町に引っ越した。そのため，彼女はレッスンを受けるための新しい音楽学校を探さなければならなかった。しかし，ミドリ町にはウクレレのレッスンをしてくれる学校はなかった。彼女は心の中で思った。「私はウクレレを弾くのがもっとうまくなりたいけど，私に教えることができる人がここにはいない。どうしたら他の人の助けを借りずに練習できるだろうか？」❸ある日，彼女の弟〔兄〕のヒロが，あるウェブサイトを彼女に見せて言った。「見てよ。このウェブサイトでウクレレを習うことができるよ！　レイさんというハワイの女性がその弾き方を見せる動画を投稿しているんだ。それに，彼女にメッセージを送ることもできるよ。彼女の動画を見て，彼女にどうしたらスキルを改善できるかきいてみたらどう？」アヤは言った。「それはいい考えね！　ありがとう，ヒロ」❹アヤはレイさんのウェブサイトを訪れた。彼女はその動画を何度も見て，熱心に練習した。彼女は多くの曲を練習できて喜んだ。２週間後，アヤはレイさんに，いくつか質問をするためにメッセージを送ることにした。メッセージは英語で書かなければならなかったが，これは他の国の人と英語でコミュニケーションをとる好機だと考えた。すぐにアヤはレイさんから返信を受け取った。彼女はとてもうれしかった。そのとき以来，アヤはウクレレを習うことだけでなく，レイさんと英語でコミュニケーションをとることも楽しんでいる。❺ある日，ヒロが言った。「ウクレレを弾いている自分自身の動画を撮影して，それをインターネットに投稿したらどう？」　アヤは言った。「それはおもしろいかもね」　動画を投稿したとき，彼女は「アロハ・ガール」という愛称を使った。それから彼女はコメントを待った。２日後，彼女はコメントを１つもらった。それは「いいね！」というものだった。アヤはそれを見てうれしかった。その後，彼女は自分の動画について肯定的なコメントをもっとたくさんもらった。❻ある水曜日の朝，アヤは学校で，ある１人の女子に話しかけられた。「こんにちは，あなたはアロハ・ガールよね？」　アヤは驚いて言った。「そうだけど，どうしてそれがわかるの？」　その女の子は言った。「私はユイよ。私は先週の土曜日に動画を見つけたの。その中であなたがウクレレを弾いていたわ。私は『この女の子を学校で見たことがある』と思ったの。それであなたをずっと探していたのよ。私もハワイの音楽に興味があるの」　アヤは言った。「わあ，世界って狭いわね？」　ユイはほほ笑んだ。

(1)＜内容真偽＞ア.「アヤはハワイに滞在している間にウクレレのレッスンを受け始めた」…×　第１段落最終文参照。アヤがレッスンを受け始めたのは，日本に帰ってきた後。　イ.「アヤはミドリ町に引っ越したので，新しい音楽学校に通い始めた」…×　第２段落第１～３文参照。ミドリ町にはウクレレのレッスンをしてくれる学校はなかった。　ウ.「レイさんはインターネットでウクレレの弾き方に関するいくつかの動画を共有していた」…○　第３段落第３文の内容に一致する。ウェブサイトに動画を投稿しているということは，「動画を共有した」と言い換えられる。
エ.「ヒロがアヤに，彼のためにウクレレを弾くように頼んだのは，彼がそれを気に入っていたからだ」…×　そのような記述はない。　オ.「アヤは，英語でメッセージを書くのは自分のために良いことだと思った」…○　第４段落第５文の内容に一致する。　カ.「アヤは自分の動画を気に入った人が何人かいることを知って喜んだ」…○　第５段落後半の内容に一致する。　キ.「アヤはレイさんに，彼女の動画についてたくさんの肯定的なコメントを送った」…×　第４段落第４文参照。アヤがレイさんに送ったのは，質問をするメッセージである。　ク.「ユイは１本の動画を見て，その動画の中ではレイさんがウクレレを演奏していた」…×　第６段落中ほど参照。ユイが見たのはアヤの動画。

(2)＜適所選択＞脱落文は「彼女は動画を何度も見て熱心に練習した」という意味。空所２に入れると，アヤがレイさんのサイトを訪れて，たくさんの曲を練習できたという前後の内容に自然につながる。

(3)＜英問英答＞①「誰がレイさんのウェブサイトを見つけたか」―「ヒロが見つけた」　第３段落参照。疑問詞 who が主語となる‘Who＋一般動詞…?’「誰が～か」の形の疑問文に対しては，‘主語＋do/does/did.’の形で答えることに注意。　②「アヤはインターネット上で自分自身を何と呼んだか」―「彼女は自分自身を『アロハ・ガール』と呼んだ」　第５段落第３文参照。主語を Aya から She に変えること。

(4)＜条件作文＞≪全訳≫ナオ(N)：私は英語を話すのは好きだけど，英語で書くのは得意じゃないの。たぶん最初はアヤにとって，英語でメッセージを書くのは難しかったでしょうね。彼女はどのようにしてそれをすることができたんだと思う？／ジョー：僕は(例)彼女は彼女の英語の先生に，彼女のメッセージを確認するように頼んだと思うよ。／N：なるほどね。
＜解説＞直前の疑問文の意味を正しく理解する。この文の do that は前の write an English message を受けている。また，この文の「どうやって～できたと思う」のような Yes/No で答えられない疑問文は，‘疑問詞＋do you think＋(主語＋)動詞’という語順になることも押さえておきたい。答えは，I think that という語句が与えられているので，それに続く形で書くこと。
(別解例) she wrote her English message with her friend who is good at writing English

6〔テーマ作文〕

７個のうち，自分が英語で書けそうだと思うものを選ぶ。与えられている I want to に続く形でまず何をしたいのかを明確にして，続けてその理由を書いていくとよい。　(別解例)（When I become a high school student, I want to）make a lot of friends. I like meeting and knowing new people. At high school, I'll be able to meet many new students. It will be fun to talk with them about many different things. I think making a lot of new friends will make my school life better. (49 語)

数学解答

1 (1) -11　(2) $\dfrac{3x-y}{4}$　(3) $6\sqrt{3}$

(4) $x=-5,\ 9$

2 (1) ア…$3n+2$　イ…$3n^2+4n+1$

(2) ア…$4y$　イ…$y+5$　ウ…40

エ…10

(3) ア…6　イ…5：2　(4) $\dfrac{2}{9}$

3 (1) 65°

(2) (例)△ABD と△BED において，共通な角より，∠ADB＝∠BDE……①　$\overset{\frown}{\mathrm{BD}}=\overset{\frown}{\mathrm{CD}}$より，∠BAD＝∠EBD……②　①，②より，2組の角がそれぞれ等しいから，△ABD∽△BED

(3) $\dfrac{32}{45}$

4 (1) 1200円　(2) $y=20x+900$

(3) プランAとプランB…90分

プランBとプランC…120分

5 (1) 下図

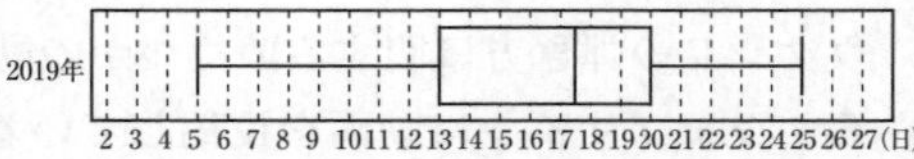

(2) (例)中央値が15.5日であることより，晴れの日数が15日以下である月数と16日以上である月数は同じであるから。

(3) ア…20　イ…12　ウ…7　エ…13

6 (1) OH…12cm　OI…13cm

(2) 45cm^2　(3) 40cm^3

1〔独立小問集合題〕

(1)<数の計算>与式＝$4+(-15)=4-15=-11$

(2)<式の計算>与式＝$\dfrac{5x+y-2(x+y)}{4}=\dfrac{5x+y-2x-2y}{4}=\dfrac{3x-y}{4}$

(3)<数の計算>与式＝$\sqrt{6\times8}+\dfrac{6\times\sqrt{3}}{\sqrt{3}\times\sqrt{3}}=\sqrt{4^2\times3}+\dfrac{6\sqrt{3}}{3}=4\sqrt{3}+2\sqrt{3}=6\sqrt{3}$

(4)<二次方程式>左辺を因数分解して，$(x+5)(x-9)=0$　$\therefore x=-5,\ 9$

2〔独立小問集合題〕

(1)<文字式の利用―説明>3でわると余りが2である自然数は，3の倍数より2大きい整数だから，nを0以上の整数として$3n+2$と表せる。よって，この自然数の2乗は，$(3n+2)^2=9n^2+12n+4=9n^2+12n+3+1=3\times(3n^2+4n+1)+1$となる。$3n^2+4n+1$が整数だから，$3\times(3n^2+4n+1)+1$は，3でわると余りが1になる数を表している。

(2)<連立方程式の応用>現在の父の年齢をx歳，子の年齢をy歳としているので，父の年齢が子の年齢の4倍であることより，$x=4y$……①が成り立つ。また，5年後，父の年齢は$x+5$歳，子の年齢は$y+5$歳と表せ，父の年齢が子の年齢の3倍になることより，$x+5=3(y+5)$……②が成り立つ。①，②の連立方程式を解く。②より，$x+5=3y+15$，$x-3y=10$……②′　①を②′に代入して，$4y-3y=10$　$\therefore y=10$　これを①に代入して，$x=4\times10$　$\therefore x=40$　よって，現在の父の年齢は40歳，子の年齢は10歳である。

(3)<関数―直線の式，長さの比>右図で，直線ABの傾きは$\dfrac{1}{2}$だから，その式は$y=\dfrac{1}{2}x+b$とおける。これがB(4, 8)を通るので，$8=\dfrac{1}{2}\times4+b$，$b=6$となり，直線ABの式は$y=\dfrac{1}{2}x+6$である。よって，点Pは直線$y=\dfrac{1}{2}x+6$上の点である。点Pのx座標は2なので，$y=\dfrac{1}{2}\times$

$2+6=7$より，P(2, 7)である。また，線分PRはy軸に平行なので，点Q，点Rのx座標は2である。点Qは関数$y=\frac{1}{2}x^2$のグラフ上にあるので，$y=\frac{1}{2}\times2^2=2$より，Q(2, 2)である。点Rはx軸上の点なので，R(2, 0)である。したがって，$\mathrm{PQ}=7-2=5$，$\mathrm{QR}=2-0=2$より，PQ：QR＝5：2となる。

(4)＜確率―さいころ＞2つのさいころA，Bを同時に1回投げるとき，それぞれ6通りの目の出方があるから，目の出方は全部で$6\times6=36$(通り)あり，a，bの組は36通りある。このうち，$\frac{b}{a+1}$の値が整数になるのは，$a=1$のとき，$\frac{b}{a+1}=\frac{b}{1+1}=\frac{b}{2}$だから，$b=2$，4，6の3通りある。$a=2$のとき，$\frac{b}{2+1}=\frac{b}{3}$だから，$b=3$，6の2通りある。$a=3$のとき，$\frac{b}{3+1}=\frac{b}{4}$だから，$b=4$の1通りある。以下同様に考えて，$a=4$のとき$b=5$の1通り，$a=5$のとき$b=6$の1通りあり，$a=6$のときはない。よって，$\frac{b}{a+1}$の値が整数になる$a$，$b$の組は$3+2+1+1+1=8$(通り)あるから，求める確率は$\frac{8}{36}=\frac{2}{9}$である。

3 〔平面図形―半円〕

≪基本方針の決定≫(3)　△ABDと△AECが相似であることに気づきたい。

(1)＜角度＞右図1で，$\overset{\frown}{\mathrm{AC}}$に対する円周角より，∠ABC＝∠ADC＝25°である。また，線分ABが半円の直径より，∠ACB＝90°である。よって，△ABCで，∠CAB＝180°－∠ABC－∠ACB＝180°－25°－90°＝65°となる。

図1

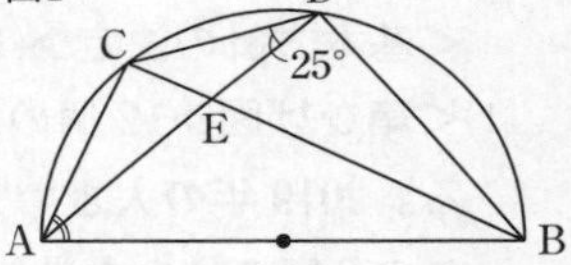

図2

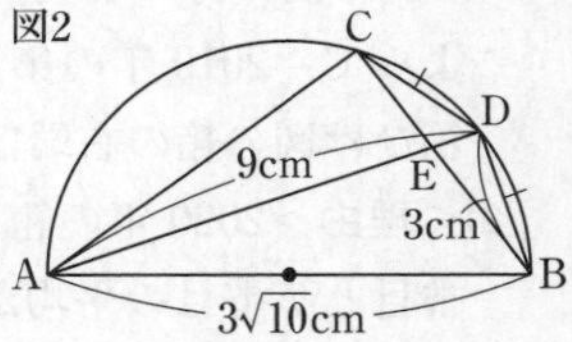

(2)＜証明＞右図2の△ABDと△BEDで，共通な角より，∠ADB＝∠BDEである。また，$\overset{\frown}{\mathrm{BD}}=\overset{\frown}{\mathrm{CD}}$より，$\overset{\frown}{\mathrm{BD}}$，$\overset{\frown}{\mathrm{CD}}$に対する円周角は等しいから，∠BAD＝∠EBDである。解答参照。

(3)＜面積比―相似＞右図2で，(2)より，△ABD∽△BEDだから，BD：ED＝AD：BDである。これより，3：ED＝9：3が成り立ち，$\mathrm{ED}\times9=3\times3$，ED＝1となるので，AE＝AD－ED＝9－1＝8である。また，線分ABが半円の直径より，∠ADB＝∠ACE＝90°であり，$\overset{\frown}{\mathrm{BD}}=\overset{\frown}{\mathrm{CD}}$より，∠BAD＝∠EACである。よって，△ABD∽△AECである。相似比はAB：AE＝$3\sqrt{10}$：8だから，△ABD：△AEC＝$(3\sqrt{10})^2:8^2=90:64=45:32$であり，△AECの面積は△ABDの面積の$\frac{32}{45}$倍となる。

4 〔関数―関数の利用〕

≪基本方針の決定≫(3)　電話使用料金についての方程式を立てる。

(1)＜料金の差＞1か月の通話時間が10分のとき，プランAの通話料金は1分当たり30円だから，通話時間に応じた通話料金は$30\times10=300$(円)であり，プランAの電話使用料金も300円となる。一方，プランBの通話料金は，30分までは0円だから，通話時間に応じた通話料金は0円である。基本料金が1500円なので，プランBの電話使用料金は$1500+0=1500$(円)となる。よって，求める電話使用料金の差は，$1500-300=1200$(円)である。

(2)＜関係式＞プランBの通話料金は，30分までは0円，30分を超えた分については1分当たり20円だから，$x\geqq30$のとき，$x-30$分について1分当たり20円の通話料金が発生し，通話時間に応じた通話料金は$20(x-30)$円となる。基本料金が1500円だから，1か月の電話使用料金は$1500+20(x-30)=20x+900$(円)となり，$y=20x+900$と表せる。

≪別解≫問題の図より，$x \geqq 30$ のとき，通話時間と電話使用料金の関係を表すグラフは，2 点(30, 1500)，(60, 2100)を通る直線となっている。この直線の傾きは $\frac{2100-1500}{60-30}=20$ だから，その式は $y=20x+b$ とおけ，点(30, 1500)を通るので，$1500=20\times30+b$，$b=900$ となり，求める式は $y=20x+900$ である。

(3)＜料金が同じになる時間＞1 か月の通話時間を x 分とすると，プラン A の電話使用料金は $30x$ 円と表せる。$x=30$ のとき，プラン A の電話使用料金は $30\times30=900$(円)で，プラン B の電話使用料金は 1500 円だから，$0 \leqq x \leqq 30$ において，プラン A とプラン B の電話使用料金が同じになることはない。$x \geqq 30$ のとき，(2)より，プラン B の電話使用料金は $20x+900$ 円だから，プラン A とプラン B の電話使用料金が同じになるとき，$30x=20x+900$ が成り立つ。これを解くと，$10x=900$，$x=90$ となり，$x \geqq 30$ を満たすので適する。よって，プラン A とプラン B の電話使用料金が同じになる通話時間は 90 分である。また，プラン C の電話使用料金は通話時間に関係なく 3300 円だから，$0 \leqq x \leqq 30$ において，プラン B とプラン C の電話使用料金が同じになることはない。$x \geqq 30$ において，プラン B とプラン C の電話使用料金が同じになるとき，$20x+900=3300$ が成り立つ。これを解くと，$20x=2400$，$x=120$ となり，$x \geqq 30$ を満たすので適する。よって，プラン B とプラン C の電話使用料金が同じになる通話時間は 120 分である。

5 〔データの活用―箱ひげ図〕

≪基本方針の決定≫(1)　表 1 から，第 3 四分位数，最大値を求める。　(2)　中央値に着目する。

(1)＜箱ひげ図＞12 個の月の晴れの日数だから，第 3 四分位数は，大きい方の 6 個の月の中央値となる。2019 年の大きい方の 6 個の月の晴れの日数は，小さい順に，18，18，19，21，22，25 だから，この 6 個の月の中央値は，3 番目の 19 日と 4 番目の 21 日の平均値で，$(19+21)\div2=20$(日)である。よって，2019 年の第 3 四分位数は 20 日である。また，最大値は，1 月の 25 日である。以上より，箱ひげ図の箱の右端は 20 日，右のひげの端は 25 日となる。解答参照。

(2)＜理由＞2020 年の箱ひげ図より，中央値は 15.5 日である。つまり，晴れの日数の小さい方から 6 番目と 7 番目の平均が 15.5 日となる。晴れの日数は整数であるから，小さい方から 6 番目は 15 日以下，7 番目は 16 日以上となる。解答参照。

(3)＜晴れの日数＞2021 年の箱ひげ図より，最小値は 7 日である。4 月～7 月を除いた月で晴れの日数が 7 日である月はなく，4 月～7 月で晴れの日数が最も少ないのは 6 月だから，6 月の晴れの日数が 7 日となる。このとき，4 月，5 月，7 月を除く 9 個の月の晴れの日数は，小さい順に，7，11，12，16，18，21，22，23，24 となる。箱ひげ図より，第 1 四分位数が 12 日だから，12 個の月の晴れの日数における小さい方の 6 個の月の中央値，つまり小さい方から 3 番目と 4 番目の平均が 12 日である。4 月，5 月，7 月を除いた 9 個の月の中に 12 日の月があるから，3 番目と 4 番目はともに 12 日となる。小さい方から 3 番目が 12 日となっているから，4 月，5 月，7 月の中で 12 日として考えられるのは，この中で一番少ない月である。4 月が最も多く，7 月は 5 月より 1 日多いことより，4 月，5 月，7 月の中で最も少ないのは 5 月であるから，5 月が 12 日となり，7 月が $12+1=13$(日)である。4 月～7 月の晴れの日数の合計は 52 日なので，4 月は，$52-(7+12+13)=20$(日)となる。なお，12 個の月の晴れの日数は，小さい順に，7，11，12，12，13，16，18，20，21，22，23，24 となるから，中央値が 17 日，第 3 四分位数が 21.5 日，最大値が 24 日となる。2021 年の箱ひげ図からも同じ値が読み取れる。

6 〔空間図形―正四角錐〕

≪基本方針の決定≫(1)　OH⊥〔面 ABCD〕，OI⊥AB であることに気づきたい。　(2)　切り口は台形である。

(1)＜長さ＞右図1において，立体O-ABCDは正四角錐であり，点Hは底面の正方形ABCDの対角線AC，BDの交点だから，OH⊥〔面ABCD〕である。正四角錐O-ABCDの体積は400cm^{3}だから，$\frac{1}{3}\times$〔正方形ABCD〕$\times$OH$=400$となる。〔正方形ABCD〕$=10\times10=100$だから，$\frac{1}{3}\times100\times\mathrm{OH}=400$が成り立ち，OH$=12$(cm)である。また，△OABはOA=OBの二等辺三角形であり，点Iは辺ABの中点だから，OI⊥ABである。正四角錐O-ABCDの表面積が360cm^2，底面積が〔正方形ABCD〕$=100$より，側面積は$360-100=260$であり，△OAB$=260\div4=65$である。よって，△OABの面積について，$\frac{1}{2}\times\mathrm{AB}\times\mathrm{OI}=65$であり，$\frac{1}{2}\times10\times\mathrm{OI}=65$が成り立つ。これより，OI$=13$(cm)となる。

図1

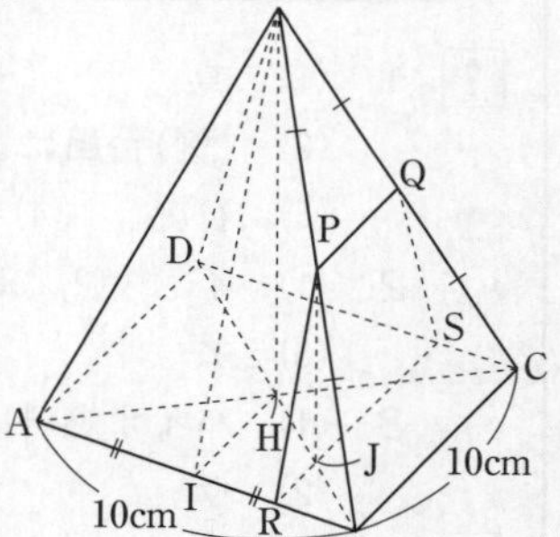

≪線分OIの長さの別解≫図1で，点Iと点Hを結ぶと，AI=BI，AH=CHだから，△ABCで中点連結定理より，IH$=\frac{1}{2}$BC$=\frac{1}{2}\times10=5$である。また，∠OHI$=90^\circ$なので，△OIHで三平方の定理より，OI$=\sqrt{\mathrm{IH}^2+\mathrm{OH}^2}=\sqrt{5^2+12^2}=\sqrt{169}=13$(cm)となる。

(2)＜面積＞右上図1で，2点P，Qを通り面ABCDに垂直な平面と辺AB，辺CDの交点をそれぞれR，Sとする。2点P，Qはそれぞれ辺OB，辺OCの中点だから，△OBCで中点連結定理より，PQ∥BC，PQ$=\frac{1}{2}$BC$=\frac{1}{2}\times10=5$となる。また，PQ∥〔面ABCD〕だから，PQ∥RSとなり，切り口の四角形PQSRは台形である。さらに，RS∥BCとなるから，RS=BC=10である。点Pから面ABCDに垂線PJを引くと，〔面OBD〕⊥〔面ABCD〕より，点Jは線分BD上の点となり，△PBJ∽△OBHとなる。これより，PJ：OH=PB：OB=1：2だから，PJ$=\frac{1}{2}$OH$=\frac{1}{2}\times12=6$である。したがって，求める面積は，〔台形PQSR〕$=\frac{1}{2}\times(\mathrm{PQ}+\mathrm{RS})\times\mathrm{PJ}=\frac{1}{2}\times(5+10)\times6=45$(cm^2)である。

(3)＜体積＞右図2で，〔四面体OABC〕$=\frac{1}{2}$〔正四角錐O-ABCD〕$=\frac{1}{2}\times400=200$である。四面体OAPQと四面体OABCは，底面をそれぞれ△OPQ，△OBCと見ると，高さが等しい三角錐だから，体積の比は底面積の比と等しくなり，〔四面体OAPQ〕：〔四面体OABC〕=△OPQ：△OBCとなる。2点B，Qを結ぶと，OQ：QC=2：3より，△OBQ：△QBC=2：3だから，△OBQ$=\frac{2}{2+3}$△OBC$=\frac{2}{5}$△OBCである。また，OP=PBより，△OPQ=△PBQだから，△OPQ$=\frac{1}{2}$△OBQである。よって，△OPQ$=\frac{1}{2}\times\frac{2}{5}$△OBC$=\frac{1}{5}$△OBCとなるから，△OPQ：△OBC$=\frac{1}{5}$△OBC：△OBC=1：5となり，〔三角錐OAPQ〕：〔三角錐OABC〕=1：5である。これより，四面体OAPQの体積は，$\frac{1}{5}$〔四面体OABC〕$=\frac{1}{5}\times200=40$(cm^3)である。

図2

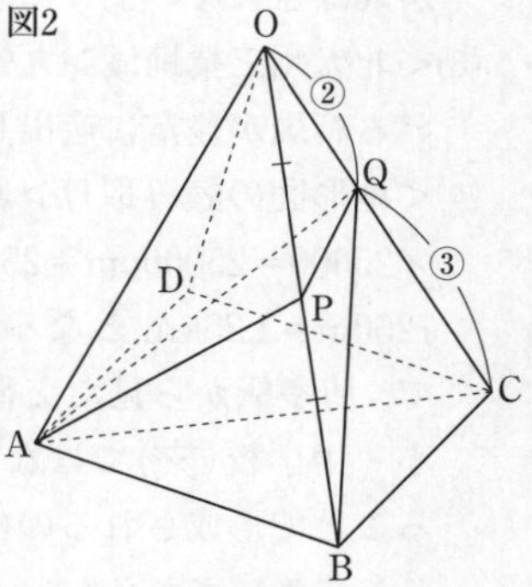

＝読者へのメッセージ＝

「＋」の記号は，ラテン語のet(英語のand)から，すばやく書くうちに崩れて変化してできたといわれています。「－」の記号は，マイナス(minus)の頭文字mが崩れて変化したものといわれています。他にも説はあるようですが，数学で使われている記号がどのようにしてできたのか調べてみると，新しい数学の世界が広がるかもしれませんね。

社会解答

1 1 (1) エ
(2) (例)台風による強風に備える
(3) 石炭 (4) ウ
2 (1) イ (2) ヒートアイランド
(3) ア
3 (1) バイオ燃料〔バイオエタノール〕
(2) ウ

2 1 (1) (例)能力のある人を役人に取り立てる
(2) 御成敗式目〔貞永式目〕
(3) エ (4) ア
(5) 大塩平八郎 (6) イ
2 (1) ア
(2) (例)国際連盟を脱退した
(3) ウ

3 1 (1) エ (2) イ (3) ウ
(4) イ
(5) (例)投票率が下がる傾向にあること
2 (1) ウ (2) ア
(3) (例)日本銀行券〔紙幣〕を発行する

4 1 (1) (例)アジア州で生産されている
(2) 二毛作 (3) イ
2 (1) A (2) サンベルト
(3) 語…象徴 記号…エ
3 (1) ①…ＡＳＥＡＮ ②…ウ
(2) 平等

1 〔地理―総合〕

1(1)＜阿蘇山，地熱発電＞火山の噴火によって火山灰や溶岩が吹き出したあとにできた，大きく陥没したくぼ地をカルデラと呼ぶ。阿蘇山には大きなカルデラがある。なお，フィヨルドは，氷河が大地を削り取ってできたU字谷に海水が入り込んでできた湾のことである。また，マグマの熱エネルギーを利用した発電を，地熱発電と呼ぶ。

(2)＜沖縄の伝統的な家屋＞沖縄を含む南西諸島の伝統的な家屋には，台風に伴う強風によって屋根瓦が飛ばされないようにするなどの工夫が見られる。

(3)＜北九州工業地域＞九州北部では，中国より輸入した鉄鉱石から鉄を取り出すための原料として用いる石炭が豊富に産出したことを背景にして，鉄鋼業が発展した。

(4)＜地形図の読み取り＞縮尺が２万５千分の１の地形図では，地形図上の１cmの実際の距離は1cm×25000＝25000cm＝250mとなる。したがって，地形図上の５cmの実際の距離は250m×５＝1250m＝1.25kmとなる(ウ…○)。なお，特にことわりのないかぎり地形図上では上が北になるので，博多駅から見た交番(╳)と郵便局(〒)の方位は，西である(ア…×)。「千代(一)」にあるのは，小・中学校(文)ではなく高校(⊗)である(イ…×)。河川によって運ばれた土砂が河口付近に積もることで形成されるのは三角州で，扇状地は，河川がその中流で山地から盆地や平野に流れ出るところに形成される(エ…×)。

2(1)＜人口ピラミッド＞Ⅱの市町は，Ⅰの市町と比べて年少者の割合が少なく高齢者の割合が多いので，少子高齢化が進んでいるといえる(イ…○)。なお，Ⅰの市町で人口に占める割合が最も高い年齢層は，男女とも45～49歳である(ア…×)。Ⅰの市町の19歳以下の年齢層の人口は，Ⅱの市町と比べて多い(ウ…×)。どちらの市町でも80歳以上の年齢層では女性の方が人口が多い(エ…×)。

(2)＜ヒートアイランド現象＞都市の中心部の気温が周辺より高くなる現象を，ヒートアイランド現象と呼ぶ。

(3)＜涼しい気候を生かした農業＞群馬県や長野県の高原では，夏でも涼しい気候を利用して，キャベツやレタスなどの野菜を栽培している。このような栽培方法で営まれる農業を高冷地農業，栽培される野菜を高原野菜と呼ぶ。

3⑴＜バイオ燃料＞さとうきびやとうもろこしなどを原料とした，環境に負荷のかからない燃料を，バイオ燃料〔バイオエタノール〕と呼ぶ。

⑵＜資料の読み取り＞資料9と資料10より，2020年における世界の森林面積4058931千haに占めるロシアの森林面積815312千haの割合は815312千÷4058931千＝0.200…より，約20%である(ウ…○)。なお，資料8の森林面積が減少している国上位10か国には，南アメリカ州，アフリカ州，アジア州の国が入っているが，ヨーロッパ州，北アメリカ州，オセアニア州の国は入っていない(ア…×)。資料9より，2020年の世界の森林面積は，1990年の約3分の2(約2824289千ha)よりも多い(イ…×)。資料8と資料10より，森林面積が大きい上位10か国のうち，森林面積が減少している上位10か国に含まれている国は，ブラジル，コンゴ民主共和国，インドネシアの3か国である(エ…×)。

2〔歴史―総合〕

1⑴＜冠位十二階＞聖徳太子は，豪族を家柄ではなく，個人の能力や業績に応じて役人に用いる冠位十二階の制度を定めた。

⑵＜御成敗式目＞京都に六波羅探題が置かれたのは，鎌倉時代前半の1221年に起こった承久の乱の後のことである。資料1は鎌倉時代前半の1232年に鎌倉幕府執権の北条泰時らによって制定された御成敗式目〔貞永式目〕である。

⑶＜足利義満＞足利義満は，室町幕府第3代将軍を務めた人物で，明との間で勘合貿易を始めた。なお，アは織田信長，イは田沼意次，ウは藤原道長について述べている。

⑷＜桃山文化＞年表の下線部dの頃に栄えた文化は桃山文化である。アはこの時代に活躍した狩野永徳による『唐獅子図屏風』である。なお，イは江戸時代後半の化政文化の時代に葛飾北斎が描いた『富嶽三十六景』の「神奈川沖浪裏」，ウは平安時代の国風文化の時期に描かれた『源氏物語絵巻』，エは室町時代に雪舟が描いた水墨画の『秋冬山水図』である。

⑸＜大塩平八郎の乱＞江戸時代後半の1837年，天保のききんに苦しむ人々の救済を求めたが奉行所に聞き入れられなかったため，大阪で乱を起こした町奉行所の元役人は，大塩平八郎である。

⑹＜ヨーロッパの出来事＞コロンブスがカリブ海の島に到達したのは1492年である(イ…○)。なお，三国協商が成立したのは1907年(ア…×)，産業革命がイギリスで始まったのは18世紀後半(ウ…×)，ローマ帝国が地中海を囲む地域を統一したのは紀元前1世紀である(エ…×)。

2⑴＜日清戦争，全国水平社＞1894年に始まった日清戦争は日本の勝利で終結し，1895年に下関で講和会議が開かれた。また，1922年に京都で結成された部落差別からの解放を求める組織は，全国水平社である。なお，日露戦争の講和条約はポーツマス条約である。青鞜社は，1911年に女性差別からの解放を求めて平塚らいてうらが結成した。

⑵＜日本の国際連盟脱退＞1931年に日本が起こした満州事変や翌1932年の満州国建国に対して，国際連盟はリットン調査団を派遣し，その報告に基づいて，日本軍の撤兵を勧告した。これを不服とした日本は，1933年に国際連盟からの脱退を通告した。

⑶＜1972年よりも後の出来事＞日米安全保障条約の改定に対して，大規模な反対運動が起こったのは1960年のこと，学制の公布は1872年のこと，冷戦の終結が宣言されたのは1989年のこと，財閥の解体が行われたのは1945年の太平洋戦争終結後のことである。

3〔公民―政治〕

1⑴＜被選挙権＞選挙に立候補できる権利である被選挙権が認められる年齢は，参議院議員と都道府県知事が満30歳以上，衆議院議員，市(区)町村長，地方議会議員が満25歳以上である。

(2)＜天皇の国事行為＞弾劾裁判所の設置は国会の権限で，天皇の国事行為には含まれない。

(3)＜特別会＞衆議院解散後の総選挙から30日以内に召集されて，内閣総理大臣を指名するのは，特別会〔特別国会〕である。

(4)＜内閣＞内閣総理大臣は，国務大臣の任免権を持っている(イ…○)。なお，内閣総理大臣には，国会の議決に対する拒否権は認められていない(ア…×)。憲法改正の発議を行うのは，国会の権限である(ウ…×)。衆議院で内閣不信任案が可決されると，内閣は10日以内に衆議院を解散するか，総辞職をしなければならない(エ…×)。

(5)＜選挙の課題＞資料３から，衆議院議員選挙の投票率が下がる傾向にあることが読み取れる。期日前投票の制度は，仕事や旅行などの理由で投票日に投票ができない場合に投票日よりも前の投票を可能とすることで，投票率の低下という課題の解決を目指すものである。

２(1)＜市場経済＞資料４中で，価格が600円のときの需要量が15，供給量が35で需要量が供給量より少ないため，商品は余る。

(2)＜製造物責任法＞商品の欠陥によって消費者が損害を被った場合，その商品を製造した企業の過失を消費者が証明できなくても，企業は損害賠償しなければならないことを定めた法律は，製造物責任法〔ＰＬ法〕である。

(3)＜日本銀行＞日本銀行の３つの役割のうちの１つに，日本銀行券〔紙幣〕を発行する発券銀行の役割がある。

4 〔三分野総合―世界の結びつき〕

１(1)＜小麦・米の主な生産国＞小麦が世界の広い地域で生産されているのに対して，米の生産量上位10か国はアジア州の国によって占められている。

(2)＜鎌倉時代の農業＞同じ耕地で１年間に２種類の作物を栽培することを，二毛作と呼ぶ。鎌倉時代には，米と小麦の二毛作が行われるようになり，室町時代にかけて広まっていった。

(3)＜資料の読み取り，国際分業＞1980年には80％だった自給率が2010年には40％を下回っているのは，果実である。また，国によって，得意分野の産業に力を入れ，不得意な産業については輸入に頼ることを，国際分業と呼ぶ。

２(1)＜日本との時差＞経度差15度で１時間の時差が生じるので，日付変更線をまたがずに見たときに日本との経度差が大きいほど，時差も大きくなる。

(2)＜サンベルト＞Ａはアメリカ合衆国を表している。アメリカ合衆国の北緯37度以南の地域は，情報通信技術〔ＩＣＴ〕産業や航空宇宙産業などが発達していて，温暖な気候からサンベルトと呼ばれている。

(3)＜日本国憲法，教育勅語＞日本国憲法第１条で，天皇は，日本国の象徴，日本国民統合の象徴とされている。また，大日本帝国憲法発布の翌年に出されたのは，教育勅語である。なお，五箇条の御誓文は1868年に天皇が神々に誓う形で出された明治政府の政治の方針，公事方御定書は享保の改革の際に定められた裁判の基準となる法典，徴兵令は1873年に富国強兵の政策の一環で出された法令である。

３(1)＜東南アジア諸国連合，琉球王国＞①東南アジア諸国連合の略称は，ASEANである。
②15世紀に尚氏によって建てられ，東アジアや東南アジアの国々との中継貿易で栄えたのは，琉球王国である。

(2)＜平等権＞日本国憲法が幅広く国民に保障している基本的人権のうち，人権の基本となっている差別されない権利を平等権という。

理科解答

1 (1) エ　(2) ウ　(3) ア　(4) ア

2 (1) ① Cu^{2+} + SO_4^{2-}　②…エ
③ う…2　え…亜鉛
(2) ① 実像　②…イ　③…エ
④ 立体
(3) ① あ…道管　い…蒸散〔蒸散作用〕
②…ウ　③ う…8.8　え…イ

3 (1) イ
(2) (例)火山の噴火〔火山活動〕
(3) エ　(4) ア　(5) エ

4 (1) (例)だ液はヒトの体温に近い温度でよくはたらくため。〔ヒトの体温に近づけるため。〕
(2) ウ　(3) A, C
(4) あ…アミラーゼ
い…ブドウ糖〔グルコース〕
(5) ア

5 (1) 0.60
(2) い…仕事の原理　う…1.2
(3) 160　(4) ア
(5)

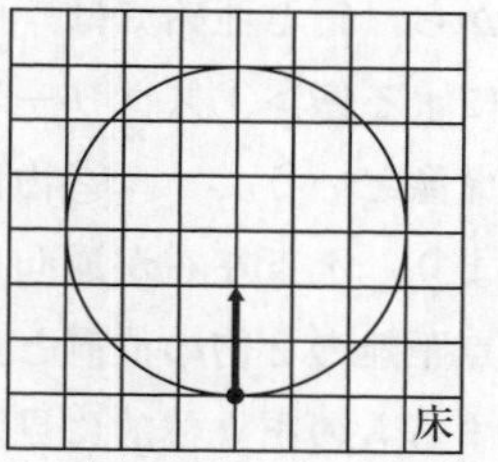

6 (1) $2Mg + O_2 \longrightarrow 2MgO$
(2)

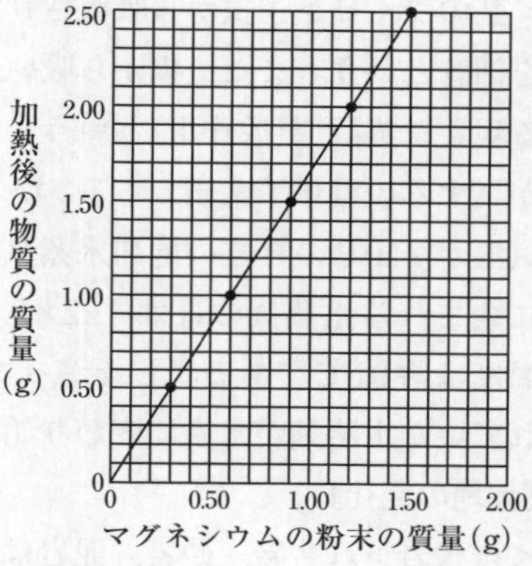

(3) 3：2　(4) 1.20g　(5) 3：8

1〔小問集合〕

(1)＜電磁誘導＞図のコイルに電流が流れる現象を電磁誘導といい，流れる電流を誘導電流という。また，図のように，コイルの上端に棒磁石のN極を近づけると，検流計の針が＋側に振れたことから，コイルの上端に近づけた棒磁石のN極をコイルから遠ざけると，図のときとは逆向きに電流が流れるため，検流計の針は－側に振れる。

(2)＜実験器具の使い方＞液体と固体の混合物をろ過するときは，ろ液が流れ続けるように，ろうとの切り口の長い方をビーカーの壁に当てる。また，液体は，周りに飛び散らないように，ガラス棒を伝わらせて少しずつ注ぐ。なお，ガラス棒は，ろ紙が破れないように，三重になった所に当てる。

(3)＜有性生殖＞雄の精巣でつくられるのは精子である。また，受精卵から成体になるまでの過程を発生といい，動物では受精卵から自分でえさをとり始めるまでの間を胚《はい》と呼ぶ。

(4)＜台風＞熱帯地方の海上で発生した熱帯低気圧のうち，最大風速が17.2m/s以上に発達したものを台風という。夏から秋にかけて発生した台風は，最初は北西に向かって進み，その後，太平洋高気圧のふちに沿って北東に進む傾向がある。よって，秋になって太平洋高気圧の勢力が弱くなると，日本に近づくことが多くなる。

2〔小問集合〕

(1)＜電解質とイオン＞①硫酸銅($CuSO_4$)は電離して，銅イオン(Cu^{2+})と硫酸イオン(SO_4^{2-})に分かれる。　②固体を水に溶かすと，エのように，どの部分も均一な濃さの透明な液体になる。　③亜鉛イオンは，Zn^{2+}と表せ，亜鉛原子が電子を２個放出して，２価の陽イオンになったものである。また，硫酸銅水溶液に亜鉛板を入れると，亜鉛原子が亜鉛イオンになり，銅イオンが銅原子になることから，銅と亜鉛では，亜鉛の方がイオンになりやすいと考えられる。

(2)＜凸レンズによる像＞①スクリーン上に映った像を実像という。これに対して，凸レンズを通して見える像を虚像という。　②物体が凸レンズの焦点より外側にあるとき，凸レンズで屈折した光が１点に集まり，上下左右が逆向きの像ができる。　③焦点距離の２倍よりも遠い位置に物体を置くと，焦点距離の２倍の位置と焦点の間に，物体より小さな実像ができる。　④双眼実体顕微鏡は，観察するものを立体的に見ることができる。なお，プレパラートをつくる必要はなく，観察物をそのまま20～40倍程度で観察することができる。

(3)＜茎のつくり＞①根から吸収された水が通る管を道管といい，葉でつくられた栄養分が運ばれる管を師管という。また，根から吸い上げた水を，植物の体の表面にある気孔から水蒸気として放出する現象を蒸散(蒸散作用)という。　②図１より，茎の維管束が散在しているので，トウモロコシが属するのは単子葉類である。なお,双子葉類は,茎の維管束が輪状に並んでいる。　③図２より，気温が24.0℃のときの飽和水蒸気量は$22g/m^3$である。よって，湿度が40.0%のとき，空気$1m^3$中に含まれる水蒸気の量は，$22\times0.4=8.8(g)$となる。また，図２より，飽和水蒸気量が8.8gとなる温度は約9.0℃である。したがって，露点は9.0℃となる。なお，露点とは空気が冷やされて，含まれていた水蒸気が水滴に変わり始めるときの温度である。

3〔大地の変化〕

(1)＜堆積岩＞れき岩，砂岩，泥岩は，岩石を構成する粒の大きさで区別される。れき岩，砂岩，泥岩は，粒の大きさがそれぞれ2mm以上，2mm～$\frac{1}{16}$mm，$\frac{1}{16}$mm以下である。

(2)＜凝灰岩＞凝灰岩は，火山の噴火による火山灰や軽石などが堆積した後，押し固められたものである。なお，火山灰は，ほぼ同時期に広範囲に堆積するため，火山が噴火した時代がわかれば，凝灰岩の層を鍵層として利用することができる。

(3)＜断層＞図のX－Yの地層のずれを断層という。また，図より，断層の左側が右側に対して下がるようにずれているので，断層が生じたとき，この地層には水平方向の両側に引っ張られる向きに力が加わったことがわかる。

(4)＜示相化石＞サンゴは温暖な浅い海底に生息しているので，正しいのはアである。なお，サンゴのように，地層ができた当時の環境を推測することができる化石を示相化石という。

(5)＜地層＞図より，X－Yの断層がBの層にしかないため，この断層はBの層ができた後にできたことがわかる。そして，地層が隆起して陸になって侵食されP－Qの境目ができた後，沈降して海底になったP－Qの境目の上にAの層が堆積し，再び隆起して陸になったと考えられる。

4〔生物の体のつくりとはたらき〕

(1)＜消化＞ヒトのだ液に含まれる消化酵素(アミラーゼ)は，体温に近い温度で最もよくはたらく。そのため，約40℃の湯に入れる。

(2)＜消化＞デンプンの有無はヨウ素液で調べられ，デンプンがあると青紫色になる。

(3)＜対照実験＞だ液以外の条件を同じにして実験をすると，だ液のはたらきによってデンプンがなくなったことを確かめることができる。よって，だ液と水以外の条件は同じ，試験管Aと試験管C

の結果を比べればよい。

(4)＜デンプンの分解＞だ液やすい液などの消化液に含まれるデンプンを分解する消化酵素はアミラーゼである。また，デンプンは，まず，だ液に含まれるアミラーゼによって麦芽糖などに分解され，さらに，すい液に含まれる消化酵素や小腸の壁にある消化酵素のはたらきで，最終的にブドウ糖(グルコース)に分解される。

(5)＜栄養分の吸収＞ブドウ糖は，小腸の内側の壁にある柔毛という小さな突起から吸収される。柔毛の内部には毛細血管とリンパ管が分布し，ブドウ糖は毛細血管に入る。なお，タンパク質が分解されたアミノ酸も小腸の柔毛から吸収され，毛細血管に入る。一方，脂肪が分解された脂肪酸とモノグリセリドは小腸の柔毛から吸収された後，再び脂肪となってリンパ管に入る。

5〔運動とエネルギー〕

(1)＜仕事＞仕事は，〔仕事(J)〕＝〔力の大きさ(N)〕×〔力の向きに動いた距離(m)〕で求められる。実験1❶では，質量が200gの球を真上に0.3m引き上げていて，ばねばかりの目盛りは2.0Nであった。よって，実験1❶で，球を引き上げたときの仕事は，2.0×0.3＝0.60(J)となる。

(2)＜仕事の原理＞道具を使っても使わなくても，同じ球を同じ高さまで引き上げたときの仕事の量は変わらない。これを，仕事の原理という。よって，(1)より，実験1❷で，球を0.3mの高さまで引き上げたときの仕事の量は0.60Jであり，斜面を使って球を力の向きに動かした距離が0.5mである。そのため，実験1❷で手が引いた力の大きさをxNとすると，仕事について，x×0.5＝0.60が成り立つ。これを解くと，x＝1.2(N)となる。

(3)＜速さ＞速さは，〔速さ(cm/秒)〕＝〔移動距離(cm)〕÷〔移動にかかった時間(秒)〕で求められる。実験2では，図3より，ストロボスコープを用いて0.1秒ごとに撮影された球は，0.1秒で8目盛り移動している。よって，CD間の1目盛りを2cmとするので，球は0.1秒間で8×2＝16(cm)移動しているから，球はCD間を，16÷0.1＝160(cm/秒)の速さで等速直線運動している。

(4)＜等速直線運動＞等速直線運動は，運動の向きに力がはたらいていないときに起こる運動である。なお，運動の向きに一定の大きさの力がはたらくと，速さがしだいに大きくなる運動になり，運動の向きと逆の向きに一定の大きさの力がはたらくと，速さがしだいに小さくなる運動になる。

(5)＜垂直抗力＞垂直抗力は床が球を押し返す力で，球と床の接する地点を作用点にして，垂直上向きの矢印で表される。また，垂直抗力の大きさは重力の大きさに等しいので，図4より，矢印の長さは2目盛り分になる。解答参照。

6〔化学変化と原子・分子〕

(1)＜マグネシウムの酸化＞この実験では，マグネシウム(Mg)と酸素(O_2)が結びついて，酸化マグネシウム(MgO)ができる。化学反応式は，矢印の左側に反応前の物質の化学式，右側に反応後の物質の化学式を書き，矢印の左右で原子の種類と数が等しくなるように化学式の前に係数をつける。

(2)＜グラフの作成＞表1より，(マグネシウムの粉末の質量，加熱後の物質の質量)＝(0.30，0.50)，(0.60，1.00)，(0.90，1.50)，(1.20，2.00)，(1.50，2.50)の点をとり，これらの点を通る直線で結ぶと，原点を通る直線となる。解答参照。

(3)＜化学変化と物質の質量＞表1より，加熱前のマグネシウムの粉末の質量が0.30gのとき，加熱後の物質の質量は0.50gである。このとき増加した質量は，マグネシウムと結びついた酸素の質量である。よって，マグネシウム0.30gには，0.50－0.30＝0.20(g)の酸素が結びつくので，マグネシウムと酸素が反応するときの質量の比は，0.30：0.20＝3：2となる。

⑷＜化学変化と物質の質量＞3.60gのマグネシウムの粉末を加熱したところ，加熱後の物質の質量が5.20g得られたことから，マグネシウムと結びついた酸素の質量は，5.20－3.60＝1.60(g)である。⑶より，マグネシウムと酸素が反応するときの質量の比は3：2なので，酸素1.60gと結びつくマグネシウムの質量をxgとすると，x：1.60＝3：2が成り立ち，これを解くと，x×2＝1.60×3より，x＝2.40(g)となる。よって，酸素と反応したマグネシウムの質量は2.40gなので，反応しなかったマグネシウムの質量は，3.60－2.40＝1.20(g)である。

⑸＜化学変化と物質の質量＞表2より，銅0.40gと結びつく酸素の質量は，0.50－0.40＝0.10(g)だから，銅と酸素が結びつくときの質量の比は，0.40：0.10＝4：1となる。また，⑶より，マグネシウムが酸素と結びつくときの質量の比は3：2である。よって，銅が酸素と結びつくときの質量の比を4：1＝8：2とすると，同じ質量の酸素と反応するマグネシウムの質量と銅の質量の比は，3：8になる。

国語解答

一 ㈠ (1) 秩序 (2) 射 (3) 把握
(4) す (5) しんし (6) けず
㈡ 2 ㈢ 2

二 ㈠ 4 ㈡ 2
㈢ 時間の不安と戦いながら百キロ歩いた末に，無理だと思っていたゴールが見えた(36字)
㈣ 3

三 ㈠ ゆるぎあいて ㈡ 3 ㈢ 1
㈣ 2
㈤ いかなる御いましめかあらん

四 ㈠ ア 記憶に残る イ 身体活動
ウ 所有意識の希薄化
㈡ 4 ㈢ 4
㈣ 思考を拡散させる ㈤ 2
㈥ (例)ネットの言葉の問題点は，多くの情報に流されて，個々の言葉の意味をよく考えながら読めず，利用時間の長さのわりに思考が深まらない点である。／この問題点を克服するためには，ネットと並行して本や新聞など信頼度の高い別の媒体も利用し，自分の考えを深める時間を持つべきだと思う。(146字)

一〔国語の知識〕

㈠＜漢字＞(1)「秩序」は，物事を行う際の正しい手順や決まりのこと。　(2)音読みは「射撃」などの「シャ」。　(3)「把握」は，しっかりと理解すること。　(4)「据える」は，物を動かないように設置する，という意味。　(5)「紳士」は，上品で礼儀正しい男性のこと。　(6)音読みは「削減」などの「サク」。

㈡＜漢字の知識＞行書で書かれている「聞」は，楷書では十四画。「景」は，十二画。「増」は，十四画。「確」は，十五画。「勢」は，十三画。

㈢＜故事成語＞次の試合が上位リーグに進むための最後のチャンスであるので，一歩も引けない状態で物事にあたることという意味の「背水の陣」が入る。「漁夫の利」は，争っている両者をよそに，第三者が利益を横取りすること。「塞翁が馬」は，人生の幸福と不幸は予測できないこと。「蛍雪の功」は，苦労しながら勉学に励むこと。またその成果。

二〔小説の読解〕出典；片川優子『明日の朝，観覧車で』。

㈠＜心情＞「私」は，「ビクトリーロード」という呼び名を聞いて，「だれかと勝負したわけじゃない」し，「だれに勝ったわけでもない」と思いながらも，「心地よい達成感」を覚えていた。

㈡＜文章内容＞「私」は，「百キロというとんでもない距離」を歩いたことで，本来なら「気づかなかったこと，考えていなかっただろうこと」に気づけた。そのため，「私」は，「人は困難が多ければ多いほど，より多くのことに気づくことができる」という宗方さんの言葉を，そのまま受け入れることができたのである。「胸に落ちる」は，納得する，という意味。

㈢＜文章内容＞「私」は，「ずっと時間の不安と戦って」いた。しかし，「最初は，とうてい無理」だと思い，途中から「絶対たどり着きたい目標」となったゴールが「目の前にある」ところまで来たことで，「私」は「安心」し，涙があふれてきたのである。

㈣＜表現＞物語は，「私」の視点だけから描かれている(1…×)。百キロウォークに関する会話は展開されているが，登場人物の人間関係が明らかになっているとはいえない（2…×）。「最初は，とうてい無理だと思っていたゴール。」や「私ひとりでは絶対になしえなかった，完歩。」というように，困難を乗り越えた「私」の素直な感動が，体言止めで表現されている（3…○）。「私」は，百キロウォーク終盤で達成感を覚え，また，ゴールしたことで，助けてくれた人たちへの感謝の気持ちを持ったが，困難に立ち向かおうとする勇気が芽生えてはいない。（4…×）。

三 〔古文の読解―説話〕出典；鴨長明『発心集』第六ノ八。

≪現代語訳≫そう遠くない昔，市正時光という笙の奏者がいた。茂光という篳篥の奏者と囲碁を打って，一緒に裹頭楽を口ずさんだが，楽しく思っていたところ，天皇が急ぎの用事で時光をお呼びになった。

使者がやってきて，この事情を言ったところ，全く，聞かずにただ一緒になって体をゆらして，何とも申さなかったので，使者が，帰って参って，この事情をありのままに申す。（使者が）どのようなおとがめがあるだろうかと思っていたところ，（天皇が）「たいそう風流な者たちだなあ。それほどに音楽に夢中になって，何事も忘れるぐらいに思うようなことは，たいそう尊いことであるよ。王位は残念なものであるよ。行って彼らの歌を聞くことができない」と言って涙ぐみなさったので，意外なことであっ〈た〉。

これらを考え合わせると，俗世のことを思うのをやめることについても，風流の心はとりわけ適した手段となるに違いない。

㈠＜歴史的仮名遣い＞歴史的仮名遣いの語頭以外のハ行は，原則として現代仮名遣いでは「わいうえお」となるので，「ゆるぎあひて」は，現代仮名遣いでは「ゆるぎあいて」となる。

㈡＜古典文法＞文中に係助詞「なむ」があると，係り結びの法則により，文末は連体形となる。過去の助動詞「けり」の連体形は，「ける」。

㈢＜古文の内容理解＞「御使ひ」は，天皇からの使者のこと。使者は，天皇が時光を「とみの事」で呼んでいると伝えた。

㈣＜古文の内容理解＞使者は，時光と茂光が，天皇の呼び出しだという使者の言葉に耳を貸さず，「只もろともにゆるぎあひて，ともかくも申さざりければ」という事情を，天皇にありのままに伝えた。

㈤＜古文の内容理解＞使者は，天皇の呼び出しだという言葉を時光が無視したことを，天皇にありのままに伝えたことによって，天皇から時光に「いかなる御いましめかあらん」と思った。

四 〔論説文の読解―芸術・文学・言語学的分野―言語〕出典；藤原智美『つながらない勇気　ネット断食3日間のススメ』

≪本文の概要≫ネットは，思考を拡散させるバイアスが強くはたらくシステムである。ネット上で作業の中身を切りかえるとき，それがあまりに瞬間的で簡単なために，作業を中断したという意識がなくなる。メールやフェイスブックのメッセージを読んでも，ほとんどの言葉は記憶に残らず，思考は深まらず，時間だけが過ぎるために，やるべきことが進行しないということがよくある。紙に書かれた文字を読んでいた頃は，異なる文章を読むには切りかえのための身体活動が必要だったが，液晶ディスプレーでは，ワンクリックあるいはワンタッチで画面が切りかわるため，思考の転換が曖昧になるのである。また，コピー＆ペースト機能の使用により，自分の言葉と他人の言葉という意識が希薄になる。ネット上でのみんなの言葉が自分のものに感じられ，自分の言葉もみんなのものと思える。

自分と他人の言葉の壁が曖昧化すると，自分の言葉に対する所有意識も曖昧化する。そして，言葉の所有意識の希薄化は，責任を放棄することにもつながる。

㈠＜文章内容＞ア．ネット上での作業の切りかえは「あまりに瞬間的で簡単な」ため，作業を中断したという意識が薄く，次々に別のテーマに移っていくと，「ほとんどのことばは右から左へと流れて消えていくだけ」で，「ことばが記憶に残る」ことが少なくなる。　　イ．紙の上の言葉は，文書ごとに媒体が異なるため，別の文書に切りかえる際には，例えば「新聞を読み終えると，腰をあげて雑誌を手に」するなどの「身体活動」が必要である。　　ウ．「フォーマットがおなじ」で「おなじ文字で，おなじようなデザイン」の文章を目にし，さらにコピー＆ペーストも容易であると，「書きことばに歴然として存在した『私のことば』と『他人のことば』という意識」が希薄化し，自分の言葉に対する「所有意識」も曖昧化し希薄化するのである。

㈡＜文脈＞言葉に対する所有意識が曖昧化すると，「自分のことばも自分のものではなくみんなのもの」と感じられるようになる。それは言い換えると，自分の言葉が「ネット空間に放りだされたあと」で「糸の切れた風船のように見えなくなる存在」となっているといえる。

㈢＜資料＞雑誌・書籍を「信頼できる」と答えた人の割合は37.5％で，新聞を「信頼できる」と答えた人の割合は61.2％なので，新聞の方が雑誌・書籍より信頼度が高い（１…×）。六十代のネット利用時間は約100分で，二十代のネット利用時間は約260分だから，二十代のネット利用時間は六十代のネット利用時間の三倍に達していない（２…×）。SNSを「信頼できる」と答えた人の割合は15.3％で，掲示板やフォーラムの7.3％，動画投稿・共有サイトの14.4％より高い（３…×）。「端末別利用状況」におけるスマートフォンの割合は，令和２年・３年のどちらも68％を超えている（４…○）。

㈣＜文章内容＞ネット上では作業の切りかえが瞬時に可能であるため，その前まで自分が何に取り組んでいたのかを思い出せないことがあり，「ほとんどのことばは右から左へと流れて消えていくだけ」である。そのため，「思考は深まりを見せることがほとんど」なく，こうした状況をつくり出すネットは，「思考を拡散させるバイアスが強く働くシステム」だということができる。

㈤＜表現＞「思考を深めるという観点から考える」と「ネットばかり利用するのは危険に思えます」という坂本さんの意見と，「ことばとどう向き合うかを考えなければならないと思います」という石山さんの意見をふまえ，小倉さんは，新聞を一例として，「ネット以外」のメディアに注目することを提案している。司会者は，小倉さんの発言を受けて，新聞は「考え事の題材に適している」のではないかという自分の考えを述べ，それについて新たな意見を引き出そうとしている。

㈥＜作文＞まず，「ネットのことばの問題点」の例を，本文の内容，【Ⅰ】の資料や【Ⅱ】の話し合いの内容をふまえて挙げる。そして，その問題点を克服するための具体的な方法を挙げて，意見をまとめる。二段落構成にし，字数を守って，誤字・脱字に注意して書くこと。

2022年度 常磐大学高等学校

【英　語】（50分）〈満点：100点〉

1 次の(1)〜(4)は，放送による問題です。それぞれの放送の指示にしたがって答えなさい。

(1) これから，No. 1 から No. 5 まで，五つの英文を放送します。放送される英文を聞いて，その内容に合うものを選ぶ問題です。それぞれの英文の内容に最もよく合うものを，ア，イ，ウ，エの中から一つ選んで，その記号を書きなさい。

No. 1

No. 2

No. 3

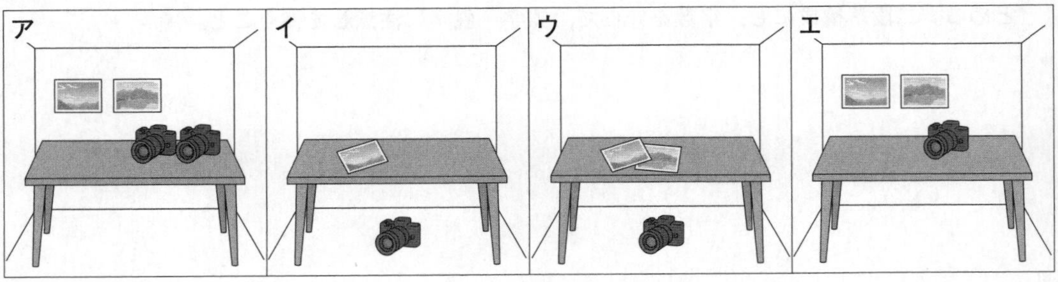

No. 4

ア

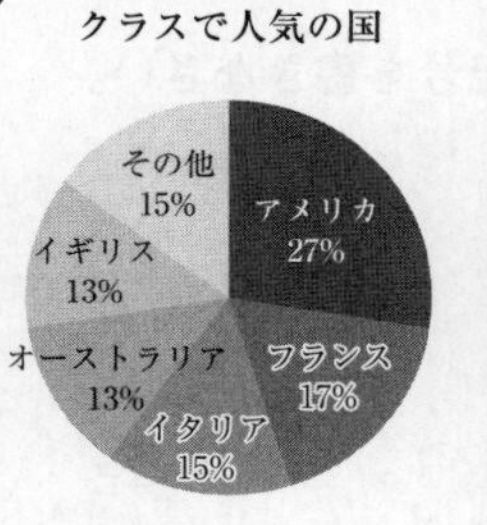

イ

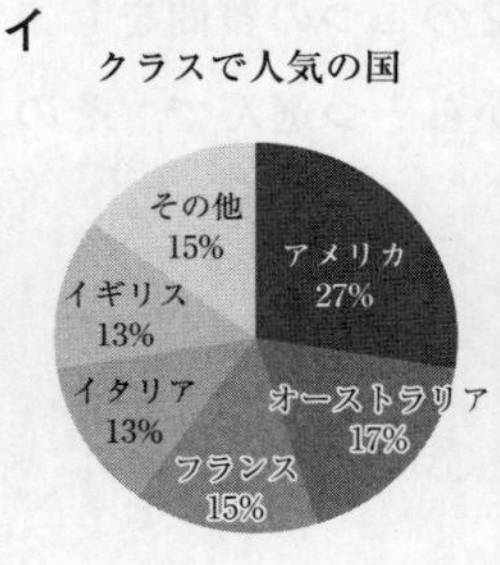

ウ

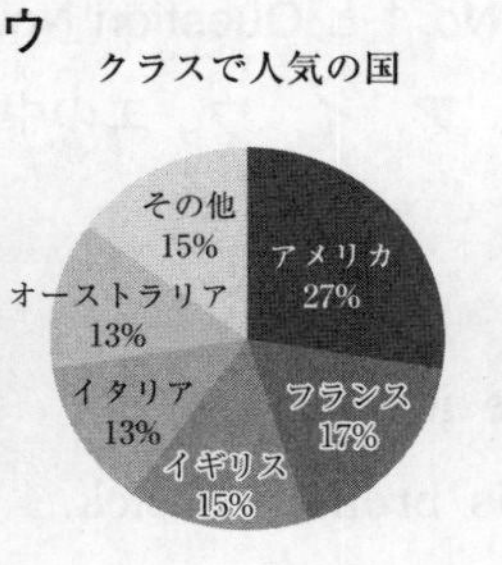

エ

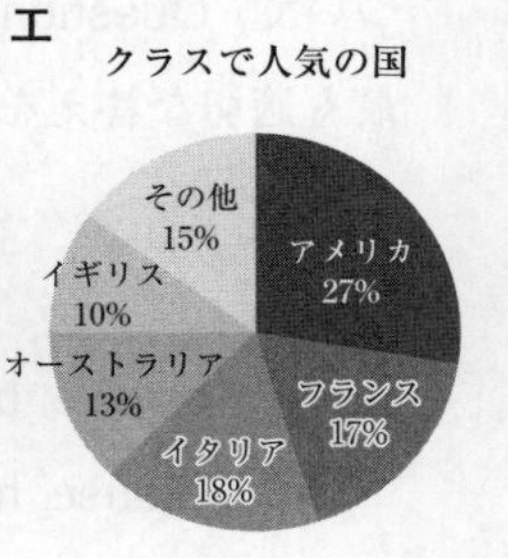

No. 5

ア

【読んだ本の数】

先月	3
今月	4
計	7

イ

【読んだ本の数】

先月	4
今月	3
計	7

ウ

【読んだ本の数】

先月	3
今月	7
計	10

エ

【読んだ本の数】

先月	4
今月	7
計	11

(2) これから，No. 1 から No. 4 まで，四つの対話を放送します。それぞれの対話のあとで，その対話について一つずつ質問します。それぞれの質問に対して，最も適切な答えを，ア，イ，ウ，エの中から一つ選んで，その記号を書きなさい。

No. 1

ア At a museum.

イ At a department store.

ウ At a station.

エ At a library.

No. 2

ア Because she didn't get any presents.

イ Because she had to buy a new watch.

ウ Because she didn't like the watch very much.

エ Because she lost the present from her boyfriend.

No. 3

ア Meg's.

イ Sam's.

ウ Puchi's.

エ Tom's.

No. 4

ア She will play tennis.

イ She will eat lunch with her friends.

ウ She will buy something to eat.

エ She will join a cooking class.

(3)　これから，アキ(Aki)とビル(Bill)との二人の対話を放送します。そのあとで，その内容について，Question No. 1 と Question No. 2 の二つの質問をします。それぞれの質問に対して，最も適切な答えを，ア，イ，ウ，エの中から一つ選んで，その記号を書きなさい。

No. 1

ア　Because he is sick.

イ　Because his brother is sick.

ウ　Because his uncle is in the hospital.

エ　Because his friend is in the hospital.

No. 2

ア　The hospital.

イ　The station.

ウ　Her uncle's house.

エ　A fruit store.

(4)　ヒカリ(Hikari)の中学校で，ブラウン先生(Ms. Brown)が生徒たちに話をしています。これからその内容を放送します。ブラウン先生が生徒たちに伝えた内容について正しいものはどれですか。下のア，イ，ウ，エの中から一つ選んで，その記号を①に書きなさい。

また，あなたがヒカリの立場なら，ブラウン先生の質問に対して何と答えますか。英語1文で②に書きなさい。

①　ブラウン先生が生徒たちに伝えた内容について正しいもの

ア　They are going to get to the city zoo at 9:50.

イ　They can't see a baby panda and its mother.

ウ　They can take pictures of animals with their smartphone.

エ　They will write a report about the animals they have at home.

②　ブラウン先生の質問に対する答え

(　　　　　　　　　　　　　　　　　　　　　　　　　　　　　　　　　　)

これで，放送による聞き取りテストを終わります。続いて，問題2に進みなさい。

※　放送による問題の放送文は，英語の問題の終わりに付けてあります。

2 次のAとBの英文は，中学生のカズ(Kazu)とイギリスに住むエミリー(Emily)がやり取りしたメールです。それぞれの英文を読んで，下の⑴，⑵の問いに答えなさい。

A

> Hi, Emily,
>
> My father ①(give) me a smartphone for my birthday last month. Since then, I have enjoyed watching soccer matches of my favorite team on it. They are so ②(excite) that I can't stop watching them. But yesterday I got a bad *grade on a math test. My mother was angry about it. She said, "Your smartphone will be ③(take) away if you get another bad grade." I know I should stop watching the matches, but it's hard. What should I do?

* grade 成績，点数

B

> Hello, Kazu,
>
> I understand how you feel. I feel the ④(s　　) way when I read comic books. My mother always says to me, "Do your homework ⑤(b　　) you read your comics. If you don't do it, you will lose them!" And she actually sold some of my comic books to a *used bookshop last week! So, you should be careful. Study hard to get good grades, ⑥(a　　) you can keep your phone. Good luck!

* used bookshop 古本屋

⑴ Aの英文が完成するように，文中の①～③の(　　)の中の語を，それぞれ1語で適切な形に直して書きなさい。

⑵ Bの英文が完成するように，文中の④～⑥の(　　)内に，最も適切な英語を，それぞれ1語ずつ書きなさい。なお，答えはすべて(　　)内に示されている文字で書き始めるものとします。

3 次の(1)，(2)の問いに答えなさい。

(1) 次の英文は，ある記事の一部です。この記事が伝えている内容として最も適切なものを，下のア～エの中から一つ選んで，その記号を書きなさい。

How can we remember things better? Scientists say that there are many ways of *training your *memory. One of them is to make a picture in your *mind about the word you want to remember. This *method may be useful when you learn foreign languages. If you are not good at remembering English words, why don't you try this? It may help you.

＊ train 訓練する　memory 記憶力　mind 心　method 方法

ア Scientists say that many people are trying to train their memory.
イ It is a good idea to take pictures if you want to remember English words.
ウ If you want to learn foreign languages, you should remember things better.
エ Making a picture in your mind may be a good way to remember words.

(2) 次の英文中の［　　　］には，下のア～ウの三つの文が入ります。意味の通る英文になるように，ア～ウの文を並べかえて，記号で答えなさい。

One day, Ken went fishing in a river. When he left home, he said to his family, "I'll catch big fish today!" He fished for three hours. ［　　　］ His mother said, "Wow, you got big fish! How much were they?" "They were 2,000 yen *in total," Ken answered. His family all laughed.

＊ in total 合計で

ア He went home and showed them to his family.
イ So he bought some big fish at a shop and put them into his bag.
ウ However, he couldn't catch any fish.

4 高校生のコウジ(Koji)とオーストラリアからの留学生のポール(Paul)が，次のページのウェブサイトを見ながら話をしています。下の対話文を読んで，(1)，(2)の問いに答えなさい。

Paul : Hi, Koji. What are you doing?
Koji : Hi, Paul. I'm looking for a good PC. I want a new computer game and it needs a *high-spec PC.
Paul : It *must be very expensive.
Koji : Yes, it is. So, I'm going to buy one at a *flea market on the Internet. We can buy things at (①) prices there.
Paul : That sounds good. I also have something to buy. Do you know any good websites with an English *version?
Koji : Yes. This one has an English version, so [ ]. Look.
Paul : Oh, we can both buy and sell things.
Koji : Yes. You need to *pay 200 yen as a *sign-up fee when you buy things for the first time. Also, when you sell things you need to pay part of the price. I *paid (②) yen when I sold my old music player for 20,000 yen last week.
Paul : I see. Oh, (③) are on sale now! I've wanted some T-shirts. And I want to buy something for my little sister because her birthday is next week. Can I look at this page?
Koji : Sure, but I want to buy a PC first because the new game is going to be *released tomorrow. So, can you wait *for a while?
Paul : OK.
Koji : This flea market also has a site for smartphones, so you (④).
Paul : That's good! I'll do it.
(Paul takes out his smartphone.)
Koji : To be a member, you have to *fill in this *membership registration form.
Paul : Well, I don't want to let them know my birthday.
Koji : Don't worry. (⑤).
Paul : ... OK. Now, I'm a member of this site.
Koji : Enjoy shopping!
Paul : Thanks. You too!

* high-spec 高性能な　must ～に違いない　flea market フリーマーケット
version 版　pay ～を支払う　sign-up fee 入会金　paid payの過去形
release(d) ～を発売する　for a while 少しの間　fill in ～を記入する
membership registration form 会員登録フォーム

＊＊＊＊＊＊＊ **Welcome to Happy Flea Market !** ＊＊＊＊＊＊＊

membership registration

*name：
□ man ／ □ woman　　　*necessary
birthday：□ day ／ □ month ／ □ year
*phone number：
*e-mail：

・When you buy things for the first time, you have to pay two hundred yen as a sign-up fee.
・When you sell things, you have to pay part of the price：

1 － 1,000 yen：2％　　1,001 － 10,000 yen：5％　　10,001 yen －：10％

Buy things

★ Books
★ CDs ／ DVDs　on sale
★ PCs
★ Clothes　on sale
★ Bags　on sale
★ Toys　on sale
⋮

Sell things

☆ Books
☆ CDs ／ DVDs
☆ PCs
☆ Clothes
☆ Bags
☆ Toys
⋮

(1) 対話中の（ ① ）～（ ⑤ ）に入る最も適切なものを，ア～エの中から一つ選んで，その記号を書きなさい。

① ア low　イ short　ウ high　エ tall

② ア 400　イ 1,000　ウ 2,000　エ 4,000

③ ア all of them　イ clothes and toys
ウ books and clothes　エ bags and toys

④ ア can look at it on my smartphone　イ must use your PC
ウ have to go there　エ can check it on your smartphone

⑤ ア They will never tell your information to anyone
イ You don't have to write it if you don't want to
ウ They will give you a present if you write it
エ No one can find this information

(2) 対話の流れに合うように，文中の ＿＿＿＿ に入る適切な英語を，4語以上8語以内で書き，英文を完成させなさい。

5 下の英文を読んで，次のページの(1)～(4)の問いに答えなさい。

Saki is fifteen years old. She is friendly and has a lot of friends. One day, an American student came to her class. Her name was Karen. She *introduced herself and talked about her favorite things. After that, some girls started to talk with her. [1] In Saki's class, a *pop group called J-girls was very popular and all of her friends liked the group. When they introduced themselves to Karen, each of them said they liked J-girls. Then, Karen said, "Do all of you like the same group? I was a little surprised to hear that. My classmates in the U.S. have their own favorite singers or bands. Isn't there anyone who likes other groups or musicians?" Saki and her friends looked at each other, but no one said yes. [2]

*To tell the truth, Saki liked an American band called A-boys better than J-girls. Her brother was a *college student and he played the guitar. He often played and sang the songs of A-boys, so Saki became interested in them. She learned the words of the songs and could sing them in English. But she couldn't say she liked A-boys in front of her friends, because all of them liked J-girls and didn't know A-boys. Also, she was *afraid that if she said she liked English songs, they would begin to think that she is *boastful.

When Saki heard Karen's words, she thought, "We don't have to like the same things as our friends. We should be *honest when we talk about our favorite things."

After school, Saki said to Karen, "Actually, I like A-boys, not J-girls." Karen said, "Oh, A-boys! I like them, too. They are cool. But why didn't you say that when you introduced yourself? Anyway, I like them, but they are not my favorite group. I like E-club the best. Do you know them? E-club is a band from the U.K. They are not so famous, but their songs are amazing. Listen to them if you are interested." [3] Saki said, "I will. I'm really interested in E-club. I couldn't say I liked A-boys because I was afraid of being *excluded. But now I know that we should be honest. It is *natural that each of us likes different things because we are all different." Karen said, "That's right. It is important to know we are all different. If we remember that, I think we can be *generous to other people. It can also help us understand other people's ways of thinking." [4] Saki said, "Yes. I've learned a very important thing from you, Karen. Thank you." "You're welcome." Karen smiled.

* introduce oneself 自己紹介する　pop 流行の　to tell the truth 実は
college 大学　afraid 恐れて　boastful 自慢している　honest 正直な
exclude(d) 排除する　natural 自然な　generous 寛大な

⑴　本文の内容に合う文を，次のア～クの中から三つ選んで，その記号を書きなさい。

ア　Karen's classmates in the U.S. like different musicians or groups.

イ　Saki's brother played the guitar in A-boys, so she knew the band.

ウ　Saki could speak English very well, so she liked A-boys' songs.

エ　Saki thinks she should like the same things as others and talk about them.

オ　Karen said she liked E-club better than A-boys.

カ　Saki wanted her friends to know and love A-boys.

キ　Saki learned that people were all different, so they must not like the same things.

ク　Karen thinks people can understand each other better if they know they are different.

⑵　次の文は，文中の［　1　］～［　4　］のどこに入るのが最も適切か，番号で答えなさい。

Karen looked really surprised.

⑶　次の①，②の質問に，それぞれ指定された語数の英文で答えなさい。ただし，符号(, . ? ! など)は，語数には含まないものとします。

①　Did Saki say she liked A-boys in front of her Japanese friends?　（３語）

②　Why does Karen like E-club the best?　（５語以上）

⑷　次は，本文を読んだ高校生のヒデ(Hide)と留学生のナンシー(Nancy)の対話文です。①，②に入る英文をあなたの立場で，それぞれ15語程度で書きなさい。それぞれ英文の数は２文までとします。ただし，符号(, . ? ! など)は，語数には含まないものとします。

Nancy：I think Saki learned an important thing from Karen.　How do you think Saki will change after that?

Hide：（　①　）

Nancy：I see.　So, if one of your friends says he likes a band that you don't know very much, what do you say to him?

Hide：（　②　）

Nancy：That's good!　If you say so, you'll be able to understand him better.

6 以下の英文は，あなたが友人のキャシー(Cathy)からもらったメールの一部です。キャシーの質問に対するあなたの答えを英語30語以上で書きなさい。なお，記入例にならい，符号(, . ? ! など)は，その前の語につけて書き，語数には含まないものとします。

【あなたがキャシーからもらったメールの一部】

I'm doing my homework and I have to write about "my favorite place." For example, my sister likes a *café in front of her college. She often goes to the café after school. When she is having a cup of coffee and reading a book there, she can *relax. My favorite place is the music room in our school because I can play the piano there. What is your favorite place? Why do you like it?

* café カフェ，喫茶店　relax リラックスする，くつろぐ

記入例	Are	you	Ms.	Brown?
	No,	I'm	not.	

30

60

＜放送による問題放送文＞

ただいまから１番の，放送による聞き取りテストを行います。問題は(1)から(4)までの四つです。放送中メモを取ってもかまいません。

それでは(1)の問題から始めます。

(1)　これから，No.1 から No.5 まで，五つの英文を放送します。放送される英文を聞いて，その内容に合うものを選ぶ問題です。それぞれの英文の内容に最もよく合うものを，ア，イ，ウ，エの中から一つ選んで，その記号を書きなさい。

それぞれの英文は，２回放送します。

では，はじめます。

No.1

My father is writing a letter.

繰り返します。

No.2

We use this when we cut something.

繰り返します。

No.3

There are two pictures on the wall and there is a camera on the table.

繰り返します。

No.4

In my class, the U.S. is the most popular country. France comes second. Australia is as popular as the U.K.

繰り返します。

No.5

Andy likes reading books. He read four books last month. This month he read three more books than last month.

繰り返します。

これで(1)の問題を終わります。

次に，(2)の問題に移ります。

(2)　これから，No.1からNo.4まで，四つの対話を放送します。それぞれの対話のあとで，その対話について一つずつ質問します。それぞれの質問に対して，最も適切な答えを，ア，イ，ウ，エの中から一つ選んで，その記号を書きなさい。
対話と質問は，２回放送します。

では，はじめます。

No.1

A：Excuse me.　I want to go to the city museum.　Can you tell me which train to take?

B：Sure.　Take this green train and get off at the second stop.

A：How long does it take from the station?

B：It's about a three-minute walk.

Question：Where are they talking?
繰り返します。（対話と質問を繰り返す。）

No.2

A：Hey, Sally, what's up?　You don't look well.

B：Well, my boyfriend gave me a nice watch for my birthday last week.

A：Wow, that's great, but why are you looking sad?

B：I lost it yesterday!　What should I do?　I liked it very much!

Question：Why is Sally sad?
繰り返します。（対話と質問を繰り返す。）

No.3

A：Hi, Meg.　The dog is so cute!　What's its name?

B：Hi, Sam.　This is Puchi.　Actually, she is Tom's dog.

A：Is she?　Why are you with her?

B：Tom is busy today, so he asked me to take her to the park.

Question：Whose dog is Puchi?
繰り返します。（対話と質問を繰り返す。）

No.4

A : What do you do in your free time, Kate?

B : I often cook. I really like to cook and to eat, too.

A : Do you? My aunt has a cooking class every weekend. How about joining it?

B : Sounds great! I have a tennis lesson on Sunday, so can I join it next Saturday?

Question : What will Kate do next Sunday?
繰り返します。(対話と質問を繰り返す。)

これで(2)の問題を終わります。

次に，(3)の問題に移ります。

(3)　これから，アキ(Aki)とビル(Bill)との二人の対話を放送します。そのあとで，その内容について，Question No.1 と Question No.2 の二つの質問をします。それぞれの質問に対して，最も適切な答えを，ア，イ，ウ，エの中から一つ選んで，その記号を書きなさい。

対話と質問は２回放送します。

では，はじめます。

Aki : Hi, Bill! Where are you going?

Bill : Hi, Aki! I'm going to the hospital in front of the station.

Aki : Oh, is there anything wrong with you?

Bill : No, no. I'm OK. I'm visiting my brother, Mike. He is in the hospital because he is sick.

Aki : Oh, that's too bad. Is he all right?

Bill : Yes. He is getting better, but he has to stay in the hospital until next Tuesday. I'm taking some magazines to him.

Aki : I see. I want to visit him, too, but I have to go to my uncle's house now. Can you tell him I'll visit him tomorrow?

Bill : Sure. Thank you.

Aki : Is there anything he needs?

Bill : Maybe. He loves fresh fruit.

Aki : OK. I'll take some.

Bill : I'm sure he'll be happy. Thanks a lot.

Questions :

No.1　Why is Bill going to the hospital?

No.2　Where is Aki going now?

繰り返します。(対話と質問を繰り返す。)

これで(3)の問題を終わります。

次に，(4)の問題に移ります。

(4)　ヒカリ(Hikari)の中学校で，ブラウン先生(Ms. Brown)が生徒たちに話をしています。これからその内容を放送します。ブラウン先生が生徒たちに伝えた内容について正しいものはどれですか。下のア，イ，ウ，エの中から一つ選んで，その記号を①に書きなさい。

また，あなたがヒカリの立場なら，ブラウン先生の質問に対して何と答えますか。英語１文で②に書きなさい。

英文は，２回放送します。

では，はじめます。

Next week, we are going to visit the city zoo.　We will leave our school at eight thirty and get there at nine fifteen.　There are many kinds of animals in the zoo, such as lions, elephants, and penguins.　However, we are not able to see pandas now because one of them has just had a baby.　You can take pictures with your camera, but you cannot use your smartphone inside the zoo.　After visiting the zoo, I want you to write a report about one of the animals you see there.　Which animal would you like to see the most at the zoo?

繰り返します。(英文を繰り返す。)

これで，放送による聞き取りテストを終わります。続いて，問題２に進みなさい。

【数　学】（50分）〈満点：100点〉

1　次の各問に答えなさい。

（1）　下の表は，A市，B市，C市，D市の4つの市のある日の最高気温と最低気温を示したものである。4つの市の中で，最低気温が低い方から2番目の市の最高気温と最低気温の差を求めなさい。

表

	A市	B市	C市	D市
最高気温(℃)	−3.2	7.0	10.0	4.0
最低気温(℃)	−6.5	−3.4	−0.1	−3.7

（2）　下の図のように，半径が3cmの3つの円A，B，Cが互いに接している。その周りに，最も短くなるようにひもをかけるとき，ひもの長さを求めなさい。ただし，円周率はπとする。

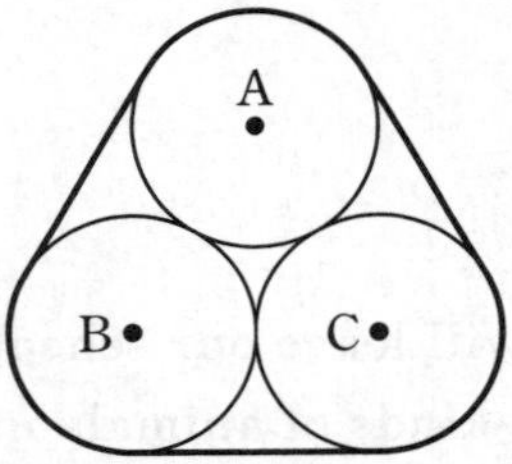

図

（3）　マッチ棒が50本ある。マッチ棒1本を1辺とする正三角形を a 個とマッチ棒1本を1辺とする正方形を b 個つくろうとすると，マッチ棒が不足する。ただし，どのマッチ棒も2つの図形の共有する辺にはならないものとする。

この数量の関係を表した不等式として正しいものを，次のア～エから一つ選んで，その記号を書きなさい。

ア　$3a + 4b \leqq 50$

イ　$3a + 4b \geqq 50$

ウ　$3a + 4b > 50$

エ　$3a + 4b < 50$

（4）　下の図のように，直線 l と点Aがある。点Aを中心とし，直線 l に接する円を作図によって求めなさい。

ただし，作図に用いた線は消さずに残しておくこと。

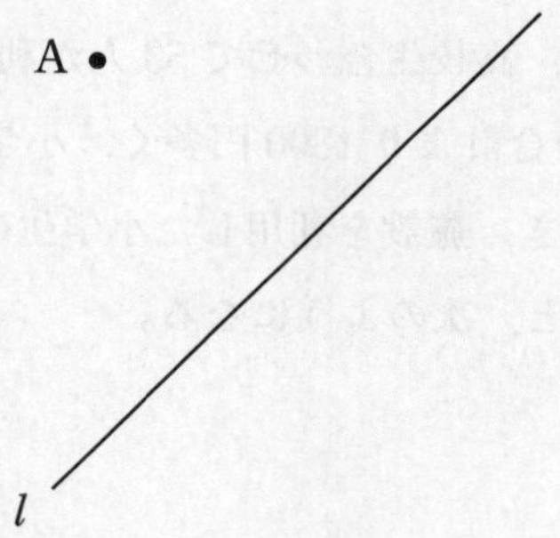

図

2 次の各問に答えなさい。

（1） A は2けたの整数，B は A の十の位の数と一の位の数を入れかえた2けたの整数とする。

「A と B の和は，11の倍数になる」

このことを次のように説明した。

（説明）

A の十の位の数を a，一の位の数を b とすると，

$A =$ ［ア］，$B =$ ［イ］ と表せる。

$A + B =$ (［ア］) + (［イ］) $= 11a + 11b = 11 \times$ (［ウ］)

［ウ］ は自然数だから，$11 \times$ (［ウ］) は11の倍数である。

よって，A と B の和は，11の倍数である。

このとき，上の ［ア］～［ウ］ に当てはまる式を，それぞれ書きなさい。

（2） ある施設の利用料は，小学生が1人100円，中学生が1人150円，高校生が1人200円である。ある日，この施設を，小学生，中学生，高校生合わせて53人が利用した。

中学生の利用料の合計が小学生の利用料の合計より1800円多く，小学生と中学生の利用料の合計と高校生の利用料の合計が等しいとき，施設を利用した小学生の人数を x 人，中学生の人数を y 人として，連立方程式をつくると，次のようになる。

$$\begin{cases} 150y = 100x + 1800 \\ 100x + 150y = 200(\boxed{\text{ア}}) \end{cases}$$

この連立方程式を解くと，$x =$ ［イ］，$y =$ ［ウ］ となるので，施設を利用した高校生の人数は ［エ］ 人である。

このとき，上の ［ア］ には当てはまる式を，［イ］～［エ］ には当てはまる数を，それぞれ書きなさい。

(3)　関数 $y=x^2$ において，x の変域が $-1\leqq x\leqq 2$ のときの y の変域は [ア] $\leqq y\leqq$ [イ] である。右の図で，2 点 A，B は関数 $y=x^2$ のグラフ上にあり，点 A の x 座標は -1，点 B の x 座標は 2 である。点 A を通り△OAB の面積を 2 等分する直線の傾きは [ウ] となる。

このとき，上の [ア] ～ [ウ] に当てはまる数を，それぞれ書きなさい。

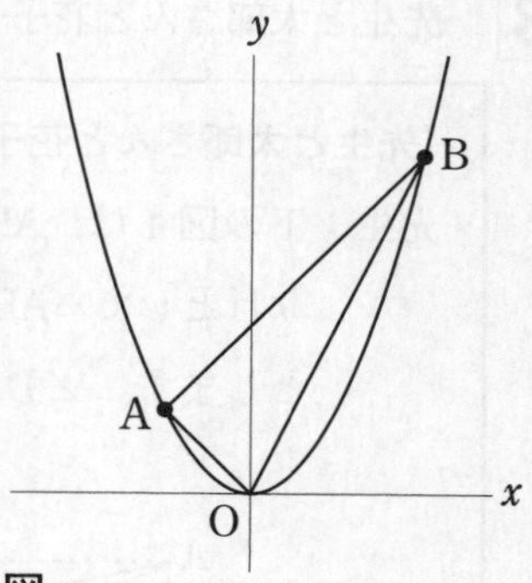

図

(4)　下の**表 1**，**表 2** は，A 中学校の 3 年生 149 人の通学時間を調べ，度数分布表にまとめたものである。

表 1

通学時間(分)	度数(人)
以上　　未満	
0 ～ 10	20
10 ～ 20	58
20 ～ 30	60
30 ～ 40	11
計	149

表 2

通学時間(分)	度数(人)
以上　　未満	
0 ～ 8	4
8 ～ 16	36
16 ～ 24	79
24 ～ 32	25
32 ～ 40	5
計	149

表 1 は階級の幅が 10 分，**表 2** は階級の幅が 8 分になっている。**表 1**，**表 2** を見て K さんは，中央値について次のように発言した。

> **(K さんの発言)**
>
> 中央値は [　　] である。

K さんの発言の内容が正しいとき，[　　] に当てはまるものを，次の**ア**～**エ**の中から一つ選んで，その記号を書きなさい。また，その理由を，**表 1**，**表 2** における中央値が含まれる階級にふれて説明しなさい。

ア　10 分以上 16 分未満

イ　16 分以上 20 分未満

ウ　20 分以上 24 分未満

エ　24 分以上 30 分未満

3 先生と太郎さんと花子さんの次の会話を読んで，あとの(1)～(3)の問いに答えなさい。

(先生と太郎さんと花子さんの会話)

先生：下の図1は，AB＜BCの長方形ABCDを，辺CD上に点Eをとって，線分AEを折り目として△ADEを折り返した図形です。折り返したとき，もとの点Dの位置をD′とします。∠D′AE = 13°のとき，∠DECの大きさを求めることはできますか。

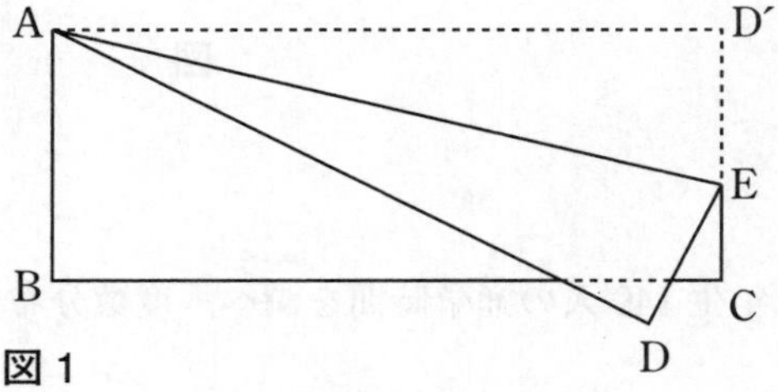

図1

太郎：はい，わかります。 ア になります。

先生：そうですね。よくできました。では，点Eが点Cと重なるように折り返したときを考えてみましょう。このときは，下の図2のようになりますね。

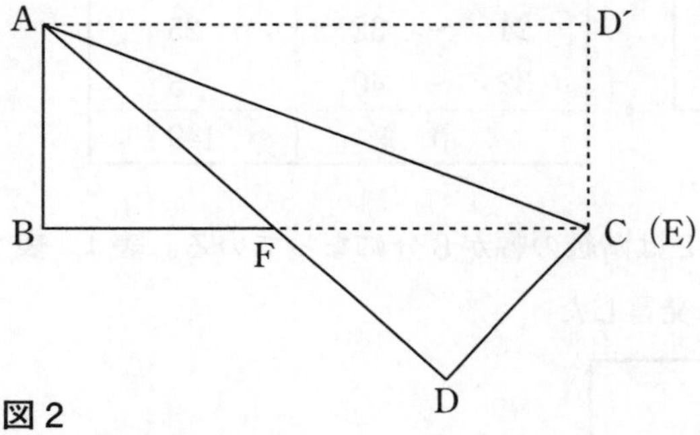

図2

花子：辺BCと線分ADの交点をFとすると，△ABFと△CDFが合同に見えるけど，実際はどうなのかしら。

先生：そのとおり，△ABFと△CDFは合同になります。証明できますか。太郎さん，やってみてください。

太郎：はい。

イ

先生，できました。

先生：はい，よくできました。花子さん，これで△ABFと△CDFが合同であることが確かめられましたね。

花子：予想したことが正しいとわかると，なんかうれしいです。

太郎：先生，点Dが辺BC上にくるように折り返すとどうなりますか。

先生：点Dが辺BC上にくるように折り返すと，下の図3のようになります。このとき，AB = 5 cm，BD = 12 cm，DC = 1 cmとして，△ADEの面積を求めてみましょう。

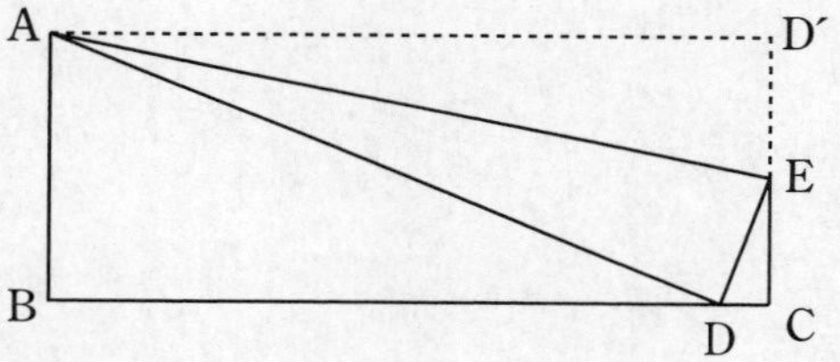

図3

太郎：面積を求めると，［ ウ ］cm^2となります。

先生：そのとおりです。よくできました。

(1)　会話中の［ ア ］に当てはまる角の大きさを求めなさい。

(2)　会話中の［ イ ］に当てはまる証明を書きなさい。

(3)　会話中の［ ウ ］に当てはまる数を求めなさい。

4 70Lの水が入っている水そうがある。次の手順1，2，3をこの順に繰り返して水を排水し，水そうを空にする。

（手順）
1．毎分2Lの割合で2分間排水する。
2．毎分4Lの割合で2分間排水する。
3．毎分6Lの割合で2分間排水する。

下の図は，排水を始めてからx分後の水そうに残っている水の体積をyLとして，排水を始めてから12分後までのxとyの関係をグラフに表したものである。

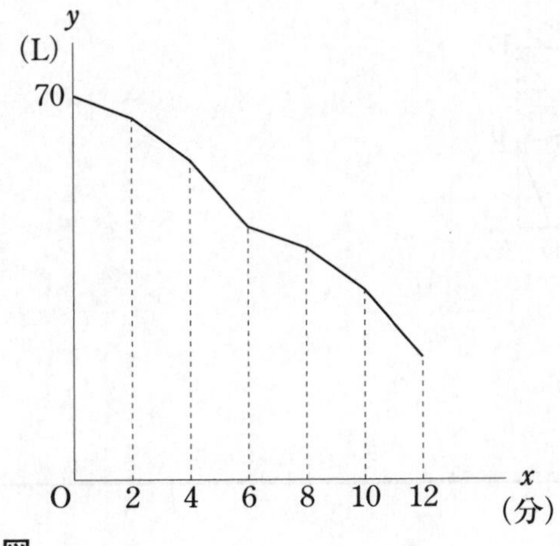

図

このとき，次の(1)～(3)の問いに答えなさい。

(1) 排水を始めてから6分後の水そうに残っている水の体積を求めなさい。

(2) $8 \leqq x \leqq 10$のとき，yをxの式で表しなさい。

(3) 水そうが空になるのは，排水を始めてから何分何秒後か，求めなさい。

5 1，2，3，4，5，6の数字が1つずつ書かれた6個の玉が袋の中に入っている。この袋の中から玉を1個ずつ2回取り出す。1回目に取り出した玉に書かれた数をa，2回目に取り出した玉に書かれた数をbとする。ただし，袋の中から玉を取り出すとき，どの玉が取り出されることも同様に確からしいものとする。

このとき，次の(1)，(2)の問いに答えなさい。

(1) 1回目に取り出した玉を袋に戻さないとき，$a \geqq b$となる確率を求めなさい。

(2) 1回目に取り出した後，玉に書かれた数を確認して袋に戻すとする。

① $a \geqq b$となる確率を求めなさい。

② $a+b$の値がn以下となる確率が$\frac{1}{6}$のとき，整数nの値を求めなさい。

6 下の図1は，$\angle \mathrm{CAB} = 90^\circ$，$\mathrm{AB} = \mathrm{AD} = 8\,\mathrm{cm}$，$\mathrm{BC} = 10\,\mathrm{cm}$，$\mathrm{AC} = 6\,\mathrm{cm}$ の三角柱 ABC-DEF である。点 P は辺 BE 上，点 Q は辺 CF 上にあり，$\angle \mathrm{DPE} = \angle \mathrm{QPB}$ である。ただし，点 P，点 Q はそれぞれ点 E，点 F に一致しないものとする。

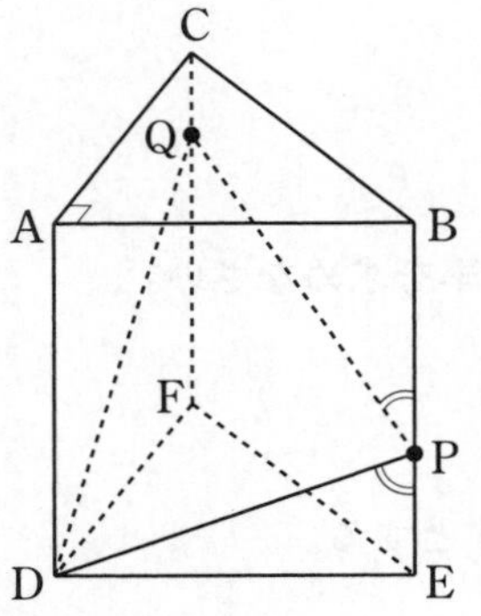

図1

太郎さんと花子さんの次の会話を読んで，あとの（1）～（3）の問いに答えなさい。

（太郎さんと花子さんの会話）

太郎：$\angle \mathrm{DPE} = \angle \mathrm{QPB}$ だから，線分 PE の長さと線分 QF の長さを比べると，線分 QF の長さの方が長いね。

花子：線分 PE と線分 QF の長さには，何か関係があるのかな。

太郎：あると思うよ。調べてみよう。

花子：どう考えればよいのかな。

太郎：次のページの図2のように，点 Q から辺 BE に垂線を引いて，辺 BE との交点を H とすると，$\triangle \mathrm{DEP}$ と $\triangle \mathrm{QHP}$ が相似になるね。

花子：本当だ。$\triangle \mathrm{DEP}$ と $\triangle \mathrm{QHP}$ が相似であることを使って，線分 PE と線分 QF の長さの関係が導けそうね。

太郎：展開図も考えてみようか。面 ADEB と面 BEFC の2つの面を展開すると，次のページの図3のようになるね。$\angle \mathrm{DPE} = \angle \mathrm{QPB}$ だから，……。

花子：あっ，点 D と点 P と点 Q は同一直線上の点となるわ。展開図を使っても線分 PE と線分 QF の長さの関係が導けそうね。線分 PE と線分 QF の長さの比を求めると，［ア］になったわ。

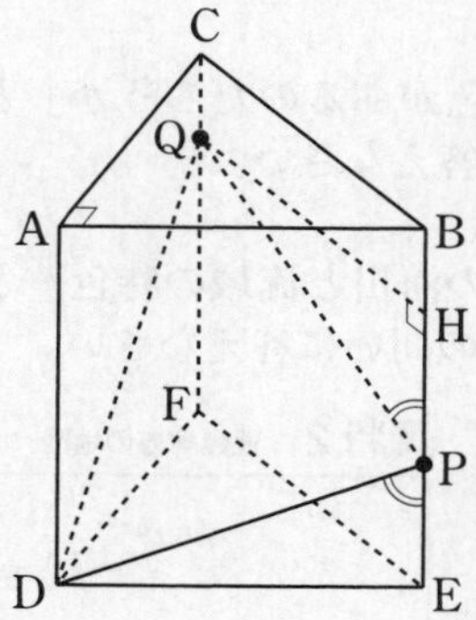

図2

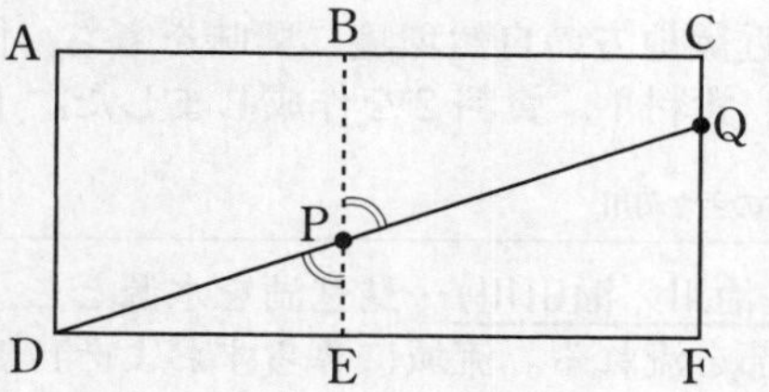

図3

太郎：ということは，PE = 2cm のとき，QF = [イ] cm だね。このときの立体 DPEFQ の体積はどうなるのかな。

花子：立体 DPEFQ は，台形 PEFQ を底面とする四角すいだわ。

太郎：この四角すいの高さは，点Dから底面の台形 PEFQ に引いた垂線の長さだね。面 DEF と面 BEFC が垂直だから，点Dから台形 PEFQ に引いた垂線は，辺 EF と交わるよ。

花子：つまり，点Dから台形 PEFQ に引いた垂線を DI とすると，点Iは辺 EF 上にあるのね。

太郎：DI = [ウ] cm になるよ。これで体積も求められるね。

花子：体積は，[エ] cm^3 になったわ。

(1)　会話中の [ア] に当てはまる最も簡単な整数の比を，[イ] に当てはまる数を，それぞれ求めなさい。

(2)　会話中の [ウ] に当てはまる数を求めなさい。

(3)　会話中の [エ] に当てはまる数を求めなさい。

【社　会】（50分）〈満点：100点〉

1　ある中学校の社会科の授業で，「近畿地方にはどのような特色があるのだろうか」というテーマで，班ごとに課題を設定し，学習しました。次の１～３に答えなさい。

1　Ａ班では，近畿地方の自然環境に興味をもち，「近畿地方の河川と流域の特色」というテーマを設定し，**資料１**，**資料２**を作成しました。下の⑴～⑶の問いに答えなさい。

資料１　近畿地方の主な河川

・ａ淀川（宇治川／瀬田川）…琵琶湖を水源とし，近畿地方の中央部を流れる。流域に暮らすおよそ1700万人の人々に生活用水を供給している。
・紀ノ川…ｂ大台ケ原山から西に流れる。中・下流域の丘陵地では [あ] の栽培が行われる。
・熊野川…紀伊半島を北から南に流れる。流域ではすぎやひのきの森林を利用した林業が盛んで，木材の運搬に熊野川が使われた。

資料２　近畿地方の地図

⑴　下線部ａについて，淀川の河口付近に分布する工業地帯・地域の名称を書きなさい。

⑵　太郎さんは，下線部ｂについて春子さんと話し合いました。会話中の [い] ， [う] に当てはまる語の組み合わせを，下のア～エの中から一つ選んで，その記号を書きなさい。また， [え] に当てはまる内容を，「緯度」の語を用いて書きなさい。

資料３　稚内とパリの気温と降水量

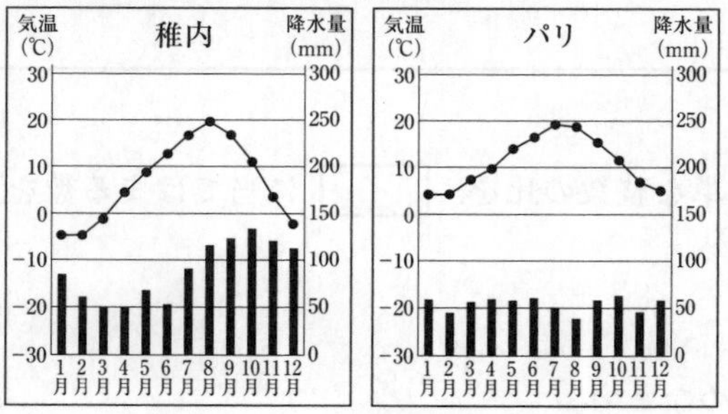

〔「理科年表　2019年」より作成〕

資料４　稚内とパリの位置を示した世界地図

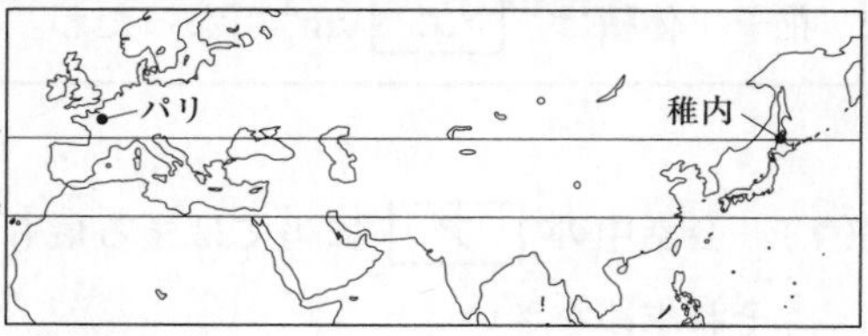

太郎：大台ケ原山の付近は，日本の中でも特に降水量の多い地域なんだって。 [い] の湿った季節風が紀伊山地にぶつかって大量の雨を降らせるんだね。
春子：それに，沖合を流れる [う] の影響で，年間を通して温暖なのね。風や海流は，世界の気候にも影響をあたえているのかな。
太郎：たとえばヨーロッパ西部の気候は，北大西洋海流とその上空を吹く偏西風の影響を強く受けているよね。そのため，**資料３**と**資料４**からわかるように， [え] という特徴がみられるね。

ア［い　夏　　う　対馬海流］　イ［い　冬　　う　対馬海流］
ウ［い　夏　　う　日本海流］　エ［い　冬　　う　日本海流］

(3) 春子さんは，[あ] に当てはまる農作物について調べ，次の＜メモ＞を作成しました。この農作物の名称を書きなさい。

＜メモ＞
温暖な地域での栽培に適し，生産量全国第１位(2019年)の和歌山県をはじめ，愛媛県，静岡県などの生産量が多い。1990年代以降，海外から輸入される安価な果実との競争が激化したが，農家は味や香りの良い品種を開発してブランド化するなど，競争力を高める工夫を行っている。

2　Ｂ班では，「古都京都・奈良の町並み」というテーマを設定し，調べたことをもとに＜発表原稿＞を作成しています。下の(1)，(2)の問いに答えなさい。

＜発表原稿＞
・かつて都が置かれていた京都や c 奈良には，古い寺社や町家と呼ばれる伝統的な住居が多く残り，歴史的な景観が形成されています。
・こうした景観や町並みの中心となる寺社や建造物は d 人類共通の財産とみなされ，地域社会だけでなく政府，あるいは世界全体で将来に残す取り組みが進められています。

(1) 下線部ｃについて，夏子さんは，**資料５**の奈良の地形図を見つけました。**資料５**の地形図について述べた文として最も適切なものを，次のア～エの中から一つ選んで，その記号を書きなさい。

資料５

〔国土地理院発行２万５千分の１地形図「奈良」より〕
〈編集部注：編集上の都合により原図の85％に縮小してあります。〉

ア　春日山の斜面は，Ｘ－Ｘ′よりもＹ－Ｙ′の方が急である。
イ　ならまちセンター(図書館)から最短ルートで県庁へむかうには，南へ進まなければならない。
ウ　ならまちセンター(図書館)から文化会館付近の警察署までの地形図上の距離は約３cmなので，実際の距離は7.5kmである。
エ　東大寺の大仏殿は，県庁からみて北東の方角にある。

(2) 下線部ｄについて，次郎さんは，文化財の保護について調べ，次の＜メモ＞を作成しました。＜メモ＞の [お] に当てはまる語を書きなさい。

＜メモ＞
京都は「古都京都の文化財」として1994年に，奈良は「古都奈良の文化財」として1998年に，人類共通の文化遺産としてともにユネスコ(国連教育科学文化機関)の [お] に登録された。2021年７月時点で，日本には25の [お] があり，自然環境や歴史ある建築物などが未来へ引き継ぐ人類共通の財産として守られている。

3　Ｃ班では，「近畿地方の産業の特色」というテーマを設定し，**資料６**，**資料７**をもとに話し合いました。下の(1)～(4)の問いに答えなさい。

資料６　近畿地方の各府県の産業に関する統計（2017年，昼夜間人口比率は2015年）

府県	昼夜間人口比率*	産業別就業者割合（％）			農業産出額に占める割合（％）				製造品出荷額等（億円）
		第１次	第２次	第３次	米	野菜	果実	畜産	
Ⅰ	96.5	2.5	32.2	65.3	56.0	19.0	1.2	16.8	78229
Ⅱ	98.3	3.0	32.3	64.7	24.5	12.6	6.0	39.8	105552
Ⅲ	104.4	0.4	23.8	75.7	21.6	44.5	19.9	6.4	173490
Ⅳ	98.2	8.4	21.0	70.6	6.3	14.0	66.6	4.3	26913
兵庫	95.7	1.9	25.0	73.0	29.1	24.8	2.3	38.4	157988
京都	101.8	1.7	23.6	74.7	24.0	37.2	2.8	19.4	58219
奈良	90.0	2.3	23.1	74.5	25.1	25.8	20.0	14.2	21181

＊夜間人口を100としたときの昼間人口の割合を示したもので，
昼間人口÷夜間人口×100で求められる。

〔「データでみる県勢」2020年版より作成〕

秋子：「農業産出額に占める割合」をみると，７府県のうち３府県で野菜の割合が最も高くなっているね。
三郎：なかでも京都府では，伝統的に生産されてきた**資料７**のような「京野菜」が有名だね。
秋子：都があった京都には昔からたくさんの人が住んでいたから，**e** その周辺で野菜づくりが発展したのね。

資料７　京野菜

(1)　**資料６**中のⅡ，Ⅳに当てはまる府県の組み合わせとして最も適切なものを，次のア～エの中から一つ選んで，その記号を書きなさい。

ア　［　Ⅱ　三重県　　Ⅳ　和歌山県　］　　イ　［　Ⅱ　大阪府　　Ⅳ　和歌山県　］
ウ　［　Ⅱ　三重県　　Ⅳ　滋賀県　］　　エ　［　Ⅱ　大阪府　　Ⅳ　滋賀県　］

(2)　下線部**e**のように，都市の周辺地域で都市むけに野菜などを生産する農業を何というか，書きなさい。

(3)　外国の産業にも目をむけた秋子さんは，中国の工業について調べ，**資料８**，**資料９**をもとに下の＜メモ＞を作成しました。＜メモ＞の［　か　］に当てはまる内容を，「工業」「格差」の語を用いて書きなさい。

資料８　中国の主な工業都市

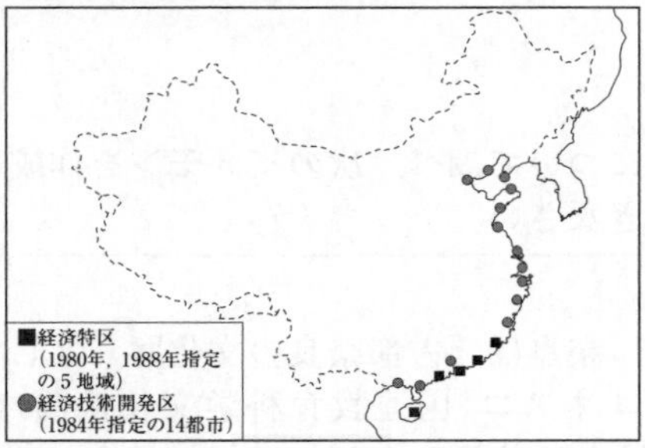

資料９　中国の地域別 GDP（一人あたり）

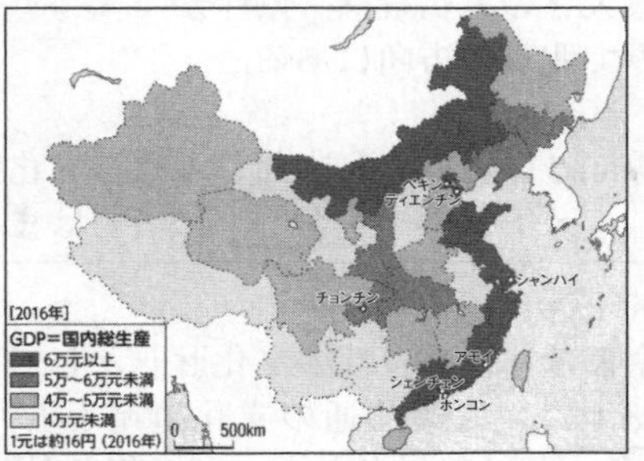

＜メモ＞
　中国は，経済特区などを中心に急速な工業化を進め，「世界の工場」と呼ばれる工業国となった。一方で，**資料８**，**資料９**からは，［　か　］という問題が生じていることがわかる。

(4)　A班と意見交流したC班は，紀伊山地で盛んな林業に興味をもち，資料10のうち三つの資料を使って次のようにまとめました。資料10のA～Eの中からC班が使った資料として適切なものを三つ選んで，その記号を書きなさい。

<まとめ>
2000年代初め頃までの日本では，外国からの木材の輸入がおおむね増える傾向にある一方で，国内での木材生産量が減り，林業で働く人の数も減っていきました。現在は，北アメリカ州の国々から木材を多く輸入しています。

資料10

A　木材（製材）の主な輸出国と輸出量（2018年）

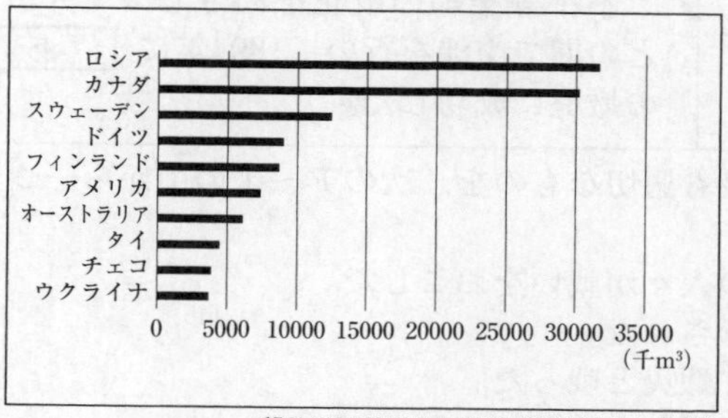

〔「世界国勢図会」2020/21年版より作成〕

B　林業就業者数に占める65歳以上の割合の推移

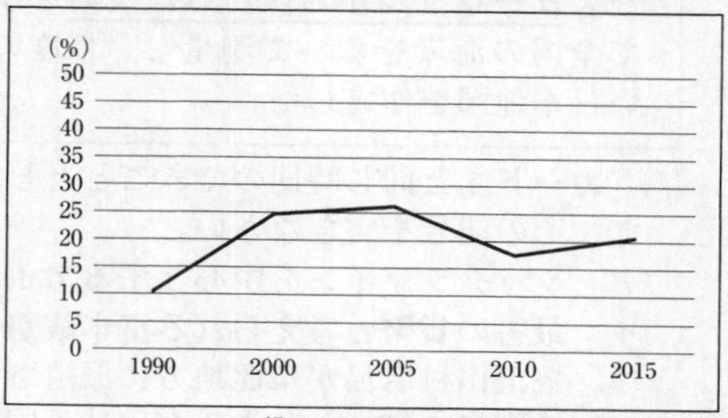

〔「日本国勢図会」2021/22年版より作成〕

C　林業就業者数の推移

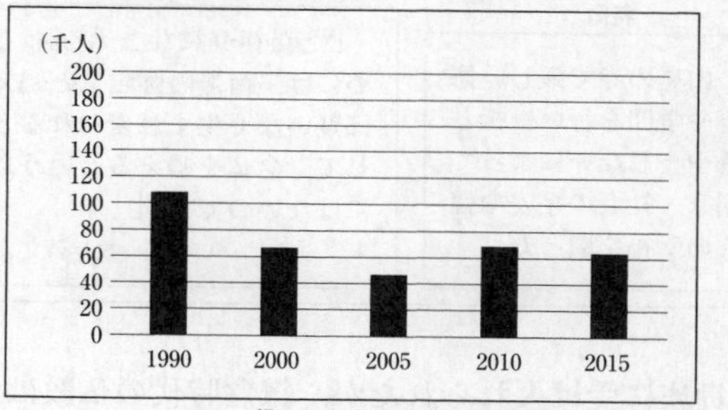

〔「日本国勢図会」2021/22年版より作成〕

D　日本の木材の輸入相手国（2020年）

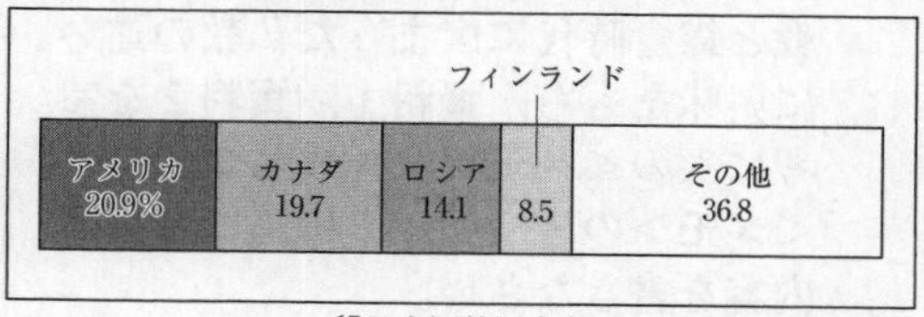

〔「日本国勢図会」2021/22年版より作成〕

E　木材の供給量の推移

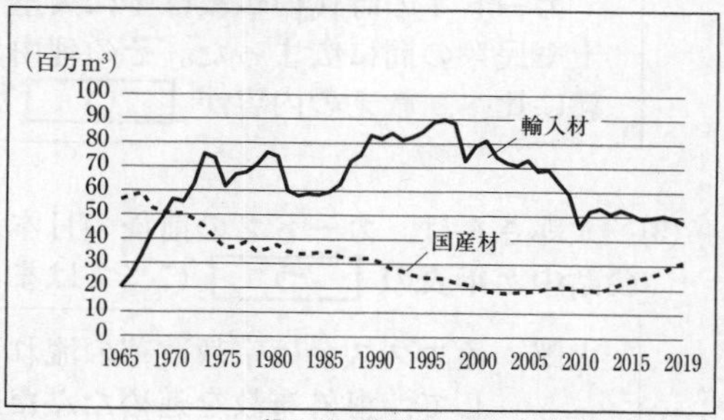

〔「日本国勢図会」2021/22年版より作成〕

2 ある中学校の社会科の授業で，「世界との結びつきにより歴史にどのような影響があったのだろうか」という課題で，班ごとにテーマを設定し，学習しました。次の１，２に答えなさい。

1　A班では，「日本と世界の結びつきに関わる人物に注目する」というテーマを設定し，資料を見つけ，カード１～カード４を作成しました。下の(1)～(5)の問いに答えなさい。

カード１　最澄と空海 遣唐使とともに唐にわたって仏教を学び，帰国後に最澄は天台宗，空海は真言宗をそれぞれ開いた。	**カード２　ザビエル** イエズス会の宣教師としてヨーロッパからアジアに来航し，日本にキリスト教を伝えた。
カード３　伊能忠敬 a ヨーロッパから伝わった技術を用いて全国の海岸を歩いて測量し，精度の高い日本地図を作成した。	**カード４　陸奥宗光** 不平等条約の改正をめざしてイギリスとの間で交渉を行い，1894年に［あ］の撤廃に成功した。

(1)　カード１と同じ時期のできごととして最も適切なものを，次のア～エの中から一つ選んで，その記号を書きなさい。
ア　シャクシャインを中心とするアイヌの人々が戦いをおこした。
イ　最古の貨幣と考えられる富本銭が発行された。
ウ　坂上田村麻呂が東北地方に派遣されて蝦夷と戦った。
エ　沖縄島を統一した尚氏が琉球王国を建国した。

(2)　春子さんは，カード１の時代の仏教と鎌倉時代に広まった仏教の違いに興味をもち，資料１，資料２を参考に次の＜メモ＞を作成しました。＜メモ＞の［い］に当てはまる内容を書きなさい。

資料１　天台宗と真言宗の特徴

山奥の寺で厳しい修行や学問を行い，祈とうやまじないによって国家・社会の平安や個人の幸福を願った。

資料２　浄土宗の教え

「ただ極楽に生まれ変わるためには，南無阿弥陀仏と唱えれば疑いなく生まれ変われると信じて，念仏を唱えるという以外にはないのです。」
（一枚起請文より）

＜メモ＞
カード１の時代の仏教は主に天皇や貴族に受け入れられたが，鎌倉時代の仏教は武士や民衆の間に広まった。その理由の一つは，鎌倉時代の仏教はカード１の時代の仏教に比べ，教えの内容が［い］ためであると考えられる。

(3)　太郎さんは，カード２の前後の日本と世界の様子について，春子さんと話し合いました。会話中と年表の［う］に当てはまる内容を，「追放」という語を用いて書きなさい。

太郎：イエズス会は宗教改革の流れに対抗して，海外布教を進めたんだってね。
春子：織田信長もキリスト教の宣教師を優遇したみたい。
太郎：豊臣秀吉はどうだったのかな。
春子：キリスト教の布教が外国の軍事力と結びついていて危険だと考え，［う］のよ。

西暦	できごと
1517	ルターが宗教改革を始める
1534	イエズス会が結成される
1549	ザビエルが来日する
1576	織田信長の信任を得た宣教師が京都に教会堂を建てる
1587	豊臣秀吉が［う］

(4) カード3の下線部aについて，この時代には，ヨーロッパの技術や文化はある国を通じて日本にもたらされました。その国の名前を書きなさい。また，その国との貿易が行われた場所を，資料3のア～エの中から一つ選んで，その記号を書きなさい。

資料3

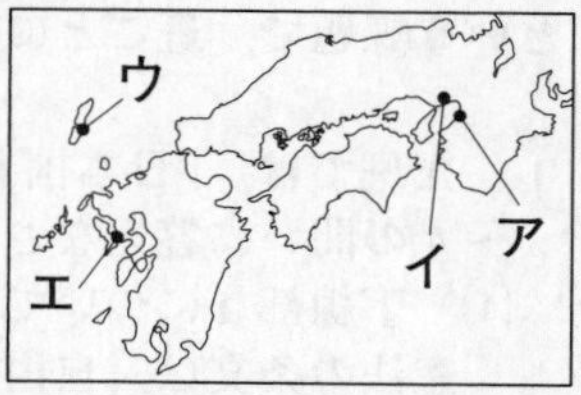

(5) カード4の［　あ　］に当てはまる語を書きなさい。

2　B班では，「戦いや戦争に注目する」というテーマを設定し，年表を作成しました。次の(1)～(4)の問いに答えなさい。

西暦	できごと
663	b <u>白村江の戦い</u>
1274	c <u>文永の役</u>
1914 ～18	d <u>第一次世界大戦</u>
1973	e <u>第四次中東戦争</u>

(1) 次郎さんは，下線部bについて調べ，次の<メモ>を作成しました。<メモ>の［　え　］に当てはまる内容を，下のア～エの中から一つ選んで，その記号を書きなさい。

> <メモ>
> 百済を救援するため，日本は朝鮮半島に大軍を送ったが，唐と新羅の連合軍に敗れた。この戦いの後，日本では［　え　］。

ア　倭寇が現れ，朝鮮半島や大陸の沿岸を荒らした
イ　朝鮮半島から連れてこられた陶工が有田焼の生産を始めた
ウ　日本の風土や生活に合った国風文化が栄えた
エ　大宰府を守るために大野城や水城が築かれた

(2) 下線部bと下線部cの間におこった次のア～エのできごとを年代の古い順に並べ替え，記号を書きなさい。

ア　天皇家や貴族の間で内部対立が激しくなり，京都で保元の乱・平治の乱がおこった。
イ　朝廷の勢力を回復しようとした後鳥羽上皇が承久の乱をおこしたが，幕府軍に敗れた。
ウ　北関東で平将門が，瀬戸内地方で藤原純友が武士団を率いて，大きな反乱をおこした。
エ　大宝律令が完成し，一般の成人男子には防人などの兵役が義務づけられた。

(3) 下線部dについて，この戦争の後，ドイツでは労働者の権利保護などを定めた民主的な［　お　］憲法が制定されました。［　お　］に当てはまる語を書きなさい。

(4) 次郎さんは，下線部eについて調べ，次の<メモ>を作成しました。<メモ>の［　か　］に当てはまる語を漢字4字で書きなさい。

> <メモ>
> この戦争の際，産油国であるアラブ諸国が原油価格を引き上げた。その結果，先進国では［　か　］と呼ばれる経済混乱がおこった。

3 ある中学校の社会科の授業で，「人権は私たちの社会とどのように関わっているのだろうか」という課題で，班ごとにテーマを設定し，学習しました。次の１，２に答えなさい。

１　A班では，「日本国憲法と人権」というテーマを設定し，**資料１**を作成しました。次の(1)～(4)の問いに答えなさい。

資料１　日本国憲法で定められた基本的人権

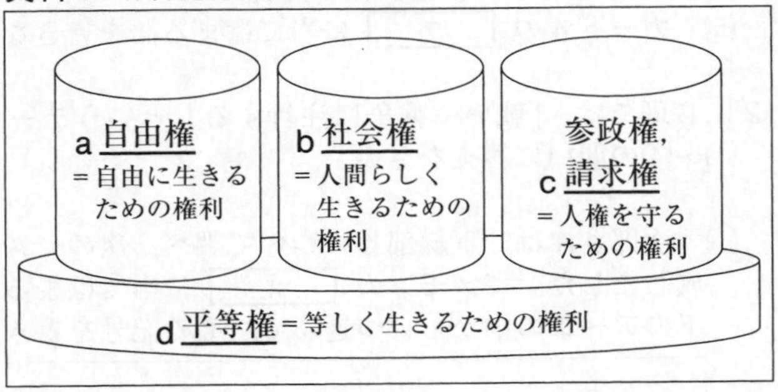

(1)　下線部aについて，次の日本国憲法の条文は，自由権の中の精神の自由，身体の自由，経済活動の自由のうち，どれに当てはまるか，書きなさい。

> 第21条①　集会，結社及び言論，出版その他一切の表現の自由は，これを保障する。

(2)　太郎さんは下線部bについて調べ，次の＜メモ＞を作成しました。＜メモ＞の［　あ　］に当てはまる内容を日本国憲法の条文中の語を用いて書きなさい。

> ＜メモ＞
> 日本国憲法第25条は，［　あ　］権利として生存権を国民に保障している。生存権は社会権の一つで，これに基づいて生活保護法が整備され，必要な人には生活費などが支給されている。

(3)　春子さんは，下線部cにふくまれる裁判を受ける権利について調べるため，次の＜メモ＞を作成しましたが，１か所誤りがあることに気づきました。＜メモ＞の下線部ア～エのうち，誤っている記述を一つ選んで，その記号を書きなさい。

> ＜メモ＞
> ○三審制…ア第一審の判決に不服があれば控訴，イ第二審の判決に不服があれば上告することができる。
> ○裁判員制度…20歳以上の国民から選ばれた裁判員が，ウすべての刑事裁判に参加する。
> ○司法権の独立…裁判官は，心身の病気やエ国会議員による弾劾裁判，最高裁判所裁判官への国民審査による決定などを除き，辞めさせられることはない。

(4)　下線部dについて，太郎さんは男女の平等について調べ，**資料２**，**資料３**を集めました。これについて述べた文として適切でないものを，あとのア～エの中から一つ選んで，その記号を書きなさい。

資料２　女性の年齢別の働いている割合

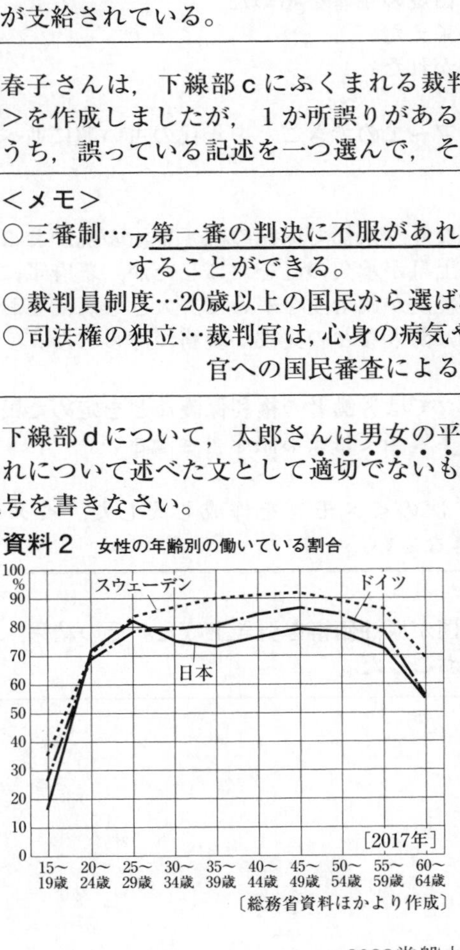

〔総務省資料ほかより作成〕

資料３　男女の育児休暇取得率の推移

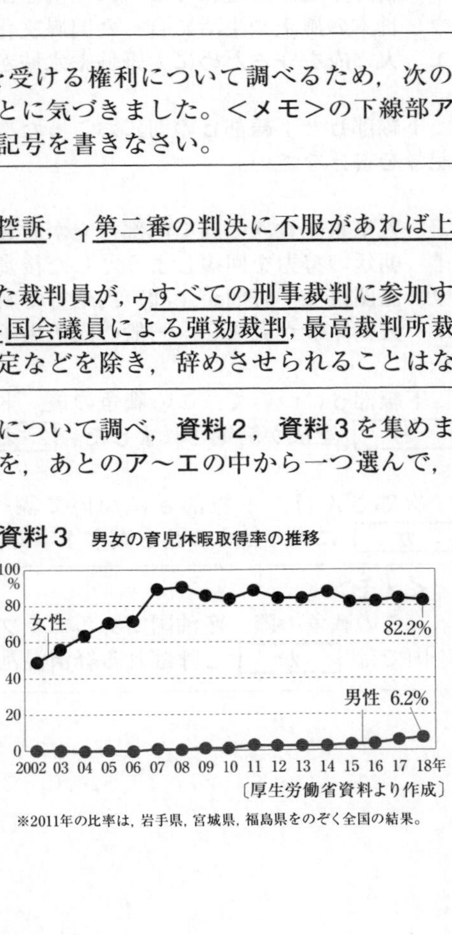

〔厚生労働省資料より作成〕

※2011年の比率は，岩手県，宮城県，福島県をのぞく全国の結果。

ア　日本の女性の働いている割合は，25歳から39歳で低下している。
イ　日本では，女性に比べて男性の育児休暇取得率が低い。
ウ　日本は，すべての年代において女性の働いている割合が他の２国を下回っている。
エ　男性の育児休暇取得率は，2002年よりも2018年の方が女性との差が大きい。

2　Ｂ班では，「社会の変化と人権」というテーマを設定し，話し合いました。下の(1)～(3)の問いに答えなさい。

次郎：新型コロナウイルス感染症の感染が確認された人は，一定期間隔離されているね。
夏子：それは，[　う　]の観点から人権が制約される事例の一つね。そのほか，e <u>企業</u>が価格協定を結ぶなどの公正な競争を損なうような行為をすることにも，同じ観点から制限がかけられているね。
次郎：現代では，憲法に定められていない f <u>新しい人権</u>も認められるようになっているし，何が[　う　]に当たるかを判断する基準は複雑になっていると思うよ。

(1)　[　う　]には，社会全体の利益を意味する日本国憲法の条文中の語が入ります。[　う　]に共通して当てはまる語を，５字で書きなさい。

(2)　下線部eについて，次の＜メモ＞の[　え　]に当てはまる内容を，**資料４**を参考にして書きなさい。

＜メモ＞
利潤とは，会社の活動によって得られた収入から，賃金などの必要経費を引いた残りのことである。株式会社への出資者である株主は，会社の利潤の一部を[　え　]として受け取る権利をもっている。

資料４　株式会社のしくみ

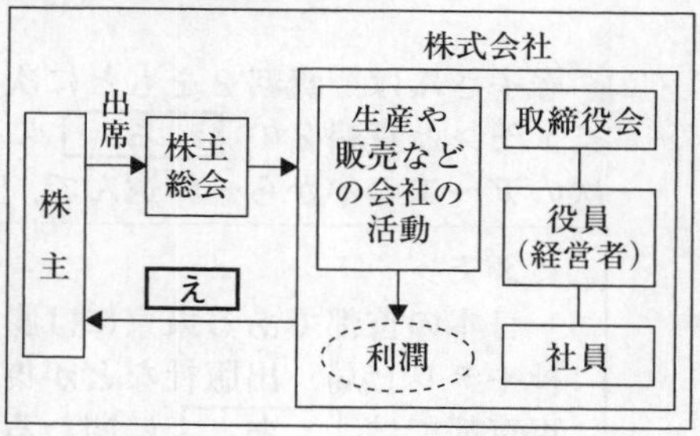

(3)　下線部ｆについて，夏子さんは，**資料５**，**資料６**をもとに次の＜メモ＞を作成しました。＜メモ＞の[　お　]に当てはまる内容を，「周囲の建物」の語を用いて書きなさい。また，[　か　]に当てはまる語を，下のア～エの中から一つ選んで，その記号を書きなさい。

＜メモ＞
○**資料５**について
[　お　]ため，上層階がななめになっている。このように，良好な環境のもとで暮らす権利を環境権という。
○**資料６**について
脳死と診断された場合などに自分の臓器を移植のために提供するかどうか，本人の意思をあらかじめ表示しておく。このように，個人が自分の生き方を自由に決める権利を[　か　]という。

資料５　上層階がななめになっている建物

資料６　臓器提供意思表示カード

ア　自己決定権　　イ　社会権
ウ　請願権　　　　エ　知的財産権

4 ある中学校の社会科の授業で，「情報化の進展によって私たちの暮らしはどのように変化するのだろうか」という課題で，班ごとにテーマを設定し，学習しました。次の１～３に答えなさい。

１　Ａ班では，「マスメディアと私たちの社会」というテーマを設定しました。次の⑴～⑶の問いに答えなさい。

⑴　太郎さんは，様々なマスメディアの特性と新しい人権を整理するため，**資料１**を作成しました。**資料**１中の［あ］，［い］には，テレビ，ラジオのいずれかが，［う］，［え］には，情報に関係する新しい人権が入ります。

［あ］，［え］に当てはまる組み合わせとして最も適切なものを，次のア～エの中から一つ選んで，その記号を書きなさい。

ア［あ　テレビ　　え　知る権利］
イ［あ　ラジオ　　え　知る権利］
ウ［あ　テレビ　　え　プライバシーの権利］
エ［あ　ラジオ　　え　プライバシーの権利］

資料１　マスメディアの特性と新しい人権

マスメディア	新しい人権
［あ］ ・映像と音声で伝える。 ・情報を早くわかりやすく伝える。	［う］ ・国や地方の役所がもつ情報を手に入れる権利。
［新聞］ ・主に文字で伝える。 ・情報をくわしく伝える。	［え］ ・私生活や個人の情報を公開されない権利。
［い］ ・音声で伝える。 ・情報を早く伝え，災害時などに使いやすい。	

⑵　春子さんは，**資料２**をもとに次の<メモ>を作成しました。<メモ>と**資料２**の［お］に共通して当てはまる語を，次のア～エの中から一つ選んで，その記号を書きなさい。

<メモ>
　日本の首都である東京には膨大な情報が集まり，新聞社やテレビ局，出版社などが集中している。そのため，東京都では［お］に関わる産業が盛んとなっている。

ア　電子部品　　イ　印刷　　ウ　パルプ・紙　　エ　繊維

資料２　東京都の製造品出荷額等割合

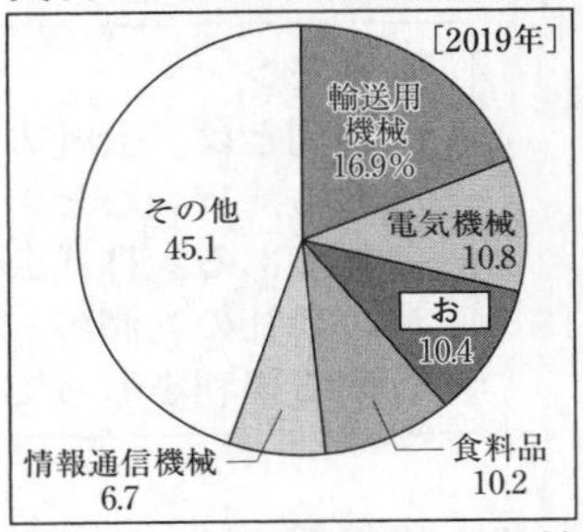

〔東京都 HP より作成〕

⑶　太郎さんは，マスメディアの歴史について調べ，**資料３**，**資料４**を見つけました。**資料３**，**資料４**について述べた文として最も適切なものを，次のア～エの中から一つ選んで，その記号を書きなさい。

ア　ラジオ放送が始まったのは，大日本帝国憲法が発布された頃である。
イ　白黒テレビの普及率は，テレビ放送が始まってから10年以内に80％を超えている。
ウ　白黒テレビとカラーテレビの普及率が逆転したのは，初めて東京でオリンピックが開催された頃である。
エ　1980年には，乗用車の普及率はエアコンの約２倍となっている。

資料３　マスメディアの歴史

西暦	で　き　ご　と
1870	日本最初の日刊紙が創刊される
1925	ラジオ放送が始まる
1953	テレビ放送が始まる

資料４　家庭電化製品の普及率の推移

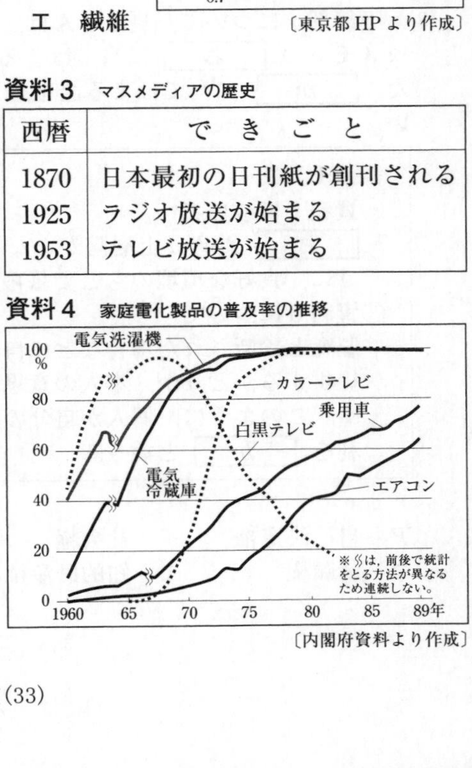

〔内閣府資料より作成〕

2　B班では，「情報化の進展と社会の変化」というテーマを設定し，話し合いました。下の(1)～(3)の問いに答えなさい。

> 次郎：情報通信技術(ICT)が発達して，様々なことがインターネットを通じてできるようになっているよね。a 災害時の情報活用もその一つだね。
>
> 夏子：最近では b 法改正によってインターネットを用いた選挙運動が解禁されるなど，c 選挙や政策に関する情報もインターネットで多く発信されるようになっているね。

(1)　下線部aについて，次郎さんは，資料5について調べ，次の＜メモ＞を作成しました。＜メモ＞の「災害」に当てはまるものを，下のア～エの中から一つ選んで，その記号を書きなさい。

資料5

> ＜メモ＞
>
> 資料5は，大都市で近年増えている災害に備えて，地下につくられた施設である。大都市の地面はアスファルトやコンクリートでおおわれていることから，この災害がおこりやすくなっている。

ア　土砂くずれ　　イ　液状化　　ウ　冷害　　エ　洪水

(2)　下線部bについて，夏子さんは，国会における法律案の議決について調べ，次の＜メモ＞を作成しました。＜メモ＞の［　か　］に当てはまる内容を，「衆議院」の語を用いて書きなさい。

> ＜メモ＞
>
> 法律案は，衆議院と参議院の両方で可決された場合に，法律として成立する。ただし，衆議院で可決された法律案が参議院で否決されたときでも，［　か　］場合には，法律として成立する。

(3)　下線部cについて，資料6は，第1回衆議院議員総選挙の様子をえがいたものです。この選挙について説明した次の＜メモ＞の［　き　］に共通して当てはまる語を，4字で書きなさい。

> ＜メモ＞
>
> この選挙では，直接国税15円以上を納める満25歳以上の男性のみが選挙権をあたえられた。この選挙には，国会の開設と国民の政治参加を求める［　き　］運動を進めてきた人々が多く立候補しており，選挙の結果，［　き　］運動の流れをくむ政党(民党)が多数の議席を占めた。

資料6

3　C班では，「情報通信網と経済」というテーマを設定し，話し合いました。下の(1)，(2)の問いに答えなさい。

三郎：情報通信網の発達は，日本や世界の経済にどのような影響をおよぼしているのだろう。

秋子：d 場所や時間を問わずにやりとりができるから，国境を越えた取引が活発になったと思うわ。

三郎：スマートフォンを使った決済や，インターネット上で広く資金を集めるクラウドファンディングなど，e 貨幣や金融のあり方を変えるような新しいしくみもどんどん登場しているね。

(1)　下線部dについて，三郎さんは，近年大きく成長しているインドの情報通信技術産業について調べ，資料7を参考に次の＜メモ＞を作成しました。＜メモ＞の［　く　］に当てはまる内容を，「時差」の語を用いて書きなさい。

＜メモ＞
・インドでは，英語を話せる技術者が多いことや数学の教育水準が高いことなどから，情報通信技術産業が発達し，欧米の企業が多く進出している。
・資料7から，アメリカの企業がインドに拠点を置く場合，［　く　］という利点があることがわかる。

資料7　インドに進出するアメリカの企業

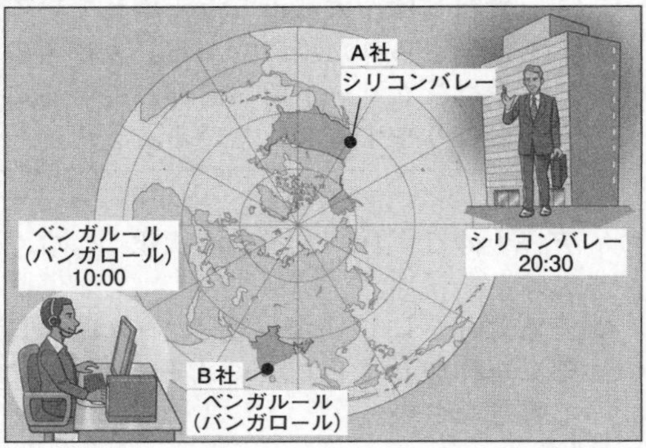

(2)　下線部eに関連して，次の①，②の問いに答えなさい。

①　秋子さんは，江戸時代に発行された貨幣について調べ，資料8を参考に次の＜メモ＞を作成しました。＜メモ＞の［　け　］に当てはまる人物の名前を書きなさい。

＜メモ＞
江戸幕府の5代将軍［　け　］は生類憐みの令を出した。また，［　け　］が寺院などの建設を積極的に行ったことで幕府の財政は苦しくなった。そのため，金の含有量が少ない元禄小判をつくって貨幣の発行量を増やし，収入を増やそうとした。

資料8　小判の金の含有量の変化

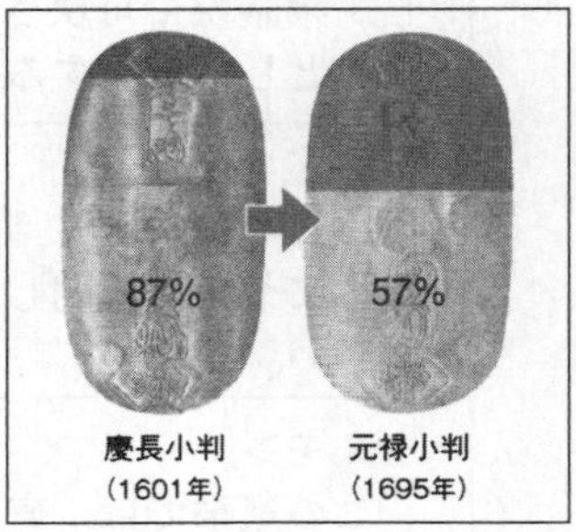

②　現代の貨幣や金融について述べた文として最も適切なものを，次のア～エの中から一つ選んで，その記号を書きなさい。

ア　企業が株式を発行して資金を集める場合は，間接金融に当てはまる。
イ　銀行は通常，資金を貸し出す際の利子を，預金者に支払う利子よりも高く設定している。
ウ　日本銀行は，一般の銀行や家計から預金を受け入れている。
エ　不景気のとき，日本銀行は一般の銀行に国債を売り，一般の銀行がもつ資金量を減らそうとする。

【理　科】（50分）〈満点：100点〉

1　次の(1)～(4)の問いに答えなさい。

(1)　鏡を床に垂直に立て，鏡の前方に物体A～Eを置いて，P点から鏡を見た。図は，そのようすを真上から見た模式図で，•はそれぞれ物体A～Eを置いた位置を，×はP点の位置を表している。P点から見たとき，鏡にうつって見える物体の組み合わせとして最も適当なものを，次のア～エの中から一つ選んで，その記号を書きなさい。

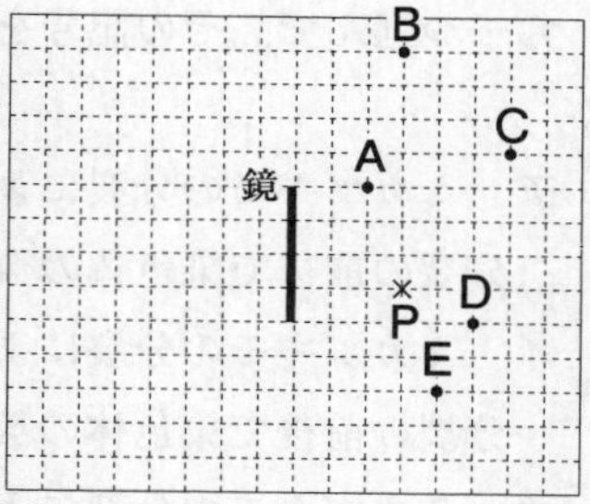

図

ア　A，C，D
イ　A，D，E
ウ　B，C，D
エ　B，D，E

(2)　図のように，試験管Aの中に酸化銅の粉末と炭素の粉末の混合物を入れ，ガスバーナーで加熱すると，気体が発生し，試験管Bに入れた石灰水が白くにごった。気体が発生しなくなったあと，試験管Aの中には赤色の物質が残っていた。この赤色の物質を取り出し，金属製の薬さじで強くこすると金属光沢が見られた。この実験で酸化銅と炭素に起こった化学変化を化学反応式で表したものとして正しいものを，次のア～エの中から一つ選んで，その記号を書きなさい。

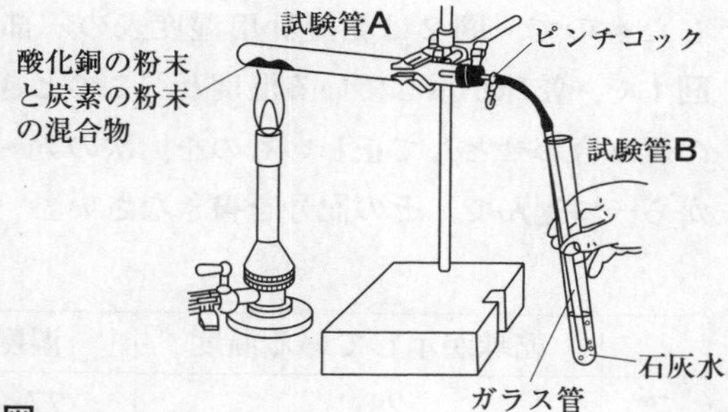

図

ア　$CuO_2 + C \longrightarrow Cu + CO_2$
イ　$CuO + C \longrightarrow Cu + CO_2$
ウ　$2CuO + C \longrightarrow Cu_2 + CO_2$
エ　$2CuO + C \longrightarrow 2Cu + CO_2$

(3) 図は，ミカヅキモの分裂のようすを顕微鏡で観察し，スケッチしたものである。ミカヅキモの分裂によるなかまのふやし方についての説明として正しいものを，次のア～エの中から一つ選んで，その記号を書きなさい。

ミカヅキモ

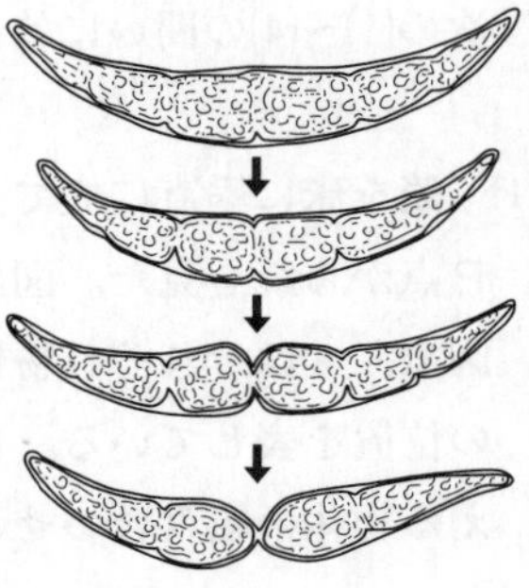

図

ア　ミカヅキモの分裂によるなかまのふやし方は無性生殖で，分裂の前後で染色体の数が変わらない。
イ　ミカヅキモの分裂によるなかまのふやし方は有性生殖で，分裂の前後で染色体の数が変わらない。
ウ　ミカヅキモの分裂によるなかまのふやし方は無性生殖で，分裂の前後で染色体の数が半分になる。
エ　ミカヅキモの分裂によるなかまのふやし方は有性生殖で，分裂の前後で染色体の数が半分になる。

(4) 図１は，ある日の乾湿計の乾球と湿球の示度を表したもので，図２は乾湿計用湿度表の一部である。図１で，乾球が示している温度と，このときの湿度の組み合わせとして正しいものを，次のア～エの中から一つ選んで，その記号を書きなさい。

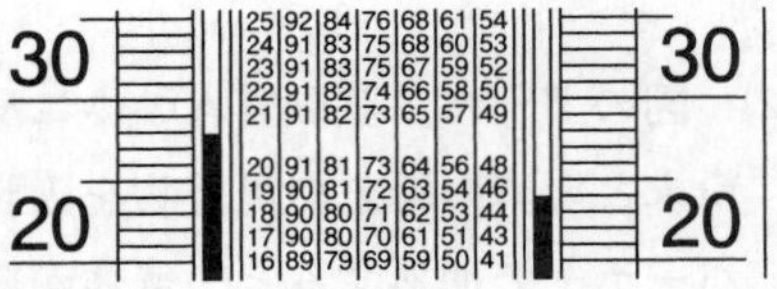

図１

湿度表									
乾球	乾球と湿球との差								
	0.5	1.0	1.5	2.0	2.5	3.0	3.5	4.0	4.5
℃	%	%	%	%	%	%	%	%	%
30	96	92	89	85	82	78	75	72	68
29	96	92	89	85	81	78	74	71	68
28	96	92	88	85	81	77	74	70	67
27	96	92	88	84	81	77	73	70	66
26	96	92	88	84	80	76	73	69	65
25	96	92	88	84	80	76	72	68	65
24	96	91	87	83	79	75	71	68	64
23	96	91	87	83	79	75	71	67	63
22	95	91	87	82	78	74	70	66	62

図２

	乾球が示している温度	湿度
ア	28℃	77%
イ	28℃	70%
ウ	24℃	68%
エ	24℃	75%

2 次の(1)～(3)の問いに答えなさい。

(1) 太郎さんと先生が，ヒトの肺による呼吸運動について話している。次の会話を読んで，下の①～③の問いに答えなさい。

太郎：先生，ヒトは肺でどのようにして呼吸運動をしているのでしょうか。

先生：図１の装置を使って，肺の呼吸運動のしくみについて考えてみましょう。ひもを下に引いてみてください。

太郎：はい。ひもを下に引くと中のゴム風船がふくらみました。この装置のゴム膜は，ヒトの体ではどんな器官に当たるのですか。

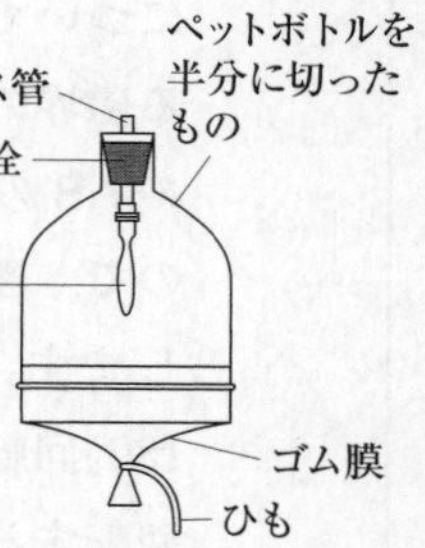

図１

先生：ゴム膜は [あ] に当たります。肺の呼吸運動は，[あ] とろっ骨の動きによるものです。息を吸うときは [あ] が [い] と同時にろっ骨が [う] ます。その結果，肺がふくらんで空気を吸い込むことができます。

太郎：吸い込まれた空気中の酸素は肺胞で血液に取り込まれ，血液中の二酸化炭素は肺胞の中に出されると学びました。

先生：はい，そうです。気管支の先端には，図２のような肺胞というすい膜でできた袋がたくさんついています。このつくりによって [え] ので，効率よく酸素と二酸化炭素の交換ができるのです。

太郎：よくできたしくみですね。もっとヒトの体について詳しく学びたくなりました。

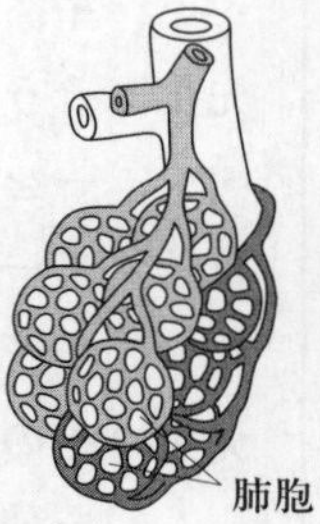

図２

① 文中の [あ]，[い]，[う] に当てはまる語の組み合わせとして正しいものを，次のア～エの中から一つ選んで，その記号を書きなさい。

	あ	い	う
ア	網膜	上がる	下がり
イ	網膜	下がる	上がり
ウ	横隔膜	上がる	下がり
エ	横隔膜	下がる	上がり

② 文中の [え] に当てはまる内容を書きなさい。

③ 実験によって酸素を発生させるには，どのようにすればよいか。その方法を説明した次の文中の [お]，[か] に当てはまる語を書きなさい。

実験によって酸素を発生させるには，二酸化マンガンに [お] を加える。また，発生した酸素は水に溶けにくいので，[か] 法で集める。

(2) 花子さんと先生が，モーターが回転するしくみについて話している。次の会話を読んで，下の①～③の問いに答えなさい。

先生：図1，図2の模式図を使って，モーターのしくみについて考えてみましょう。図1では，磁石による磁界の向きが(i)〔ア　a，イ　b〕で，コイルのABの部分にはBからAの向きに電流が流れるので，図の矢印の向きに力を受けてコイルが回転します。それでは，コイルが，図1の位置から180°回転した図2では，コイルはどちらの向きに回転するでしょうか。

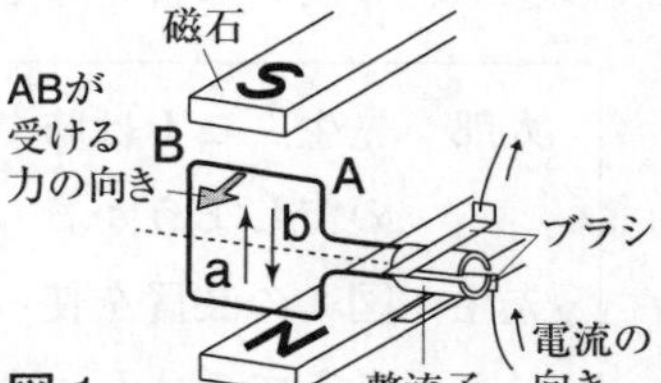

図1

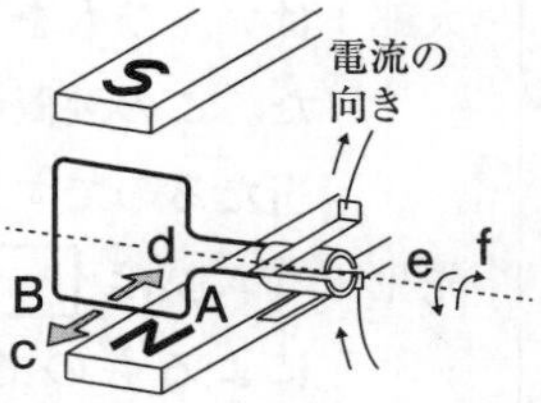

図2

花子：図2のコイルのABの部分には，ブラシと整流子のはたらきによって，図1とは逆のAからBの向きに電流が流れるので，ABの部分は(ii)〔ア　c，イ　d〕の向きに力を受け，コイルは(iii)〔ア　e，イ　f〕の向きに回転します。

先生：そうですね。また，モーターを，エネルギーを変換する装置と見ると，エネルギーをどのように変換すると考えられますか。

花子：モーターは，［　あ　］エネルギーを［　い　］エネルギーに変換します。

先生：その通りです。では，図3のような装置で，モーターを使ってひもを巻き取り，床にある質量12 kgの物体を15秒間で3 mの高さまで上げる仕事をするとき，仕事率は何Wになりますか。

花子：100 gの物体にはたらく重力を1 Nとすると，12 kgの物体にはたらく重力は120 Nなので，このときの仕事率は［　う　］Wになります。

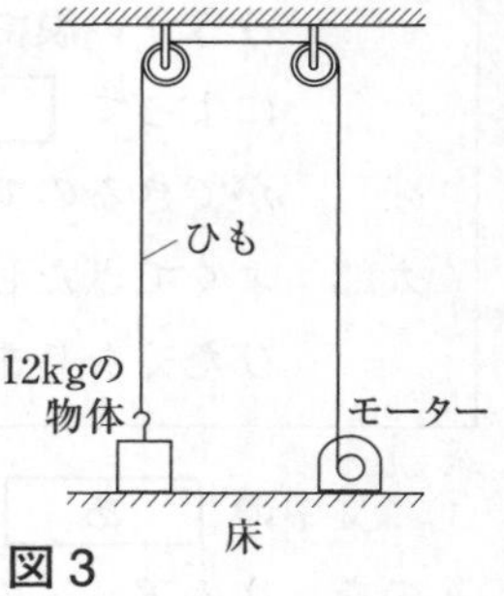

図3

① 文中の(i)～(iii)について，それぞれ，ア，イのうち，適当なものを一つ選んで，その記号を書きなさい。

② 文中の［　あ　］，［　い　］に当てはまる語を書きなさい。

③ 文中の［　う　］に当てはまる数値を求めなさい。ただし，ひもの重さは考えないものとする。

(3) 太郎さんと先生が，大地の変動や化石について話している。次の会話を読んで，下の①～④の問いに答えなさい。

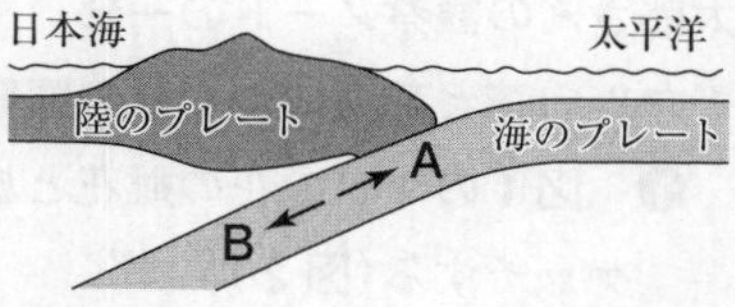

図

太郎：先生，日本で発生する大きな地震は，どのようなしくみで発生するのでしょうか。

先生：日本付近で発生する大きな地震の多くは，海溝型地震と呼ばれるもので，次のようなしくみで発生します。図のように，日本付近では，海のプレートが［あ］の向きに動くことで陸のプレートにひずみが生じます。そのひずみに耐えられなくなって，陸のプレートが大きく動いたり断層が生じたりしたときに，海溝型地震が発生します。

太郎：大きな地震が発生すると，いろいろな災害が起きますね。

先生：マグニチュード８を超えるような海溝型地震が発生すると，沖合いから巨大な波が押し寄せる［い］や，砂や泥でできた弱い地盤が流動化する［う］などの災害が生じるので，日ごろから防災について考えておくことが大切です。

太郎：ところで，先日，自然博物館を訪れたのですが，つくば市東部の地層から発掘されたナウマンゾウの化石が展示されていました。ナウマンゾウの化石は，その地層が堆積した地質年代を知る手がかりとなる示準化石の一つですよね。

先生：そうです。示準化石として適しているのは，［え］という条件を満たした生物の化石です。また，化石を調べることで，生物の進化の過程を知ることもできます。

① 文中の［あ］に当てはまる記号を，図中のA，Bから一つ選んで，その記号を書きなさい。

② 文中の［い］，［う］に当てはまる語を書きなさい。

③ 文中の［え］に当てはまる条件を，「栄えた期間」と「栄えた範囲」という語を用いて書きなさい。

④ 文中の下線部について，脊椎《せきつい》動物の五つのなかまが地球に出現したと考えられている順に並べたものとして正しいものを，次のア～エの中から一つ選んで，その記号を書きなさい。

ア 魚類 → は虫類 → 両生類 → 哺乳類 → 鳥類
イ 魚類 → 両生類 → は虫類 → 哺乳類 → 鳥類
ウ 魚類 → は虫類 → 両生類 → 鳥類 → 哺乳類
エ 魚類 → 両生類 → は虫類 → 鳥類 → 哺乳類

3 太郎さんは，植物のつくりを調べるために，マツの花とイヌワラビ，スギゴケを観察し，ノートにまとめた。下の(1)〜(5)の問いに答えなさい。

> **太郎さんの観察ノートの一部**
>
> **≪マツの花と花粉のつくりの観察≫**
>
> ❶ 図1のマツの花の雌花と雄花からりん片をはがして，双眼実体顕微鏡で観察してスケッチする(図2)。
>
> ❷ マツの花粉をスライドガラスの上に落とし，顕微鏡で観察する(図3)。
>
> **≪イヌワラビとスギゴケのからだのつくりの観察≫**
>
> ❶ イヌワラビをスケッチする(図4)。
>
> ❷ スギゴケをスケッチする(図5)。

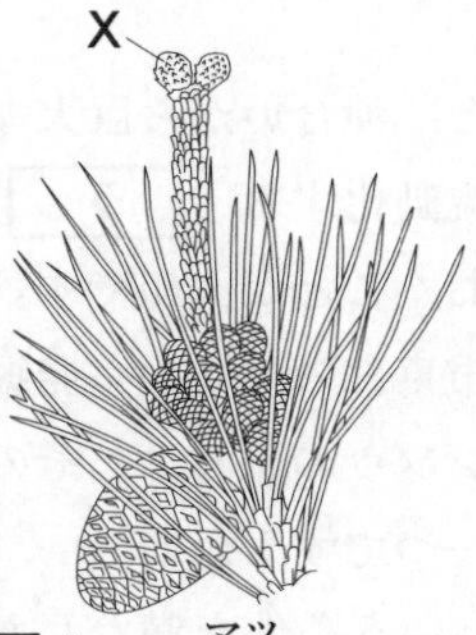

図1

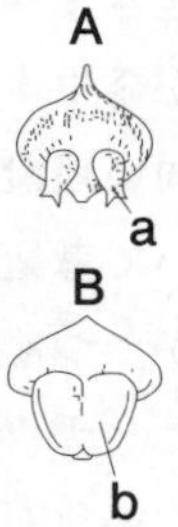

図2

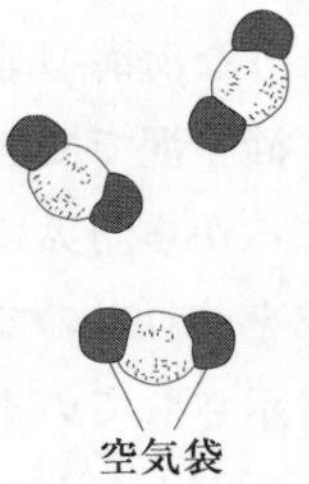

図3

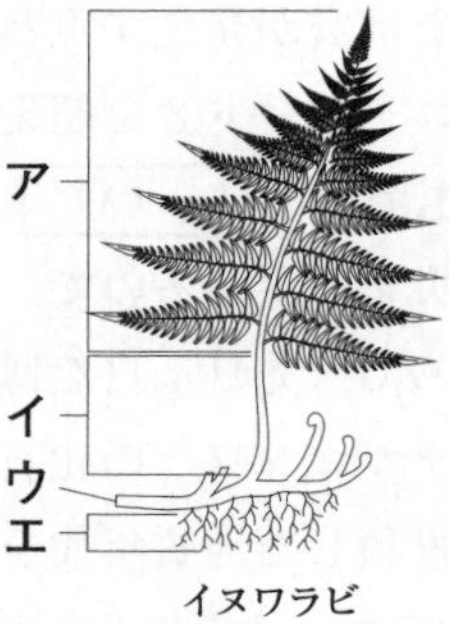

図4

図5

(1) 図1のXの花について書かれた文として正しいものを，次のア〜エの中から一つ選んで，その記号を書きなさい。

ア Xは雌花であり，そのりん片は図2のAで，aは受粉すると成長して種子になる。

イ Xは雌花であり，そのりん片は図2のAで，aには花粉が入っている。

ウ Xは雄花であり，そのりん片は図2のBで，bは受粉すると成長して種子になる。

エ Xは雄花であり，そのりん片は図2のBで，bには花粉が入っている。

(2) 図3のマツの花粉に見られる空気袋はどのような役割を果たすか。「風」という語を用いて，その役割を説明しなさい。

(3) 次の文は，マツの分類について説明したものである。文中の［ あ ］，［ い ］に当てはまる語を書きなさい。

> マツの花には胚珠を包む［ あ ］がないので，マツは［ い ］植物に分類される。

(4) イヌワラビの茎に当たる部分を図4のア〜エの中から一つ選んで，その記号を書きなさい。

(5) 図4のイヌワラビと図5のスギゴケのからだのつくりの違いを，「維管束」という語を用いて説明しなさい。

4 太郎さんは，海に面した地域での風の吹き方について調べる実験を行い，ノートにまとめた。あとの(1)～(5)の問いに答えなさい。

太郎さんの実験ノートの一部

【課題】

海に面した地域では，どのように風が吹くのだろうか。

【手順】

❶ 透明なプラスチック製の水槽，同じ大きさの発泡ポリスチレン製のバット２つ，線香，粘土，室内に放置しておいた砂と水，赤外線放射温度計を用意する。

❷ 図１のように，線香をさした粘土を置き，その両側に同量の砂と水を入れたバットを置いた装置をつくる。

❸ 装置を日光の当たる場所に置き，図２のように，赤外線放射温度計で砂と水の表面温度を３分ごとに12分後まではかる。このとき，毎回同じ場所の温度をはかるように注意する。

❹ 12分後，図３のように，線香に火をつけ，水槽をかぶせて煙の動きを観察する。

❺ ❹のあと，水槽を外して線香の火を消してから，装置を日光の当たらない場所に移動する。

❻ 赤外線放射温度計で砂と水の表面温度を３分ごとに12分後まではかる。

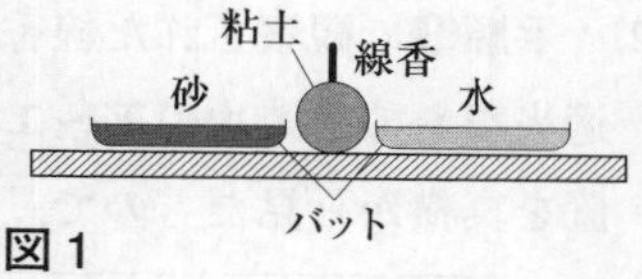

図１

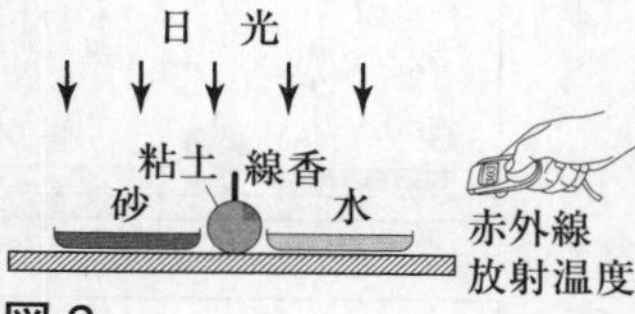

図２

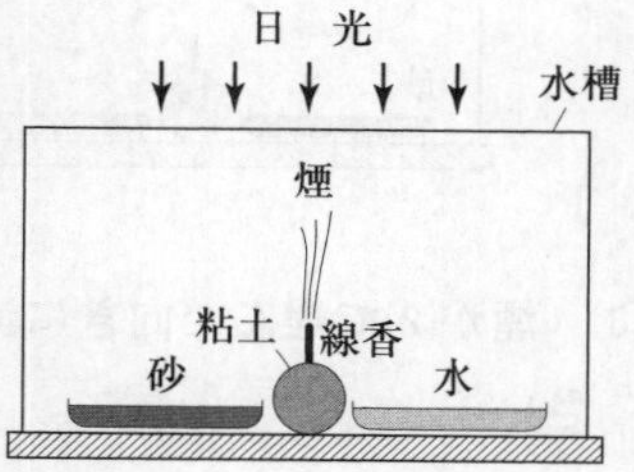

図３

【結果】

・手順❸の結果は**表１**のようになった。

表１

時間(分)		0	3	6	9	12
表面温度(℃)	砂	20.0	21.5	23.2	24.3	25.1
	水	20.0	20.2	20.3	20.4	20.5

・手順❹では，線香の煙が決まった向きに流れるようすが観察された。

・手順❻の結果は**表２**のようになった。

表２

時間(分)		0	3	6	9	12
表面温度(℃)	砂	25.0	24.4	23.6	22.9	22.0
	水	20.4	20.3	20.3	20.2	20.2

(1)　手順❸，❻の結果からわかったこととして正しいものを，次のア～エの中から一つ選んで，その記号を書きなさい。

ア　水より砂の方があたたまりやすく，冷えやすい。
イ　水より砂の方があたたまりやすく，冷えにくい。
ウ　水より砂の方があたたまりにくく，冷えやすい。
エ　水より砂の方があたたまりにくく，冷えにくい。

(2)　手順❹で観察された線香の煙が決まった向きに流れるようすを表した模式図として最も適当なものを，次のア～エの中から一つ選んで，その記号を書きなさい。ただし，図は装置を真横から見たもので，矢印が煙の流れる向きを表している。

ア
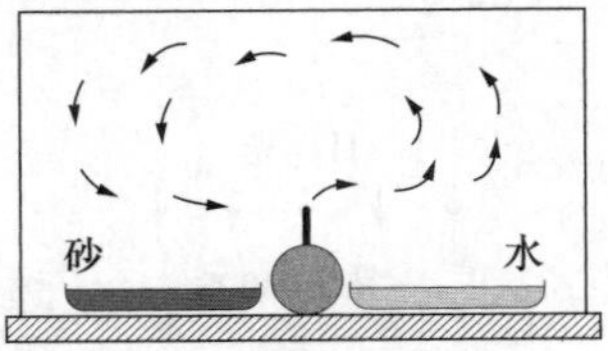

イ
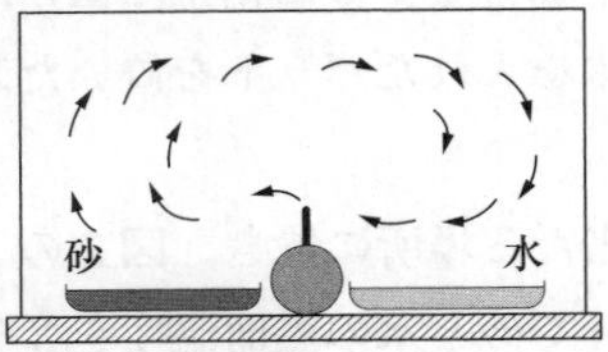

ウ
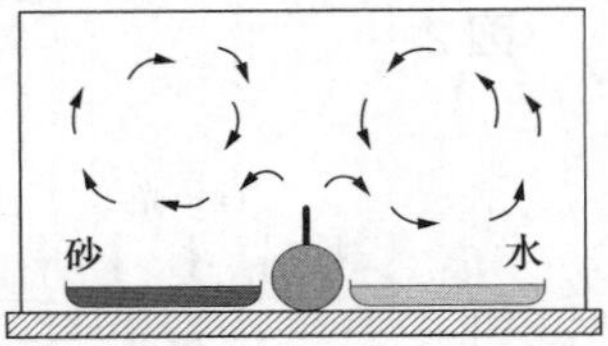

エ
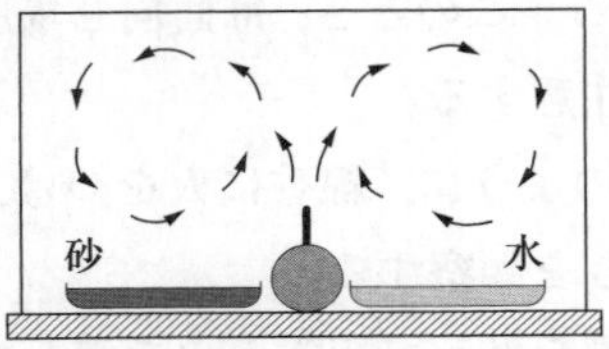

(3)　煙が(2)で選んだ向きに流れた理由を，「温度」と「上昇気流」という語を用いて書きなさい。

(4)　この実験の結果から，海に面した地域での，昼の風の吹き方について説明したものとして正しいものを，次のア～エの中から一つ選んで，その記号を書きなさい。

ア　海から陸に向かって海風が吹く。
イ　陸から海に向かって海風が吹く。
ウ　海から陸に向かって陸風が吹く。
エ　陸から海に向かって陸風が吹く。

(5)　日本付近で吹く季節風は，この実験の結果と関連が深い。夏に吹く季節風について説明した次の文中の　あ　には当てはまる気団名を，　い　には当てはまる方位を書きなさい。

日本付近では，夏に太平洋側に　あ　が発達し，　い　の季節風が吹く。

5 花子さんは，ばねののびと力の関係を調べるために先生と実験を行い，ノートにまとめた。あとの(1)〜(5)の問いに答えなさい。ただし，100 g の物体にはたらく重力を 1 N とする。

花子さんの実験ノートの一部

≪実験 1≫

図 1 のように，ばねに質量が 20 g のおもりを 1 個つり下げて，ばねののびをはかった。次に，つり下げるおもりの数を増やして，ばねののびをはかった。

【結果】

表

おもりの数(個)	0	1	2	3	4	5
ばねののび(cm)	0.0	4.0	8.0	12.0	16.0	20.0

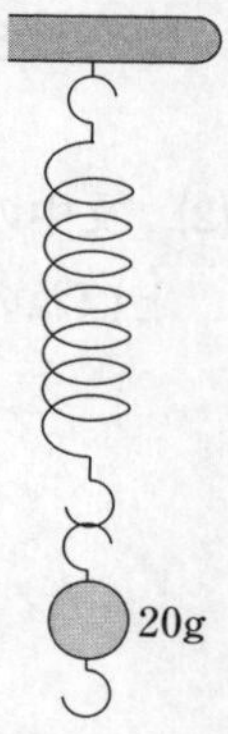

図 1

花子さんと先生は，実験後に次のような会話をした。

先生：図 1 の状態での力のつり合いを考えるために，図 2 のようにA〜Eの五つの力を矢印で表しました。この五つの力の中で，つり合っている力の組み合わせがわかりますか。

花子：[あ] だと思います。

先生：その通りです。次に，実験の結果から，ばねを引く力の大きさとばねののびの関係をグラフにしてみましょう。この関係から，130 g のおもりをつり下げたときのばねののびも求められますね。

花子：はい，[い] cm です。

先生：そうです。では次に，ばねに向きの違う二つの力を加えたときについて考えてみましょう。

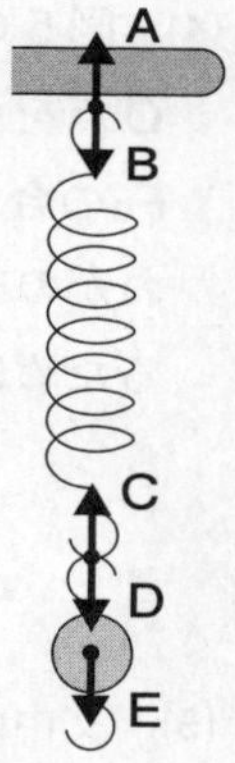

図 2

≪実験 2≫

図 3 のように，実験 1 で用いたばねを水平な机の上に置き，ばねの端をくぎにかけ，もう一方の端Oに 2 本のひもをつけた。2 本のひもにはばねばかりP，Qをつけて，2 本のひもがつくる角度が 120° になるように引いた。このとき，ばねばかりP，Qはどちらも 1.2 N を示し，ばねののびは [う] cm であった。

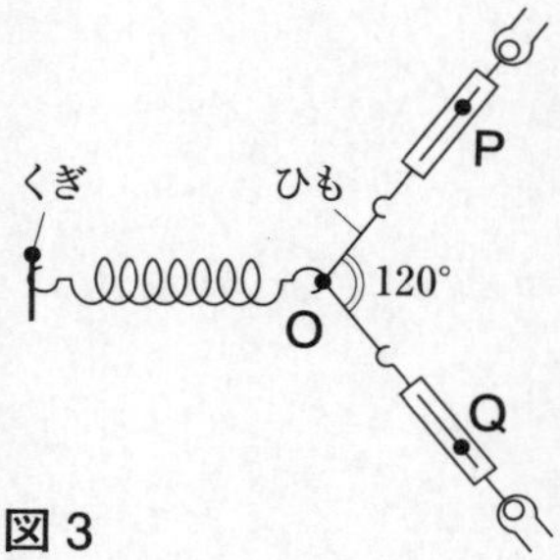

図 3

(1) 文中の あ に当てはまる力の組み合わせとして正しいものを，次のア～カの中からすべて選んで，その記号を書きなさい。

ア　AとB　　イ　AとD　　ウ　AとE
エ　BとC　　オ　CとD　　カ　CとE

(2) 文中の下線部について，ばねを引く力の大きさとばねののびの関係のグラフを図4にかきなさい。

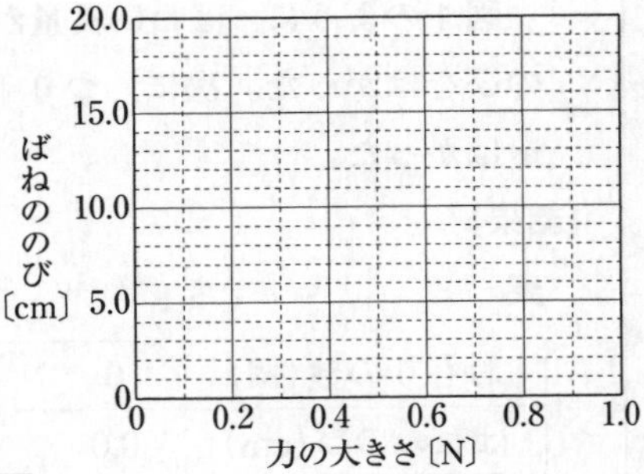

図4

(3) 文中の い に当てはまる数値を求めなさい。

(4) 図5のように，実験2で，ばねばかりP，QがO点を引く力をそれぞれF_P，F_Qとしたとき，F_P，F_Qの合力を矢印で表しなさい。ただし，点線はばねがのびた方向を示している。また，合力を求めるために用いた線は消さずに残しておくこと。

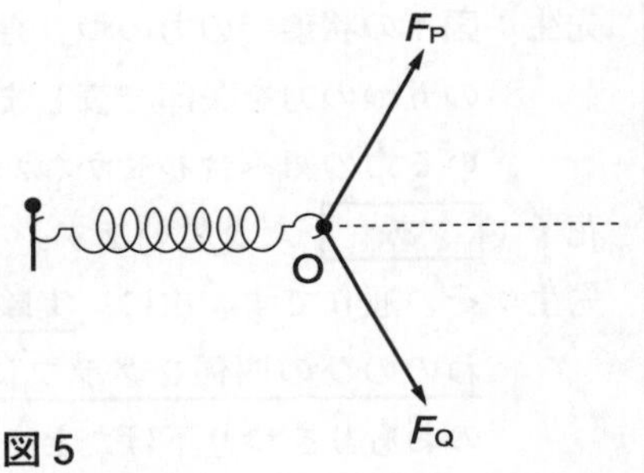

図5

(5) 文中の う に当てはまる数値を求めなさい。

6 太郎さんは，酸とアルカリの性質を調べる実験を行い，ノートにまとめた。下の(1)〜(5)の問いに答えなさい。

太郎さんの実験ノートの一部

≪実験１≫

ビーカーにうすい水酸化ナトリウム水溶液を 10.0 cm^3 入れ，その中に BTB 溶液を 2，3 滴加えた。このビーカーに，図１のように，こまごめピペットを使ってうすい塩酸を 2.0 cm^3 ずつ加え，水溶液の色の変化を見た。なお，うすい塩酸は合計 12.0 cm^3 まで加えた。

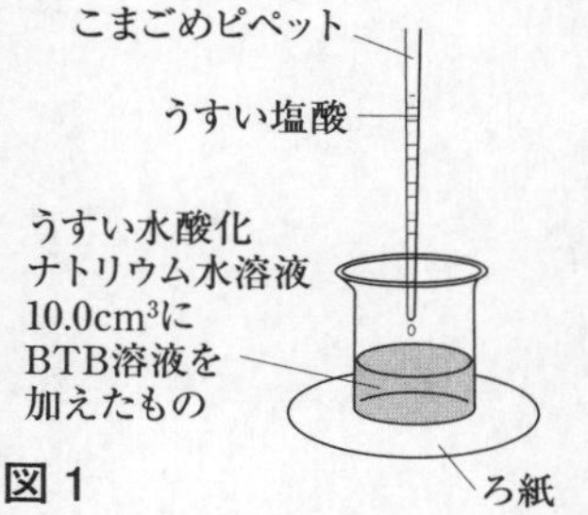

図１

≪実験２≫

実験１で用いたうすい水酸化ナトリウム水溶液 5.0 cm^3 にうすい塩酸を 5.0 cm^3 加え，加熱して水を蒸発させて，残った物質の色や質量を調べた。

【結果】

≪実験１≫

表

加えたうすい塩酸の体積（cm^3）	0.0	2.0	4.0	6.0	8.0	10.0	12.0
ビーカー内の水溶液の色	青色	青色	青色	青色	緑色	黄色	黄色

≪実験２≫ 白色の結晶が 1.2 g 残った。

(1) 水酸化ナトリウムが水溶液中で電離するようすを，化学式を使って書きなさい。

(2) こまごめピペットを使ってうすい塩酸を加えるとき，ゴム球をどのように握ればよいか。最も適当なものを，次のア〜エの中から一つ選んで，その記号を書きなさい。

ア　　　イ　　　ウ　　　エ

(3) 次の文中の［あ］，［い］に当てはまる語を書きなさい。

> 酸性の水溶液とアルカリ性の水溶液を混ぜ合わせると，互いの性質を打ち消す化学変化が起こる。この化学変化を［あ］といい，このとき，塩《えん》と呼ばれる化合物が生じる。水酸化ナトリウム水溶液と塩酸が反応すると［い］という塩が生じる。

(4) **図２**は，**実験１**でうすい塩酸を加えていったとき，混合液中に存在するあるイオンの数の変化をグラフに表したものである。このように数が変化をするイオンは何か，化学式で書きなさい。

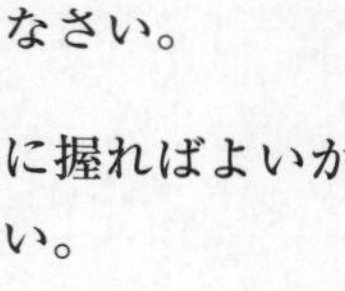

図２

(5) **実験１**で用いたうすい水酸化ナトリウム水溶液 15.0 cm^3 とうすい塩酸 20.0 cm^3 を混ぜて水を蒸発させると，白色の結晶が何 g 残るか，求めなさい。

四 次の㈠〜㈢の問いに答えなさい。

㈠ 次の(1)〜(6)の――線部について、片仮名の部分を漢字で、漢字の部分の読みを平仮名で書きなさい。

(1) 彼の案でダキョウした。
(2) キビしい寒さに耐える。
(3) 新人のカンゲイ会を開く。
(4) 明日の会合への参加を促す。
(5) 練習の成果を発揮する。
(6) 油断しないように自分を戒める。

㈡ 次の行書で書かれた漢字を楷書で書くときの総画数と同じ総画数である漢字を、1〜4の中から選んで、その番号を書きなさい。

1 術
2 認
3 暑
4 腹

㈢ 次の【会話】の□に入る言葉として、最も適切なものを、1〜4の中から選んで、その番号を書きなさい。

【会話】

佐山 昨日は試合に出場したんだよね。お疲れさま。調子はどうだったの。
川野 私なりにがんばったつもりだけれど、力不足で皆に迷惑をかけたんじゃないかと気になっているんだ。
佐山 でも、誰かに文句を言われたわけじゃないんでしょう。だったらそれは□だよ。

1 助長
2 守株《しゅしゅ》
3 焦慮
4 杞憂《きゆう》

司会　なるほど、わかりました。しかし一方で、現実には何らかのきっかけがないと、そうした「学び」をなかなか実行に移せないこともあります。その点について、どうしたらよいと考えますか。

森野　【Ⅰ】の③に注目してください。「今後学習したい内容」として「趣味的なもの」という項目がありますね。趣味のように、自分がやっていて楽しいと思えるものこそ、有益かどうかに関わりなく、積極的に学ぶ意欲を起こすきっかけとなると思います。

川村　私もそう思います。学びに楽しさを感じることができれば、自然と学びは進んでいくのではないでしょうか。

㈣　本文と【Ⅰ】から読み取れることとして、最も適切なものを、次の1～4の中から選んで、その番号を書きなさい。

1　本文では、学び始める時点ではその有用性はわからないと述べているが、【Ⅰ】を見ると、仕事がらみの有用性を求めて学ぶ人ばかりである。
2　本文では、前もって有用性がわかる知識はすぐ価値を失うと述べており、【Ⅰ】を見ても、教養を重んじて実用的な技能を見下す人ばかりである。
3　本文では、学びの有用性を示しても意欲は高まらないと述べており、【Ⅰ】を見ても、有用性のある技能より趣味的な事柄を学びたい人が多い。
4　本文では、学んだことの価値がわからないままの場合もあると述べているが、【Ⅰ】を見ると、学んだ結果人生が豊かになったと感じる人が多い。

㈤　【Ⅱ】の［Ａ］に入る最も適切な言葉を、本文中から七字で抜き出して書きなさい。

㈥　【Ⅱ】の現実には何らかのきっかけがないと、そうした「学び」をなかなか実行に移せないこともありますという司会の発言は、どのような役割を果たしているか。その説明として最も適切なものを、次の1～4の中から選んで、その番号を書きなさい。

1　これまでの話し合いの内容を簡潔にまとめたうえで、異なる話題に転じる役割。
2　これまでの話し合いの内容から問題を提起し、新たな意見を引き出す役割。
3　これからの話し合いの要点をあらかじめ示して、その内容を相手に確認させる役割。
4　これからの話し合いに関わる新しい情報を示して、話し合いをより活発化させる役割。

㈦　本文と【Ⅰ】・【Ⅱ】を参考にして、どうしたら学ぶ意欲が高まるかについて、あなたの意見を書きなさい。ただし、以下の条件に従うこと。

1　百字以上、百五十字以内で書くこと。（句読点を含む。）
2　二段落構成とし、第一段落には、本文、【Ⅰ】、【Ⅱ】をふまえて人が学ぶ目的を、第二段落には、どうしたら学ぶ意欲が高まるかを具体的に書くこと。
3　正しい原稿用紙の使い方をすること。ただし、題名と氏名は書かないこと。また、〰や━━等の記号（符号）を用いた訂正もしないこと。
4　文体は、常体「だ・である」で書くこと。

【Ⅰ】内閣府が行った「生涯学習に関する世論調査」の結果

①学習をした理由

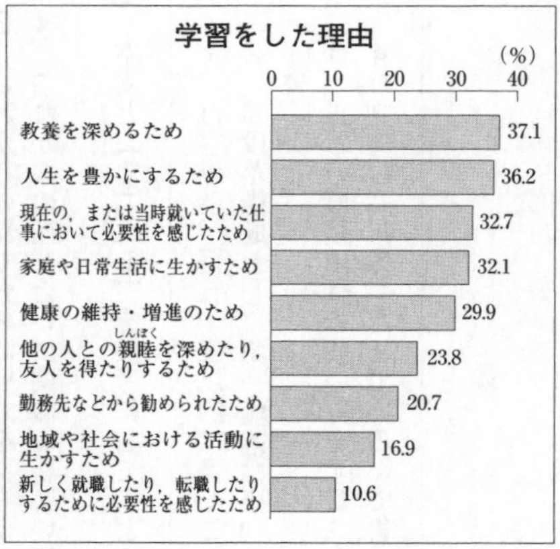

②学習した成果をどのように生かしているか（生かせるか）（上位五項目）

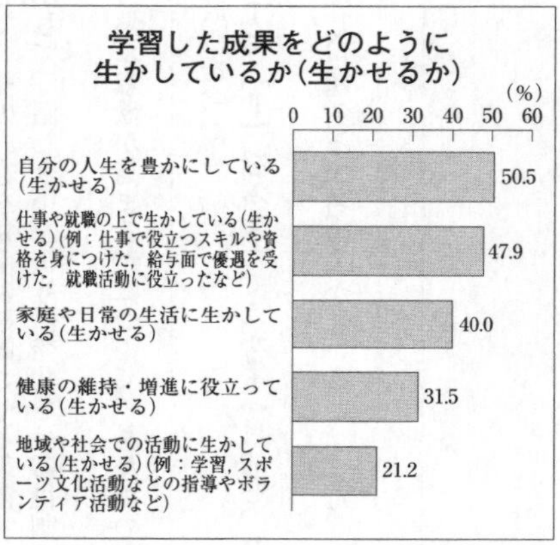

③今後学習したい内容（上位六項目）

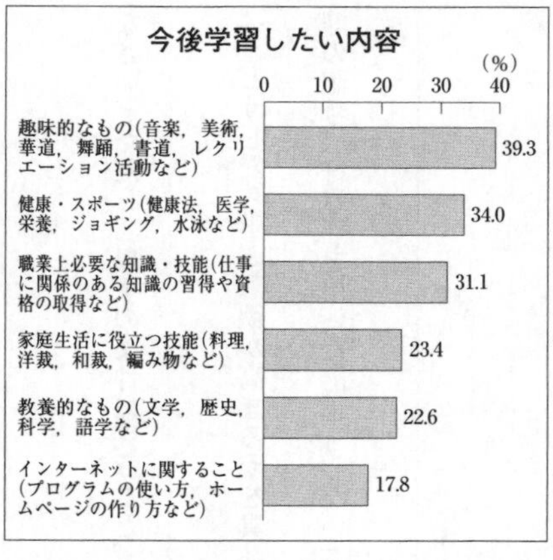

内閣府　平成30年度「生涯学習に関する世論調査」

【Ⅱ】グループでの話し合いの一部

司会　それでは、今日は「学び」をテーマとして話し合いをします。まず、私たちが学ぶのは、何のためだと考えますか。

岡本　将来の進路のためでしょうか。進学するにしても就職するにしても、やはり一般的な知識を身につけておくことは大切だと思います。

川村　私も自分の進路のために勉強していますが、本当にそれだけのために学ぶのかと言われると、違うような気もしています。

森野　そうですね。進路という目的のためだけに勉強するのでは、学ぶ内容が限定されてしまいます。「学び」は、今後の人生でも必要になると思うからです。学びは学校だけでするものではないですしね。私は、今勉強するのは、「学び方」の基本を身につけるためだと考えています。

司会　なるほど。森野さんは、人生を通しての学びについて発言してくれましたが、ここで【Ⅰ】の①を見てみましょう。十八歳以上で、この一年間で学習をしたと答えた人に、理由をきいた結果です。最も多いのは、「教養を深めるため」ですね。これについてはどう考えますか。

岡本　「仕事において必要性を感じたため」なら進路のための勉強と同じで、目的が明確ですが、「教養を深める」というのは、理由としては漠然としている印象です。次に割合の多い「人生を豊かにする」もそうですが、学んだ内容がどのように役立つのか、わかりにくいですね。

川村　でも、人生において教養を深めることが大切だと考える人が多いのですね。そういえば、私たちが読んだ文章には、「これから学ぶことの意味や有用性」は、「学び始める時点では言い表すことができない」と書いてありました。

森野　そうでしたね。「学ぶ力」とは、これから学ぶことがいずれ重要な役割を果たすことを「先駆的に知る力」だとも述べられていました。目的のために役立つと明確に示された知識だけでなく、有用性が示されていなくても、いつか重要な役割を果たすはずだと思う知識を見つけ、吸収することが大切だということでしょうか。確かにそういった知識が後々、自分の思考や判断の良い材料になる可能性はあります。

岡本　学ぶ意欲は、[A]な意味や利益を示されれば発動するというわけではないのですね。学ぶ理由に「教養を深めるため」を挙げた人が多いのは、その教養が、自分の人生をより良いものにする糧《かて》になりうると判断した人が多いということかもしれません。

㈠ 岡本さんは、授業で、学ぶ力についてノートにまとめた。［ア］と［イ］に入る最も適切な語句を、本文中から［ア］は九字、［イ］は八字で抜き出して書きなさい。

学ぶ力とは

「先駆的に知る力」→ 野生の人々の固有の知 に通じるもの

＝ その場にある道具や素材だけで［ア］力

→「いつか何かの役に立つかもしれない」と思って拾ったものが、実際に役に立つという［イ］いくことで強化される力

㈡ 次の一文は、本文中の〈1〉〜〈4〉のどこに入るか。最も適切な箇所の番号を書きなさい。

そういうふうな順逆の狂った仕方で「学び」は構造化されています。

㈢ 本文の特徴として、最も適切なものを、次の1〜4の中から選んで、その番号を書きなさい。

1 「学び」に関する例を挙げたうえで、それをふまえた筆者の考えと我が国の「学び」の現状を述べている。

2 「学び」に関する筆者の実体験を紹介したうえで、我が国における「学び」のあり方を批判している。

3 「学び」についての一般論を説明したうえで、それとは異なる筆者独自の「学び」の定義を述べている。

4 「学び」について筆者が抱いている疑問を述べたうえで、その疑問について根拠を挙げながら考察している。

三　岡本さんは、国語の授業で、学びについて書かれた文章や、内閣府が行った世論調査の結果をもとに、グループで話し合いを行い、意見文を書くことになりました。次の文章と、【Ⅰ】・【Ⅱ】について、後の㈠～㈦の問いに答えなさい。

野生の人々には固有の知があります。それはあらかじめ立てられた計画に基づいて必要な道具や素材をてきぱきと集める能力ではありません。「ありもの」の「使い回し」だけで未来の需要に備える能力です。

ジャングルを歩いていると目の前にさまざまなモノが出現してきます。それは植物であったり、動物であったり、無機物であったり、有機物であったり、人工のモノであったり、自然物であったりします。その中のあるものを前にしたときに「ブリコルール」※1は立ち止まります。そして、「こんなものでもいつか何かの役に立つかもしれない」と言って、背中の合切袋《がっさいぶくろ》※2に放り込む。〈　1　〉

なぜ「いつか何かの役に立つかもしれない」ということがわかるのか。ジャングルの中に、彼の視野の範囲には「その用途や実用性がわからないもの」がそれこそ無数にあったはずです。どうして、「その用途や意義が知れぬ」無数のもののうちで、とりわけ「それ」が彼の関心を惹《ひ》きつけたのでしょうか。

先駆《せんく》的にその有用性を知っていたという言い方でしかこの行動は説明がつきません。そして、実際に彼は「いつか何かの役に立つかもしれない」と思って拾っておいたものについて、あとになって「ああ、これを取っておいてよかった」と嘆息したという経験を繰り返してきた。そういう反復を通じてしか、そのような能力は強化されませんから。

人間には「どうしてよいかわからないときに、どうしてよいかわかる」能力が潜在的に備わっています。その能力は資源が潤沢で安全な環境では発達しない。「どうしていいかわからない」ときにでも、「どうすればいいか」を訊《き》きに行く人がいたり、必要なものを買い足しに行けるなら、先駆的に知る必要はない。けれども、資源が乏《とぼ》しい環境や、失敗したときに「リセット」することが許されないタイトな環境においては、「どうしていいかわからないときにも適切にふるまう」ことが生き延びるために必須のものになる。〈　2　〉

「学び」という営みは、それを学ぶことの意味や実用性についてまだ知らない状態で、それにもかかわらず、これを学ぶことがいずれ生き延びる上で死活的に重要な役割を果たすことがあるだろうと先駆的に確信することから始まります。「学び」はそこからしか始まりません。私たちはこれから学ぶことの意味や有用性を、学び始める時点では言い表すことができない。それを言い表す語《ご》彙《い》や価値観をまだ知らない。その「まだ知らない」ということがそれを学ばなければならない当の理由なのです。〈　3　〉

「学ぶ力」というのは、あるいは「学ぶ意欲（インセンティヴ）」というのは、「これを勉強すると、こういう『いいこと』がある」という報酬《ほうしゅう》の約束によってかたちづくられるものではありません。その点で、私たちの国の教育行政官や教育論者のほとんどは深刻な勘違《かんちが》いを犯しています。子どもたちに、「学ぶと得られるいいこと」を、学びに先立って一覧的に開示することで学びへのインセンティヴが高まるだろうと彼らの多くは考えていますが、人間というのはそんな単純なものではありません。「学ぶ力」「学びを発動させる力」はそのような数値的・外形的なベネフィット※3に反応するものではありません。〈　4　〉

「学ぶ力」とは「先駆的に知る力」のことです。自分にとってそれが死活的に重要であることをいかなる論拠によっても証明できないにもかかわらず確信できる力のことです。ですから、もし「いいこと」の一覧表を示されなければ学ぶ気が起こらない、報酬の確証が与えられなければ学ぶ気が起こらないという子どもがいたら、その子どもにおいてはこの「先駆的に知る力」は衰微しているということになります。私たちの時代に至って、日本人の「学ぶ力」（それが「学力」ということの本義ですが）が劣化し続けているのは、「先駆的に知る力」を開発することの重要性を私たちが久しく閑却《かんきゃく》※4したからです。

（内田樹《たつる》「日本辺境論」による。）

※1　ブリコルール＝ありあわせの道具や材料だけを用いて何かを作り出す人。
※2　合切袋＝こまごまとした携帯品をまとめて入れておく袋。
※3　ベネフィット＝利益。
※4　閑却＝いいかげんにして放置してしまうこと。

㈠　【Ⅱ】の四コマめに入る絵として、最も適切なものを、次の1～4の中から選んで、その番号を書きなさい。

1

2

3

4

㈡　【Ⅲ】の夏彦さんの質問に対する答えとして、最も適切なものを、次の1～4の中から選んで、その番号を書きなさい。

1　「あるじ」の目を盗んで、僧と客が氷魚を山分けして隠してしまったから。
2　「あるじ」が座を外したすきに、僧が氷魚をいっぺんにほおばったから。
3　僧も客も「あるじ」の分を残すのを忘れるほどに夢中で食べてしまったから。
4　客たちが互いに珍しい氷魚を他の人にとられまいとして、争って食べたから。

㈢　【Ⅲ】の冬美さんの感想にある、不思議に思っているのに、気にしないふりをして話をしている「あるじ」の内心の描写　について、その「あるじ」の内心を具体的に表している部分を、【Ⅰ】から二十字以上、二十五字以内で抜き出して書きなさい。

㈣　【Ⅲ】の秋菜さんの感想の［　　］に入る内容として、最も適切なものを、次の1～4の中から選んで、その番号を書きなさい。

1　氷魚ばかり食べたがる僧をばかにしていたのに、僧からその理由を聞いて好意的な態度に変わる客たちの様子
2　人の良い「あるじ」をだまして氷魚を盗もうとしたずるがしこい僧が、悪だくみを見抜かれて恥をかく結末
3　氷魚が減ったことでけんかになりかけた際に、機知に富んだ冗談で客たちの気持ちを和ませ、場を落ち着かせた僧の行動
4　氷魚が不自然に減ったことに関して、僧が苦しまぎれにしゃれを交えた弁明をしてその場をごまかそうとする展開

【Ⅱ】春也さんが【Ⅰ】の古典を紹介する際につくった四コマ漫画

【Ⅲ】春也さんが紹介した古典について、グループで出された質問や感想の一部

夏《なつ》彦《ひこ》

冬《ふゆ》美《み》

秋菜

二　春也《しゅんや》さんは、「自分の選んだ古典を紹介しよう」という国語の授業で、自作の四コマ漫画を使ってグループの友達に紹介し、その後で質問や感想をもらいました。次の【Ⅰ】～【Ⅲ】について、後の㈠～㈣の問いに答えなさい。

【Ⅰ】春也さんが選んだ古典

これも今は昔、ある僧、人のもとへ行きけり。酒など勧めけるに、※氷魚《ひを》はじめて出《い》で来たりければ、（初物として出始めたので）あるじ珍しく思ひて、もてなしけり。あるじ用の事ありて、内へ（奥へ）入りて、また出でたりけるに、この氷魚の殊《こと》の外《ほか》に少なくなりたりければ、あるじ、いかにと思へども、いふべきやうもなかりければ、物語しゐたりける程に、この僧の鼻より氷魚の一つふと出でたりければ、あるじあやしう覚えて、「その鼻より氷魚の出でたるは、いかなる事にか」（どういうことですか）といひければ、取りもあへず、（すぐさま）「この比《ごろ》の氷魚は目鼻より降り候《さぶら》ふなるぞ」といひたりければ、人皆、「は」と笑ひけり。

（「宇治拾遺物語」による。）

※　氷魚＝秋から冬にかけてとれるアユの稚魚。

【Ⅱ】美雪さんの読書記録

○ タイトルと著者名
　『ピアチェーレ　風の歌声』 にしがきようこ

○ 読み始め・読み終わり　　5／4〜5／6

○ 選んだ理由
・授業で読んで，嘉穂の歌声がどうなるのかが気になったから。

○ 授業で読んだ中で気になったところ
・嘉穂は自分の納得できる歌声を出せるようになるのか
・嘉穂と他の登場人物との関係
・嘉穂の成長

○ 読んで思ったこと・印象的だったこと
・嘉穂の歌声についての描写。私もこんなふうに歌えたら気持ちいいだろうなと思った。
・歌っていくほどに乗り越えなければならない壁が出てくるのは大変そうだ。
・悩みながらも歌を通して成長する嘉穂を応援したくなった。
・歌の先生の励ましの言葉に，私も励まされた気がした。
・嘉穂が自分なりの答えを見つけ，舞台で歌う結末に感動した。

【Ⅲ】読書記録をもとにした本の紹介文

　私が紹介するのは，『ピアチェーレ　風の歌声』という小説です。
　授業で読んだとき，嘉穂の歌声がこの後どうなるのかが気になったので，最初から通して読んでみました。
　嘉穂の歌声についての描写が，特に心に残った描写です。小説の中には，「ひりひりとするような硬質な声がのどの奥から，体の芯からでてゆく」「静かに，優しく，空気の層をかすかに震わせながら声が流れていく」など，嘉穂のように歌えたら気持ちいいだろうと思うような描写が，たくさんあります。仲の良い友達や学校の先生も，嘉穂の歌を褒めています。
　しかし，歌の先生のもとでレッスンをしていくうちに，嘉穂は自分がどう歌えばいいのかと悩み始めます。歌の他にも，家庭の事情や進路の話が絡んできて，悩み迷う嘉穂。そんな嘉穂を支えるおじいちゃんやおばあちゃん，歌の先生，友だち。さまざまな人に支えられる中，嘉穂は歌を通して成長していくのです。
　嘉穂に向けられた助言や励ましの中でも，「歌って，やればやるほど，壁が次々にでてくるの」「下手は上手のはじまり。なんにでも通じるわね」という歌の先生の言葉が印象的です。皆さんもきっと，嘉穂と一緒に励まされた気になるでしょう。
　そして，最後に自分なりの答えを見つけて舞台で歌う嘉穂。嘉穂はどんな答えにたどり着いたのでしょうか。皆さんにもぜひ，この本を読んで見届けてほしいと思います。

(四) 美雪さんは、【Ⅱ】の読書記録をもとにして、【Ⅲ】のように本の紹介文を書いた。書く際に気をつけた点として適切でないものを、次の1〜4の中から一つ選んで、その番号を書きなさい。

1　紹介文中の登場人物の説明に対する印象を強くするために、何か所かの文末に体言止めを用いた。
2　登場人物の様子や人柄の一端がわかるように、登場人物の言葉や小説の中で用いられている表現を引用した。
3　紹介文を読む人に本への関心を持たせるために、問いかけの文を入れ、結末は明確に説明せずに締めくくった。
4　紹介文を読む人に小説の内容が伝わりやすいように、物語の時間の流れに沿って出来事を細かく説明した。

(五) 美雪さんは、【Ⅲ】の紹介文の――部の一文をわかりやすく書き直すことにした。嘉穂の歌声についての描写が、特に心に残った描写です。という箇所を、「特に」という書き出しに続けて、同じ言葉を繰り返さないように、二十字以上、二十五字以内で書きなさい。(句読点を含む。)

【Ⅰ】「登場人物の言動に着目して読む」という学習課題に取り組む美雪《みゆき》さんのグループでの話し合い

美雪　この文章は登場人物の会話や動作についての描写が多くて、人物の心情や様子の描写は少ない印象を受けるね。

健一　そうかな。直接心情や様子を描写するような表現は少ないけれども、登場人物の言動からちゃんと読み取ることができると思うよ。

ゆかり　確かに。例えば、「おばちゃんの話をさえぎった声がとがっていた」というところからは、自分では納得できない歌声を褒《ほ》めるおばちゃんにいら立つ気持ちがわかるね。おじいちゃんに話しかけられたときの、「嘉穂の体がびくっとした」も同じかな。

美雪　おじいちゃんに「うまくいかんかったんか」と図星《ずぼし》をさされて、嘉穂が緊張する様子が伝わってくるね。なるほど、直接的な表現はなくても、登場人物の動作や口調、表情などの描写に注目すれば、人物の様子や心情がわかるんだね。

恵《めぐみ》　表現を工夫することで豊かな人物描写ができるんだね。動作といえば、私は、「ア おじいちゃんは嘉穂に向き直った」という部分が気になったよ。この動作からは、自分の言葉をきちんと嘉穂に伝えようとする姿勢が読み取れると思うんだよね。

春樹《はるき》　そうだね。嘉穂は、おじいちゃんの言葉を聞き、さらにおばあちゃんの笑顔を見て、「すごくおなかがすいているのに気がついた」とあるよ。最初はプリンも食べられなかったわけだから、ここで気持ちに余裕《よゆう》が出てきていることが読み取れるよね。

美雪　本当だ。さらに、「ちょっと遅い二度目の夕食」のとき、家族と一緒におにぎりを食べながら、嘉穂は「イ ここがわたしのいる場所……」と考えているね。これは嘉穂のどのような気持ちを表した言葉なんだろう。

1 健一　上手に歌うためにはどうすべきかをさりげなく助言してくれた、頼りになる祖父や祖母たち家族に感謝しているんじゃないかな。

2 ゆかり　そうかな。自分の家族は何があっても自分を受け入れて、心の支えになってくれると確信して、安心感を抱いているのだと思うよ。

3 恵　楽しげな家族の様子を見ているうちに、ささいなことに悩んでいたと気づいて晴れやかな気持ちになっているんじゃないのかな。

4 春樹　自分の悩みに寄り添ってくれた家族のために必ず良い歌を歌おうと、固く決意する気持ちになっているんだと僕は思ったよ。

美雪　皆の考えを聞いて、私もこの文章についての理解が深まったよ。この作品を全部読んだら紹介文を書くから、皆にも見せるね。

㈠ 【Ⅰ】に表現を工夫することで豊かな人物描写ができるとあるが、本文の表現と内容の説明として、最も適切なものを、次の1～4の中から選んで、その番号を書きなさい。

1 擬音語や同じ言葉の反復を多用して、悩みから抜け出せずにいる嘉穂と、孫を心配し見守る祖父母の様子を描いている。

2 複数の人物の視点を取り入れて、家族にかたくなな態度を取っていた嘉穂が、心を開き、家族とのきずなを深めていく様子を描いている。

3 平易な短文と比喩表現を用いて、落ち込んでいた嘉穂の気持ちがだんだんとやわらぎ、明るくなっていく様子を描いている。

4 言葉の最後に「……」を入れて、悩みを口に出すことへの嘉穂の迷いや、言葉を選びながら孫を励ます口下手な祖父の様子を描いている。

㈡ ア おじいちゃんは嘉穂に向き直ったとあるが、このときのおじいちゃんが嘉穂に伝えようとしたことを、本文中の言葉を使って、四十五字以上、五十字以内で書きなさい。（句読点を含む。）

㈢ イ ここがわたしのいる場所……とあるが、【Ⅰ】の〔　　〕の中で、この言葉に込められた嘉穂の気持ちとして、最も適切な発言をしている人物は誰か。次の1～4の中から選んで、その番号を書きなさい。

1 健一　2 ゆかり　3 恵　4 春樹

二〇二二年度 常磐大学高等学校

【国　語】（五〇分）〈満点：一〇〇点〉

注意　抜き出しの問題は、すべて句読点・記号等も一字として字数に含みます。

一　次の文章と【Ⅰ】～【Ⅲ】について、後の㈠～㈤の問いに答えなさい。

中学生の嘉穂《かほ》は歌のレッスンに通っており、学校の合唱コンクールでソロで歌うことになった。だがリハーサルのとき、緊張のあまり満足のいく歌声が出せなかった。

家ではおばあちゃんがプリンを作って待っていてくれた。
「お疲れさま。夕食あんまり食べられなかったようだから、召しあがれ」
おばあちゃんの手作りプリンは嘉穂の大好物だ。でも、今は、だされたプリンにスプーンを立てるだけで食べられない。胸がつまったようだった。
食卓で古文書《こもんじょ》の参考書を読んでいたおじいちゃんがメガネをずらして嘉穂を見た。
「ん？　どうした？　いつも歌ってくると腹がすいた顔をして、よく食べたのに。歌わなかったのか？」
嘉穂は首を振る。
「上手だったのよ。嘉穂。みんな知らないでしょ。ステージの上で一人、しっかりと歌ってて……」
「やめてよ」
おばちゃんの話をさえぎった声がとがっていた。
「ほぉ……」
おじいちゃんが本を食卓の上に置いた。
「ぼくにもプリン、ちょうだい」
「え？　おじいちゃんも？」
おばあちゃんが用意している間に、アおじいちゃんは嘉穂に向き直った。
「うまくいかんかったんか」
嘉穂の体がびくっとした。
「思ったとおりにやればいいんだよ。下手であろうが、上手であろうが。思ったとおりにさ。どうせ、たいしたことできやせんのだから」
「え？」
「嘉穂は心のどこかで、一人で歌うってたいしたことだと思っとるかも知れんけど、そうだろうかな？」
おじいちゃんがお茶をすすった。
「思いどおりに歌ってそれで駄目《だめ》なら、そこまで。今はそこまで。好きなら続ければいいし、それでイヤになったのなら止めればいい。たとえうまく歌えなくても、それで何が変わるわけでもなし、たいしたことになりはせん」
疲れ果てている脳みそが、粘土細工のようにこねくり回されている感じがする。
「どっちにしろ、嘉穂が嘉穂であることに変わりはなく、じいちゃんは死ぬまで嘉穂のじいちゃんだ。全然変わらん。思いどおり、思いっきりやりゃぁいい」
これはおじいちゃんなりの励まし方なのだろうか。力を抜けと言っているのだろうか。今まで静観を決めこんでいたおじいちゃんの言葉に戸惑った。嘉穂は判然としないまま、プリンを口に入れた。
「おいしい」
口の中でとろける甘さと優しいやわらかさがひろがった。
「そう？」
おばあちゃんが笑顔で嘉穂を見ていた。
その顔を見た途端にすごくおなかがすいているのに気がついた。
「おなか、すいた」
「あらま、どうしましょ。残り物ならあるけどね。じゃ、おにぎりでも作ってあげようかね」
「あ、あたしが握る」
嘉穂は席を立った。
帰ってきた時と別人のように、心も体も軽い。
「ぼくは、お茶、おかわりね」
おじいちゃんが後ろで、古文書をまた開いている。
おばちゃんにテレビのチャンネルを奪われた※1穂高《ほだか》が、
「おれもおにぎり、二個」
と声をあげながら食卓についた。おじいちゃんのメガネをいじって怒られている。※2キャンものそのそと起きてきて、おこぼれちょうだいという顔で嘉穂を見ている。
嘉穂の握ったおにぎりが五個と、残り物が食卓にならび、ちょっと遅い二度目の夕食となった。
嘉穂と穂高がシャケのおにぎりを取りあい、こぼしたご飯粒にキャンがとびかかる。本から目をそらさずにお茶に手をのばし、こぼしそうになったおじいちゃん。それを叱《しか》るおばあちゃん。
イ（ここがわたしのいる場所……）
おにぎりをほおばりながら、嘉穂は、唐突に実感した。
（にしがきようこ「ピアチェーレ　風の歌声」による。）

※1　穂高＝嘉穂の弟。　※2　キャン＝嘉穂の飼っている犬。

2022年度／常磐大学高等学校

英語解答

1 (1) No.1 ア No.2 イ No.3 エ
No.4 ア No.5 エ
(2) No.1 ウ No.2 エ No.3 エ
No.4 ア
(3) No.1 イ No.2 ウ
(4) ① イ
② (例) I would like to see tigers the most.

2 (1) ① gave ② exciting
③ taken
(2) ④ same ⑤ before ⑥ and

3 (1) エ (2) ウ→イ→ア

4 (1) ①…ア ②…ウ ③…イ ④…エ
⑤…イ
(2) (例) you can use it

5 (1) ア，オ，ク (2) 2
(3) ① (例) No, she didn't.
② (例) Because their songs are amazing.
(4) ① (例) I think she will be honest and tell her friends that she likes A-boys better than J-girls.
② (例) I'll say to him, "I don't know them very much. Can you tell me why you like them?"

6 (例) My favorite place is a park near my house. It is not a big park, but there are a lot of trees and flowers. They are really beautiful. I feel happy when I am watching them on a sunny day. (40語)

1 〔放送問題〕解説省略

2 〔長文読解総合―Ｅメール〕

≪全訳≫Ａ．こんにちは，エミリー。／先月の僕の誕生日に，お父さんがスマートフォンをくれたんだ。それ以来，僕はそれでお気に入りのチームのサッカーの試合を見て楽しんでる。試合がとてもおもしろいから，見るのをやめられないんだ。でも昨日，僕は数学のテストで悪い点を取ってしまった。お母さんがそれに怒っちゃって。お母さんは，「また悪い点を取ったら，スマホを取りあげるわよ」と言ったんだ。試合を見るのをやめた方がいいのはわかってるんだけど，難しくて。どうしたらいいかな？

Ｂ．こんにちは，カズ。／あなたがどんな気持ちかわかるわ。私はマンガを読むとき，同じように感じるの。私のお母さんはいつも私にこう言うの。「マンガを読む前に宿題をやりなさい。もしそうしないなら，それらを失うわよ！」って。そして先週，お母さんは本当に私のマンガを何冊か古本屋に売っちゃったのよ！　だから，気をつけた方がいいわ。いい点数を取るために一生懸命に勉強すれば，あなたはスマホを持ち続けられる。がんばって！

(1)＜語形変化＞①文末に last month「先月」があるので過去の文。 give－gave－given ②主語の They は前文の matches「試合」を指す。動詞 excite は「〈人〉を興奮させる」という意味。ここから現在分詞の exciting は「(物事などが人を)興奮させるような，わくわくさせるような」，過去分詞の excited は「興奮させられた」という意味から「(人などが)興奮して，わくわくして」という意味になる。 ③直前に be があり，主語が Your smartphone なので，「～される」を表す 'be動詞＋過去分詞' の受け身の文にする。 take－took－taken

(2)＜適語補充＞④エミリーは直前でカズの気持ちがわかると言って共感している。好きなマンガを見るとき，「同じ」ようにやめるのが難しいと感じるのである。 ⑤文の前半「宿題をやりなさい」

と後半「マンガを読む」をつなぐのに適切なのは，before「～する前に」。　⑥‘命令文＋and ～’「…しなさい，そうすれば～」の形。

3〔長文読解総合〕

⑴＜要旨把握＞≪全訳≫どうしたら私たちはもっとよく物事を覚えられるだろうか。記憶力を訓練する方法はたくさんある，と科学者は言う。そのうちの１つが，心の中に覚えたい言葉についての絵をつくることだ。この方法は外国語を学ぶときに役立つかもしれない。もしあなたが英単語を覚えるのが得意でないのなら，これを試してみてはどうだろうか。あなたの助けになるかもしれない。

＜解説＞第３文に書かれている，記憶力を訓練するための方法の１つが，エ.「心の中に絵をつくることは言葉を覚えるのによい方法かもしれない」に合致する。　ア.「多くの人が記憶力を訓練しようとしていると科学者は言う」　イ.「英単語を覚えたいなら，写真を撮るのがよいアイデアだ」　ウ.「もしあなたが外国語を学びたいなら，もっとよく物事を覚えるべきだ」

⑵＜文整序＞≪全訳≫ある日，ケンは川に釣りに行った。家を出るとき，彼は家族にこう言った。「今日は大きな魚を釣るよ！」　彼は３時間釣りをした。／→ウ．しかし，彼は１匹も魚を釣ることができなかった。／→イ．だから彼は店で大きな魚を何匹か買い，それらを自分の袋に入れた。／→ア．彼は家に帰り，それらを家族に見せた。／彼のお母さんは，「あらっ，大きな魚を釣ったわね！いくらだった？」と言った。「合計で2000円だったよ」とケンは答えた。彼の家族はみんな笑った。

＜解説＞However「しかしながら」に注目し，最初にウを置くと，空所前の「３時間釣りをした」→「しかし，１匹も釣れなかった」という‘逆接’の流れができる。次にイのSo「だから」に注目して「だから店で魚を買った」と続ける。最後に，家に帰って，家族に見せて，話をするアを置く。

4〔長文読解総合―対話文〕

≪全訳≫❶ポール(P)：やあ，コウジ。何してるの？❷コウジ(K)：やあ，ポール。いいパソコンを探してるんだよ。新しいコンピューターゲームが欲しくて，それには高性能なパソコンが必要なんだ。❸P：それはとても高いだろうね。❹K：うん，そうなんだ。だから，ネット上のフリーマーケットで買うつもりなんだよ。そこでは①安い値段で物を買えるからね。❺P：それはいいね。僕も買いたい物があるんだ。英語版のいいウェブサイトを何か知ってる？❻K：うん。これには英語版があるから，君はそれを使えるよ。ほら。❼P：へえ，物を買うことも売ることもできるんだね。❽K：そうだよ。初めて物を買うときは，入会金として200円を支払う必要があるんだ。それに，物を売るときは，値段の一部を支払う必要がある。僕は先週，古くなった音楽プレーヤーを２万円で売ったとき，②2000円を支払ったよ。❾P：なるほど。ああ，③服とおもちゃがセール中だ！　僕はTシャツが何枚か欲しかったんだ。それに僕の妹の誕生日が来週だから，彼女に何か買いたいんだ。このページを見てもいい？❿K：もちろん，でもその新しいゲームは明日発売されるから，先にパソコンを買いたいんだ。だから，少し待ってくれる？⓫P：いいよ。⓬K：このフリーマーケットにはスマホ用のサイトもあるから，④君のスマホで確認できるよ。⓭P：それはいいね！　そうするよ。⓮(ポールは彼のスマートフォンを取り出す)⓯K：会員になるためには，この会員登録フォームに記入しなければならないんだ。⓰P：ええと，僕は誕生日を知られたくないな。⓱K：心配いらないよ。⑤書きたくなければ書く必要はないよ。⓲P：…よし。これでこのサイトの会員だ。⓳K：買い物を楽しんで！⓴P：ありがとう。君もね！／ハッピーフリーマーケットにようこそ！／会員登録／*名前／男性／女性／*必須／誕生日：日／月／年／*電話番号／*Eメール／・初めて物を買うとき，入会金として200円を支払う必要があります。／・物を売るときは，値段の一部を支払う必要があります／１～1000円：２％／1001～10000円：５％／10001円～：10%／物を買う／★本／★CD／DVD／セール中／★PC／★服／★かばん★おもちゃ／物を売る

(1)＜適語句・適文選択＞①フリーマーケットで買おうとしているのは，安い値段で買えるからだと考えられる。　②ウェブサイトの中央に「物を売るときに支払う料金」が書かれている。10001円以上は10%なので，２万円で売った場合は2000円となる。　③セール中の物の中でポールが興味を示している物の組み合わせを選ぶ。　④コウジがスマホ用のサイトがあると教えたのは，ポールがポールのスマホで確認できるからだと考えられる。　⑤ウェブサイトの「会員登録」の「誕生日」欄には，necessary「必須」を示す*印がついていない。　don't have to ～「～する必要はない」

(2)＜適文補充＞フリーマーケットのサイトの英語版はないかときかれたコウジのセリフ。直前のso「だから」に注目し，英語版を教えた結果として考えられることを書く。

5〔長文読解総合―物語〕

≪全訳≫❶サキは15歳だ。彼女は愛想がよく，友達がたくさんいる。ある日，アメリカ人の生徒が彼女のクラスに来た。彼女の名前はカレンといった。彼女は自己紹介をして，自分のお気に入りのものについて話した。その後，何人かの女子が彼女と話し始めた。サキのクラスでは，Ｊガールズというポップグループがとても人気で，彼女の友達はみんなそのグループが好きだった。彼女たちがカレンに自己紹介したとき，それぞれがＪガールズが好きだと言った。すると，カレンはこう言った。「あなたたち全員が同じグループを好きなの？　それを聞いて私はちょっと驚いたわ。アメリカの私のクラスメートには自分自身のお気に入りの歌手やバンドがいるわよ。他のグループやミュージシャンを好きな人はいないの？」　サキと彼女の友達はお互いを見たが，誰も「うん」とは言わなかった。カレンは本当に驚いたようだった。❷実は，サキはＪガールズよりもＡボーイズというアメリカのバンドの方が好きだった。彼女の兄は大学生で，彼はギターを演奏した。彼はよくＡボーイズの歌を演奏したり歌ったりしていたので，サキはそれらに興味を持った。彼女は歌詞を覚えてそれらを英語で歌えた。だが，友達全員がＪガールズが好きで，Ａボーイズを知らなかったので，彼女は友達の前でＡボーイズが好きだとは言えなかった。それに，もし彼女が英語の歌が好きだと言ったら，友達は彼女が自慢していると思い始めるだろうということを恐れていたのだ。❸サキがカレンの言葉を聞いたとき，彼女は思った。「私たちは友達と同じものを好きでいる必要はないんだわ。私たちは自分のお気に入りのものについて話すとき，正直であるべきなんだ」❹放課後，サキはカレンに言った。「実は，私はＪガールズじゃなくて，Ａボーイズが好きなの」「あっ，Ａボーイズね！　私も彼らが好きよ。かっこいいよね。でもあなたは自己紹介をしたとき，なぜそれを言わなかったの？　とにかく，私は彼らが好きだけど，私の一番お気に入りのグループではないの。私はＥクラブが一番好きなんだ。彼らを知ってる？　Ｅクラブはイギリスのバンドなの。あんまり有名じゃないけど，歌がすばらしいのよ。もし興味があるなら聴いてみてね」とカレンは言った。「そうするね。Ｅクラブにとても興味があるわ。Ａボーイズが好きだと言えなかったのは，仲間はずれにされるのが怖かったからなの。でも今は，私たちは正直であるべきだとわかったわ。私たちはみんな違うんだから，それぞれが違うものを好きなのは自然なことなのよね」とサキは言った。「そのとおりよ。私たちがみんな違うっていうことを知ることは大切だわ。そのことを覚えていたら，私たちは他人に寛大になれると私は思うの。それはまた私たちが他人の考え方を理解するのに役立つはずよ」とカレンは言った。「そうね。私はとても大切なことをあなたから学んだわ，カレン。ありがとう」とサキは言った。「どういたしまして」　カレンはほほ笑んだ。

(1)＜内容真偽＞ア.「カレンのアメリカのクラスメートは違うミュージシャンやグループが好きだ」…○　第１段落終わりから４文目に一致する。　イ.「サキの兄はＡボーイズでギターを演奏していたので，彼女はそのバンドを知っていた」…×　第２段落第２，３文参照。兄はＡボーイズのメンバーではない。　ウ.「サキは英語をとても上手に話せたので，Ａボーイズの歌が好きだった」…×　第２段落第３，４文参照。「英語を上手に話せた」という記述はない。　エ.「サキは他の子たちと同じものを好きで，それらについて話すべきだと思っている」…×　第３段落参照。　オ.「カレンはＡボーイズよりＥクラブが好きだと言った」…○　第４段落前半に一致する。　カ.「サキは彼女の友達にＡボーイズを知って，好きになってもらいたかった」…×　そのような記述はない。　キ.「サキは人々はみんな違うので，同じものを好きでいてはいけないということを学んだ」…×　第４段落後半参照。must not ～は「～してはいけない，すべきではない」という‘禁止’を表す。サキは違うものを好きなのは自然だと思っているが，同じものを好きでいてはいけないとは思っていない。　ク.「カレンは，人々は自分たちが違うと知っていれば，もっとよくお互いを理解できると思っている」…○　第４段落終盤に一致する。

(2)＜適所選択＞脱落文の looked surprised は‘look＋形容詞’「～(の状態)に見える」の形(really は surprised を修飾する副詞)。カレンが驚いたと考えられる場面は第１段落後半にある。サキの友達の誰もが皆同じグループが好きと聞いて少し驚いた後，他のグループを好きな人はいないのかと尋ねても誰も yes と答えなかったのでとても驚いたのだと考えられる。

(3)＜英問英答＞①「サキは彼女の日本人の友達の前でＡボーイズが好きだと言ったか」―「いや，言っていない」　第２段落第５文参照。　②「なぜカレンはＥクラブが一番好きなのか」―「彼らの歌がすばらしいから」　第４段落第10文参照。

(4)＜条件作文＞≪全訳≫ナンシー(Ｎ)：サキはカレンから大切なことを学んだと私は思う。あの後，サキはどのように変わると思う？／ヒデ(Ｈ)：①(例)彼女は正直になって，友達にＪガールズよりＡボーイズの方が好きだと言うと思うな。／Ｎ：なるほど。それなら，もしあなたの友達の１人が，あなたがよく知らないバンドを好きだと言ったら，あなたはその人に何て言う？／Ｈ：②(例)「僕は彼らのことはよく知らない。なぜ君は彼らが好きなのか僕に教えてくれる？」と僕は彼に言うよ。／Ｎ：それはいいね！　もしそう言ったら，あなたは彼をもっと理解できるようになるでしょうね。

＜解説＞①「サキはどのように変わると思うか」という問いに対する返答なので，I think ～「僕は～と思う」という形にする。サキがどのように変わるかを，本文の内容をふまえたうえで考えて具体的に書く。　②本文の内容を受けて，人は皆違って当たり前ということを前提に，正直で，その友達のさらなる理解につながるような内容にするとよい。

6〔テーマ作文〕

≪全訳≫私は今宿題をしていて，「私のお気に入りの場所」について書かなければならないの。例えば，私の姉は彼女の大学の前のカフェが好きなの。彼女は放課後，よくそのカフェに行くのよ。そこでコーヒーを飲みながら本を読んでいるとき，彼女はリラックスできるの。私のお気に入りの場所は学校の音楽室なんだけど，それはそこでピアノを弾くことができるからなんだ。あなたのお気に入りの場所はどこ？　どうしてそこが好きなの？

＜解説＞最初にお気に入りの場所を My favorite place is ～. などとして具体的に挙げる。その後にその場所が好きな理由を「そこは～だから，そこでは～ができるから」などと具体的に書いていくとよいだろう。

数学解答

1 (1) 7.7℃　(2) $18+6\pi$ cm　(3) ウ

(4) (例)

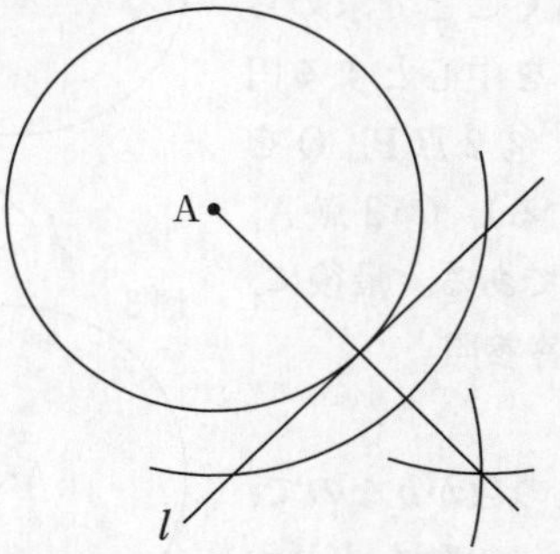

2 (1) ア…$10a+b$　イ…$10b+a$

ウ…$a+b$

(2) ア…$53-x-y$　イ…12　ウ…20

エ…21

(3) ア…0　イ…4　ウ…$\frac{1}{2}$

(4) 記号…イ

理由…(例)通学時間の小さい方から75番目の値(中央値)は，表1では10分以上20分未満の階級，表2では16分以上24分未満の階級に含まれているから。

3 (1) 26°

(2) (例)△ABFと△CDFにおいて，長方形を折り返しているから，AB＝CD……①，∠ABF＝∠CDF……②　対頂角は等しいから，∠AFB＝∠CFD……③　②，③より，∠BAF＝∠DCF……④　①，②，④より，1組の辺とその両端の角がそれぞれ等しいから，△ABF≡△CDF

(3) $\frac{169}{10}$

4 (1) 46L　(2) $y=-4x+74$

(3) 17分40秒後

5 (1) $\frac{1}{2}$　(2) ① $\frac{7}{12}$　② 4

6 (1) ア…4：9　イ…$\frac{9}{2}$　(2) $\frac{24}{5}$

(3) 52

1〔独立小問集合題〕

(1)＜数量の計算＞4つの市の最低気温は，低い順に，−6.5℃，−3.7℃，−3.4℃，−0.1℃である。よって，最低気温が低い方から2番目の市は，−3.7℃のD市である。D市の最高気温は4.0℃なので，求める最高気温と最低気温の差は$4.0-(-3.7)=7.7$(℃)である。

(2)＜平面図形―長さ＞右図1のように，6点D，E，F，G，H，Iを定め，2円A，Bの接点をJとする。直線DEは2円A，Bの接線となるから，∠ADE＝∠BED＝90°である。また，AD＝BEだから，四角形ADEBは長方形であり，DE＝ABである。点Jは線分AB上にあるので，AB＝AJ＋BJ＝3＋3＝6となり，DE＝AB＝6である。同様にして，FG＝HI＝6となる。次に，AB＝BC＝CAとなるから，△ABCは正三角形であり，∠BAC＝60°である。四角形ADEB，四角形AIHCが長方形より，∠DAB＝∠IAC＝90°だから，∠DAI＝360°−∠DAB−∠BAC−∠IAC＝360°−90°−60°−90°＝120°である。これより，$\overset{\frown}{DI}=2\pi\times3\times\frac{120°}{360°}=2\pi$となり，同様にして，$\overset{\frown}{EF}=\overset{\frown}{GH}=2\pi$となる。以上より，求めるひもの長さは，$(DE+FG+HI)+(\overset{\frown}{DI}+\overset{\frown}{EF}+\overset{\frown}{GH})=6\times3+2\pi\times3=18+6\pi$(cm)である。

図1

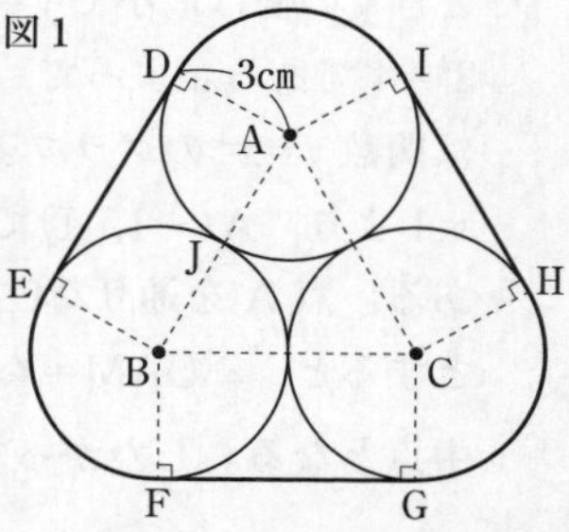

(3)＜文字式の利用―不等式＞マッチ棒1本を1辺とする正三角形を1個つくるのに必要なマッチ棒は3本，正方形を1個つくるのに必要なマッチ棒は4本だから，正三角形をa個，正方形をb個つくるのに必要なマッチ棒の本数は$3a+4b$本である。50本のマッチ棒では不足するので，必要なマッ

チ棒の本数は50本より多い。よって，$3a+4b>50$となる。

図2

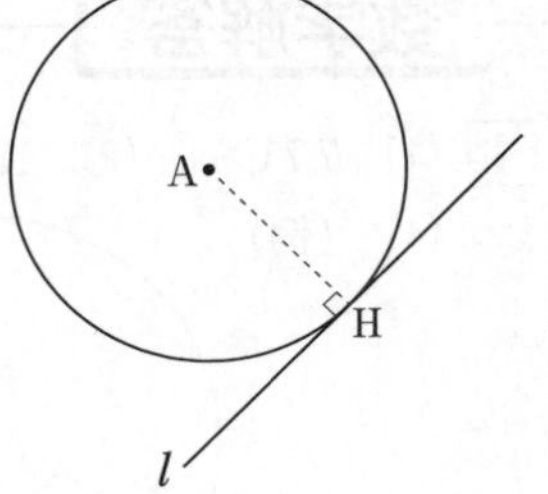

図3

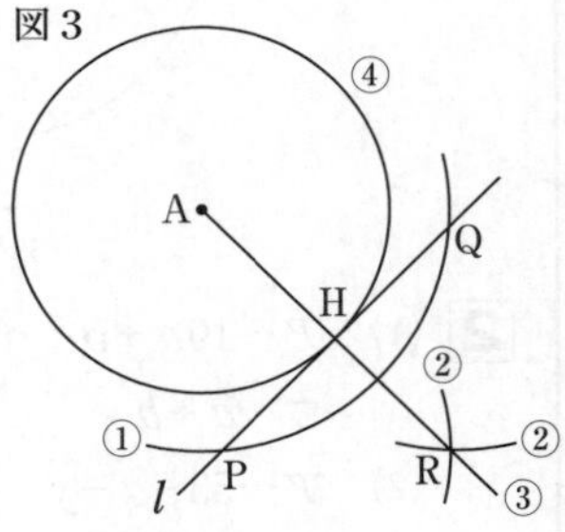

(4)＜図形―作図＞右図2で，点Aを中心とし，直線lに接する円と直線lとの接点をHとすると，線分AHの長さは円Aの半径となる。AH$\perp l$だから，点Hは，点Aから直線lに垂線を引くことで求められる。よって，作図は，右下図3のように，①点Aを中心とする円の弧をかき(直線lとの2つの交点をP，Qとする)，②2点P，Qを中心とする半径の等しい円の弧をかき(交点をRとする)，③2点A，Rを通る直線を引く。③の直線と直線lの交点が点Hである。最後に，④点Aを中心とし，半径がAHである円をかく。解答参照。

2〔独立小問集合題〕

(1)＜文字式の利用―説明＞Aの十の位の数がa，一の位の数がbなので，$A=10a+b$と表せる。Bは，Aの十の位の数と一の位の数を入れかえた数だから，十の位の数がb，一の位の数がaであり，$B=10b+a$と表せる。$A+B=(10a+b)+(10b+a)=11a+11b=11\times(a+b)$となる。$a+b$は自然数だから，$11\times(a+b)$は11の倍数である。

(2)＜連立方程式の応用＞小学生がx人，中学生がy人で，小学生，中学生，高校生合わせて53人だから，高校生は$53-x-y$人である。利用料は，小学生が1人100円，中学生が1人150円，高校生が1人200円であり，小学生と中学生の利用料の合計と高校生の利用料の合計が等しいので，$100x+150y=200(53-x-y)$が成り立つ。$150y=100x+1800$……①，$100x+150y=200(53-x-y)$……②とすると，①より，$3y=2x+36$，$-2x+3y=36$……①′となり，②より，$2x+3y=4(53-x-y)$，$2x+3y=212-4x-4y$，$6x+7y=212$……②′となる。①′×3+②′より，$9y+7y=108+212$，$16y=320$，$y=20$となり，これを①′に代入して，$-2x+3\times20=36$，$-2x=-24$，$x=12$となるので，高校生の人数は，$53-12-20=21$(人)である。

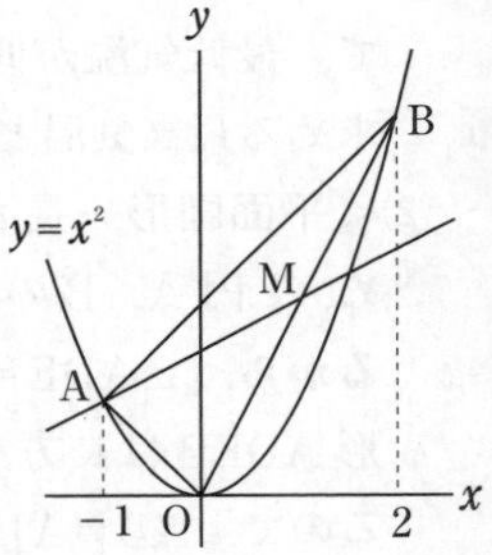

(3)＜関数―変域，直線の傾き＞関数$y=x^2$は，xの絶対値が大きいほどyの値は大きくなるので，xの変域が$-1\leqq x\leqq2$より，絶対値が最小の$x=0$のときyの値は最小で$y=0$，絶対値が最大の$x=2$のときyの値は最大で$y=2^2=4$である。よって，yの変域は$0\leqq y\leqq4$である。次に，右図で，点Aは関数$y=x^2$のグラフ上にあり，x座標が-1だから，y座標は$y=(-1)^2=1$より，A$(-1,\ 1)$である。また，$x=2$のとき$y=4$なので，B$(2,\ 4)$である。点Aを通り△OABの面積を2等分する直線と線分OBの交点をMとすると，△OAM＝△BAMより，OM＝BMだから，点Mは線分OBの中点となる。したがって，点Mのx座標は$\dfrac{0+2}{2}=1$，y座標は$\dfrac{0+4}{2}=2$となり，M$(1,\ 2)$である。2点A，Mの座標より，求める直線の傾きは$\dfrac{2-1}{1-(-1)}=\dfrac{1}{2}$となる。

(4)＜データの活用―中央値の範囲，理由＞人数が149人なので，中央値は，通学時間を小さい順に並べたときの75番目の値となる。表1において，10分未満が20人，20分未満が$20+58=78$(人)より，75番目の値は10分以上20分未満の階級に含まれるので，中央値は10分以上20分未満である。表2において，16分未満が$4+36=40$(人)，24分未満が$40+79=119$(人)より，75番目の値は16分以上24分未満の階級に含まれるので，中央値は16分以上24分未満である。以上より，中央値は，16分以上20分未満である。理由は解答参照。

3〔平面図形―長方形〕

≪基本方針の決定≫(3)　△ABDと△DCEの関係に着目して，線分DEの長さを求める。

(1)＜角度＞右図1で，四角形ABCD′は長方形より，∠AD′E＝90°だから，△AD′Eで，∠AED′＝180°－∠D′AE－∠AD′E＝180°－13°－90°＝77°となる。線分AEを折り目として折り返していることより，∠AED＝∠AED′＝77°となるので，∠DEC＝180°－∠AED′－∠AED＝180°－77°－77°＝26°である。

図1

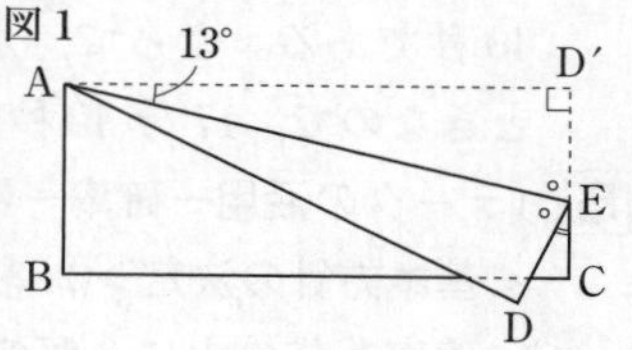

(2)＜証明＞右図2で，四角形ABCD′は長方形であり，線分AEを折り目として折り返しているので，△ABFと△CDFにおいて，AB＝CD，∠ABF＝∠CDFとなる。∠BAF＝∠DCFがいえれば，1組の辺とその両端の角がそれぞれ等しくなり，△ABF≡△CDFとなる。解答参照。

図2

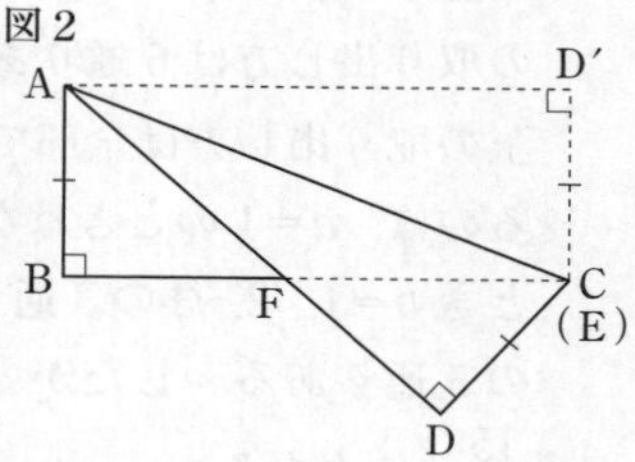

(3)＜面積―相似＞右下図3で，四角形ABCD′が長方形より，∠ABD＝∠DCE＝90°である。また，∠ADE＝90°である。△ABDで，∠BAD＝180°－∠ABD－∠ADB＝180°－90°－∠ADB＝90°－∠ADBとなり，∠CDE＝180°－∠ADE―∠ADB＝180°－90°－∠ADB＝90°－∠ADBだから，∠BAD＝∠CDEである。よって，2組の角がそれぞれ等しいから，△ABD∽△DCEとなり，AD：DE＝AB：DCである。AD＝AD′＝BC＝BD＋DC＝12＋1＝13なので，13：DE＝5：1が成り立ち，DE×5＝13×1，DE＝$\frac{13}{5}$となる。これより，△ADE＝$\frac{1}{2}$×AD×DE＝$\frac{1}{2}\times13\times\frac{13}{5}=\frac{169}{10}$(cm^2)となる。

図3

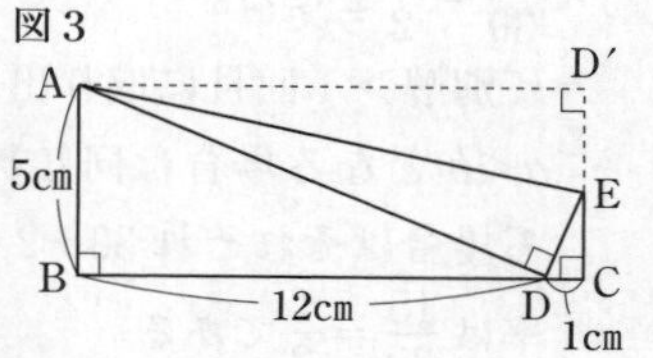

≪別解≫図3で，DE＝x(cm)とすると，D′E＝DE＝xとなり，CE＝CD′－D′E＝5－xである。△DCEで三平方の定理より，DE^2＝DC^2＋CE^{2}だから，$x^2=1^2+(5-x)^2$が成り立ち，$x^2=1+25-10x+x^2$，$10x=26$，$x=\frac{13}{5}$となる。AD＝13なので，△ADE＝$\frac{1}{2}\times13\times\frac{13}{5}=\frac{169}{10}$(cm^2)となる。

4〔関数―関数の利用〕

≪基本方針の決定≫(2)　排水を始めてから8分後の水そうに残っている水の体積と，8分後から排水される水の割合を考える。

(1)＜体積＞6＝2＋2＋2だから，排水を始めてから6分間は，毎分2Lで2分，毎分4Lで2分，毎分6Lで2分排水している。水そうには70Lの水が入っていて，6分間で排水される水の体積は2×2＋4×2＋6×2＝24(L)だから，6分後の水そうに残っている水の体積は，70－24＝46(L)となる。

(2)＜関係式＞8＝6＋2，10＝6＋2＋2より，$6\leqq x\leqq 8$のときは毎分2Lで排水し，$8\leqq x\leqq 10$のときは毎分4Lで排水している。排水を始めてから8分後の水そうに残っている水の体積は，(1)より，46－2×2＝42(L)である。$8\leqq x\leqq 10$のとき，毎分4Lで排水している時間は$x-8$分と表せるから，水そうに残っている水の体積は$42-4(x-8)=-4x+74$(L)であり，$y=-4x+74$となる。

(3)＜時間＞(1)より6分間で排水される水の体積は24Lだから，70＝24×2＋22より，毎分2L，毎分4L，毎分6Lで2分ずつ排水することを2回繰り返すと，水そうに残っている水の体積は22Lとなる。このとき，排水を始めてから6×2＝12(分)後である。この後，毎分2Lで2分間排水するので，12＋2＝14(分)後の水そうに残っている水の体積は22－2×2＝18(L)となり，さらに毎分4Lで2分間排水するので，14＋2＝16(分)後の水そうに残っている水の体積は18－4×2＝10(L)となる。ここから毎分6Lで2分間排水できるとすると6×2＝12(L)の水が排水されるが，10Lしか残っていないので，毎分 6 L で排水している間に水そうは空になる。10L の水を毎分 6 L で排水すると，かかる時間は $10\div6=\frac{5}{3}$(分)である。$\frac{5}{3}=1+\frac{2}{3}$であり，$\frac{2}{3}$分は$60\times\frac{2}{3}=40$(秒)だから，$\frac{5}{3}$分は 1 分 40 秒である。よって，水そうが空になるのは，排水を始めて 16 分後からさらに 1 分 40 秒たったときなので，17 分 40 秒後である。

5〔データの活用—確率—数字の玉〕

≪基本方針の決定≫⑵②　何通りある場合なのかを考える。

⑴＜確率＞袋の中に 6 個の玉が入っているので，1 回目に取り出した玉を袋に戻さないとき，1 回目の取り出し方は 6 通りあり，2 回目は 5 個から 1 個を取り出すので，5 通りある。よって，2 回の玉の取り出し方は全部で $6\times5=30$(通り)となり，a，b の組は 30 通りある。このうち，$a\geqq b$ となるのは，$a=1$ のときはなく，$a=2$ のとき $b=1$ の 1 通り，$a=3$ のとき $b=1$，2 の 2 通り，$a=4$ のとき $b=1$，2，3 の 3 通り，$a=5$ のとき $b=1$，2，3，4 の 4 通り，$a=6$ のとき $b=1$，2，3，4，5 の 5 通りある。したがって，$a\geqq b$ となる場合は $1+2+3+4+5=15$(通り)だから，求める確率は$\frac{15}{30}=\frac{1}{2}$となる。

≪別解≫ 1 回目に取り出した玉を袋に戻さないとき，$a=b$ となることはなく，$a>b$ となる場合と $a<b$ となる場合は同じ数ずつある。a，b の組は 30 通りあるので，$a>b$ となる場合と $a<b$ となる場合はそれぞれ $30\div2=15$(通り)となる。よって，$a\geqq b$ となる場合も 15 通りだから，求める確率は$\frac{15}{30}=\frac{1}{2}$である。

⑵＜確率，n の値＞① 1 回目に取り出した玉を袋に戻すとき，1 回目，2 回目とも取り出し方は 6 通りだから，玉の取り出し方は全部で $6\times6=36$(通り)あり，a，b の組は 36 通りである。このうち，$a\geqq b$ となるのは，⑴で示した 15 通りと，$a=b$ となるときである。$a=b$ となるとき，$(a,\ b)=(1,\ 1)$，$(2,\ 2)$，$(3,\ 3)$，$(4,\ 4)$，$(5,\ 5)$，$(6,\ 6)$ の 6 通りである。よって，$a\geqq b$ となる場合は $15+6=21$(通り)だから，求める確率は$\frac{21}{36}=\frac{7}{12}$である。　② $a+b$ の値をまとめると右表のようになる。$\frac{1}{6}=\frac{6}{36}$より，確率が$\frac{1}{6}$となるのは，6 通りある場合である。$a+b=2$ となるのが 1 通り，$a+b=3$ となるのが 2 通り，$a+b=4$ となるのが 3 通りより，$a+b$ の値が 2 か 3 か 4 になる場合は $1+2+3=6$(通り)ある。よって，確率が$\frac{1}{6}$となるのは $a+b$ の値が 4 以下になる場合だから，$n=4$ である。

a＼b	1	2	3	4	5	6
1	2	3	4	5	6	7
2	3	4	5	6	7	8
3	4	5	6	7	8	9
4	5	6	7	8	9	10
5	6	7	8	9	10	11
6	7	8	9	10	11	12

6〔空間図形—三角柱〕

≪基本方針の決定≫⑵　DI は，△DEF の底辺を EF と見たときの高さである。

⑴＜長さの比，長さ＞右図 1 で，四角形 BEFC は長方形であり，QH⊥BE だから，四角形 HEFQ は長方形となる。これより，QH＝EF＝10 である。△DEP∽△QHP なので，PE：PH＝DE：QH＝8：10＝4：5 となる。QF＝EH だから，PE：QF＝PE：EH＝4：(4＋5)＝4：9 となる。また，PE＝2(cm)のとき，QF＝$\frac{9}{4}$PE＝$\frac{9}{4}\times2=\frac{9}{2}$(cm)となる。

≪別解≫次ページの図 2 で，3 点 D，P，Q が一直線上にあることより，∠PDE＝∠QDF であり，∠DEP＝∠DFQ＝90°だから，△DEP∽△DFQ となる。これより，PE：QF＝DE：DF＝8：(8＋10)＝4：9 となる。また，

図 1

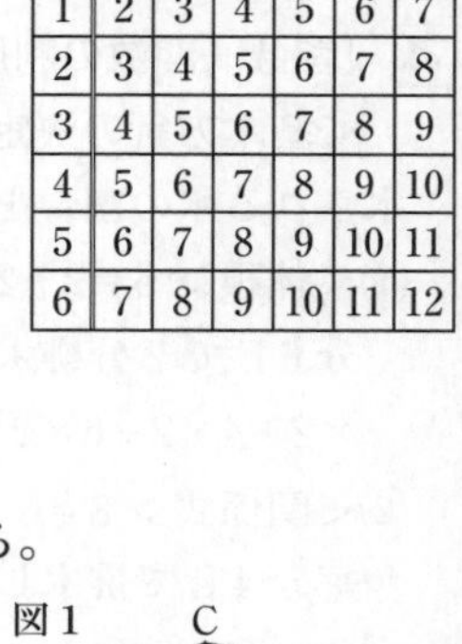

PE＝2(cm)のとき，$QF=\frac{9}{4}PE=\frac{9}{4}\times 2=\frac{9}{2}$(cm)となる。

図2

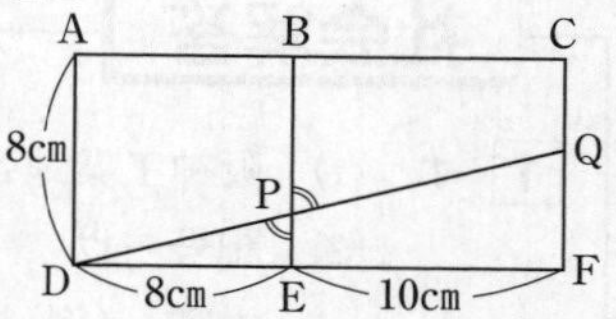

(2)＜長さ＞前ページの図1で，点Dから台形PEFQに垂線DIを引くと，点Iは辺EF上にあるので，DI⊥EFである。EF＝10であり，$\angle FDE=90^\circ$より，$\triangle DEF=\frac{1}{2}\times DE\times DF=\frac{1}{2}\times 8\times 6=24$だから，△DEFの面積について，$\frac{1}{2}\times 10\times DI=24$が成り立つ。これより，$DI=\frac{24}{5}$(cm)となる。

≪別解≫図1で，$\angle DIE=\angle FDE=90^\circ$，$\angle IED=\angle DEF$より，$\triangle IED\backsim\triangle DEF$である。よって，DI：FD＝DE：FEだから，DI：6＝8：10が成り立つ。これより，$DI\times 10=6\times 8$，$DI=\frac{24}{5}$(cm)となる。

(3)＜体積＞前ページの図1で，DI⊥〔面BEFC〕なので，四角錐DPEFQの体積は，$\frac{1}{3}\times$〔台形PEFQ〕×DIで求められる。(1)より$QF=\frac{9}{2}$だから，〔台形PEFQ〕$=\frac{1}{2}\times(PE+QF)\times EF=\frac{1}{2}\times\left(2+\frac{9}{2}\right)\times 10=\frac{65}{2}$である。(2)より$DI=\frac{24}{5}$なので，四角錐DPEFQの体積は，$\frac{1}{3}\times\frac{65}{2}\times\frac{24}{5}=52$($cm^3$)である。

＝読者へのメッセージ＝

関数$y=ax^2$のグラフは放物線です。放物線は，英語でパラボラ(parabola)といいます。パラボラアンテナは放物線の形を利用してつくられています。

社会解答

1 1 (1) 阪神工業地帯

(2) 記号…ウ

内容 (例)緯度が高いわりに温暖である

(3) みかん

2 (1) エ (2) 世界遺産

3 (1) ア (2) 近郊農業

(3) (例)工業が発展している沿岸部と内陸部で経済格差がある

(4) C，D，E

2 1 (1) ウ

(2) (例)わかりやすく実行しやすいものであった

(3) (例)宣教師を国外に追放した〔バテレン追放令を出した〕

(4) 国…オランダ 場所…エ

(5) 領事裁判権〔治外法権〕

2 (1) エ (2) エ→ウ→ア→イ

(3) ワイマール (4) 石油危機

3 1 (1) 精神〔精神活動〕

(2) (例)健康で文化的な最低限度の生活を営む

(3) ウ (4) ウ

2 (1) 公共の福祉 (2) 配当

(3) 内容 (例)周囲の建物の日照を確保する

記号…ア

4 1 (1) ウ (2) イ (3) イ

2 (1) エ

(2) (例)衆議院が出席議員の３分の２以上の賛成で再可決した

(3) 自由民権

3 (1) (例)時差を活用して仕事を効率的に行うことができる

(2) ①…徳川綱吉 ②…イ

1〔地理―総合〕

1(1)＜阪神工業地帯＞淀川河口付近の大阪から神戸にかけて発達した工業地帯を阪神工業地帯という。

(2)＜日本の気候，西岸海洋性気候＞大台ケ原山のある紀伊半島には，夏に太平洋から南東季節風が吹き込み，大量の雨を降らせる。また，紀伊半島の沖合には暖流の日本海流〔黒潮〕が流れている。フランスの首都パリやイギリスの首都ロンドンの緯度は，北海道の最北端の緯度より高い。しかし，沿岸を流れる暖流の北大西洋海流と偏西風の影響で，緯度が高いわりに温暖な気候となっている。この気候は，温帯の西岸海洋性気候と呼ばれる。

(3)＜果樹栽培＞温暖な地域で栽培され，和歌山県，静岡県，愛媛県や九州の各県の生産量が多い農作物は，みかんである。

2(1)＜地形図の読み取り＞特にことわりのないかぎり，地形図では上が北を指す。東大寺の大仏殿は，県庁から見て右上に位置しているので，その方角は北東である(エ…○)。なお，等高線の間隔が狭いほど斜面の傾斜は急なので，X―X′よりY―Y′の方が傾斜は緩やかである(ア…×)。ならまちセンターから県庁へ最短ルートで進むには，北へ進まなければならない(イ…×)。縮尺が２万５千分の１の地形図では，地形図上の１cmは実際の250 mを表すので，地形図上の約３cmが表す実際の距離は約750 mである(ウ…×)。

(2)＜世界遺産＞ユネスコ〔国連教育科学文化機関〕によって登録される人類共通の遺産を，世界遺産という。

3(1)＜近畿地方の産業＞Ⅲは昼夜間人口比率が最も高いので，周囲の府県から通勤してくる人が多く，製造品出荷額等も最も多いことから，近畿地方の産業の中心となっている大阪府である。Ⅳは，農業出荷額に占める果実の割合が非常に高いことから，みかん，うめなどの果実の栽培が盛んな和歌山県である。残るⅠ，Ⅱのうち，Ⅱは製造品出荷額等が３番目に多いことから，中京工業地帯に含まれ，化学工業が盛んな四日市市がある三重県である。

⑵＜近郊農業＞大都市の周辺で行われる，新鮮な野菜や草花などを出荷する農業を，近郊農業という。

⑶＜中国の産業＞資料８からは，中国の主な工業都市が沿岸部に集中していることが，資料９からは，内陸部より，沿岸部の方が一人当たりのGDPがおよそ高いことが読み取れる。これらのことから，工業の発達した沿岸部と内陸部との間に大きな経済格差があることがわかる。

⑷＜資料の活用＞日本で，2000年代初め頃まで外国からの木材の輸入が増加していることはＥの資料から，林業で働く人が減っていることはＣの資料から読み取れる。また，2020年現在の日本の木材の輸入先が北アメリカ州のアメリカやカナダが中心であることはＤの資料から読み取れる。

２〔歴史―古代から現代の日本と世界〕

１⑴＜平安時代の出来事＞最澄と空海が新しい仏教を唐(中国)から伝えたのは，坂上田村麻呂が東北地方に派遣されたのと同じ平安時代の初めのことである(ウ…○)。なお，シャクシャインの乱は江戸時代初めのこと(ア…×)，富本銭が発行されたのは飛鳥時代のこと(イ…×)，琉球王国が建国されたのは室町時代前半のことである(エ…×)。

⑵＜鎌倉仏教＞鎌倉時代に生まれた新しい仏教の教えは，それまでの天皇や貴族を対象とした仏教と比べて，わかりやすく実行しやすい教えだったため，武士や民衆に広まった。

⑶＜バテレン追放令＞織田信長が，仏教勢力に対抗させるためなどの理由から，キリスト教の宣教師の布教活動を認めたのに対して，豊臣秀吉は，はじめキリスト教を認めていたが，1587年にバテレン(宣教師)追放令を出して，キリスト教の宣教師を国外に追放した。

⑷＜鎖国＞カード３の伊能忠敬が日本地図を作成した江戸時代，ヨーロッパの国ではオランダだけが貿易を行い，長崎の出島へ来航していた。

⑸＜条約改正＞江戸時代末に幕府が欧米諸国と結んだ条約は，日本に不利な内容を含む不平等条約だった。日清戦争開戦直前の1894年に，陸奥宗光が条約改正に成功したのは，領事裁判権〔治外法権〕の撤廃だった。なお，関税自主権の回復は，1911年に小村寿太郎によって実現した。

２⑴＜白村江の戦い＞663年の白村江の戦いで，唐と新羅の連合軍に敗れた日本は，唐と新羅による日本への侵攻に備えて，北九州に大野城や水城を築いた(エ…○)。なお，倭寇が大陸の沿岸を荒らしたのは，鎌倉時代から安土桃山時代のこと(ア…×)，朝鮮半島の陶工が日本で有田焼を始めたのは，16世紀末の豊臣秀吉による朝鮮出兵の後のこと(イ…×)，日本で国風文化が栄えたのは平安時代半ばのことである(ウ…×)。

⑵＜年代整序＞年代の古い順に，エ(701年の大宝律令の完成)，ウ(平安時代前半に起こった935年の平将門の乱，939年の藤原純友の乱)，ア(平安時代末に起こった1156年の保元の乱と，1159年の平治の乱)，イ(鎌倉時代前半に起こった1221年の承久の乱)となる。

⑶＜ワイマール憲法＞第一次世界大戦で敗戦したドイツでは，1919年に世界で初めて社会権を保障したワイマール憲法が制定された。

⑷＜石油危機＞1973年の第四次中東戦争では，アラブの産油国が原油価格を引き上げたため，石油を輸入に頼ってきた先進国では石油危機〔オイルショック〕と呼ばれる経済の混乱が起こった。

３〔公民―総合〕

１⑴＜自由権＞表現の自由は，思想，良心の自由，信教の自由，学問の自由などとともに，自由権の中の精神〔精神活動〕の自由に分類される。なお，奴隷的拘束からの自由，法定手続きの保障，拷問の禁止などは身体の自由に，職業選択の自由，財産権の保障などは経済活動の自由に分類される。

⑵＜生存権＞日本国憲法第25条は，生存権を「健康で文化的な最低限度の生活を営む権利」と表現

して保障している。

⑶＜裁判員裁判＞裁判員裁判が行われるのは，殺人などの重大な刑事裁判の第一審である。

⑷＜資料の読み取り＞20歳代では，女性の働いている割合はドイツより日本の方が高い。

2⑴＜公共の福祉＞日本国憲法では広く基本的人権を保障しているが，人権が制約される場合として「公共の福祉」という考え方が示されている。

⑵＜株式会社＞株式会社が発行する株式を購入することでその会社の出資者となった者はその会社の株主となり，株主総会に出席して保有する株式の数に応じた議決権を行使する権利と，株式会社の利潤の一部を配当として受け取る権利を得る。

⑶＜新しい人権＞日本国憲法に直接規定されていないが，憲法制定後の社会の変化に応じて認められるようになった「新しい人権」の1つに環境権がある。環境権には，建築物によって日照が妨げられることがないようにするという日照権が含まれる。また，臓器提供の意思の表明や，医師による適切な説明に基づく治療方針などへの同意(インフォームドコンセント)など，個人が自分の生き方を自分で決定する権利を，自己決定権という。

4〔三分野総合―情報化の進展を題材にした問題〕

1⑴＜マスメディアと人権＞ラジオが音声だけで情報を伝えるのに対して，テレビは音声とともに映像で情報を伝える。また，新しい人権のうち，国や地方公共団体が持つ情報を国民や住民が手に入れる権利を「知る権利」，知られたくない私生活や個人の情報を公開されない権利を「プライバシーの権利」という。

⑵＜東京都の産業＞新聞社や出版社などが集中している東京都は印刷業の出荷額が全国で最も多い。

⑶＜マスメディアの歴史＞白黒テレビの普及率が80％に達したのは1962～63年で，テレビ放送が始まった1953年から10年以内のことである(イ…○)。なお，ラジオ放送が始まった1925年は大正時代末で，大日本帝国憲法が発布された明治時代半ばの1889年の36年後のことである(ア…×)。白黒テレビとカラーテレビの普及率が逆転したのは1973年頃で，初めて東京オリンピックが開催された1964年の約10年後である(ウ…×)。1980年の乗用車の普及率は約60％で，同年のエアコンの普及率約40％の2倍には達していない(エ…×)。

2⑴＜防災施設＞資料5は，首都圏で豪雨が発生し河川が増水した際に，ここに水をためることで河川の水位を下げ，洪水を防ぐために埼玉県の地下につくられた地下放水路である。

⑵＜衆議院の優越＞法律案が可決されて法律が制定されるためには，衆議院と参議院の両方で可決されることが原則だが，衆議院で可決された法律案が参議院で否決された場合，衆議院で出席議員の3分の2以上の賛成で再可決すればその法律案は国会が可決したとされ，法律として成立する。

⑶＜自由民権運動＞明治時代の前半，藩閥政治を進める明治政府に対して，国会の開設を求める運動が高まった。この運動を，自由民権運動という。

3⑴＜国際分業＞資料7から，経度が180度近く異なるアメリカとインドの間には，半日近い時差があることがわかる。アメリカの企業の営業時間が終わった後，インドを拠点とした営業時間が始まるので，時差を利用して効率的に仕事を進めることができると考えられる。

⑵＜徳川綱吉，利子＞①生類憐みの令を出した江戸幕府第5代将軍は，徳川綱吉である。 ②貸し出すときの利子率を預金者に支払う利子の利子率より高く設定することによって，銀行は利益を上げている(イ…○)。なお，企業が資金を集めるのは直接金融で，金融機関を通じて資金を集めることを間接金融という(ア…×)。日本銀行は政府や銀行と取引を行い，家計や企業とは取引を行わない(ウ…×)。不景気のときには，日本銀行は一般銀行から国債を買い，一般の銀行の資金量を増やして，社会の資金量を増やす政策をとる(エ…×)。

理科解答

1 (1) ア　(2) エ　(3) ア　(4) イ

2 (1) ① エ
② (例)表面積が大きくなる
③ お…うすい過酸化水素水〔オキシドール〕
か…水上置換
(2) ① (i)…ア　(ii)…イ　(iii)…ア
② あ…電気　い…運動　③ 24
(3) ① B　② い…津波　う…液状化
③ (例)栄えた期間が短く，栄えた範囲が広い
④ イ

3 (1) ア
(2) (例)花粉を風で運ばれやすくする。
(3) あ…子房　い…裸子　(4) ウ
(5) (例)イヌワラビには維管束があるが，スギゴケにはない。

4 (1) ア　(2) イ
(3) (例)砂の上の空気の方が温度が高く，密度が小さく〔軽く〕なるため，砂の上の方で上昇気流が起こるから。
(4) ア
(5) あ…小笠原気団　い…南東〔南〕

5 (1) イ，カ　(2) 下図1　(3) 26.0
(4) 下図2　(5) 24.0

6 (1) $NaOH \rightarrow Na^+ + OH^-$　(2) エ
(3) あ…中和
い…塩化ナトリウム〔食塩〕
(4) H^+　(5) 3.6g

図1

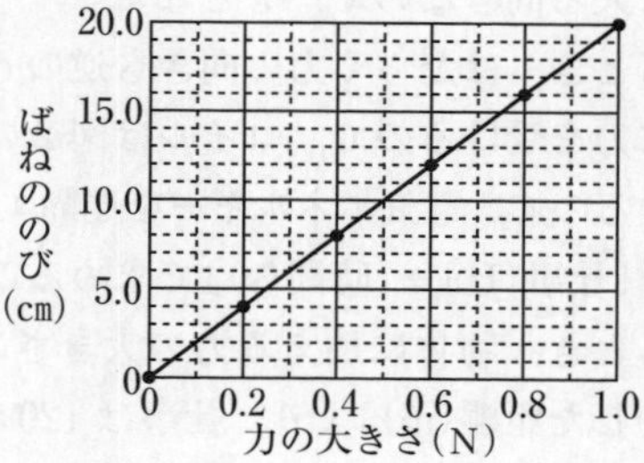

図2

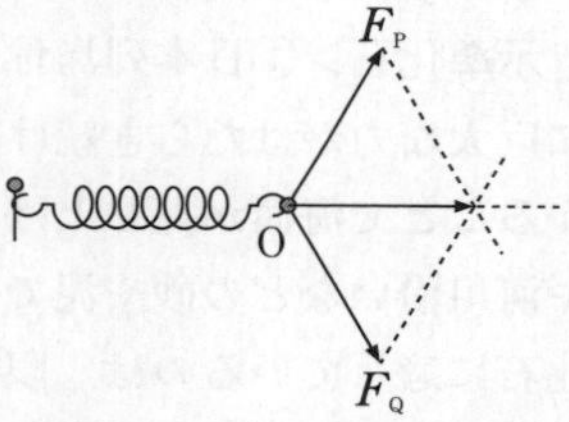

1〔小問集合〕

(1)<鏡に映る像>右図のように，鏡を対称の軸として，物体A～Eと線対称な位置に像A′～E′をとり，P点と像A′～E′をそれぞれ直線で結ぶ。このとき，直線が鏡と交わる像が，鏡にうつって見える。よって，P点から見たとき，鏡にうつって見える物体はA，C，Dである。

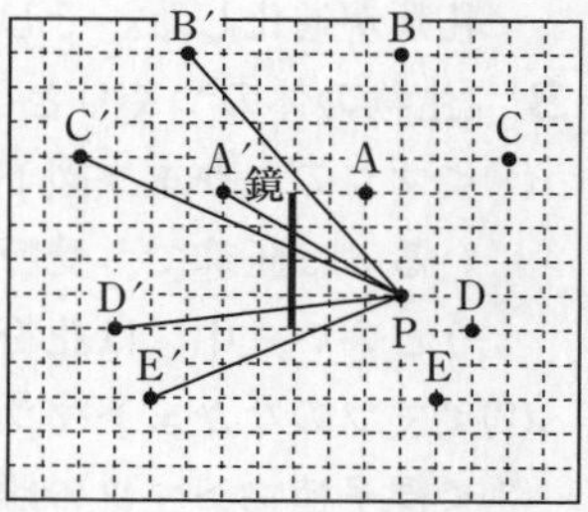

(2)<酸化銅の還元>酸化銅(CuO)と炭素(C)の粉末を混合したものを加熱すると，酸化銅から酸素が奪われて銅(Cu)となり，炭素は酸化銅から奪われた酸素と結びついて二酸化炭素(CO_2)となる。化学反応式は，矢印の左側に反応前の物質の化学式，右側に反応後の物質の化学式を書き，矢印の左右で原子の種類と数が等しくなるように化学式の前に係数をつける。よって，正しいのはエである。なお，この反応では，酸化銅は還元され，炭素は酸化される。

(3)<無性生殖>分裂のように体細胞分裂により新しい個体をつくるなかまのふやし方を無性生殖といい，分裂の前後で染色体の数は変わらない。なお，無性生殖では，親から同じ遺伝子を受け継ぐため，子には親と全く同じ形質が現れる。

(4)<湿度>湿球の先は湿った脱脂綿などで包まれていて，水が蒸発するときに熱を奪われるため，湿球の示度は乾球の示度より低くなる。これより，図1で，乾球が示している温度は28.0℃，湿球が

示している温度は24.0℃である。よって，このときの湿度は，図２で，乾球が28℃の行と乾球と湿球との差が28.0－24.0＝4.0の列が交わった所の値で，70％となる。

2〔小問集合〕

(1)＜動物の呼吸，気体の発生＞①ヒトの肺では，横隔膜が下がるとともに，筋肉によってろっ骨が引き上げられることによって，胸部の空間(胸こう)が広がると肺が広がり，中に空気が吸い込まれる。　②肺胞のつくりにより，肺の内部の表面積が大きくなり，空気に触れる面が大きくなるため，酸素と二酸化炭素を効率よく入れ替えることができる。　③酸素は，二酸化マンガンにうすい過酸化水素水(オキシドール)を加えることで発生する。また，酸素は水に溶けにくいので，水上置換法で集めることができる。

(2)＜電流が磁界から受ける力，仕事率＞①(i)図１で，磁石による磁界の向きは，Ｎ極から出て，Ｓ極に入る向きなので，ａとなる。　(ii)図２で，ABの部分に流れる電流が図１とは逆の向きに流れるとき，はたらく力の向きも逆のｄの向きになる。　(iii)図１で矢印(⇨)の向き，図２でｄの向きに力を受けるので，コイルは図２のｅの向きに回転する。　②モーターは電流を流すことで回転するので，電気エネルギーを運動エネルギーに変換する装置である。　③仕事率は，〔仕事率(W)〕＝〔仕事(J)〕÷〔時間(s)〕で求めることができる。図３の装置で120Nの物体を３ｍの高さまで上げるとき，物体に加える力の大きさは120Nだから，〔仕事(J)〕＝〔力の大きさ(N)〕×〔力の向きに動かした距離(m)〕より，仕事は120×3＝360(J)である。よって，この仕事をするのに15秒間かかったので，求める仕事率は360÷15＝24(W)となる。

(3)＜地震，示準化石＞①日本列島付近では，陸のプレートの下に海のプレートが沈み込んでいて，プレートに巨大な力がはたらき続けている。　②海溝型地震が発生すると，海底の陸のプレートがはね上がることで海面が押し上げられ，巨大な波が押し寄せる津波が発生する。また，海岸の埋め立て地や河川沿いなどの砂や泥でできた地盤では，地震の揺れで地盤が流動化する液状化が起こる。　③示準化石に適しているのは，限られた短かい期間に広い範囲で栄えていた生物である。　④地球上に最初に現れた脊椎動物は魚類で，魚類から，陸上生活に適した呼吸器官などを持つ両生類が進化した。その後，両生類の中から乾燥に耐えられるつくりを持つは虫類が進化し，は虫類から哺乳類が進化した。そして，哺乳類が現れた後に，は虫類から鳥類が進化したと考えられている。

3〔生物の体のつくりとはたらき〕

(1)＜マツのなかま＞図１のＸは今年の雌花であり，そのりん片は図２のＡである。また，Ａについているａは胚珠で，受粉すると成長して種子になる。なお，図２のＢは雄花のりん片で，ｂは花粉のうといい，中には花粉が入っている。

(2)＜マツのなかま＞マツの花粉は，空気袋がついていることで風によって遠くまで運ばれる。

(3)＜裸子植物＞マツの雌花のりん片には子房がなく，胚珠がむき出しでついている。このような植物を裸子植物といい，マツのほかにスギやイチョウ，ソテツがある。

(4)＜シダ植物の体のつくり＞イヌワラビはシダ植物で，シダ植物の茎は地中にあるものが多い。図４では，茎に当たる部分はウで，アとイの部分は葉，エの部分は根に当たる。

(5)＜種子をつくらない植物＞イヌワラビなどのシダ植物には，葉・茎・根の違いがあり，維管束を持つ。これに対して，スギゴケなどのコケ植物は，葉・茎・根の違いがなく，維管束を持たない。なお，シダ植物もコケ植物も胞子でなかまをふやす。

4〔気象と天気の変化〕

(1)＜熱の伝わりやすさ＞表１より，表面温度は12分間で，砂では5.1℃上がり，水では0.5℃上がっているので，水よりも砂の方があたたまりやすいことがわかる。また，表2より，表面温度は12分間で，砂では3.0℃下がり，水では0.2℃下がっているので，水よりも砂の方が冷えやすいことがわかる。

(2)，(3)＜熱の移動＞気体は，温度が高くなると体積が増えるが，質量は変わらないため，密度が小さくなり，上昇して上昇気流が発生する。よって，表1より，砂の方が水より温度が高いので，砂の上であたためられた空気は上昇し，水の上で冷やされた空気は下降する。そのため，線香の煙はイのように流れる。なお，このように液体や気体が移動して，熱が運ばれる現象を対流という。

(4)＜海陸風＞海に面した地域では，昼は陸の方が海よりも温度が高くなるため，陸上で上昇気流が生じ，海から陸に向かって風が吹く。この海から陸に向かって吹く風を海風という。なお，夜は海の方が陸よりも温度が高くなるため，海上で上昇気流が生じ，陸から海に向かって陸風が吹く。

(5)＜季節風＞日照時間が長い夏には，大陸の方が海洋より温度が高くなるため，大陸上に上昇気流，海洋上に下降気流が生じやすくなり，太平洋上の小笠原気団が発達する。このとき，南高北低と呼ばれる気圧配置になり，風は高気圧から低気圧に向かって吹くので，太平洋側から大陸側に向かって南東(南)の季節風が吹く。

5〔身近な物理現象〕

(1)＜力のつり合い＞図2で，Aは「天井がばねを引く力」，Bは「ばねが天井を引く力」，Cは「ばねがおもりを引く力」，Dは「おもりがばねを引く力」，Eは「地球がおもりを引く力(重力)」を表している。つり合っている2力は，同じ物体に同一直線上ではたらき，大きさは等しく，向きは逆向きである。よって，A～Eの力の中でつり合っているのは，ばねにはたらいているAとD，おもりにはたらいているCとEである。

(2)＜フックの法則＞100gの物体にはたらく重力が1Nなので，質量20gのおもりがばねを引く力の大きさは$\frac{20}{100}=0.2$(N)である。よって，表より，(0，0.0)，(0.2，4.0)，(0.4，8.0)，(0.6，12.0)，(0.8，16.0)，(1.0，20.0)の点を取り，直線で結ぶ。なお，このときグラフは，原点を通る直線になるので，ばねを引く力の大きさとばねののびは比例する(フックの法則)。

(3)＜フックの法則＞(2)より，0.2Nの力でばねを引くと，ばねは4.0cmのびる。よって，質量130gのおもりがばねを引く力の大きさは$\frac{130}{100}=1.3$(N)より，130gのおもりをつり下げたときのばねののびを$x$cmとすると，フックの法則より，1.3：x＝0.2：4.0が成り立つ。これを解くと，$x\times0.2=1.3\times4.0$より，$x=26.0$(cm)となる。

(4)＜力の合成＞F_P，F_Qの2力の合力は，F_P，F_Qを2辺とする平行四辺形の対角線で表される。よって，合力は，右図のように，F_P，F_Qの矢印の先端からそれぞれF_Q，F_Pに平行な直線を引き，その交点をRとしたとき，対角線ORとなる。

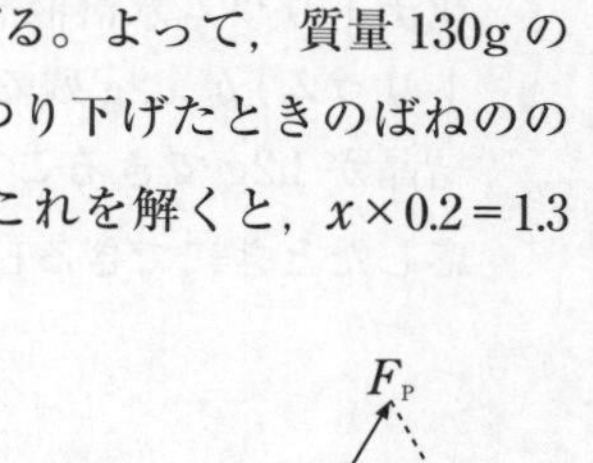

(5)＜力の合成＞実験2では，2本のひもがつくる角度が120°になるように引き，ばねばかりP，Qがどちらも1.2Nを示しているので，右図で，F_P，F_Qを2辺とする平行四辺形は∠O＝∠R＝120°のひし形になる。このとき，対角線ORで分けられた2つの三角形は正三角形になるから，合力ORの大きさはF_P，F_Qの大きさと等しく1.2Nになる。よって，ばねののびを$y$cmとすると，フックの法則より，1.2：y＝0.2：4.0が成り立ち，$y\times0.2=1.2\times4.0$より，$y=24.0$(cm)である。

6〔化学変化とイオン〕

(1)＜水溶液とイオン＞水酸化ナトリウム(NaOH)は水溶液中で，ナトリウムイオン(Na^+)と水酸化物イオン(OH^-)に電離している。電離の様子を，化学式を使って表すとき，矢印の左側に化学式，右側にイオンの化学式を書き，矢印の左右で原子の数が等しくなるようにイオンの化学式の前に係数をつける。また，矢印の右側の＋と－の数が等しいことを確認する。

(2)＜実験器具の使い方＞こまごめピペットは，エのように，ゴム球の部分を親指と人差し指ではさみ，残りの指でガラスの部分を持つ。なお，こまごめピペットは，液を吸う先端を上にしない。先端を上にすると液がゴム球の部分に流れ，ゴム球が汚れたり破損したりする恐れがある。

(3)＜中和と塩＞酸性の水溶液に含まれる水素イオン(H^+)とアルカリ性の水溶液に含まれる水酸化物イオン(OH^-)が結びついて水(H_2O)が生じることにより，酸とアルカリが互いの性質を打ち消し合う化学変化を中和という。また，水酸化ナトリウム(NaOH)と塩酸(HCl)が反応すると，塩として，塩化ナトリウム(NaCl)が生じる。

(4)＜イオンと中和＞はじめにビーカー内にはうすい水酸化ナトリウム(NaOH)水溶液が入っているので，水溶液中にはナトリウムイオン(Na^+)と水酸化物イオン(OH^-)が含まれる。一方，うすい塩酸(HCl)中には，水素イオン(H^+)と塩化物イオン(Cl^-)が含まれる。うすい水酸化ナトリウム水溶液とうすい塩酸の中和では，H^+とOH^-が結びついて水(H_2O)が生じ，塩として塩化ナトリウム(NaCl)が生じるが，水溶液中でNaClは電離しているため，水溶液中にNa^+とCl^-が含まれる。図2で，求めるイオンは，うすい塩酸を加えても，はじめは数が0のまま変化しないが，うすい塩酸をある量加えると増加し始めることがわかる。このようなイオンは，はじめはOH^-と結びついて0のままで，ちょうど中和して中性になった後に増加し始めるH^+である。

(5)＜中和と塩＞表より，うすい水酸化ナトリウム水溶液10.0cm^3とちょうど反応するうすい塩酸の体積は，水溶液が中性になり色が緑色になった8.0cm^3である。これより，実験1で用いたうすい水酸化ナトリウム水溶液とうすい塩酸がちょうど中和するときの体積の比は10.0：8.0＝5：4となる。よって，うすい水酸化ナトリウム水溶液15.0cm^3とうすい塩酸20.0cm^3を混ぜると，うすい水酸化ナトリウム水溶液は全て反応し，うすい塩酸が余ることがわかる。また，実験2より，うすい水酸化ナトリウム水溶液5.0cm^3とうすい塩酸5.0cm^3を混ぜて水を蒸発させると，白色の結晶(塩化ナトリウム)が1.2g残ることから，うすい水酸化ナトリウム水溶液5.0cm^3が全て反応すると白色の結晶が1.2gできることがわかる。したがって，うすい水酸化ナトリウム水溶液15.0cm^3が全て反応したときにできる白い結晶の質量は，$1.2\times\frac{15.0}{5.0}=3.6$(g)である。

国語解答

一 ㈠ 3
㈡ 上手に歌えなくてもたいしたことにはならないので，力を抜いて思いっきり歌いなさいということ。(45字)
㈢ 2　㈣ 4
㈤ [特に]心に残ったのは，嘉穂の歌声についての描写です。(23字)

二 ㈠ 3　㈡ 2
㈢ いかにと思へども，いふべきやうもなかりけれ(ば)(，)
㈣ 4

三 ㈠ ア　未来の需要に備える
イ　経験を繰り返して
㈡ 3　㈢ 1　㈣ 3
㈤ 数値的・外形的　㈥ 2
㈦ (例)人が学ぶのは，今すぐに役立つ知識のためだけではなく，いつか人生を豊かにしたり，重要な役割を果たしたりするはずだと思う知識を見つけるためである。／学ぶ意欲は，まず自分が関心を持った対象をよく知り，その知識をもとに関心の範囲を広げて探究していくことで，ますます高まるのではないかと思う。
(150字)

四 ㈠ (1) 妥協　(2) 厳　(3) 歓迎
(4) うなが　(5) はっき
(6) いまし
㈡ 3　㈢ 4

一〔小説の読解〕出典；にしがきようこ『ピアチェーレ 風の歌声』。

㈠<表現>合唱コンクールのリハーサルでうまく歌えず，落ち込んでいた嘉穂が，祖父母との対話を通じて心を和ませ，「帰ってきた時と別人のように，心も体も」軽くなって，明るさを取り戻す様子が，「胸がつまったようだった」や「疲れ果てている脳みそが，粘土細工のようにこねくり回されている感じ」などの比喩表現や，短文を用いて，わかりやすく描かれている。

㈡<文章内容>おじいちゃんは，嘉穂に，「たとえうまく歌えなくても，それで何が変わるわけでもなし，たいしたことになりはせん」のだから，「一人で歌うってたいしたことだ」という気負いを捨てて，「思ったとおりにやればいいんだよ」ということを伝えようとした。

㈢<心情>おじいちゃんの「嘉穂が嘉穂であることに変わりはなく，じいちゃんは死ぬまで嘉穂のじいちゃんだ」という言葉や，祖父母や弟やペットの，和やかで日常的なやり取りにふれ，嘉穂は，自分には，物事がうまくいこうといくまいと変わらず自分を受け入れてくれる家族がいるということを，唐突に実感し，自分の居場所を再確認して安心したのである。

㈣<表現>「悩み迷う嘉穂。」や「そんな嘉穂を支えるおじいちゃんやおばあちゃん，歌の先生，友だち。」というように，登場人物の説明に体言止めが用いられている(1…○)。「ひりひりとするような硬質な声がのどの奥から，体の芯からでてゆく」などの小説の中で用いられている表現や，「歌って，やればやるほど，壁が次々にでてくるの」などの登場人物の言葉が，引用されている(2…○)。「嘉穂はどんな答えにたどり着いたのでしょうか」と読み手への問いかけの文を入れ，結末を示さず，読み手が興味を持つように締めくくられている(3…○)。最初に「嘉穂の歌声についての描写」や「特に心に残った描写」が挙げられていて，物語の時間の流れに沿って出来事が説明されてはいない(4…×)。

㈤＜文の組み立て＞「特に」という書き出しに続けるという条件があるので，「特に」に続く「心に残った描写」を文の主部に，「嘉穂の歌声についての描写」を文の述部にする。また，もとの文では，「～描写が，～描写です」と「描写」が重複しているので，同じ言葉を繰り返さないようにという条件に従って「描写」を二度用いないように，文の主部を「特に心に残ったのは」にする。

二 〔古文の読解―説話〕出典；『宇治拾遺物語』巻第五ノ十。

≪現代語訳≫これも今となっては昔のことだが，ある僧が，人の家へ行った。(その家の主人が客人に)酒などを勧めたときに，氷魚が初物として出始めたので，主人は珍しく思って，(それを客人に)ごちそうした。主人が用事があって，奥へ入って，また(戻って)出てきたところ，この(客人に出した)氷魚がことのほか少なくなっていたので，主人は，どうしたことかと思ったけれども，言うべきことでもなかったので，(そのまま)世間話をしていたときに，この僧の鼻から氷魚が一匹ぴゅっと出てきたので，主人は不審に思って，「その鼻から氷魚が出たのは，どういうことですか」と言ったところ，(僧が)すぐさま，「最近の氷魚は目や鼻から降るとかいうことですよ」と言ったので，(そこにいる)人々はみんな，「わっ」と笑った。

㈠＜古文の内容理解＞用事から戻ってきた主人は，氷魚がことのほか少なくなっていることに気づいたが，そのまま「物語」していると，「この僧の鼻より氷魚の一つふと」出てきた。

㈡＜古文の内容理解＞用事から戻ってくると氷魚がことのほか少なくなっていたことを，主人は不思議に思ったが，そのまま世間話をしていた。すると，僧の鼻から「氷魚の一つふと」出てきた。氷魚が減っていたのは，主人が席を外した隙に，僧が氷魚をほおばっていたからであった。

㈢＜古文の内容理解＞主人は，自分が席を外した間に，急に氷魚が減っていたので，どうしたことかと不思議に思ったが，わざわざ口に出して言うべきことでもなかったので，気にしないふりをして，そのまま世間話をしていたのである。

㈣＜古文の内容理解＞本当は，主人が席を外した隙に，僧が，氷魚をたくさん口に入れて食べたのである。鼻から氷魚が飛び出し，ひそかに食べたことが露見しそうになった僧が，「氷魚」と「雹《ひょう》」のしゃれを交えて，最近のヒオは，天からでなく，目や鼻から降るんだそうですと言い訳をして，その場をごまかそうとしたので，一同は笑ったのである。

三 〔論説文の読解―哲学的分野―哲学〕出典；内田樹『日本辺境論』「『機』の思想」。

≪本文の概要≫野生の人々には，いつか何かの役に立つかもしれないということを経験の反復によって先駆的に知るという，未来の需要に備える能力があった。学びという営みは，それを学ぶことの意味や実用性についてまだ知らない状態であるにもかかわらず，それを学ぶことがいずれ生き延びるうえで死活的に重要な役割を果たすことがあるだろうと，先駆的に確信することから始まる。あることを学ぶことの意味や有用性を表す語彙や価値観を，まだ知らないということが，それを学ばなければならない理由なのである。学ぶ意欲とは，これを学べばいいことがあるという報酬の約束によって生じるほど単純なものではない。学びを発動させるには，自分にとってそれが死活的に重要であることを，証明できる論拠がないにもかかわらず先駆的に確信できる力が，必要である。子どもが，学ぶ前に報酬の確証を求めるとしたら，それは，この「先駆的に知る力」が衰微しているということであり，私たちが「先駆的に知る力」の開発の重要性を置き忘れてきたということである。

㈠＜文章内容＞ア．「野生の人々」の持つ「固有の知」とは，「『ありもの』の『使い回し』だけで未来の需要に備える能力」である。　　イ．先駆的にあるものの有用性を知っていたとしか説明ようのない力は，「『いつか何かの役に立つかもしれない』と思って拾っておいたものについて，あとになって『ああ，これを取っておいてよかった』と嘆息したという経験を繰り返してきた」という「反復」を通じて強化されてきたのである。

㈡＜文脈＞「学び」という営みは，「これから学ぶことの意味や有用性」を知ってから学び始めるという順序ではなく，これから学ぶことの意味や有用性を言い表す語彙や価値観を「まだ知らない」からこそ「それを学ばなければならない」という，「順逆の狂った仕方」で構造化される。

㈢＜表現＞「学び」の例として，野生の人々が持つ「未来の需要に備える能力」が挙げられ，「学び」という営みは，自分がこれから学ぶことの有用性を「先駆的に確信」し，それが何の役に立つのかを言い表すことができないから学ぶという構造であることが，述べられている。そして，日本人の「学ぶ力」が劣化し続けているのは，「『先駆的に知る力』を開発することの重要性」を私たちが置き去りにしてきたからだという日本の現状が，述べられている。

㈣＜資料＞本文では，「私たちの国の教育行政官や教育論者」は「子どもたちに，『学ぶと得られるいいこと』を，学びに先立って一覧的に開示することで学びへのインセンティヴが高まるだろう」と考えているが，「人間というのはそんな単純なものでは」なく，「『学ぶ力』『学びを発動させる力』はそのような数値的・外形的なベネフィットに反応するものでは」ないことが，述べられている。また，【Ⅰ】の「今後学習したい内容」の調査結果でも，「職業上必要な知識・技能」や「家庭生活に役立つ技能」よりも，「趣味的なもの」を学びたい人が多い。

㈤＜文章内容＞「学ぶ力」や「学びを発動させる力」は，これを学ぶとこういういいことがあるというような「数値的・外形的なベネフィットに反応するものでは」ないのである。

㈥＜表現＞これまでの話し合いから，「有用性が示されていなくても，いつか重要な役割を果たすはずだと思う知識を見つけ，吸収することが大切だということ」がわかったが，一方で「何らかのきっかけ」がないと「『学び』をなかなか実行に移せないことも」あるのではないかと，問題を提示することで，司会者は，現実的にどうしたらよいのかについて新たな意見を引き出そうとしている。

㈦＜作文＞まず，「人が学ぶ目的」を，本文の内容や【Ⅰ】や【Ⅱ】の森野さんの発言などをふまえてまとめる。そして，「学ぶ意欲」を発動させるきっかけとなりうる具体的な事柄を挙げて，意見を述べる。二段落構成にし，字数を守って，誤字・脱字に注意して書くこと。

四〔国語の知識〕

㈠＜漢字＞⑴「妥協」は，対立した主張について，双方が譲り合って納得できる一致点を見出し，穏やかに解決すること。　⑵他の訓読みは「おごそ(か)」。音読みは「厳格」などの「ゲン」。　⑶「歓迎」は，喜んでむかえること。　⑷音読みは「促進」などの「ソク」。　⑸「発揮」は，持ち前の能力や特性などを十分に表すこと。　⑹音読みは「戒律」などの「カイ」。

㈡＜漢字の知識＞行書で書かれている「雲」は，楷書では十二画。「術」は十一画。「認」は十四画。「暑」は十二画。「腹」は十三画。

㈢＜故事成語＞誰かに文句を言われたわけでもないのに，みんなに迷惑をかけたのではないかと気にしているので，心配する必要のないことをあれこれ心配することという意味の「杞憂」が入る。「助長」は，不要な力を添えて，かえって害になること。また，ある傾向を著しくさせること。「守株」は，古い風習や方法にとらわれて，時に応じた物事の処理ができないこと。「焦慮」は，あせっていら立つこと。

2021年度 常盤大学高等学校

【英　語】（50分）〈満点：100点〉

1　次の⑴～⑷は，放送による問題です。それぞれの放送の指示にしたがって答えなさい。

⑴　これから，No. 1 から No. 5 まで，五つの英文を放送します。放送される英文を聞いて，その内容に合うものを選ぶ問題です。それぞれの英文の内容に最もよく合うものを，ア，イ，ウ，エの中から一つ選んで，その記号を書きなさい。

No. 1

No. 2

No. 3

No. 4

ア

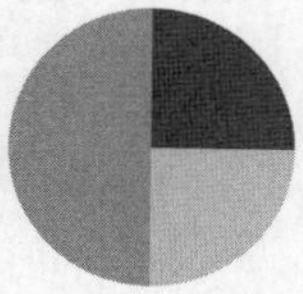

■ スマートフォン
■ 携帯電話(cellphone)
■ 持っていない

イ

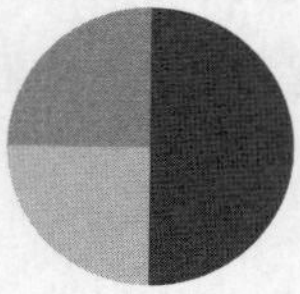

■ スマートフォン
■ 携帯電話(cellphone)
■ 持っていない

ウ

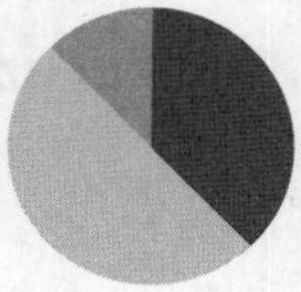

■ スマートフォン
■ 携帯電話(cellphone)
■ 持っていない

エ

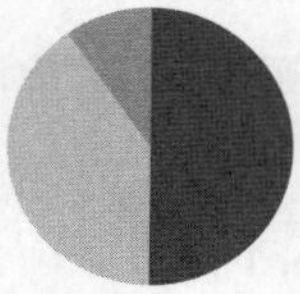

■ スマートフォン
■ 携帯電話(cellphone)
■ 持っていない

No. 5

ア

日	
月	
火	英語
水	水泳
木	
金	
土	ボランティア

イ

日	ボランティア
月	
火	
水	水泳
木	英語
金	
土	

ウ

日	
月	
火	英語
水	
木	水泳
金	
土	ボランティア

エ

日	ボランティア
月	
火	英語
水	水泳
木	
金	
土	

(2) これから，No. 1からNo. 4まで，四つの対話を放送します。それぞれの対話のあとで，その対話について一つずつ質問します。それぞれの質問に対して，最も適切な答えを，ア，イ，ウ，エの中から一つ選んで，その記号を書きなさい。

No. 1

ア They will go to the park.

イ They will go to the museum.

ウ They will finish the report.

エ They will join the meeting.

No. 2

ア A black T-shirt.

イ A blue T-shirt.

ウ A black jacket.

エ A blue jacket.

No. 3

ア One.

イ Two.

ウ Three.

エ Ten.

No. 4

ア He couldn't watch the game.

イ He couldn't find the stadium.

ウ He lost his wallet.

エ He couldn't play in the game.

(3)　これから，ボブ(Bob)とアヤ(Aya)との対話を放送します。そのあとで，その内容について，**Question No. 1** と **Question No. 2** の二つの質問をします。それぞれの質問に対して，最も適切な答えを，ア，イ，ウ，エの中から一つ選んで，その記号を書きなさい。

No. 1

ア　Every Saturday.

イ　Every Sunday.

ウ　Every Wednesday and Saturday.

エ　Every Wednesday and Sunday.

No. 2

ア　September 13th.

イ　September 30th.

ウ　October 13th.

エ　October 30th.

(4)　マスミ(Masumi)は英語部の部員です。部活のミーティングで，顧問のグリーン先生(Ms. Green)が生徒たちに話をしています。これからその内容を放送します。グリーン先生が生徒たちに伝えた内容について正しいものはどれですか。下のア，イ，ウ，エの中から一つ選んで，その記号を①に書きなさい。

また，あなたがマスミの立場なら，グリーン先生の質問に対して何と答えますか。英語1文で②に書きなさい。

①　グリーン先生が生徒たちに伝えた内容について正しいもの

ア　Twenty new students are going to come to the welcome party.

イ　They will talk about themselves to the new members in Japanese.

ウ　They will answer the questions from the new students in easy English.

エ　They are going to sing an English song for the new members on Monday.

②　グリーン先生の質問に対する答え

(　　　　　　　　　　　　　　　　　　　　　　　　　　　　　　　　　　)

これで，放送による聞き取りテストを終わります。続いて，問題**2**に進みなさい。

※　放送による問題の放送文は，英語の問題の終わりに付けてあります。

2 次のＡとＢの英文は，中学生のマヤ(Maya)と，ALTのブラウン先生(Mr. Brown)がやり取りしたメールです。それぞれの英文を読んで，下の(1)，(2)の問いに答えなさい。

A

> Hello, Mr. Brown.
> I have something to ask you. What should I do to speak English better? I like English and I have ①(study) it hard for about three years, but I can't enjoy ②(speak) it. I want to work for poor children in many *foreign ③(country) in the future, so I have to speak English well to talk with them. Please give me some *advice.

＊ foreign 外国の advice アドバイス

B

> Hi, Maya.
> Thank you for your e-mail. One of the best ④(w) to learn English is talking with people from ⑤(a). Today, we can talk with them by using the Internet. You don't have to use difficult words. It is important to speak a lot with ⑥(e) words and have fun when you are talking. Good luck!

(1) Ａの英文が完成するように，文中の①～③の( )の中の語を，それぞれ１語で適切な形に直して書きなさい。

(2) Ｂの英文が完成するように，文中の④～⑥の( )内に，最も適切な英語を，それぞれ１語ずつ書きなさい。なお，答えはすべて( )内に示されている文字で書き始めるものとします。

3 次の(1), (2)の問いに答えなさい。

(1) 次の英文は，ある記事の一部です。この記事が伝えている内容として最も適切なものを，下のア～エの中から一つ選んで，その記号を書きなさい。

People who get up early are called 'morning people.' People who are *active at night are called 'night people.' It is sometimes hard for night people to get up early. A science book says that *genes decide which kind of person you are. If night people have to get up early, they feel very tired and may become sick.

＊ active 活発な　gene(s) 遺伝子

ア It is good for our health to get up early in the morning.

イ We should be more active in the morning than at night.

ウ Morning people can get up early because they have the genes to do so.

エ Night people may become sick, so they should get up early.

(2) 次の英文中の［　　　］には，下のア～ウの三つの文が入ります。意味の通る英文になるように，ア～ウの文を並べかえて，記号で答えなさい。

My sister gave me a CD as a birthday present. It had some English songs. I wasn't very happy because I liked J-pop better than English songs. ［　　　］ Now, I'm interested in English songs.

ア After learning what they meant, I loved them more.

イ But listening to the songs made me happy, so I tried to understand them with my dictionary.

ウ When I first listened to the CD, I couldn't understand the words.

4 中学生のアユミ(Ayumi)がイギリスからの留学生ベス(Beth)と，次のページのイベントのちらしを見ながら話をしています。下の対話文を読んで，(1)，(2)の問いに答えなさい。

Ayumi : Look! I think this event is good for you.

Beth : What kind of event is that? I can't understand all of it because it is written in Japanese.

Ayumi : It's about (①).

Beth : That sounds interesting.

Ayumi : Oh, there are *exhibits of Japanese *calligraphy. You are interested in them, right?

Beth : Yes, but I don't think I can understand them. Kanji is still too difficult for me.

Ayumi : Don't worry, Beth. (②) because they have an *audio guide in English.

Beth : That's good. I'm also interested in the Japanese *tea ceremony. Is there anything about it?

Ayumi : Yes, you can try the tea ceremony if you (③) for it.

Beth : Oh, is it expensive?

Ayumi : No, it isn't. I'm interested in it, too, so □

Beth : Yes, let's. Thank you, Ayumi.

Ayumi : You're welcome. Oh, we can also see many kinds of *performances at this event. I think you'll like *nihon buyo*, the Japanese *classical dance, or *wadaiko*, the Japanese drums. *Nihon buyo* is very beautiful and *wadaiko* is really exciting.

Beth : I want to see (④). I like music performances.

Ayumi : OK. It starts at one o'clock, so how about eating lunch before that?

Beth : Sure.

Ayumi : We can (⑤).

Beth : Sounds great!

* exhibit(s) 展示　calligraphy 書道　audio guide 音声ガイド
tea ceremony 茶会　performance(s) 実演　classical 古典的な

●国際交流イベント・日本文化を知ろう！●　□□市　国際交流推進委員会主催

日程：8月10日～15日　午前9：00～午後5：00
場所：□□市　市民センター

A　展示(第1ホール)：日本画，★書道，★俳句，生け花　★英語音声ガイドをご利用いただけます。
B　体験コーナー(和室)：着物着つけ＋写真撮影(参加費1,500円)
茶会(参加費500円)，折り紙(無料)，琴の演奏(参加費300円)
C　舞台(第2ホール)
9：30～10：00　能　　1：00～1：45　和太鼓
10：45～11：00　日本舞踊　　2：30～3：00　雅楽
D　お食事(食堂)
握り寿司セット(1,500円)，うな重(1,400円)，天丼(1,200円)，
◎くし揚げセット(1,100円)，かつ丼(800円)，◎おでん(700円)，
そば(600円)，◎たこ焼き(500円)，和菓子セット(400円)
◎印の料理は，市民センター内日本庭園でもお召し上がりいただけます。
飲食物のお持ち込み，およびセンター外へのお持ち帰りはご遠慮ください。

(1)　対話中の(　①　)～(　⑤　)に入る最も適切なものを，ア～エの中から一つ選んで，その記号を書きなさい。

①　ア　Japanese food　　イ　Japanese music
　　ウ　Japanese event　　エ　Japanese culture

②　ア　You can study kanji at this city hall
　　イ　You can understand them
　　ウ　You should see Japanese art before that
　　エ　You don't have to see Japanese calligraphy

③　ア　pay some money　　イ　pay five thousand yen
　　ウ　pay fifteen hundred yen　　エ　pay fifteen thousand yen

④　ア　*nihon buyo*　　イ　*no*　　ウ　*wadaiko*　　エ　*gagaku*

⑤　ア　take some food home for our family
　　イ　have Japanese and Chinese food at the restaurant
　　ウ　bring our lunch and eat it at the restaurant
　　エ　eat some of Japanese food in the Japanese garden

(2)　対話の流れに合うように，文中の［　　　　］に入る適切な英文を，3語以上，7語以内で書きなさい。なお，符号(, . ? ! など)は，その前の語につけて書き，語数には含まないものとします。

5 下の英文を読んで，次のページの(1)〜(4)の問いに答えなさい。

*Florence Nightingale is one of the most famous women of the 19th century. She was born in *Florence, Italy in 1820 when her father and mother were traveling around Europe. They gave her the name, Florence, because she was born there. Her family was rich. She was taught many subjects such as science, math and history by her father. But she was interested in helping other people. She liked to visit sick and poor people living near her house. [1] When she was seventeen years old, she said to her father, "I want to be a *nurse." Her father wasn't happy to hear that. He didn't want her to work as a nurse. In the early 19th century, people didn't think that nurses were important.

[2] In 1851, she went to a school for nurses to learn how to take care of sick people. After that, she started to work as a nurse at a hospital in London. She worked hard and made the working *conditions of the hospital much better than before.

In 1854, a *war started. There were so many *wounded *soldiers. Florence was asked to go to a hospital in *the Crimea with other nurses to help them. When she arrived, she found that the hospital was very *dirty. *Toilets were broken and *rats were running *everywhere. Wounded soldiers had to sleep on the dirty floor. Also, there wasn't enough medicine. *As a result, many soldiers died from *disease, not from *wounds. Florence knew that she had to change the hospital conditions to save the soldiers' lives. So, she started to clean the hospital. As a leader of the nurses, she did everything she could. [3] The hospital conditions became better by her efforts and hard work, and many soldiers were able to live. She was called 'The Lady with the *Lamp' by the soldiers. She visited the soldiers every night with a lamp when they were sleeping to *see if they were well.

[4] When Florence came back to England, she was very famous. People thought of her as a *heroine. Also, the *Queen wrote a letter to her to say thank you for her work. Florence opened a school for nurses in London in 1860. She also wrote a lot of books. One of her books, **Notes on Nursing*, is about how to be a good nurse.

Florence Nightingale died on August 13, 1910 when she was ninety. She is known as the mother of *modern nursing.

* Florence Nightingale　フローレンス・ナイチンゲール　Florence　フィレンツェ
nurse　看護師　condition(s)　状況　war　戦争　wounded　負傷した
soldier(s)　兵士　the Crimea　クリミア半島　dirty　汚い　toilet(s)　トイレ
rat(s)　ドブネズミ　everywhere　至る所に　as a result　その結果

disease　病気　wound(s)　傷　lamp　ランプ
see if ～　～かどうか確かめる　heroine　ヒロイン　Queen　女王
Notes on Nursing『看護覚え書』　modern　近代の

(1) 本文の内容に合う文を，次のア～クの中から三つ選んで，その記号を書きなさい。

ア　A city in Italy was named Florence because a famous woman was born there.
イ　Florence wanted to help sick and poor people and invited them to her house.
ウ　Florence became a nurse because she liked to help other people.
エ　Florence asked other nurses to go to the Crimea and help wounded soldiers.
オ　The hospital was very dirty, so many soldiers got sick and died.
カ　The soldiers were sleeping with a lamp given by Florence, so they got better.
キ　Florence became so famous that she was chosen as the Queen of England.
ク　Florence opened a school and wrote books for the people who wanted to be a nurse.

(2) 次の文は，文中の［ 1 ］～［ 4 ］のどこに入るのが最も適切か，番号で答えなさい。

But Florence didn't change her mind.

(3) 次の①，②の質問に，それぞれ指定された語数の英文で答えなさい。ただし，符号(，．？！など)は，語数には含まないものとします。

① How old was Florence when she died?　（5語）

② What did Florence do to change the hospital conditions?　（4語以上）

(4) 次の対話文は，本文を読んだ先生と生徒とのものです。①，②に入る英文をあなたの立場で，それぞれ15語程度の1文で書きなさい。ただし，符号(，．？！など)は，語数には含まないものとします。

Teacher：What do you think about Florence Nightingale?
Student：（ ① ）
Teacher：I see. *By the way, what do you usually do to help other people, such as your family or friends?
Student：（ ② ）
Teacher：Oh, that's good. I hope you will continue to help others.

＊ By the way　ところで

6 あなたは，ホワイト先生(Mr. White)から次のようなメールをもらいました。ホワイト先生からの宿題について，英語30語以上で書きなさい。なお，記入例にならい，符号(, . ? ! など)は，その前の語につけて書き，語数には含まないものとします。

【あなたがホワイト先生からもらったメール】

Hello. I'm writing to tell you the homework for the next class. In the next class, you are going to give a speech. The *topic is "the season you like best." Which season do you like best? Why do you like it? Please write about the topic and give a speech in the next class.

* topic 話題，トピック

記入例				
	Are	you	Mr.	Brown?
	No,	I'm	not.	

______	______	______	______
______	______	______	______
______	______	______	______
______	______	______	______
______	______	______	______
______	______	______	______
______	______	______	______
______	______ 30	______	______
______	______	______	______
______	______	______	______
______	______	______	______
______	______	______	______
______	______	______	______
______	______	______	______
______	______	______	______ 60

Thank you for listening.

＜放送による問題放送文＞

ただいまから１番の，放送による聞き取りテストを行います。問題は(1)から(4)までの四つです。放送中メモを取ってもかまいません。

それでは(1)の問題から始めます。

(1)　これから，No.1 から No.5 まで，五つの英文を放送します。放送される英文を聞いて，その内容に合うものを選ぶ問題です。それぞれの英文の内容に最もよく合うものを，ア，イ，ウ，エの中から一つ選んで，その記号を書きなさい。

それぞれの英文は，２回放送します。

では，はじめます。

No.1

I am reading a letter from my grandfather.

繰り返します。

No.2

I like playing the piano.

繰り返します。

No.3

Tom can run faster than Bob.　Jim can't run faster than Bob.

繰り返します。

No.4

In my class, half of the students have smartphones.　Forty percent of the students have cellphones.

繰り返します。

No.5

Mary goes to swimming school on Wednesday.　She has English lessons on Thursday.　She does volunteer work on Sunday.

繰り返します。

これで(1)の問題を終わります。

次に，(2)の問題に移ります。

(2)　これから，No.1からNo.4まで，四つの対話を放送します。それぞれの対話のあとで，その対話について一つずつ質問します。それぞれの質問に対して，最も適切な答えを，ア，イ，ウ，エの中から一つ選んで，その記号を書きなさい。
　対話と質問は，２回放送します。

　では，はじめます。

No.1

A：Do you have any plans for this weekend, John?　Let's go to the park.

B：Well, on Saturday, I have to go to the museum for our history homework.

A：Oh, I forgot about that!　Can I go with you?

B：Sure.　How about meeting at the museum at ten o'clock?

Question：What will they do this weekend?
繰り返します。（対話と質問を繰り返す。）

No.2

A：May I help you?

B：Yes, please.　I'm looking for a nice jacket.

A：How about this black one?

B：I like the design, but do you have a blue one?

Question：What does the man want?
繰り返します。（対話と質問を繰り返す。）

No.3

A：How many cousins do you have, Paul?

B：I have only one cousin.　How about you, Meg?

A：I have ten cousins.　My mother has three sisters and each of them has children.

B：You have so many cousins!　And you have two brothers, right?

Question：How many cousins does Meg have?
繰り返します。（対話と質問を繰り返す。）

No.4

A：How was the baseball game yesterday?　You saw it at the stadium, right?

B：Yes, but don't ask about it.

A：Oh, what happened?

B：My favorite player didn't play in the game, and I lost my wallet at the stadium.

Question：What happened to the boy?

繰り返します。（対話と質問を繰り返す。）

これで(2)の問題を終わります。

次に，(3)の問題に移ります。

(3)　これから，ボブ(Bob)とアヤ(Aya)との対話を放送します。そのあとで，その内容について，Question No.1 と Question No.2 の二つの質問をします。それぞれの質問に対して，最も適切な答えを，ア，イ，ウ，エの中から一つ選んで，その記号を書きなさい。

対話と質問は２回放送します。

では，はじめます。

Bob：Hi, Aya.　Where are you going?

Aya：Hi, Bob.　I'm going to a piano lesson.

Bob：Oh, I didn't know you play the piano.　I like music, too.　I sometimes play the guitar at home.　How many times a week do you have lessons?

Aya：Twice a week, on Wednesday and Saturday.　I have a concert next month, so I must practice very hard for it.

Bob：Wow!　That's great!　What day will you have the concert?

Aya：It will be on Sunday, October thirtieth.

Bob：Can I come and see it?　I love going to concerts.

Aya：Of course you can!

Bob：I can't wait!　Good luck!

Aya：Thank you.　I'll practice hard.

Questions :

No. 1　On what days does Aya take piano lessons?

No. 2　When is the concert?

繰り返します。(対話と質問を繰り返す。)

これで(3)の問題を終わります。

次に，(4)の問題に移ります。

(4)　マスミ(Masumi)は英語部の部員です。部活のミーティングで，顧問のグリーン先生(Ms. Green)が生徒たちに話をしています。これからその内容を放送します。グリーン先生が生徒たちに伝えた内容について正しいものはどれですか。下のア，イ，ウ，エの中から一つ選んで，その記号を①に書きなさい。

また，あなたがマスミの立場なら，グリーン先生の質問に対して何と答えますか。英語１文で②に書きなさい。

では，はじめます。

Twelve new students are going to join our club, so we're going to have a welcome party for them next Monday.　I want you to tell them about our club in English. It may be difficult for them to understand, so please speak in easy English.　If they ask you any questions, please answer in Japanese.　After that, you are going to sing an English song for them.　What song do you want to sing?　We'll practice at the club meeting this Thursday, so we have to choose the song by then.　Please tell me your answer at the meeting tomorrow.

繰り返します。(英文を繰り返す。)

これで，放送による聞き取りテストを終わります。続いて，問題２に進みなさい。

【数　学】（50分）〈満点：100点〉

1　次の各問に答えなさい。

（1）　数直線上の2の位置にコインが置いてある。このコインを，数直線の負の方向に8動かし，その後，正の方向に3動かす。動かした後にコインがある数直線上の位置を，数値で求めなさい。

（2）　右の図のように，中心をO，線分ABを直径とする半円を，点Aを中心として45°回転させ，点Oが移った点をP，点Bが移った点をCとし，線分ACと$\overset{\frown}{AB}$の交点のうち点Aと異なる点をDとする。OA＝2cmのとき，斜線部分の面積を求めなさい。

ただし，円周率はπとする。

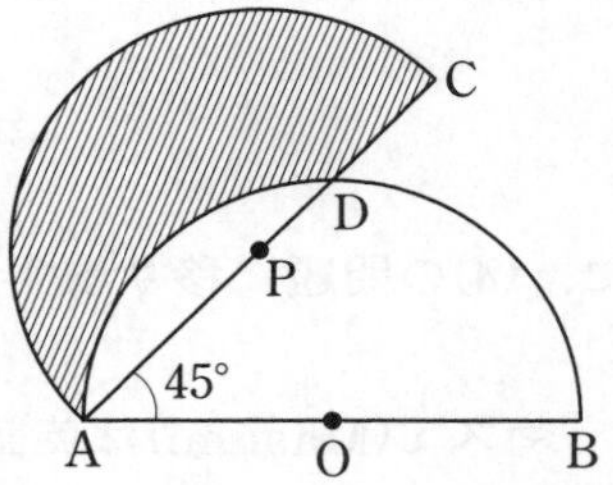

図

（3）　縦に7個，横にa列に並べた石を，縦にb個，横に4列に並べなおしたとき，残った石の個数は10個以下であった。

この数量の関係を表した不等式として正しいものを，次のア～エから一つ選んで，その記号を書きなさい。

ア　$7a+4b \leqq 10$　　イ　$7a+4b \geqq 10$　　ウ　$7a-4b \leqq 10$　　エ　$7a-4b \geqq 10$

（4）　下の図において，2点A，Bは直線lに関して同じ側にある点である。直線l上にあり，AP＝BPとなる点Pを作図によって求め，点Pの位置を表す文字Pも書きなさい。

ただし，作図に用いた線は消さずに残しておくこと。

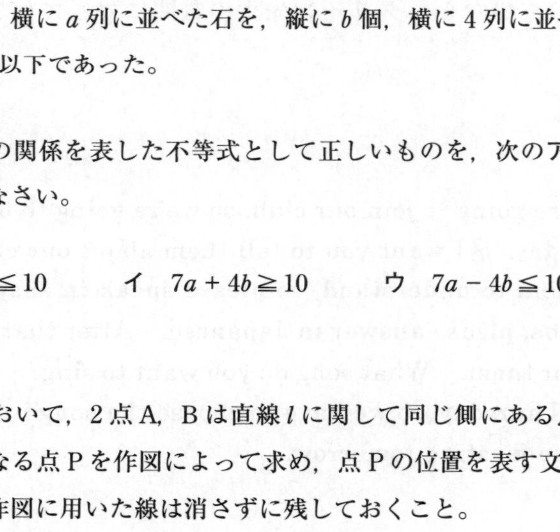

図

2 次の各問に答えなさい。

（1） 「連続する２つの奇数の和は，４の倍数である」

このことを次のように説明した。

（説明）

nを０以上の整数として，連続する２つの奇数の小さい方を$2n+1$と表すと，大きい方は $\boxed{\text{ア}}$ と表すことができる。

連続する２つの奇数の和は，$(2n+1)+(\boxed{\text{ア}})=4n+4=4\times(\boxed{\text{イ}})$

$\boxed{\text{イ}}$ は自然数だから，$4\times(\boxed{\text{イ}})$は４の倍数である。

よって，連続する２つの奇数の和は，４の倍数である。

このとき，上の $\boxed{\text{ア}}$ ， $\boxed{\text{イ}}$ に当てはまる式を，それぞれ書きなさい。

（2） 商店で，おにぎりとサンドイッチを販売している。ある日，おにぎりとサンドイッチを合わせて260個仕入れた。この日に，おにぎりは仕入れた個数の70％，サンドイッチは仕入れた個数の75％が売れ，売れた個数は，おにぎりがサンドイッチより８個多かった。

この日に仕入れたおにぎりとサンドイッチの個数を求めるために，仕入れたおにぎりの個数をx個，サンドイッチの個数をy個として連立方程式をつくると，次のようになる。

$$\begin{cases} \boxed{\quad\text{ア}\quad}=260 \\ \boxed{\quad\text{イ}\quad}=8 \end{cases}$$

このとき，上の $\boxed{\text{ア}}$ ， $\boxed{\text{イ}}$ に当てはまる式を，それぞれ書きなさい。

（3） 下の図で，2点A，Bは関数 $y=-\frac{1}{4}x^2$ のグラフ上にあり，点Aの x 座標は -2，点Bの x 座標は2である。また，点Cは関数 $y=ax^2$ のグラフ上にあり，線分BCは y 軸に平行である。

AB＝BCのとき，a の値を求めなさい。ただし，a は正の数とする。

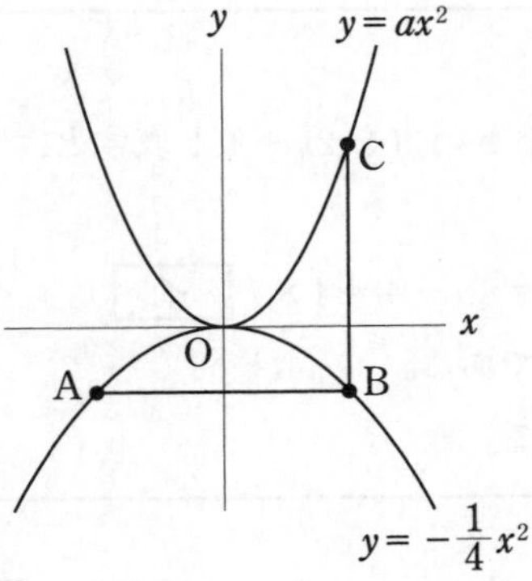

図

（4） 下の図1，図2のように，青，黄，赤，白の4個の玉と，青，黄の2個の箱がある。4個の玉を袋に入れてよくかき混ぜ，この中から1個ずつ続けて2個の玉を取り出し，1個目に取り出した玉を青の箱に，2個目に取り出した玉を黄の箱に入れる。このとき，箱の色と入っている玉の色が，どちらも同じにならない確率を求めなさい。

ただし，玉を取り出すとき，どの玉が取り出されることも同様に確からしいものとする。

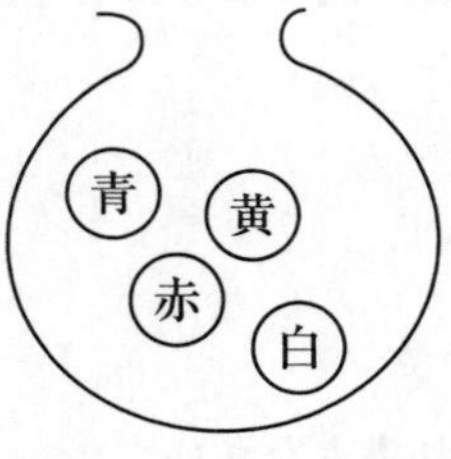

図1

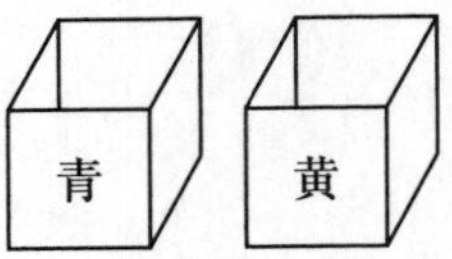

図2

3 AB = 35 cm，BC = 25 cm，AC = 40 cm，∠ACB = 60° の△ABC がある。下の図１において，辺 BC を C の方に延長した直線上に点 P をとる。3 点 A，B，C を通る円と線分 AP の交点を D，辺 AC と線分 BD の交点を E とする。ただし，点 P は点 C と異なる点である。

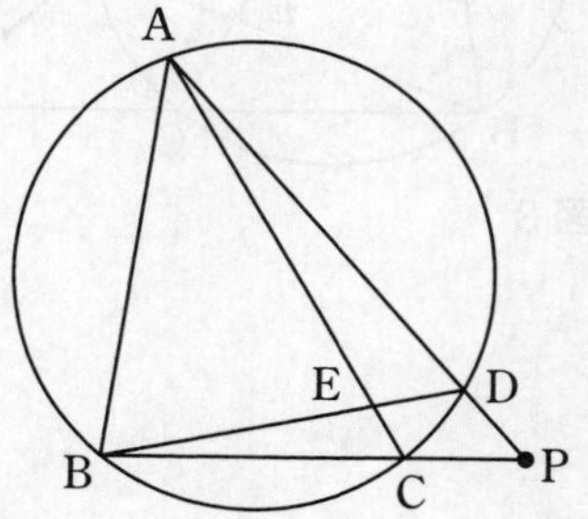

図１

M さんと N さんの次の会話を読んで，あとの（１），（２）の問いに答えなさい。

（M さんと N さんの会話）
M：線分 CP の長さを長くしても△AED と△BEC は常に相似だね。
N：△ACP と△BDP も常に相似だよ。
M：形が変わるのに不思議ね。他に相似な三角形はないのかな？
N：(a) <u>CP = 24 cm になったとき</u>，△ABC と△PBA も相似になるよ。

（１） 右の図２のように，∠APB = 44° のとき，∠AEB の大きさを求めなさい。

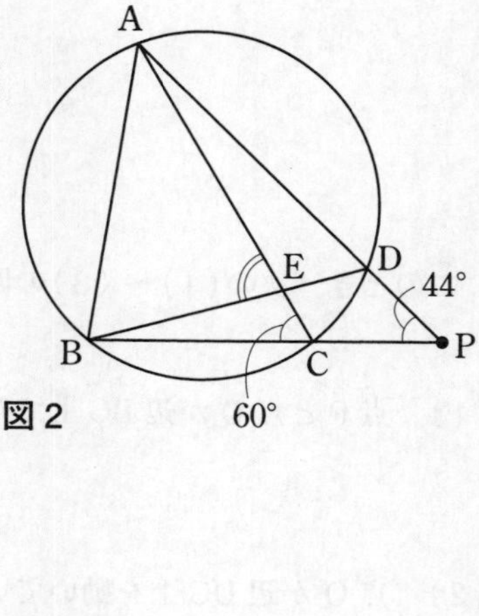

図２

（2） 右の図3は，会話文中の下線部(a)について考えるために，CP = 24cm になるように点Pをとったものである。

① △ABC ∽ △PBA であることを証明しなさい。

② 線分PDの長さを求めなさい。

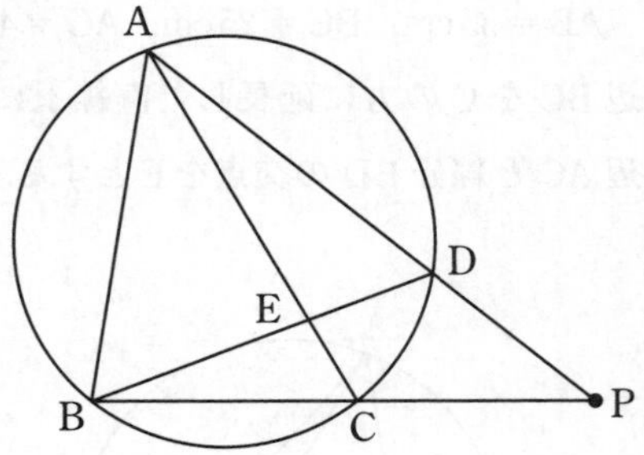

図3

4

下の図1のように，AB = 4cm，AD = 12cm の長方形ABCDがあり，2点P，Qは頂点Aを同時に出発し，点Pは毎秒1cmの速さで，点Qは毎秒4cmの速さで，長方形ABCDの辺上をそれぞれ動く。点Pは，頂点Aを出発して，頂点Bを通って頂点Cに向かって動く。点Qは，頂点D，頂点Cを通って頂点Bに向かって動く。2点P，Qは辺BC上で重なると止まる。

下の図2は，2点P，Qが頂点Aを出発してから x 秒後の△APQの面積を $y$cm^2 として，頂点Aを出発してから辺BC上で重なるまでの x と y の関係をグラフに表したものである。

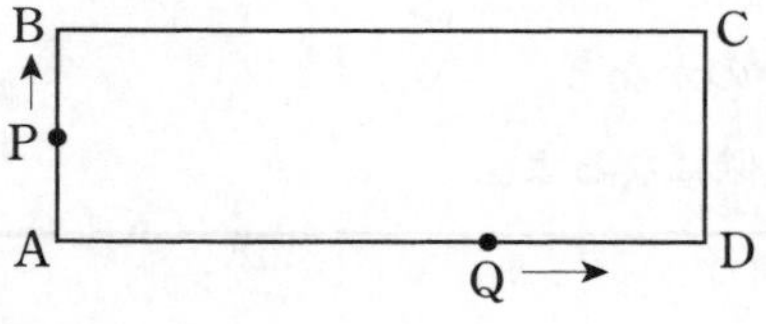

図1

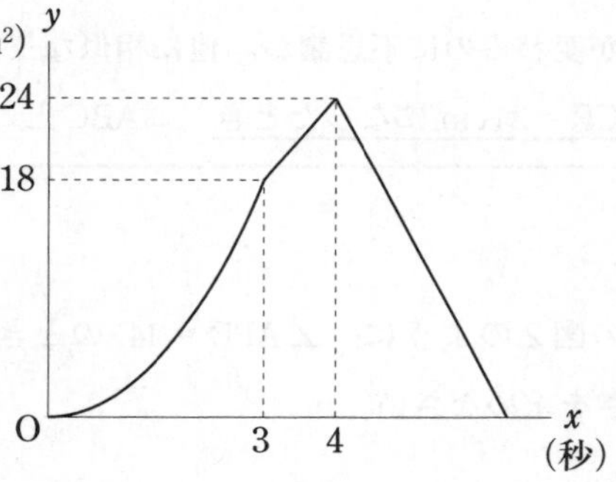

図2

このとき，次の(1)～(3)の問いに答えなさい。

（1） 点Pと点Qが辺BC上で重なるのは，頂点Aを出発してから何秒後か，求めなさい。

（2） 点Qが辺DC上を動いているときの x，y の関係を式で表しなさい。

（3） $y = 16$ となるときの x の値をすべて求めなさい。

5 あき子さんは，庭で栽培しているエンドウのさやをとり，1つのさやの中に何粒のマメが入っているかを調べました。下の表は，とったさやのうち50個を調べ，まとめたものである。

1つのさやに入っているマメの数(粒)	1	2	3	4	5	6	計
さやの数(個)	1	5	12	20	7	5	50

表

このとき，次の(1)～(3)の問いに答えなさい。

(1) 調べた50個のさやについて，1つのさやに入っているマメの数の中央値(メジアン)を求めなさい。

(2) 調べた50個のさやについて，1つのさやに入っているマメの数が5粒以上の割合は何％か，求めなさい。

(3) 調べていないさやは，あと6個ある。そこであき子さんは，最頻値(モード)について次のように話をしている。

> (あき子さんの話)
>
> 50個調べたところでの最頻値(モード)は4粒である。残っている6個のさやを調べても最頻値は変わらない。

あき子さんがこのように話した理由を，4粒入っていたさやの数にふれて簡単に説明しなさい。

6　右の図1のように，AB = BC = 8 cm，AE = 6 cm の直方体 ABCD-EFGH がある。

このとき，次の(1)～(3)の問いに答えなさい。

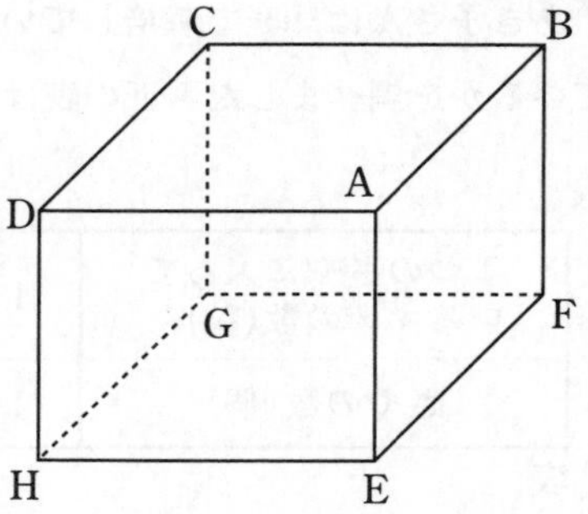

図1

(1)　辺 AB とねじれの位置にある辺を，次のア～エの中から二つ選んで，その記号を書きなさい。

ア　辺 BC　　イ　辺 CG　　ウ　辺 FG　　エ　辺 HG

(2)　右の図2のように，辺 AB 上に点 P，辺 AD 上に点 Q，辺 AE 上に点 R を，AP = AQ = 3 cm，AR = 4 cm になるようにとる。3点 P，Q，R を通る平面で直方体 ABCD-EFGH を2つの立体に分けたとき，大きい方の立体の体積を求めなさい。

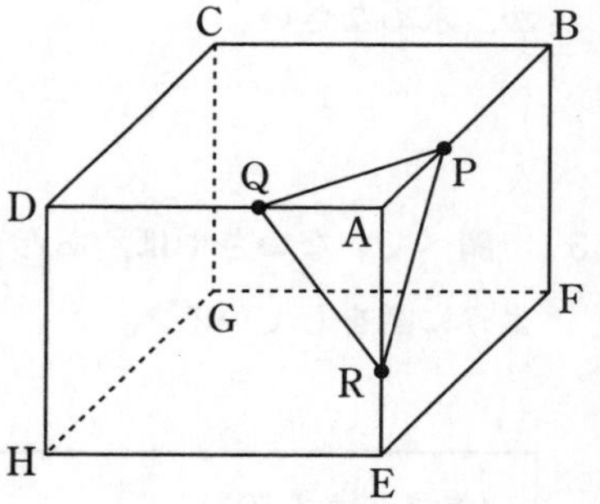

図2

(3)　右の図3は，図2の線分 PB 上に，AP = PS となるように点 S をとったものである。点 S を通り，3点 P，Q，R を通る平面に平行な平面と，線分 QD，辺 EH，辺 EF の交点をそれぞれ T，U，V とする。このとき，△PQR と四角形 STUV の面積の比を，最も簡単な整数の比で求めなさい。

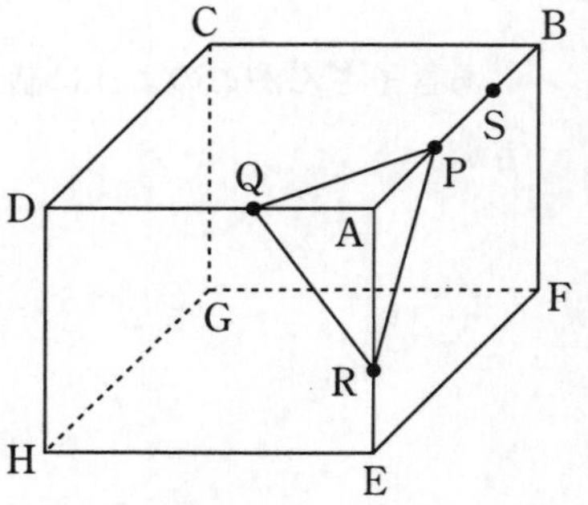

図3

【社　会】（50分）〈満点：100点〉

1　ある中学校の社会科の授業で，「中国・四国地方の産業と暮らし」というテーマで，班ごとに課題を設定し，学習しました。次の１～３に答えなさい。

1　A班では，「瀬戸内の気候は，農業にどのような影響をあたえているのだろう」という課題を設定し，**資料１～資料３**をもとに話し合いました。下の⑴～⑷の問いに答えなさい。

資料１　中国・四国地方の季節風の様子

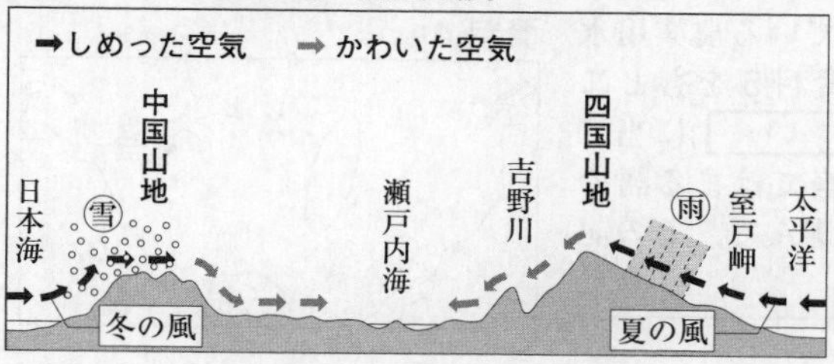

資料２　香川県高松市の気候

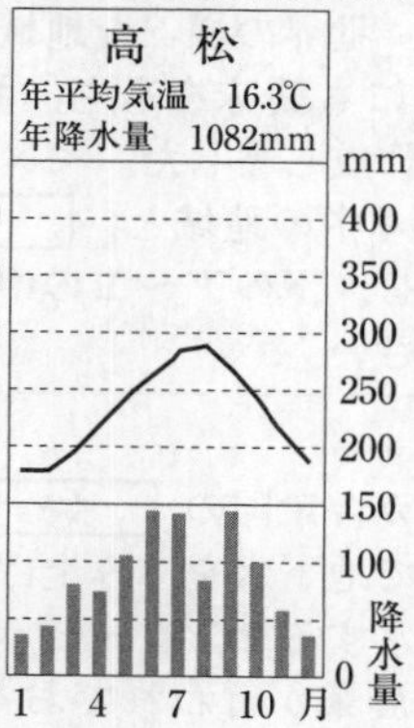

〔理科年表　2019年」より作成〕

資料３　香川県内の地域の地形図

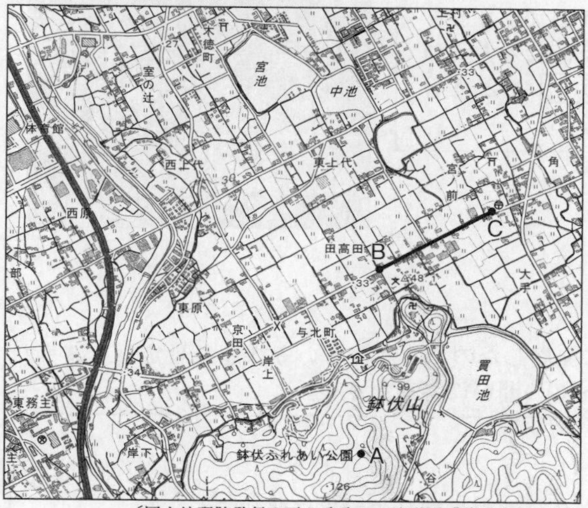

〔国土地理院発行２万５千分の１地形図「善通寺」より〕
〈編集部注：編集上の都合により原図の82%に縮小してあります。〉

> 太郎：**資料１**と**資料２**をみると，瀬戸内は［　あ　］ために季節風の影響を受けにくく，降水量が少ないんだね。
> 花子：そうね。水不足で農作物が枯れるといった干害がおこることもあるようね。
> 太郎：水不足を解消するにはどんな方法があるのかな。
> 花子：**資料３**をみると，a <u>農業用水を確保するためにこの地域で行われてきた工夫</u>の様子がわかるわ。

⑴　会話中の［　あ　］に当てはまる内容を，次のア～エの中から一つ選んで，その記号を書きなさい。

ア　東側と西側を山地にはさまれている　　イ　海の近くに位置している
ウ　北側と南側を山地にはさまれている　　エ　標高の高い場所に位置している

⑵　下線部aについて，この工夫の内容を，**資料３**中にみられる施設を挙げて書きなさい。

(3)　**資料3**の地形図について述べた文として最も適切なものを，次の**ア**～**エ**の中から一つ選んで，その記号を書きなさい。

ア　この地域の農業は，畑作を中心に行われている。
イ　A地点に立って東をむくと，左手に老人ホームがある。
ウ　東原の西側を南北に鉄道が通っている。
エ　B－C間は地形図上で約2cmであることから，実際の距離は約1kmである。

(4)　A班では，世界の様々な地域で行われている農業用水確保の工夫にも興味をもち，**資料4**，**資料5**をもとに＜メモ＞を作成しました。＜メモ＞の［ い ］に当てはまる**資料4**中の地域と，［ う ］に当てはまる語の組み合わせを，下の**ア**～**エ**の中から一つ選んで，その記号を書きなさい。

資料4

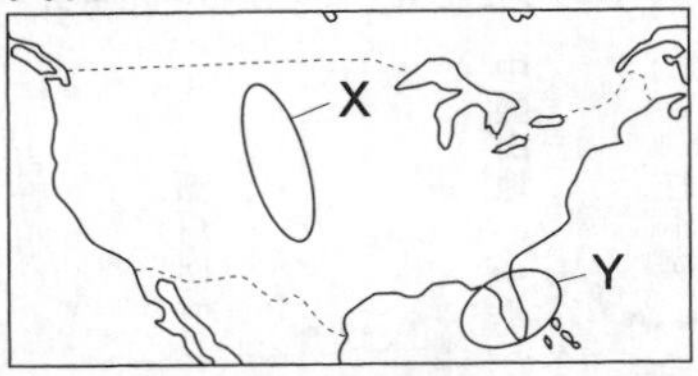

資料5　センターピボットによる農業

＜メモ＞
アメリカ合衆国の［ い ］の地域では，円形の畑の中央で地下水をくみ上げ，回転式のスプリンクラーで散水するセンターピボットとよばれる方式のかんがい農業が行われており，［ う ］やとうもろこしなどの農作物が栽培されている。

ア　［ い　X　　う　小麦 ］
イ　［ い　X　　う　オリーブ ］
ウ　［ い　Y　　う　小麦 ］
エ　［ い　Y　　う　オリーブ ］

2　B班では，「瀬戸内の工業はどのように発展したのだろう」という課題を設定し，調べたことを＜メモ＞にまとめました。下の(1)～(3)の問いに答えなさい。

＜メモ＞
○瀬戸内で工業が発達した主な理由
・瀬戸内海に面していて［ え ］ため，原料や製品の輸送に便利であった。
・埋め立てのしやすい遠浅の海が広がるなど，工業用地を得やすかった。
・先に発達していた阪神工業地帯と北九州工業地域の中間に位置していた。
○瀬戸内工業地域の特色
・製鉄や化学など，b 重化学工業を中心に発達してきた。
・近年は，c 航空機などに使われる炭素繊維，携帯電話などに使われるリチウムイオン電池のような高度な技術を用いた新しい工業製品の生産も盛ん。

(1)　＜メモ＞の［ え ］に当てはまる内容を書きなさい。

(2)　下線部 b について，**資料 6** 中の●は，石油製品の生産に関連する工場や火力発電所を集めてパイプラインで結び，原料や燃料などを送り合いながら生産を行う地域を示しています。このような地域を何といいますか。10 字で書きなさい。

資料 6

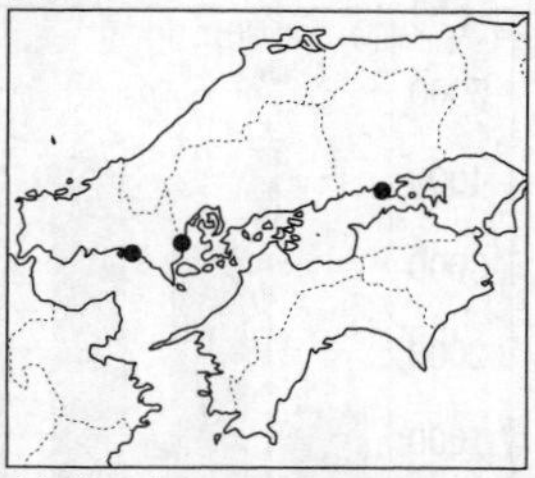

〔「日本国勢図会」2020/21 年版より作成〕

(3)　下線部 c について，B 班で調べていくと，瀬戸内工業地域で生産された炭素繊維の一部はヨーロッパへ輸出されていることがわかりました。B 班では，ヨーロッパでの航空機生産について，**資料 7**，**資料 8** をもとに＜まとめ＞を作成しました。＜まとめ＞の［ お ］に当てはまる内容を，「EU」の語を用いて書きなさい。

資料 7　ヨーロッパの航空機生産

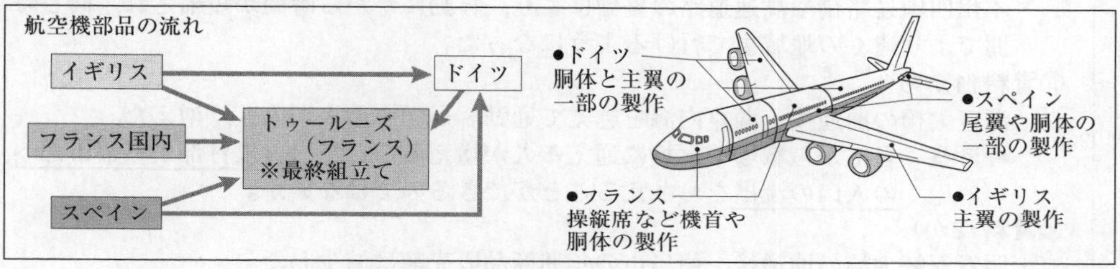

＜まとめ＞
ヨーロッパには，数か国が共同で設立した航空機メーカーがあり，ヨーロッパ各地の工場で生産した部品を 1 か所に集めて組立てを行っている。このような体制でスムーズに生産を行うことができるのは，［ お ］ためである。

資料 8　ヨーロッパの統合のあゆみ

年	できごと
1967	EC（ヨーロッパ共同体）が発足
1993	物やサービスの移動を自由化
	EU（ヨーロッパ連合）が発足
1995	人の移動を自由化
2002	共通通貨ユーロの流通を開始

3　C 班では，「中国・四国地方の暮らしと交通はどのように関係しているのだろう」という課題を設定し，**資料 9**～**資料12** をもとに＜メモ＞を作成しました。下の(1)～(3)の問いに答えなさい。

資料 9　中国・四国地方の交通網の発達

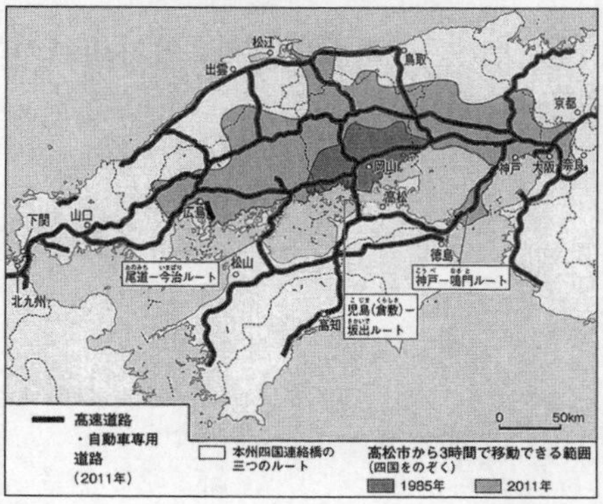

資料10　本州四国連絡橋

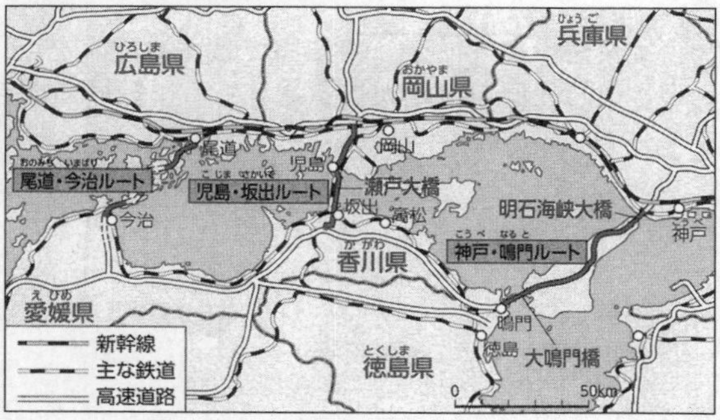

〔資料 9・資料 10 はともに西日本高速道路資料ほかより作成〕

資料11　岡山県・香川県間の通勤・通学者数の変化

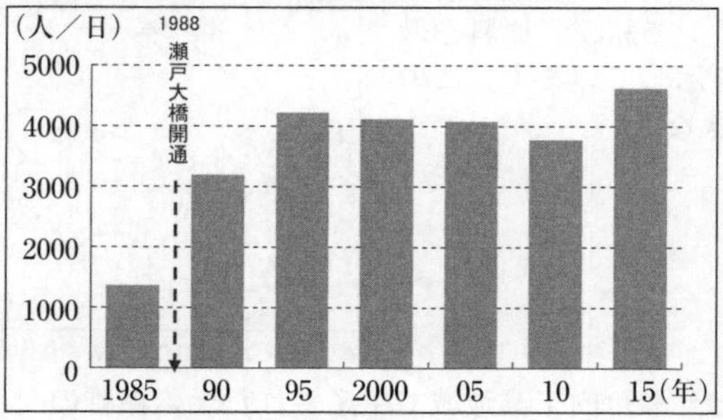

〔本州四国連絡高速道路株式会社ホームページより作成〕

資料12　徳島市と全国の年間商品販売額(小売業)の変化

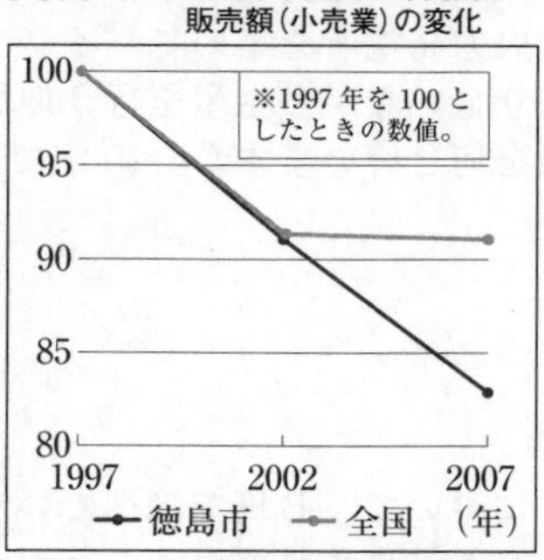

〔徳島市資料より作成〕

＜メモ＞

○資料9，資料10から

・本州四国連絡橋や高速道路の整備により，移動にかかる時間が短縮され，同じ時間でより遠くの地域まで行けるようになった。

○資料11から

・瀬戸大橋の開通後，瀬戸内海を越えて通勤・通学する人が大きく増えた。

➡考察：自宅から職場や学校に通える人が増えることで，d農村部から都市部への人口の流出をおさえることができるのではないか。

○資料12から

・明石海峡大橋の開通後，徳島市の年間商品販売額は減少した。

➡考察：[　か　] ことが原因ではないか。

(1)　資料9～資料12について述べた文として最も適切なものを，次のア～エの中から一つ選んで，その記号を書きなさい。

ア　本州四国連絡橋で結ばれている県は，すべて中国・四国地方に属する。
イ　1985年には，3時間以内に高松市から山陰地方まで移動することはできなかった。
ウ　2015年の岡山県・香川県間の通勤・通学者数は，1985年の5倍以上となっている。
エ　1997年から2007年にかけての年間商品販売額は，徳島市よりも全国の方が大きく減少している。

(2)　下線部dについて，中国・四国地方の山間部や離島などでは，若い世代を中心に都市部へ移り住む人が増え，経済活動の衰退や公共交通機関の廃止などによって地域社会の維持が困難になってきています。このような現象を何というか，書きなさい。

(3)　＜メモ＞の [　か　] に当てはまる内容を，「神戸や大阪」の語を用いて，解答用紙の書き出し「明石海峡大橋を通って」に続けて書きなさい。

2 ある中学校の社会科の授業で，「経済や社会の歴史」というテーマにもとづき，時代の特色を考える学習をしました。次の１，２に答えなさい。

１　花子さんは，様々な時代の土地に関わる制度や支配のしくみについて調べ，**カード１～カード３**を作成しました。下の(1)～(4)の問いに答えなさい。

カード１　律令制度のもと，戸籍にもとづいて人々に口分田をあたえる班田収授法が実施された。しかし，a <u>人口の増加などでしだいに口分田が不足するようになった。</u>
カード２　農民は，団結して惣とよばれる自治組織をつくり，農業生産に必要な山や野原などの土地や用水路を管理したり，村のおきてを定めたりした。また，借金の帳消しなどを求めて [あ] をおこすようになった。
カード３　幕藩体制のもと，大名は領内の土地と人民を独自に支配した。b <u>財政の基盤</u>は百姓が納める年貢であり，年貢収入を増やすため新田開発が盛んに行われた。

(1)　下線部ａについて調べていた花子さんは，開墾をすすめるために出された**資料１**の法令を見つけました。この法令が出された結果，どのようなことがおこりましたか。「貴族や寺社」の語を用いて書きなさい。

また，次の文は，この法令が出された時期に政治を行っていた天皇について説明したものです。この天皇はだれか，書きなさい。

資料１

> 墾田は期限が終われば，ほかの土地と同様に国に収められることになっている。しかし，このために農民は意欲を失い，せっかく土地を開墾しても，またあれてしまう。今後は私有することを認め，期限を設けることなく永久に国に収めなくてもよい。

> 仏教の力で国を守ることを目指し，国分寺の造営などを進めた。東大寺の正倉院には，遣唐使がもち帰り，この人物が使用した道具も保管されている。

(2)　**カード２**の [あ] に当てはまる語を，次のア～エの中から一つ選んで，その記号を書きなさい。

ア　打ちこわし　　イ　一向一揆　　ウ　小作争議　　エ　土一揆

(3)　下線部ｂについて，花子さんは**資料２**をもとに＜メモ＞を作成しました。＜メモ＞の [い] に当てはまる語を書きなさい。

> ＜メモ＞
> 藩の支出のうち，江戸での費用と江戸・領地の移動にかかる費用の合計が３分の１近くを占めていることから，[い] の制度が藩にとって大きな負担になっていたと考えられる。

資料２　松江藩(島根県)の財政

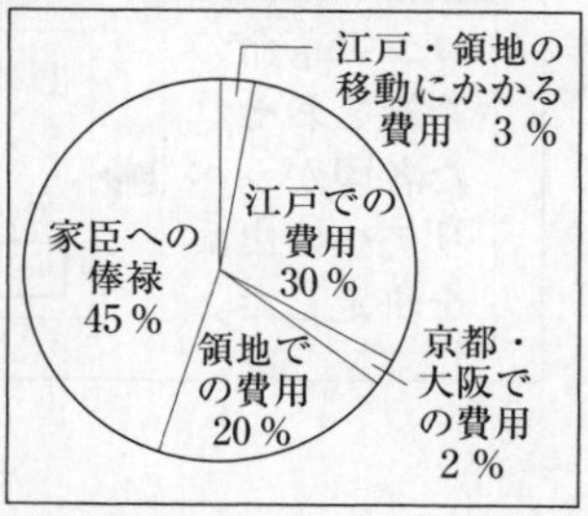

〔「ビジュアル・ワイド　江戸時代館」より作成〕

(4)　次の文は，**カード１～カード３**で説明されている時代のうち，どの時代の文化に当てはまりますか。**カード１～カード３**の中から一つ選んで，その数字を書きなさい。

> 幕府の保護を受けた観阿弥・世阿弥の親子は，猿楽にほかの芸能の要素を取り入れ，能として発展させた。

2 太郎さんは，右の年表をもとに近現代の経済や社会について調べました。次の(1)〜(4)の問いに答えなさい。

西暦	できごと
1858	5か国との間に c 修好通商条約を結ぶ
	A
1873	地租改正を行う
	B
1918	d 米騒動がおこる
	C
1950	e 特需景気がおこる
	D

(1) 年表中のA〜Dと，その時期におこったできごとの組み合わせとして最も適切なものを，次のア〜エの中から一つ選んで，その記号を書きなさい。

ア A－伊藤博文が初代内閣総理大臣となった。
イ B－八幡製鉄所が操業を開始した。
ウ C－日本が韓国を併合した。
エ D－国家総動員法が制定された。

(2) 下線部cについて，太郎さんは調べたことを<メモ>にまとめました。<メモ>の［う］に当てはまる内容を書きなさい。また，［え］に当てはまる語を，下のア〜エの中から一つ選んで，その記号を書きなさい。

<メモ>
○これらの条約には，［う］という日本に不利な規定があったことから，安い外国製品が日本に大量に輸入され，日本国内の産業は打撃を受けた。
○資料3で，アメリカの占める割合が大きく減少しているのは，この時期にアメリカでおこった［え］の影響を受けたためである。

ア 独立戦争　イ アヘン戦争
ウ 南北戦争　エ 太平天国の乱

資料3 貿易の相手国

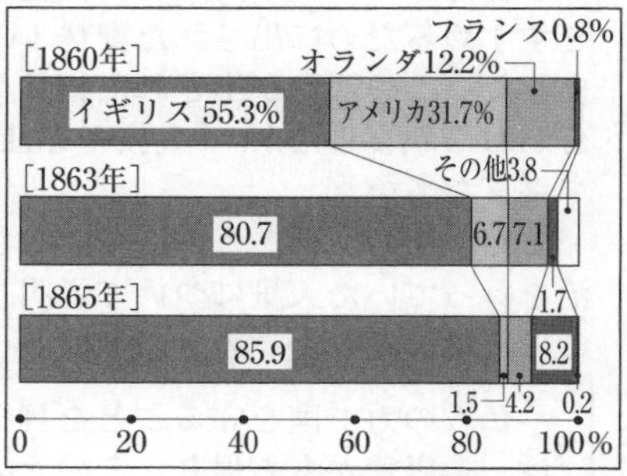

〔「近代日本経済史要覧」より作成〕

(3) 太郎さんは，下線部dがおこった背景を次のようにまとめました。資料4を参考に，<まとめ>の［お］に当てはまる内容を書きなさい。また，米騒動の後に初の本格的な政党内閣を組織し，「平民宰相」と呼ばれた人物の名前を書きなさい。

<まとめ>
ロシア革命の影響をおそれた各国がシベリアへの出兵を決定した。 ➡ 日本国内では，シベリア出兵を見越して［お］。 ➡ 米の安売りを求める騒動が全国に広がった。

資料4 米1石(約150 kg)あたりの価格の推移

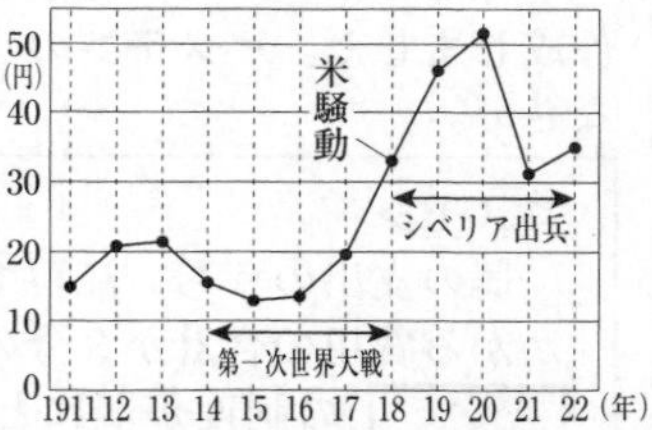

〔「明治大正国勢総覧」より作成〕

(4) 太郎さんは，下線部eについて調べ，<メモ>を作成しました。<メモ>の［か］に当てはまる内容を，「アメリカ軍」の語を用いて書きなさい。

<メモ>
朝鮮戦争の際に，［か］ため，日本は輸出をのばして好景気となり，経済復興が早まった。

3 ある中学校の社会科の授業で，「私たちの暮らしと政治」というテーマで，課題を設定し，学習しました。次の１，２に答えなさい。

１　太郎さんたちは，「政治参加の方法」について話し合いました。下の(1)～(4)の問いに答えなさい。

太郎：政治に参加する方法としては，どんなことがあるかな。
花子：まずは選挙で投票することね。最近だと，a <u>2017年に衆議院議員総選挙</u>が，b <u>2019年に参議院議員通常選挙</u>があったわね。
太郎：地方の政治で認められている c <u>直接請求権</u>も，政治に参加する方法の一つだね。
花子：政治がどのように行われているのかを知ることも大切ね。d <u>情報公開制度</u>を利用して調べることもできるんじゃないかな。

(1)　太郎さんは，下線部aに関する資料１を見つけ，調べたことをもとに＜メモ＞を作成しました。＜メモ＞の［　あ　］に当てはまる内容を，「議員一人当たり」の語を用いて書きなさい。

資料１　衆議院小選挙区の有権者数（2017年９月）

有権者数が多い選挙区		有権者数が少ない選挙区	
東京都第13区	474118人	鳥取県第１区	239097人
東京都第10区	473597人	宮城県第４区	240629人
東京都第８区	473284人	鳥取県第２区	240692人

〔総務省資料より作成〕

＜メモ＞
資料１では，［　あ　］ため，有権者の投票する一票の価値に軽重の差が生じていることがわかる。このような問題を「一票の格差」という。この問題を解消するため，選挙区の区割りの見直しなどが進められており，格差は以前に比べると小さくなりつつある。

(2)　下線部bについて，次回の参議院議員通常選挙が行われる年を，次のア～エの中から一つ選んで，その記号を書きなさい。

ア　2022年　　イ　2023年　　ウ　2024年　　エ　2025年

(3)　下線部cについて，太郎さんは，地方議会の解散を請求する場合の手順を次のような図にまとめました。＜まとめ＞の［　い　］，［　う　］に当てはまる語の組み合わせを，下のア～エの中から一つ選んで，その記号を書きなさい。

＜まとめ＞

※有権者が40万人以下の地方公共団体の場合

有権者の［　い　］以上の署名を集める。 → ［　う　］に提出する。 → 住民投票を行う。
→ 過半数の同意 → 解散される
→ 半数以下の同意 → 解散されない

ア［い　50分の１　う　首長］　　イ［い　50分の１　う　選挙管理委員会］
ウ［い　３分の１　う　首長］　　エ［い　３分の１　う　選挙管理委員会］

(4)　下線部dの制度が保障する，国や地方公共団体がもつ情報を国民が入手する権利を何というか，書きなさい。

2　花子さんは，「三権の役割としくみ」について，資料２をもとに学習しました。下の⑴～⑶の問いに答えなさい。

資料２

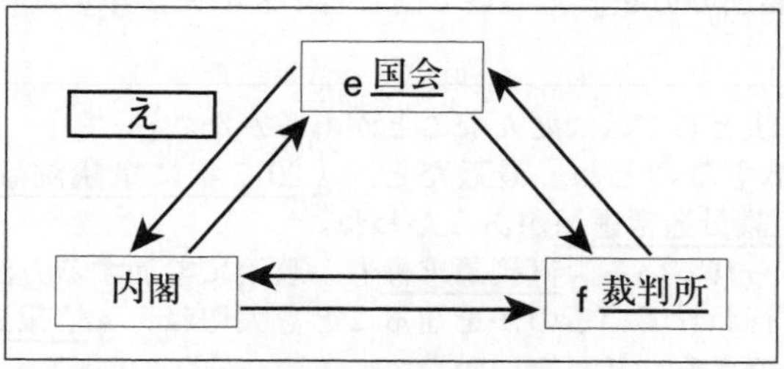

⑴　資料２の [え] には，国会が内閣に対してもつ権限が入ります。当てはまる権限を，次のア～オの中から二つ選んで，その記号を書きなさい。

ア　法律の違憲審査　　イ　内閣不信任の決議　　ウ　弾劾裁判所の設置
エ　内閣総理大臣の指名　　オ　国会の召集の決定

⑵　花子さんは，下線部ｅについて調べたことを発表するため，次のようにまとめました。＜まとめ＞の [お] に当てはまる内容を書きなさい。

＜まとめ＞
国会は，衆議院と参議院の二つの院で構成されています。このうち，衆議院は予算の先議権をもつなど，いくつかの重要事項において参議院より強い権限を認められています。このような衆議院の優越が認められている理由は，衆議院は [お] ，国民の意見をより正確に反映すると考えられているためです。

⑶　花子さんは，下線部ｆについて調べたことをもとに＜メモ＞を作成しました。＜メモ＞の [か] に当てはまる語を，漢字４字で書きなさい。

＜メモ＞
最高裁判所の裁判官は，就任後初めて行われる衆議院議員総選挙のときと，その後10年経過した後の総選挙のたびに，最高裁判所の裁判官として適切かどうかを国民の投票によって判断される。これを [か] という。

4

ある中学校の社会科の授業で,「国際社会の中の日本」というテーマで,班ごとに課題を設定し,学習しました。次の1～3に答えなさい。

1　A班では,「国際連合の歩み」という課題を設定し,資料1,資料2を用意しました。下の(1)～(3)の問いに答えなさい。

資料1　国際連合について

> 国際連合は,第二次世界大戦後の1945年,世界の平和と安全を維持するための国際機構として設立された。本部はアメリカのaニューヨークに置かれている。日本は1956年に加盟し,現在の加盟国は193か国である。bアメリカ,イギリス,フランス,ロシア,中国の5か国が安全保障理事会の常任理事国となっている。

資料2　地域別にみた国際連合の加盟国数の推移

年	地域					総加盟国数
	オセアニア	南北アメリカ	ヨーロッパ・旧ソ連	アジア	アフリカ	
1945	2	22	14	9	4	51
1960	2	22	26	23	26	99
1970	3	26	27	29	42	127
1980	6	32	29	36	51	154
1992	9	35	45	38	52	179
2014	14	35	51	39	54	193

〔国連資料ほかより作成〕

(1)　下線部aについて,東京が1月5日午前9時のとき,ニューヨークの時刻は何月何日の何時になりますか。次のア～エの中から一つ選んで,その記号を書きなさい。ただし,ニューヨークは西経75度の経線を標準時子午線としています。また,サマータイムは考えないものとします。

ア　1月4日午後7時　　イ　1月4日午後11時
ウ　1月5日午後7時　　エ　1月5日午後11時

(2)　下線部bについて述べた文として最も適切なものを,次のア～エの中から一つ選んで,その記号を書きなさい。

ア　5か国のうち,国土を赤道が通っている国は1か国である。
イ　東京から真西にむかって進んだ場合,5か国のうち最初に通る国はフランスである。
ウ　5か国のうち,インド洋に面する国は2か国である。
エ　5か国の中には,世界で面積が最も大きい国と人口が最も多い国が含まれている。

(3)　A班では,資料2をみながら話し合いました。会話中の［　あ　］に当てはまる内容を書きなさい。また,資料2について述べた文として最も適切なものを,次のア～エの中から一つ選んで,その記号を書きなさい。

> 花子：国際連合の加盟国数は,設立当初から現在までにずいぶん増えているのね。
> 太郎：なかでも,1960年から1970年にかけて,アフリカの加盟国が大きく増えているね。これはどうしてだろう。
> 花子：この時期には,［　あ　］からだと思うわ。

ア　ヨーロッパ・旧ソ連の加盟国数は,1980年には南北アメリカの加盟国数を上回っていた。
イ　2014年の加盟国数上位2地域の合計は,総加盟国数の半分を上回る。
ウ　1980年時点では,加盟国数が1945年の総加盟国数以上となる地域はなかった。
エ　総加盟国数は1945年から増え続けているが,加盟国数が減少に転じた地域もある。

2　B班では，「アジアの国々との結びつき」という課題を設定し，**資料3**，**資料4**を用意しました。下の(1)～(3)の問いに答えなさい。

資料3　日本とアジアの主な国・地域との貿易

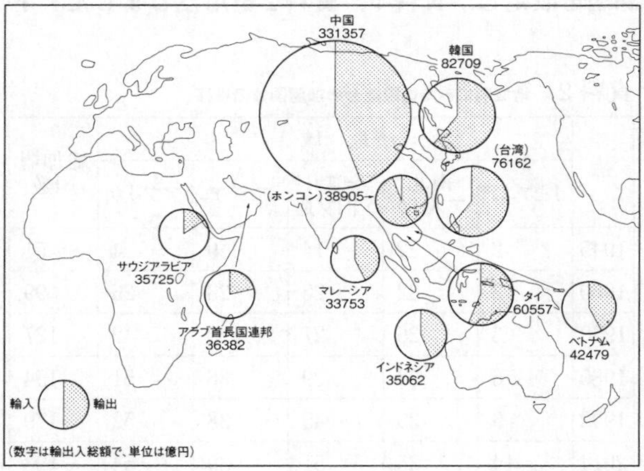

資料4　日本の最大の輸入品（その国・地域からの輸入額に占める割合が最も高い品目）（2019年）

国	品目
中国	機械類
韓国	機械類
台湾	機械類
タイ	機械類
ベトナム	機械類
ホンコン	魚介類
アラブ首長国連邦	原油
サウジアラビア	原油
インドネシア	石炭
マレーシア	機械類

〔資料3・4ともに「日本国勢図会」2020/21年版より作成〕

(1)　**資料3**，**資料4**について述べた文として最も適切なものを，次のア～エの中から一つ選んで，その記号を書きなさい。

ア　日本の最大の輸出品が機械類である国・地域は六つで，日本の輸出超過となっている国・地域の方が多い。

イ　日本の最大の輸入品が鉱産資源である国・地域との貿易では，いずれも日本の輸入超過となっている。

ウ　日本の輸出超過となっている国・地域のうち，日本との貿易額が最も大きいのは，台湾である。

エ　日本との貿易額が5兆円を超える国・地域のうち，東南アジア諸国連合(ASEAN)の加盟国は2か国である。

(2)　B班で調べていくと，東南アジアの国々では，主な輸出品に**資料5**のような変化がみられることがわかりました。3か国に共通してみられる変化について，「工業製品」「農産物」「鉱産資源」の語を用いて書きなさい。

資料5　東南アジアの国々の主な輸出品の変化

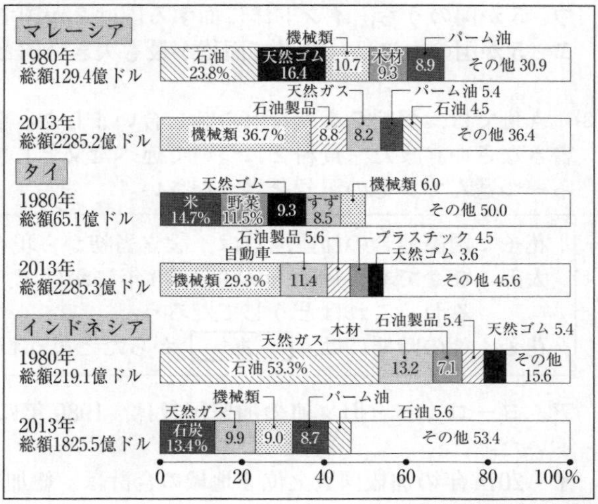

〔国連資料ほかより作成〕

(3)　B班では，日本とアジアの国々との交流の歴史にも目をむけ，時代ごとにその様子を記したカードを作成しました。カード1，カード2はその一部です。カード1，カード2中の［　い　］，［　う　］に当てはまる語を，それぞれ漢字3字で書きなさい。

カード1
＜古墳時代＞朝鮮半島や中国から日本に移り住んだ［　い　］が，須恵器や絹織物をつくる技術や漢字，儒教などを伝えた。

カード2
＜江戸時代＞幕府の渡航許可を受けた朱印船が貿易を行い，東南アジアの各地に日本人が居住する［　う　］が形成された。

3　C班では，「グローバル化の進展と経済」という課題を設定し，話し合いました。下の(1)，(2)の問いに答えなさい。

太郎：グローバル化が進んで国際競争が激しくなる中で，有利に活動するため海外に進出する企業も多いね。
花子：厳しい競争に勝つために，企業どうしが合併したり提携したりすることもあるわね。
太郎：c 合併によって巨大な企業が生まれると，消費者にとって不利益になることもあるんじゃないかな。
花子：グローバル化が d 消費生活にあたえる影響についても調べてみたいわ。

(1)　太郎さんは，下線部cのように考えた理由を＜メモ＞にまとめました。＜メモ＞の［　え　］に当てはまる内容を，「価格」の語を用いて書きなさい。

＜メモ＞
市場が独占・寡占の状態になって競争が弱まり，［　え　］ため。

(2)　下線部dに関連して述べた文として最も適切なものを，次のア～エの中から一つ選んで，その記号を書きなさい。

ア　消費者がスーパーマーケットで商品を購入した場合，一定期間内であればクーリング・オフの制度を利用して購入を取り消すことができる。
イ　消費者に関わる行政は，かつては様々な省庁がばらばらに行っていたが，現在は公正取引委員会が一元的に行っている。
ウ　クレジットカードや電子マネーが普及する中，インターネット上の通信販売で買い物をする人が増えている。
エ　製造物責任法では，商品について事実と異なる説明があった場合，商品を製造した企業に賠償を請求できると定めている。

【理　科】　(50分)　〈満点：100点〉

1　次の(1)～(4)の問いに答えなさい。

(1)　図は，ある動物の頭部の骨格をスケッチしたものである。
この動物について説明した文として最も適当なものを，次の
ア～エの中から一つ選んで，その記号を書きなさい。

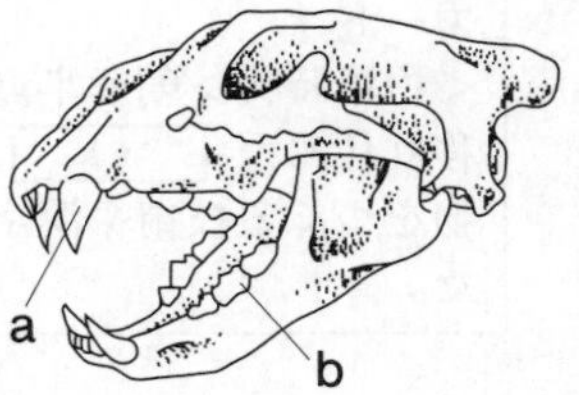

図

ア　aの犬歯が大きくてするどいので，草食動物である。
イ　aの犬歯が大きくてするどいので，肉食動物である。
ウ　bの臼歯が大きくて丈夫にできているので，草食動物である。
エ　bの臼歯が大きくて丈夫にできているので，肉食動物である。

(2)　図は，川の上流から下流にかけての流れを模式的に示したものである。川の上流での流水のはたらきと，上流にできる地形について説明した文として最も適当なものを，下のア～エの中から一つ選んで，その記号を書きなさい。

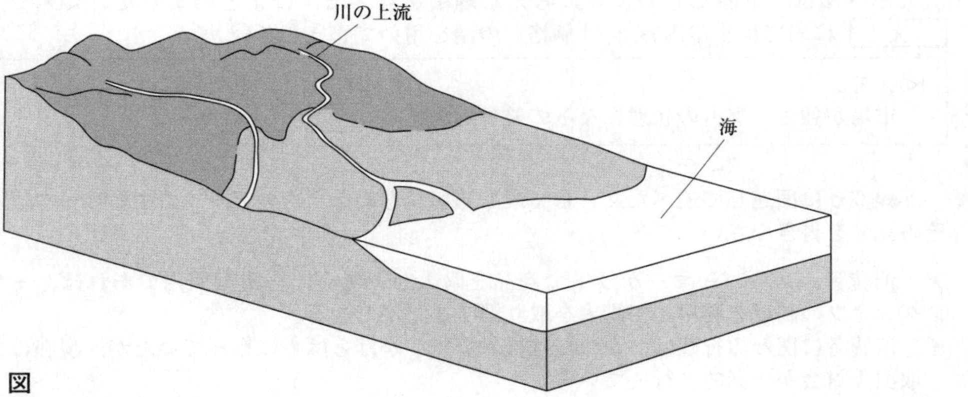

図

ア　川の上流では，流水による侵食が盛んに行われ，V字谷ができることがある。
イ　川の上流では，流水による侵食が盛んに行われ，三角州ができることがある。
ウ　川の上流では，流水による堆積が盛んに行われ，V字谷ができることがある。
エ　川の上流では，流水による堆積が盛んに行われ，三角州ができることがある。

(3) 図のように，棒磁石のまわりのA～Cの位置に方位磁針を置いたとき，それぞれの方位磁針のN極の指す向きの組み合わせを表した図として正しいものを，次のア～エの中から一つ選んで，その記号を書きなさい。なお，図中の点線は磁力線を示しているが，磁界の向きは省略してある。

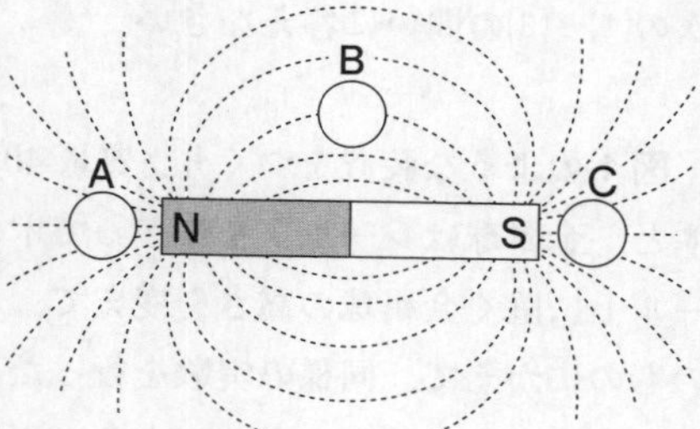

図

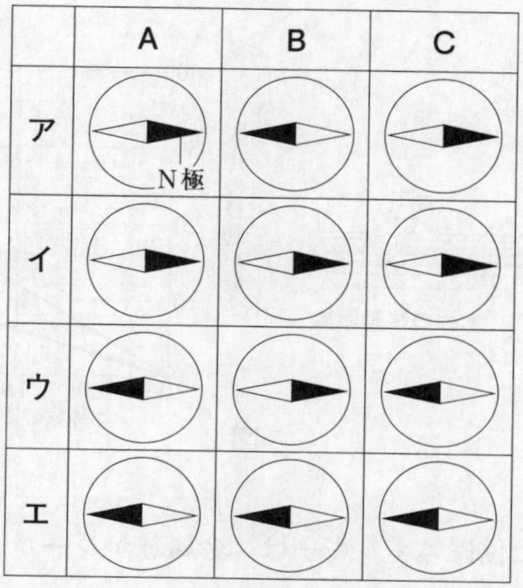

(4) 砂糖，食塩，ガラス，小麦粉，プラスチックの5種類の物質の中で，有機物の組み合わせとして正しいものを，次のア～エの中から一つ選んで，その記号を書きなさい。

ア　砂糖，食塩，小麦粉
イ　砂糖，ガラス，プラスチック
ウ　食塩，ガラス，小麦粉
エ　砂糖，小麦粉，プラスチック

2 次の(1)～(3)の問いに答えなさい。

(1) 図１のような装置をつくり，質量 40 g の金属球をレールの斜面上に置き，静かに手をはなすと，金属球はレール上を転がって木片に当たった後，木片と一緒に移動して止まった。レール上に置く金属球の高さを変えて，木片の移動距離を測定した。次に，金属球を質量 80 g のものにかえて，同様の実験を行った。図２は，このときの金属球の高さと木片の移動距離の関係をグラフにしたものである。下の①～③の問いに答えなさい。ただし，金属球とレールの間にはたらく摩擦や空気の抵抗は考えないものとする。

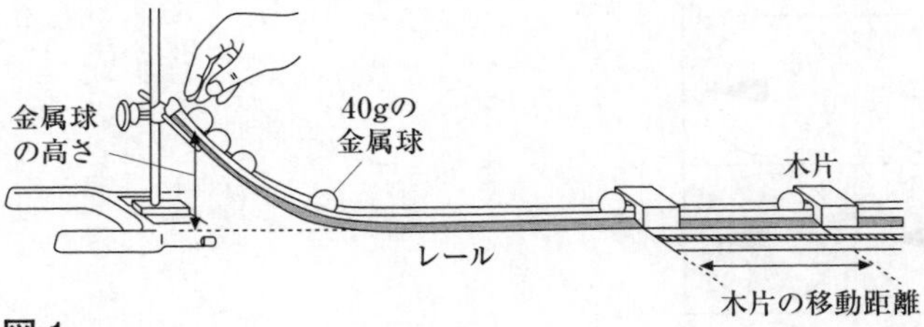

図１

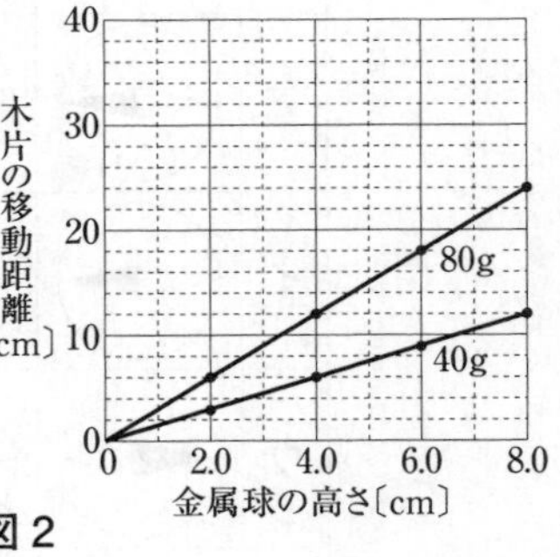

図２

① レール上に置いた金属球がもっていた位置エネルギーは，金属球がレール上を転がり，位置が低くなるにつれて何エネルギーに変化したか，書きなさい。

② 次の文中の ☐ に当てはまる内容として正しいものを，下のア～エの中から一つ選んで，その記号を書きなさい。

図２のグラフから， ☐ ，金属球のもつ位置エネルギーは大きいことがわかる。

ア 金属球の高さが低いほど，金属球の質量が小さいほど
イ 金属球の高さが低いほど，金属球の質量が大きいほど
ウ 金属球の高さが高いほど，金属球の質量が小さいほど
エ 金属球の高さが高いほど，金属球の質量が大きいほど

③ 図１と同じ装置を使って，質量 100 g の金属球を，高さ 12.0 cm から転がしたとき，木片の移動距離は何 cm になるか，求めなさい。

(2) 図1のルーペを使ってアブラナの花を観察した。図2はアブラナの花と，その子房の断面のスケッチである。下の①～③の問いに答えなさい。

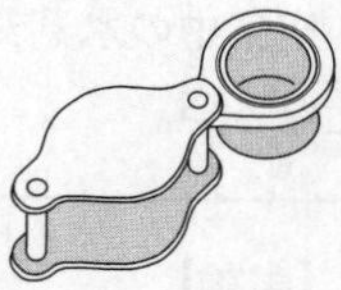

図1

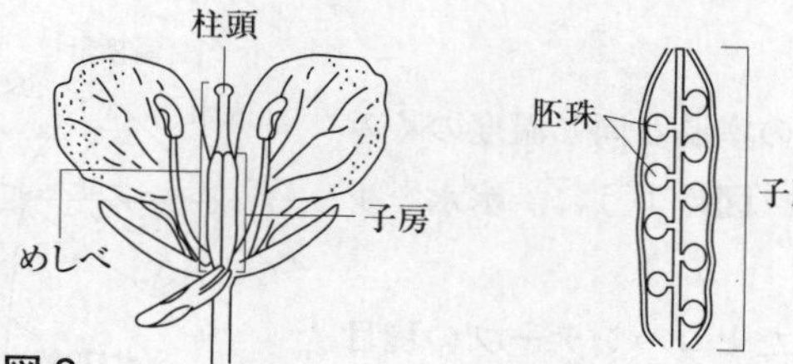

図2

① アブラナの花を手に持ってつくりを観察するときの，ルーペの使い方として最も適当なものを，次のア～エの中から一つ選んで，その記号を書きなさい。

ア ルーペをできるだけ目に近づけて持ち，アブラナは動かさず，顔を前後に動かしてよく見える位置をさがす。

イ ルーペをできるだけ目に近づけて持ち，ルーペは動かさず，アブラナを前後に動かしてよく見える位置をさがす。

ウ ルーペを目から離してアブラナに近づけた位置で持ち，アブラナは動かさず，ルーペを前後に動かしてよく見える位置をさがす。

エ ルーペを目から離してアブラナに近づけた位置で持ち，ルーペは動かさず，顔を前後に動かしてよく見える位置をさがす。

② 次の文中の [あ] ，[い] に当てはまる語を書きなさい。

図2のめしべの柱頭に花粉がつくことを [あ] といい，[あ] 後，胚珠は種子に，子房は [い] になる。

③ ルーペで観察するときに見える像を虚像という。図3は，凸レンズと物体の位置を模式的に表したものである。図中のa，bは，物体の先端から出る光のうち，それぞれ光軸(凸レンズの軸)に平行な光，凸レンズの中心を通る光を表し，点fは凸レンズの2つの焦点を表している。aとbの光を利用して，凸レンズを通して見られる物体の虚像を作図しなさい。ただし，作図に用いた線は残しておくこと。

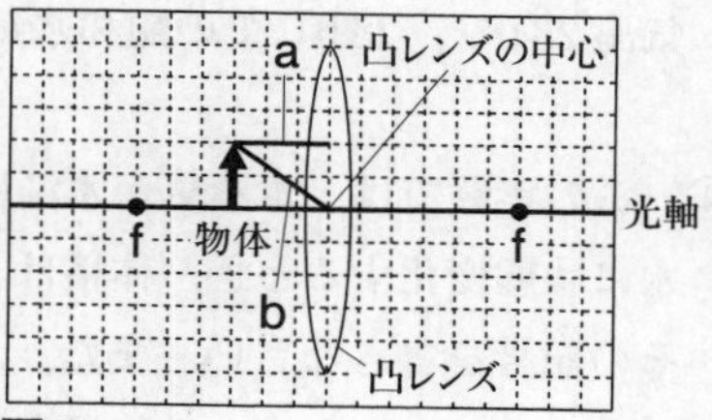

図3

(3) 空気中の水蒸気が水滴に変化し始める温度を調べる実験について，下の①～④の問いに答えなさい。

【実験】

❶ 教室の室温をはかった。

❷ 金属製のコップに教室の室温と同じ温度のくみ置きの水を半分ほど入れ，図のように，氷水を少しずつ加えかき混ぜた。

❸ 金属製のコップにはったセロハンテープの境目付近を見て，金属製のコップの表面に水滴がつき始めたときの水温をはかった。

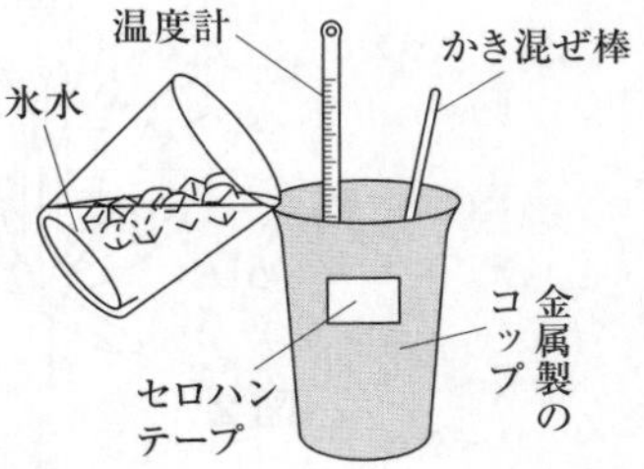

図

【結果】

教室の室温は 28.0℃，コップの表面に水滴がつき始めたときの水温は 23.0℃であった。

① この実験で，ガラス製のコップではなく金属製のコップを使った理由として正しいものを，次のア～エの中から一つ選んで，その記号を書きなさい。

ア ガラスに比べて密度が大きいから。
イ ガラスに比べて割れにくいから。
ウ ガラスに比べて熱を伝えやすいから。
エ ガラスに比べて表面についた水滴が見やすいから。

② この実験で，金属製のコップの表面に水滴がついたのは，コップのまわりの空気中の水蒸気が冷やされ，その一部が水滴に変わったためである。このように，空気中の水蒸気が冷やされ，その一部が水滴に変わる温度を何というか，書きなさい。

③ このときの教室の湿度は何％か，小数第１位を四捨五入して整数で求めなさい。ただし，気温 23.0℃，28.0℃での飽和水蒸気量はそれぞれ 20.6 g/m^3，27.2 g/m^3 である。

④ この実験では，水蒸気が水滴に変わったように，氷は水に変わった。このように，氷が水に状態変化するとき，体積はどのように変化するか，次のア～ウの中から一つ選んで，その記号を書きなさい。また，水は２種類の原子からできている。水のように，２種類以上の原子からできている物質を何というか，書きなさい。

ア 増加する。　　イ 変化しない。　　ウ 減少する。

3

日本付近の気象について，次の(1)〜(4)の問いに答えなさい。

(1) 図１は，日本付近を通過する温帯低気圧にともなう前線付近の断面を模式的に示したものである。次の文中の［あ］，［い］に当てはまる語を書きなさい。

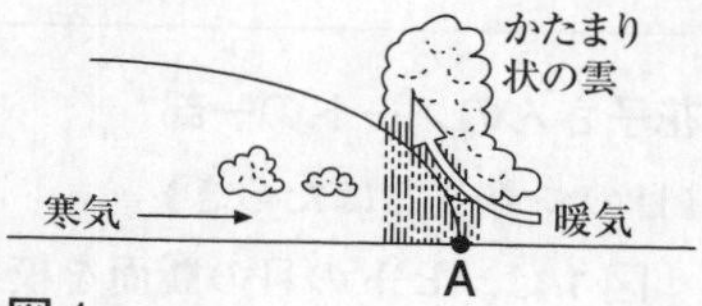

図１

図１の前線Ａ付近では，寒気が暖気を激しくもち上げながら進んでいるので，前線Ａは［あ］前線である。この前線付近では，強い上昇気流が発生し，上にのびる［い］雲ができやすいため，せまい範囲に強い雨が短時間降る。

(2) 図２は，冬の日本付近の天気図である。この天気図のような冬に見られる特徴的な気圧配置を何というか，書きなさい。

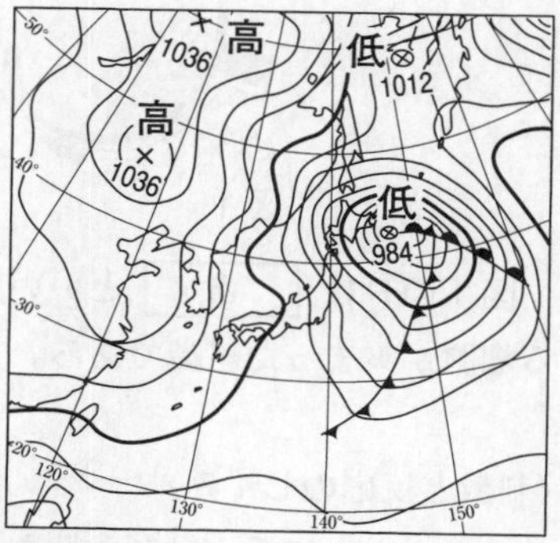

図２

(3) 冬には，日本海側で大雪になることが多い。その理由として最も適当なものを，次のア〜エの中から一つ選んで，その記号を書きなさい。

ア　大陸から吹く乾燥した北西の季節風が日本海を渡るときに大量の水蒸気を含み，雪を降らせる雲を発生させる。その雲が山にぶつかり上昇して冷やされるから。

イ　大陸から吹く湿った北西の季節風が日本海を渡るときに大量の水蒸気を含み，雪を降らせる雲を発生させる。その雲が山にぶつかり上昇して冷やされるから。

ウ　太平洋から吹く乾燥した南東の季節風が太平洋上で大量の水蒸気を含み，雪を降らせる雲を発生させる。その雲が山を越え下降して冷やされるから。

エ　太平洋から吹く湿った南東の季節風が太平洋上で大量の水蒸気を含み，雪を降らせる雲を発生させる。その雲が山を越え下降して冷やされるから。

(4) 図３は，日本の６月下旬頃の天気図で，で示される東西にのびる前線は停滞前線である。次の文中の［う］，［え］に当てはまる語を書きなさい。

図３

この頃にできる停滞前線は［う］前線と呼ばれる。この前線は，日本列島の北側にあるオホーツク海気団と，南側にある［え］気団がぶつかってでき，この２つの気団の勢力がつり合っているため，前線が停滞し，長雨をもたらす。

4 次は，花子さんがヒトの目のつくりとはたらき，刺激と反応のしくみについてインターネットで調べ，まとめたノートの一部である。あとの(1)～(3)の問いに答えなさい。

花子さんのノートの一部

〈目のつくりとはたらき〉

図１は，ヒトの目の断面を模式的に示したもので，図２は，鏡を使って自分の右目を正面から見てスケッチしたものである。

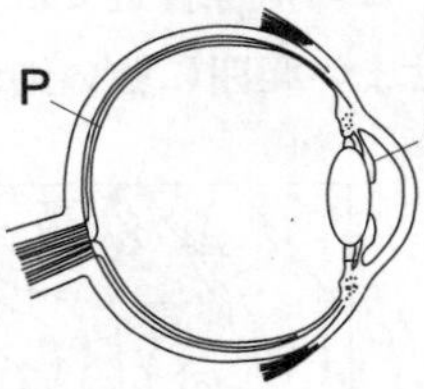

図１

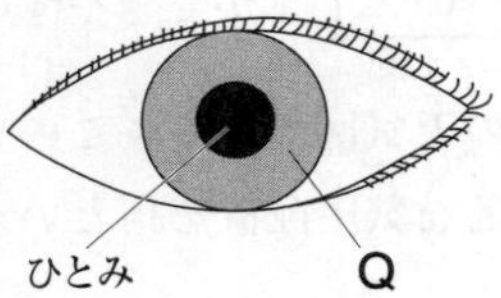

図２

図１のPは [あ] といい，レンズを通った光が像を結ぶ場所で，光の刺激を受けとる細胞が集まった組織である。また，Qは虹彩《こうさい》といい，[い] 。

〈刺激と反応のしくみ〉

熱いやかんに手が触れたとき，思わず手を引っこめた。

このときの刺激と反応の伝達の経路について調べた。図３は神経系の模式図で，AとBは中枢神経で，Aは脳，Bは背骨の中を通っている [う] であり，aはBと手の筋肉をつなぐ [え] ，bはBと手の皮膚をつなぐ [お] である。

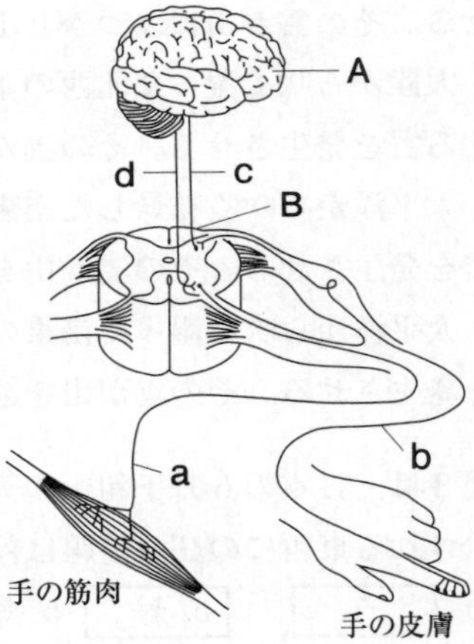

図３

(1) 文中の [あ] に当てはまる語を書きなさい。また，[い] に当てはまる虹彩のはたらきを，「ひとみ」と「光」という語を用いて書きなさい。

(2) 文中の [う]，[え]，[お] に当てはまる語の組み合わせとして正しいものを，次のア～エの中から一つ選んで，その記号を書きなさい。

	う	え	お
ア	けん	感覚神経	運動神経
イ	けん	運動神経	感覚神経
ウ	せきずい	感覚神経	運動神経
エ	せきずい	運動神経	感覚神経

(3) 次の①，②の問いに答えなさい。

① 熱いやかんに手が触れたとき，思わず手を引っこめた反応のように，刺激に対して意識と関係なく起こる反応を何というか，書きなさい。

② 熱いやかんに手が触れて，思わず手を引っこめたときの，刺激を受けてから反応が起こるまでの信号が伝わる経路を，図3のA，B，a，b，c，dの記号を使って表すとどのようになるか。最も適当なものを，次のア，イの中から一つ選んで，その記号を書きなさい。

ア　手の皮膚 → b → B → c → A → d → B → a → 手の筋肉
イ　手の皮膚 → b → B → a → 手の筋肉

5 太郎さんと花子さんは弦をはじいたときに出る音について調べる実験を行った。その後，結果について先生と話し合った。あとの(1)～(4)の問いに答えなさい。

実験の計画

【課題】 モノコードの弦をはじく強さ，および弦の長さと，音の大きさや高さにはどのような関係があるのだろうか。

【手順】

❶ 図1のような装置を組み立てて，モノコードの弦のAP間の中央を指ではじき，出た音をマイクロホンでコンピュータに取り込み，出た音の波形を画面上に表示した。

❷ モノコードの木片の位置を❶と変えずに，弦のAP間の中央を❶より強く指ではじき，出た音の波形を画面上に表示した。

❸ モノコードの木片の位置を❶の位置からAの方向に移動して，弦のAP間の中央を❶と同じ強さで指ではじき，出た音の波形を画面上に表示した。

ただし，❶～❸で，モノコードのおもりの数は変えなかった。

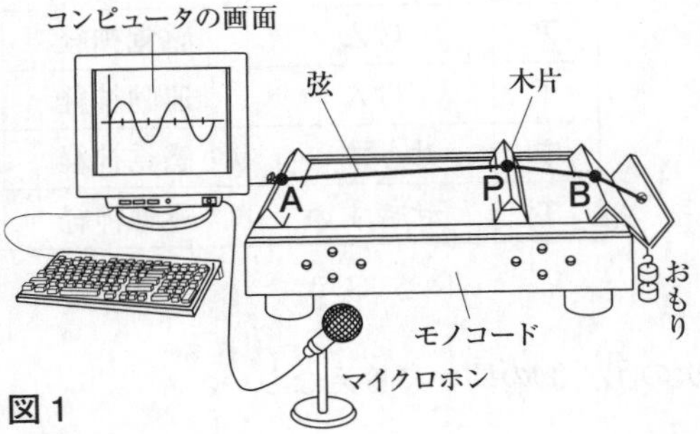

図1

【結果】

音の大きさは❷で出た音が最も大きく，❶と❸で出た音はほぼ同じだった。音の高さは❸で出た音が最も高く，❶と❷で出た音はほぼ同じだった。また，❶～❸で出た音の波形は，図2のようになった。

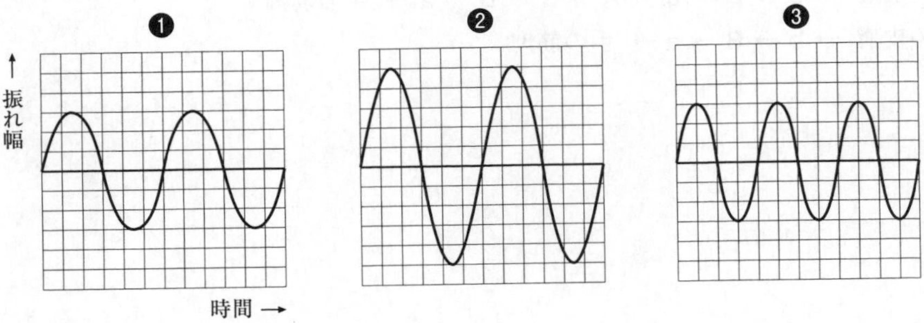

図2

太郎さんと花子さんは，実験の結果について先生と次のような会話をした。

先生：実験の結果からどのようなことがわかりましたか？

太郎：音の大きさは，弦をはじく強さと関係していることがわかりました。弦を強くはじくほど音が大きく聞こえました。音の波形で見ると，[あ]が大きいほど大きな音になるということですね。

先生：はい，そうです。では，音の高さについてはどうですか。

花子：音の高さは，弦をはじく強さに関係なく，弦の長さが短い方が高い音が出ることがわかりました。音の波形で見ると，振動数が[い]ほど高い音になるということですね。

先生：そのとおりです。では，❸で出た音の振動数は何 Hz でしょう。ただし，画面上の時間の1目盛りは 0.001 秒を表しています。

太郎：❸で出た音は，[う]秒で1回振動していますから，振動数は[え]Hz です。

先生：正解です。では，<u>弦から出る音の高さは他にどのような条件と関係があるかを調べ</u>てみましょう。

(1) 弦のように，音を発しているものを何というか，書きなさい。

(2) 文中の[あ]，[い]に当てはまる語を，[う]，[え]に当てはまる数値を書きなさい。

(3) 図1のモノコードの木片の位置を，❶のときよりBの方向へ移動して，弦をはじく強さを❶より弱くして弦のAP間の中央を指ではじいた。そのときの音の波形として最も適当なものを，次のア〜エの中から一つ選んで，その記号を書きなさい。ただし，ア〜エの目盛りが表す時間と振れ幅は，図2と同じものとする。

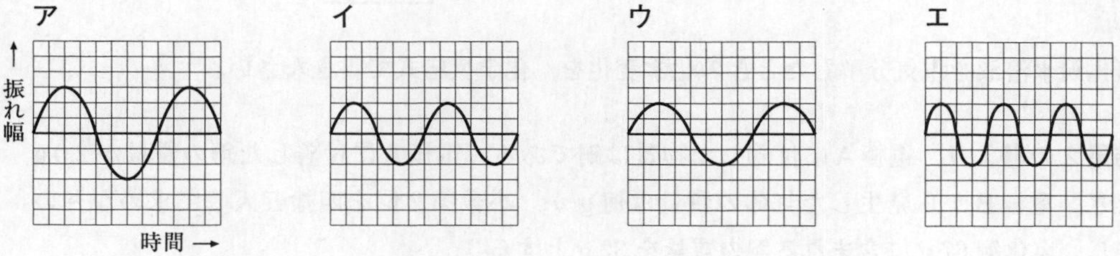

(4) 次の文中の[　　]に当てはまる内容を，「おもり」という語を用いて書きなさい。

下線部について調べたところ，弦から出る音の高さは，弦を張る強さとも関係があることがわかった。図1の装置でその関係を調べるには，モノコードの木片の位置を変えずに，[　　　　]，弦をはじいて出る音の高さを比べればよい。

6　花子さんは，塩化銅水溶液に電流を流したときの変化について調べるために，次の**実験１**，**実験２**を行い，ノートにまとめた。下の(1)〜(4)の問いに答えなさい。

花子さんの実験ノートの一部

実験　目的「塩化銅水溶液に電流を流したときの変化について調べる」

【実験１】

❶　水に塩化銅を溶かして，10％の塩化銅水溶液を 200 g つくり，ビーカーに入れた。

❷　**図１**のように，塩化銅水溶液の入ったビーカーに，２本の炭素棒を入れて電極**A**，**B**とし，電源装置につないで電流を流して電極**A**，**B**のようすを観察した。

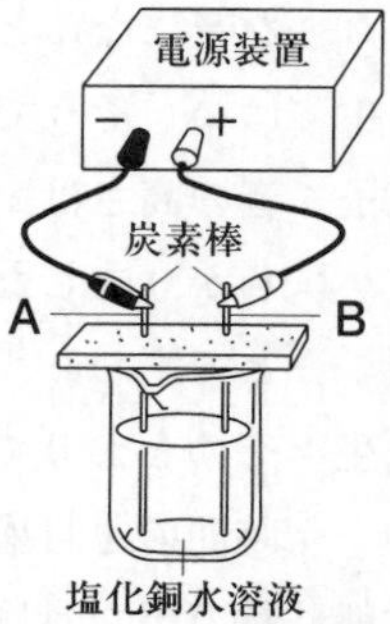

図１

【結果１】

電極**A**には赤色の物質が付着した。また，電極**B**からは刺激臭のある気体が発生した。

【実験２】

❶　電極**A**に付着した物質をろ紙上に取り，薬さじでこすった。

❷　電極**B**付近の水溶液をスポイトで取り，**図２**のように，試験管に入れた水でうすめた赤インクの中に加えた。

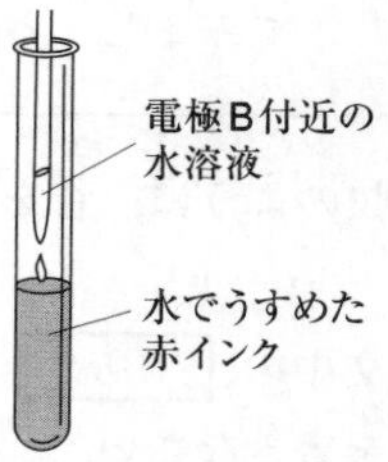

図２

【結果２】

❶　金属光沢が見られた。

❷　赤インクの色が消えた。

(1)　次の文中の［ あ ］に当てはまる語を，［ い ］に当てはまるイオン式を書きなさい。

塩化銅水溶液は［ あ ］色をしている。**図１**のように，塩化銅水溶液に電流を流し続けると，水溶液の色は次第にうすくなる。これは，水溶液中の［ い ］が減少するためである。

(2)　塩化銅水溶液を電気分解したときの化学変化を，化学反応式で書きなさい。

(3)　**結果２**の❶より，電極**A**に付着した物質は銅である。電極**A**に付着した銅の質量が 2.0 g のとき，電極**B**から発生した気体の質量は何 g か，小数第２位を四捨五入して求めなさい。ただし，塩化銅 67 g に含まれる銅の質量を 32 g とする。

(4)　**結果２**の❷で，赤インクの色が消えたことからわかる，電極**B**から発生した気体の性質として正しいものを，次の**ア**〜**エ**の中から一つ選んで，その記号を書きなさい。

ア　刺激臭がある。　　　　**イ**　空気より密度が大きい。
ウ　漂白作用がある。　　　**エ**　殺菌作用がある。

（佐藤）　これに対して、靫負の佐は、自分が車からおりた理由を述べていますね。靫負の佐の意見の述べ方は、どのような点が重要なのでしょうか。

（山本）　自分の行動について説明するときに、きちんと根拠を述べている点だと思います。保忠の牛車には随身が従っており、靫負の佐には「火長」が従っていて、お互いの身分を判断できるわけだから、それにふさわしい礼節を示す必要がある、というのが靫負の佐の意見です。つまり、自分の行動の正当性を説明するために、「□」という根拠を示しているのですね。

（鈴木）　なるほど。確かに根拠をきちんと示さなければ、自分の考えが単なる主観的なものになってしまいますね。それでは相手に考えを認めてもらうことはできないでしょう。

（佐藤）　そうですね。留学生との交流会でどのようなことを話せばよいかについて意見を述べるときにも、注意すべきことだと思います。

（中略……この後も話し合いは続いた。）

（鈴木）　では、話し合いで出た意見を参考にして、留学生との交流会について、それぞれ自分の意見文をまとめましょう。

【Ⅲ】留学生との交流会における日本の紹介について、一回目の学級会で出た案

> 留学生との交流会における日本の紹介について
>
> ・目的
> 「日本の良いところを知ってもらう」
>
> ◯提案
> 1　日本の伝統芸能
> 　内容：歌舞伎や能、雅楽、落語などの代表的な伝統芸能の紹介。
>
> 2　日本の風土・自然
> 　内容：日本の四季の風景や、日本で親しまれている植物などの紹介。
>
> 3　日本の年中行事
> 　内容：豆まきやひな祭りなどの年中行事の紹介や、日本各地の代表的な祭りの紹介。
>
> 4　日本の代表的な食べ物
> 　内容：すしやそば、てんぷらなどの料理や、ようかん、せんべいなどの菓子の紹介。

(五)　上の授業の後、留学生との交流会における日本の紹介の内容を決める二回目の学級会が開かれることになっている。学級会では、日本の紹介の提案について、それぞれが意見を発表した後、話し合いによって内容を決定する。あなたが支持する日本の紹介の提案を【Ⅲ】の中から一つ選び、【Ⅰ】と【Ⅱ】を参考にして、あなたの考えを書きなさい。

ただし、以下の条件に従うこと。

> 1　百六十字以上、二百字以内で書くこと。（句読点を含む。）
> 2　二段落構成とし、第一段落には、あなたが支持する日本の紹介の提案とその理由を書くこと。第二段落には、その提案が適切だと考える根拠を、他の提案一つと比較して書くこと。
> 3　題名と氏名は書かないこと。
> 4　正しい原稿用紙の使い方をすること。
> 5　︷や═の記号（符号）を用いた訂正はしないこと。
> 6　文体は、「です・ます」体で書くこと。

四

国語の授業で、次の古典の文章を読んで、自分の考えを言うときに大切なことについて話し合い、そこで出た意見を参考にして、海外からの留学生との交流会における日本の紹介について意見文を書くことになりました。次の【Ⅰ】～【Ⅲ】について、下の(一)～(五)の問いに答えなさい。

【Ⅰ】古典の文章

※1八条大将保忠《はちでうのだいしやうやすただ》と申《まうす》人おはしけり。※2本院のおとゞ《ど》の子也《なり》。人にはぢられたる(尊敬されていた)人也。※3内《うち》へまいり給《たまひ》けるみちに、時の※4靫負《ゆげひ》の佐《すけ》あひて、車よりおりて立たりけり。大将とがめていはく、「騎馬のとき、此《この》礼あるべし、車にてはあるべからず」。靫負佐陳《ちん》じて(申し開きをして)いはく、「車にておりざる事は、たがひに其《その》人としらぬ時の事也。君、※5随身《ずいじん》ぐし(お連れになっている)給《たま》へり。我、又、※6火長[ア]あひしたがふ。すでにその人としりぬ。何ぞ礼節をいたさざらん」といひけり。大将、理におれて(道理に負けて)ほめ給けり。

(岩波書店 新日本古典文学大系『古事談 続古事談』のうち『続古事談』による。問題作成上、一部改変した。)

※1 八条大将保忠＝藤原保忠。※2 本院のおとゞ＝藤原時平。左大臣。
※3 内＝宮中。※4 靫負の佐＝宮中の警備をつかさどる衛門府《えもんふ》の次官。
※5 随身＝身分の高い人が外出するときに警護をする人。身分によって随身の数が決まっている。
※6 火長＝宮中の警備にあたる兵士。

【Ⅱ】グループでの話し合い

(鈴木) 今読んだ古典の文章をもとに、意見を言うときに大切なことについて考えてみましょう。

(山本) この文章には、八条大将保忠が宮中に参る途中で、靫負の佐に会ったときの出来事が書かれています。保忠は、牛車からおりた靫負の佐に、それは[イ]乗馬しているときに行うべき礼儀で、牛車の場合にすべきことではないととがめていますね。

(一) [ア]あひしたがふ の読み方を現代仮名遣《づか》いに直して、全て平仮名で書きなさい。

(二) [イ]乗馬 とあるが、この熟語と同じ構成のものを、次の1～4の中から一つ選んで、その番号を書きなさい。

1 日没　2 換気
3 勤務　4 暖流

(三) 上の【Ⅰ】の文章で述べられている内容に合っているものとして、最も適切なものを、次の1～4の中から選んで、その番号を書きなさい。

1 保忠は、靫負の佐が自分以上に礼節に関する知識が豊富であることに驚いた。
2 靫負の佐は、本当の礼節を知らずに自分をとがめる保忠を公然と批判した。
3 保忠は、靫負の佐が状況に応じた礼節を示したことを知って高く評価した。
4 靫負の佐は、礼節に関する慣習を重んじようとする保忠に敬意を表した。

(四) 【Ⅱ】の文章中の[　　]に入る最も適切な語句を、【Ⅰ】の文章中から十字で抜き出して書きなさい。(句読点を含む。)

※1　二・二六事件＝一九三六年に起きた、陸軍青年将校たちによるクーデター未遂事件。
※2　連座＝罪を犯した者の関係者が、連帯責任として処罰されること。
※3　老耄＝年をとって心身のはたらきが弱ること。

【感想の交流の一部】

（川野）　どちらも斎藤史《ふみ》の短歌ですね。Ⅰは作者が抱き続ける「かなしみの遠景」をよんだもので、Ⅱは、自分の分だけの夕食の材料を買うという生活の中の光景をよんでいます。ぼくは、Ⅰの短歌の、「夏帽子」と「雪降る」という言葉の組み合わせが印象に残りました。

（石山）　わかります。夏帽子を手にした作者の中で、「雪降る」という光景が、いっそう鮮明になっているように思えて、切ない気持ちになりますね。でも、私はⅡの「二指もて提ぐる」という表現も印象的だと思いました。

（川野）　どのようなところが印象に残ったのですか。

（石山）　「二指もて提ぐる」という具体的な描写によって、夫の死後、作者が抱く［　　］の重さの感覚を、しっかりと感じさせているところです。

㈣　［B］に入る最も適切な言葉を、上の文章中から三字で抜き出して書きなさい。

㈤　上の文章の内容に合っているものとして、最も適切なものを、次の1～4の中から選んで、その番号を書きなさい。

1　どちらも大切な人を失った出来事をよんでいるが、Ⅱの短歌は、Ⅰの短歌に比べて率直に感情を表現している。

2　Ⅰの短歌は、背景となる出来事が、作者の人生を深くくぐりぬけた分、Ⅱの短歌よりも作者の感情を鮮明に伝えている。

3　Ⅰの短歌は、背景にある事件が時を経て歴史的意味を増したことで、原風景の重さが強く伝わる歌となった。

4　Ⅱの短歌は、家族を失った後の夕食の準備について、悲嘆の方向にも前向きな方向にも偏らない視点でよまれている。

㈥　【感想の交流の一部】の［　　］に入る最も適切な内容を、上の文章中の言葉を使って、十字以上、十五字以内で書きなさい。（句読点を含む。）

三　次の文章と【感想の交流の一部】を読んで、下の㈠～㈥の問いに答えなさい。

Ⅰ　かなしみの遠景に今もア雪降るに鍔《つば》下げてゆくわが夏帽子

（『ひたくれなゐ』）

伝記的なことを知ってしまうと、もうそのこと抜きには読みにくくなってしまう歌というのがある。この一首もそういう作品の一つだ。しかし、人がいつまでも心に持ち続けている原風景というものの切なさを、言いあてた一首でもある。

心のどこかに、常に雪が降っている。そんな景色の見える秘密の窓を持っていても、人間は日常を生きていかねばならない。心の遠景に雪は降っていても、現実の生活には、春夏秋冬がまちがいなく訪れる。自分もまちがいなく日々を暮らしている。雪の季節とは　A　な「夏帽子」が、その象徴であろう。

「伝記的なこと」というのは、この歌の場合、※1二・二六事件である。作者の父、斎藤瀏《りゅう》は、この事件に※2連座し、刑を受けた軍人だった。幼《おさ》な友達であった中尉《ちゅうい》は処刑された。生涯忘れることのイできない雪の降るかなしみの遠景とは、具体的にはそのことであると考えられる。

が、把握されねばならないのは、歴史における事件の大きさよりも、作者の人生における事件の大きさである。それをくぐりぬけた深さ、といったほうがいいだろうか。『ひたくれなゐ』は第八歌集である。事件を歌ったものは、『魚歌』にもすでにあった。時間をかけて、深く深くくぐりぬけたからこそ、事件を知らぬ者の胸にも響く歌が生まれた。かなしみの遠景を心に持つ人は、夏の帽子を手にするとき、ひときわ鮮明な雪を感じてしまうのである。

Ⅱ　ひとりなる夕餉《ゆふげ》のものをあがなへば二指もて提ぐるほどのすくなさ

（『渉《わた》りかゆかむ』）

昭和六十年に出版された九番目の歌集である。年譜《ねんぷ》によると「昭和五十一年、夫死亡。母、※3老耄《ろうもう》の度を加える」とある。作者自身にとっても、老いは大きなテーマである。

今夜、たまたま一人で夕食をしている人は、大勢いるだろう。下宿している学生、単身赴任のサラリーマン、独身のOL……。しかしそれらの「一人」と、ここに歌われている「ひとり」とは明らかに違う。もう補充することのできない空席。そのことに対して、マイナスの方向にめそめそするのではなく、プラスの方向にさばさば振る舞うのでもなく、ちょうどゼロの視点で、作者は歌っているように思われる。すらりとした詠《よ》み方であるがゆえに、淡々と伝わってくる何か。

ポイントは「二指もて提ぐる」であろう。二本の指で提げてしまえるほどの——という具体的な表現が、実に効果的だ。「空虚」という、量ろうにも量れないものの重さ、あるいは軽さが、確かな手ごたえをもって、読む者に感じられてくる。

「二指もて提ぐる」という表現は、五指、いや両手で提げねばならないほどの夕飯の材料を買っていた人だからこそ、できるものであろう。この短い言葉の中に、かつての「　B　ならざる夕餉」までもが、言い表されているのである。

（俵万智『言葉の虫めがね』による。）

㈠　次の文字は、上の文章中のア雪降るを行書で書いたものである。この文字の○で囲んだ①から④の部分に表れている行書の特徴の説明に合っているものとして、最も適切なものを、次の1～4の中から選んで、その番号を書きなさい。

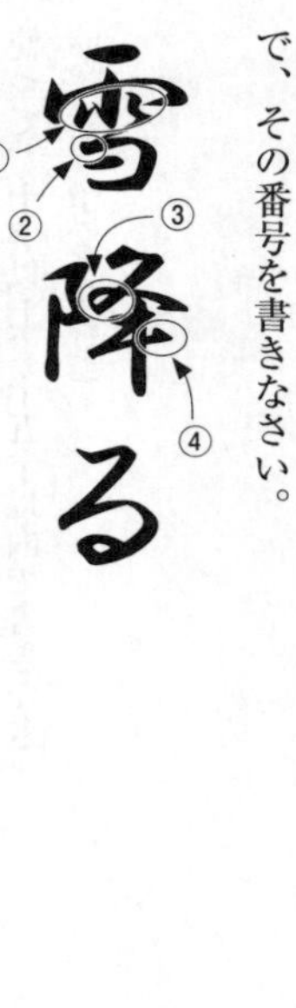

1　①の部分は縦画と点画が連続し、楷書とは違う筆順で書かれている。
2　②の部分は縦画から左払いへ連続して書かれている。
3　③の部分は左払いから右払いへ連続して書かれている。
4　④の部分は右払いの方向を変化させて書かれている。

㈡　A　に入る最も適切な言葉を、次の1～4の中から選んで、その番号を書きなさい。

1　対照的　　2　同義的
3　永続的　　4　客観的

㈢　イできないの「ない」と品詞が異なる言葉を、次の1～4の中から選んで、その番号を書きなさい。

1　母が出かけていて家にいない。
2　彼女のことをよく知らない。
3　今日は思ったより寒くない。
4　雨模様なので家から出ない。

いうことでもあるのです。

社会が大きく変動を繰り返していれば、人びとはそこに歴史性を容易に見出すことができます。時間の経過とともに、世界の構造がどんどん変わっていくからです。［　B　］、近代化のとりあえず終了した現代に生まれ育った若い人びとは、社会がすでに変動をやめてしまった時代を生きているため、自分たちのこの世界が大きな歴史の一コマにすぎず、その背後には(3)膨大な物語が堆積していることを実感できないのです。彼らにとっては、現在のこの世界だけがリアリティをともなった世界のすべてとなっています。イ彼らは、まさしく「世界の中心」を生きているのです。

このように考えるなら、昨今の若者たちの特徴である自己の内面的世界への傾倒は、彼らの歴史感覚の欠如の反映であるということができます。歴史に対する想像力の欠如は、いわば社会に対するリアリティの衰退でもあるからです。社会に対するリアリティとは、社会が実在していることについての手触りのようなものです。その感覚が衰退してきているということは、等身大の関係をこえた超越的なものに対するリアリティを見失ってきているということでもあるのです。

したがって、若い人びとのあいだで、公共圏における一般的な他者との関係が成り立ちにくくなっているという事態は、じつは親密圏の重さの増大のみに由来しているわけではありません。そもそも、公共圏における関係性を支えるための共通基盤がそこに存在しえなくなっているという側面もあるのです。これまで、自分たちの生きる世界に限定されず、歴史的なものに対してリアリティを見出す感性は、等身大の関係性に限定されず、社会という超越的な実在に対してリアリティを感じさせる想像力の源となってきたのですが、昨今の歴史感覚の欠如によって、その想像力も失われつつあるのだといえます。

（土井隆義『「個性」を煽られる子どもたち』による。問題作成上、一部省略した。）

(五) 国語の授業で上の文章を読み、「歴史感覚の欠如」について考えることになった。次はある生徒の【ノートの一部】である。［　　］に入る言葉として最も適切なものを、上の文章中から十三字で抜き出して書きなさい。

【ノートの一部】

○「歴史感覚の欠如」について

「歴史感覚」…社会に対してリアリティを感じさせる想像力の源

＝

公共圏における関係性を支える共通基盤

急速に失われてきている

・個性という内面世界への傾倒

・公共圏での他者との関係の成立のしにくさ

社会という、［　　］な実在に対するリアリティの衰退を反映

二　次の文章を読んで、下の(一)〜(五)の問いに答えなさい。

現代の子どもたちは、「個性的な自分」の実感をすでに得ているというよりも、むしろ何とかして個性的でありたいと願い、そうあらねばならないと焦っているのが実情でしょう。アいまの平凡な自分は「本当の自分」ではない、「本当の自分」はもっと輝いているはずだ、彼らは、なんとかそう思い込もうと躍起になっています。

個性的な存在たることに究極の価値を置くこのような社会的圧力の下で、彼らは、自己の深淵《しんえん》に(1)隠されているはずの潜在的な可能性や適性を見出《みいだ》そうとあせり、絶えざる焦燥感へと駆り立てられています。その結果、個性に対するこのような強い志向性は、彼らの多くに共有された社会的なパーソナリティの特性にまでなっています。換言すれば、「個性的であること」は、彼らのあいだではもはや社会規範の一つと化しているのです。

個性化と社会化は、それぞれ異化の側面と同化の側面をさす概念として、一般には対称的に用いられています。すなわち、個性化とは、「自分らしさ」を発揮すること、自分の持ち味を生かして他者とは異なる独自な存在として自己実現をめざすことであるのに対して、社会化とは、他者と共通の規範意識を身につけること、周囲の人びとと協調的な生活を送るために社会の一員として適切な価値観を身につけることだといわれています。

しかし、「個性的であることは素晴らしいことだ」との想《おも》いを、かつての社会とは異なって、現代では多くの人びとが共有しているのだとしたら、それはまぎれもなく社会現象の一つであり、したがってその想いは社会化の産物にほかならないといえます。「個性的であらねばならない」という規範がまず社会の側にあって、それを内面化させられているからこそ、そうなりたいと人びとは切実に願うようになるのです。

人間は、本来的に社会的な存在です。じつは、個性化もまた社会化の産物であり、その様式の一つにすぎません。子どもたちは、「生来的な個性をもった自分」という自意識を、生まれながらに抱いているのではなく、［A］社会生活のなかで期待され、獲得していくのです。その意味では、いささか逆説めいた言い方になりますが、社会化に対して彼らがリアリティを感じていないのは、内閉的な感受性を強調するようなかたちで、現在の社会化が進んでいるからなのです。現代の子どもたちは、「自分らしさ」の根源を、そのオンリー・ワンの根拠を、自らの内面世界へと探求していくように、ほかならぬ社会から煽《あお》られています。皮肉にも、社会化に意義を認めないようなその新たな社会規範に、否応《いやおう》なく(2)拘束され社会化されているのです。

個性的な存在たることに価値を見出そうとする近年の傾向は、現在の日本に見受けられる歴史感覚の欠如と密接に関わっています。かつて、日々刻々と社会環境の変動していく近代化の過程では強力に自覚されていた歴史感覚が、昨今は急速に失われてきています。そして、過去の歴史と対話ができないということは、過去の無数の物語のうえに現在が成り立っているという事実に気づく契機を持ち合わせていないと

(一)　上の文章中の(1)〜(3)の漢字の読みを平仮名で書きなさい。

(二)　上の文章中の［A］と［B］に入る言葉の組み合わせとして、最も適切なものを、次の1〜4の中から選んで、その番号を書きなさい。

1　A　むしろ　　B　しかし
2　A　ただし　　B　したがって
3　A　それでも　B　なぜなら
4　A　例えば　　B　そのうえ

(三)　アいまの平凡な自分は「本当の自分」ではない、「本当の自分」はもっと輝いているはずだ　とあるが、現代の子どもたちがこのように思い込もうとしているのはなぜか。上の文章中から句読点や符号を含めて四十六字で抜き出して、その初めと終わりの七字を書きなさい。

(四)　イ彼らは、まさしく「世界の中心」を生きている　とあるが、これはどのようなことを述べているのか。それについて述べた次の文中の［　］に入る内容を、四十字以上、四十五字以内で書きなさい。（句読点を含む。）
ただし、「物語」「現在」「リアリティ」という三つの言葉を用いること。

自分たちの世界が［　］世界のすべてになっているということ。

「思った以上に、おいしいです。チョコレートと唐揚げやなんて、絶対に変な組み合わせやのに、意外と合うというか」
「やろ？　チョコレートの可能性は、無限大やで」
(3)マンゾクげに言って、源二は問いかける。
「チョコレートが好きか？」
「はい」
聖太郎がうなずくと、源二は嬉《うれ》しそうに目を細めた。
「そうか、そうか。見どころのある子やな。どや、大きなったら、イうちの会社に入らへんか？　そんで、これまでにないような新商品を開発して欲しいもんや。うんうん、ぜひとも、大宮製菓に入って、光博を助けてやってくれ」
冗談めかした口ぶりながらも、声にはどこか切実な響きがあった。
いきなり将来の話などされても、聖太郎にはぴんと来なかった。大人になるのはまだまだ先のことだという気がしていたし、どんな仕事をするかなんて、真剣に考えたことはなかった。
だが、このとき、源二と視線を交わして、通じ合うものがあった。
チョコレートに魅せられた者たち。
大宮製菓の創業者である源二が、チョコレートというものに並々ならぬ思い入れを持っていることが、そのまなざしから伝わってきた。
「お菓子は、生活必需品やない。お菓子を楽しめるっていうのは、つまり、ひとびとの生活が豊かで平和やっていうことや。うちの会社は、みんなを幸せにする平和産業なんや」
誇らしげな口調で、源二は言う。
「まあ、会社のことはともかく、光博はちょっとわがままなところもあるけど、根はいい子やから、また遊びに来たってな」
源二は孫を思う祖父の顔になって、そう付け加えた。
聖太郎はもう一度、チョコレートの泉へと目を向ける。
つややかなカカオ色の輝き。
今日、この場所で、チョコレートを味わっているとき、思い悩むことを忘れていた。
ここがどこかということも、自分がだれかということも、意識から消え去っていた。自分のすべてが味を感じるための器官となったようで、余計なことは一切、考えずにすんだ。
ただただ、無心で、チョコレートの味だけを感じていた。
ウ父親の死後、はじめて、聖太郎はそれを頭から追い出して、考えないでいる時間を持つことができたのだった。

（藤野恵美『ショコラティエ』による。）

※チョコレートフォンデュ＝溶かしたチョコレートに、果物やマシュマロなどを浸して食べるもの。

2　将来の仕事についてはまだイメージできないながらも、源二のチョコレートへの愛着を理解し、共感している。
3　チョコレートが好きだというだけで、会社に入るように勧める源二にとまどい、その真意は何かと怪しんでいる。
4　源二のチョコレートへの情熱に圧倒され、将来の仕事について考えたことがなかったことを恥じている。

(四)　ウ父親の死後、はじめて、聖太郎はそれを頭から追い出して、考えないでいる時間を持つことができた　とあるが、これはどういうことか。「それ」の内容を明らかにして四十五字以上、五十字以内で書きなさい。（句読点を含む。）

(五)　国語の授業で上の文章を読み、「源二」の人物像について考えることになった。グループで話し合う前に、まず、自分の考えをノートにまとめた。次はある生徒の【ノートの一部】である。［　］に入る「源二」の考えを、上の文章中からひと続きの二文で抜き出して、その初めの五字を書きなさい。

【ノートの一部】

〈源二〉の人物像
チョコレートに思い入れがあり、自分の製菓会社の仕事に誇りを持っている人物。
○その根拠となる「源二」の考え
・［　］

二〇二一年度 常磐大学高等学校

【国 語】〈五〇分〉〈満点：一〇〇点〉

一

次の文章を読んで、下の㈠〜㈤の問いに答えなさい。

父をなくした九歳の羽野聖太郎は、大宮製菓の社長の息子である光博《みつひろ》の誕生日会に招待された。大宮製菓は、光博の祖父・源二が創業した会社である。聖太郎はそこで※チョコレートフォンデュを初めて見て、強く心をひかれる。

やがて、光博とほかのクラスメイトたちは家のなかへと入っていった。もう誕生日会は終わりで、最後にお土産をもらって帰るようだ。

聖太郎は名残(1)オしい気持ちを抑えきれず、チョコレートの泉へと再び近づいた。

マシュマロやフルーツはすべてなくなっていたが、なめらかなカカオ色した液体は、まだたっぷりと残っている。チョコレートの泉はつやつやとした輝きを放って、聖太郎を誘う。

もっと、食べたい。

もっと、もっと、いろんな味を作りたい！

聖太郎はちらりとあたりを見まわす。

料理を盛っていた皿に、唐揚げがひとつあるのが、目に入った。

もし、あの唐揚げをチョコレートと合わせたら、どんな味になるのだろうか。

試してみたいという気持ちに勝てず、聖太郎は竹串で唐揚げを刺して、カカオ色した液体に浸した。

「ポジョ・デ・モーレ」

呪文のような言葉が背後で響き、聖太郎はびくりと肩を(2)フルわせる。

おそるおそる振り返ると、立っていたのは源二だった。

「メキシコ料理には、ポジョ・デ・モーレという鶏肉《とりにく》のチョコレート煮込みがあるんや」

聖太郎の持った竹串を見て、源二は言う。

てっきり怒られるものだと思ったが、ア源二の口調は面白がっているようだった。

聖太郎はチョコレートでコーティングされた唐揚げに目を向けると、ぱくりとそれを食べた。

うっすらと固まっていたチョコレートが割れ、下味に醤《しょう》油の効いた唐揚げの衣がほぐれ、甘辛い味が口いっぱいに広がる。淡泊な鶏肉に、カカオの風味がふわりと重なる。複雑な味わいだ。未知なる味との出会いに、聖太郎は胸が高鳴る。

「どないや？」

㈠ 上の文章中の(1)――〜(3)――の片仮名の部分を漢字で書きなさい。

㈡ ア源二の口調は面白がっているようだったとあるが、その理由として、最も適切なものを、次の1〜4の中から選んで、その番号を書きなさい。

1 チョコレートに唐揚げを浸すという、非常識で突拍子もない食べ方を、子どもっぽくばかばかしいと感じたから。

2 チョコレートと唐揚げを組み合わせるという、メキシコ風の食べ方をする聖太郎の知識に見どころを感じたから。

3 チョコレートに唐揚げを浸すという、小さないたずらを見抜かれて困っている聖太郎の姿が滑稽に見えたから。

4 チョコレートと唐揚げという、一見変わった組み合わせを試そうとする聖太郎の好奇心に興味をひかれたから。

㈢ イうちの会社に入らへんか？とあるが、これを聞いた聖太郎の心情として、最も適切なものを、次の1〜4の中から選んで、その番号を書きなさい。

1 チョコレートに強い思い入れを持って仕事をする源二に尊敬の念を抱き、製菓会社の仕事に憧れ始めている。

英語解答

1 (1) No. 1 イ No. 2 ア No. 3 ア
No. 4 エ No. 5 イ
(2) No. 1 イ No. 2 エ No. 3 エ
No. 4 ウ
(3) No. 1 ウ No. 2 エ
(4) ① エ
② (例) I want to sing “Let it be” in English.

2 (1) ① studied ② speaking
③ countries
(2) ④ ways ⑤ abroad ⑥ easy

3 (1) ウ (2) ウ→イ→ア

4 (1) ①…エ ②…イ ③…ア ④…ウ
⑤…エ
(2) (例) let’s join it together.

5 (1) ウ，オ，ク (2) 2
(3) ① (例) She was ninety years old.
② (例１) She cleaned the hospital.
(例２) She started to clean the hospital.
(4) ① (例) I think she was〔is〕great because she worked very hard to help sick people.
② (例) I sometimes cook dinner for my family when my parents come home late from work.

6 (例) I like summer best. There are two reasons for this. First, we can swim in the sea in summer. Swimming in the sea is great fun for me. Second, there are a lot of exciting events in summer, such as summer festivals. Every year I go to some summer festivals and have a great time with my family or friends.
(60語)

1〔放送問題〕解説省略

2〔長文読解総合―Ｅメール〕

≪全訳≫Ａ．こんにちは，ブラウン先生。／お尋ねしたいことがあります。英語をもっと上手に話すにはどうしたらいいですか。私は英語が好きで，約３年間一生懸命勉強してきましたが，楽しんで話すことができないのです。将来は外国のいろいろな国々で貧しい子どもたちのために働きたいと思っているので，彼らと会話するために英語を上手に話す必要があります。どうかアドバイスをお願いします。

Ｂ．こんにちは，マヤ。／メールをありがとう。英語を学ぶ一番よい方法の１つは，外国の人々と話すことです。今日では，インターネットを使って外国の人たちと話すことができます。難しい言葉を使う必要はありません。簡単な言葉でたくさん話し，話しながら楽しむことが大切ですよ。がんばって！

(1)＜語形変化＞①直前に have があるので，‘have/has＋過去分詞’の現在完了形にする。study のように‘子音字＋y’で終わる単語は y を i に変えて ed をつける。 ②enjoy は目的語に to 不定詞はとらず，動名詞(～ing)をとる。 enjoy ～ing「～して楽しむ」 ③many「たくさんの」があるので，複数形にする。語尾が‘子音字＋y’なので y を i に変えて es をつける。

(2)＜適語補充＞④マヤに英語をもっと上手に話すにはどうしたらいいかと尋ねられたブラウン先生は，一番よい「方法」をアドバイスしている。‘one of the＋最上級＋複数名詞’「最も～な…の１つ〔１人〕」の形なので複数形にするのを忘れないこと。 ⑤英語の上達のために話す相手としてふさわしいのは「外国」からの人々。　abroad「外国に〔へ，で〕」　from abroad「外国から」

⑥difficult words「難しい単語」を使うのではなく，easy words「簡単な単語」でたくさん話すことが大切という流れを読み取る。

3〔長文読解総合〕

⑴<**要旨把握**>《**全訳**》早起きする人たちは「モーニング・ピープル」と言われる。夜に活発な人たちは「ナイト・ピープル」と言われる。ナイト・ピープルにとっては早起きするのが難しいこともある。ある科学の本によると，どちらの種類の人であるかは遺伝子が決定するのだそうだ。ナイト・ピープルは早起きしなければならない場合に，強い疲労を感じたり病気になったりするかもしれないのだ。

<**解説**>この記事が伝えているのは，早起きの善《よ》し悪《あ》しではなく，朝型か夜型かを決めるのは遺伝子だということ。この内容に一致するのは，ウ.「モーニング・ピープルは，そのようにする遺伝子を持っているので，早起きすることができる」。　ア.「朝早起きすることは私たちの健康にとってよいことだ」　イ.「私たちは夜よりも朝の方がより活発であるべきだ」　エ.「ナイト・ピープルは病気になるかもしれないので，早起きするべきである」

⑵<**文整序**>《**全訳**》私の姉〔妹〕は，誕生日プレゼントにCDをくれました。それには英語の歌が数曲入っていました。私は英語の歌よりもJポップが好きなので，あまりうれしくありませんでした。／**→ウ.** 最初にそのCDを聴いたときは，歌詞の意味がわかりませんでした。／**→イ.** でもそれらの歌を聴くことで楽しい気分になったので，辞書を使って理解しようとしてみました。／**→ア.** どういう意味なのかがわかってからは，それらがもっと好きになりました。／今は，英語の歌に興味があります。

<**解説**>イのButに注目すると，「歌詞の意味がわからなかった」というウから，「しかし，楽しい気分になった」というイにつながるとわかる。最後に「曲の意味がわかってますます好きになった」というアが続く。

4〔長文読解総合―対話文〕

《**全訳**》❶アユミ(A)：ねえ見て！　このイベントはあなたにいいと思うんだけど。❷ベス(B)：それはどういうイベントなの？　日本語で書かれているから，全部は理解できないわ。❸A：①日本の文化に関するものよ。❹B：それはおもしろそうね。❺A：あっ，日本の書道の展示もあるわ。あなた興味あるでしょう？❻B：うん，でも理解できないと思うな。漢字は今でも私には難しすぎて。❼A：心配ないわ，ベス。英語の音声ガイドがあるから，②あなたにもわかるよ。❽B：それはいいわね。私，日本の茶道にも興味があるの。茶道に関するものは何かある？❾A：うん，③いくらか費用を払えば，お茶会に挑戦できるよ。❿B：えっ，高いの？⓫A：ううん，高くないよ。私も興味あるから，一緒に参加しようよ。⓬B：ええ，そうしましょう。ありがとう，アユミ。⓭A：どういたしまして。あっ，このイベントでは，いろいろな実演も見られるよ。日本舞踊っていう日本の古典的な踊りとか，和太鼓っていう日本の太鼓とかが，あなたは好きだと思うな。日本舞踊はとても美しいし，和太鼓は本当にわくわくするのよ。⓮B：④和太鼓を見たいな。音楽の実演が好きなのよ。⓯A：オーケー。1時に始まるから，その前にお昼を食べるのはどう？⓰B：いいわよ。⓱A：⑤日本庭園で数種類の和食を食べられるよ。⓲B：いいわね！

⑴<**適語句・適文選択**>①イベントは，ちらしの表題にあるように「日本文化」に関するもの。

②直後のbecause以下は，空所の理由を説明している。英語の音声ガイドがある，ということは，日本語がやや苦手なベスにも理解できるということ。　③何をすればお茶会を体験できるのか。ちらしに「茶会(参加費500円)」とある。イ～エは金額が合わない。　④ベスは直後で「音楽の実演が好き」と言っている。また，この後アユミが「1時に始まる」と言っている。ちらしより，1時に始まるのは和太鼓である。　⑤ちらしのDに食事に関する記述がある。当てはまるのは，日本庭園で食べられるものがあるというエ。

(2)＜**適文補充**＞次でベスはYes, let's. と返答しているので，空所にはlet's ～.「～しよう」の形が入るとわかる。茶道に興味があるベスに対して，アユミはイベントではお茶会体験ができ，自分も興味があると言っているのだから，一緒にお茶会に参加しようと誘う文にすればよい。　(別解例) let's try the tea ceremony together.／shall we join it together?

5〔**長文読解総合―伝記**〕

≪**全訳**≫❶フローレンス・ナイチンゲールは19世紀で最も有名な女性の1人である。彼女は1820年，父親と母親がヨーロッパ中を旅しているときに，イタリアのフィレンツェ(Florence)で生まれた。彼女がそこで生まれたので，両親は彼女にフローレンスという名前をつけた。一家は裕福だった。彼女は父親から，科学や数学，歴史といった多くの科目を教わった。だが彼女は他の人を助けることに関心があった。彼女は自宅の近くに住む病気や貧困の人々のもとを好んで訪れた。17歳のとき，彼女は父親に「看護師になりたい」と言った。それを聞いて父親は喜ばなかった。父親は彼女を看護師として働かせたくはなかった。19世紀の初め，人々は看護師が重要だとは思っていなかったのだ。❷だが彼女の意思は変わらなかった。1851年，彼女は病人の世話の仕方を学ぶために看護師の学校に通った。その後，ロンドンの病院で看護師として働き出した。彼女は熱心に働き，病院の労働状況をそれまでよりも格段に向上させたのだった。❸1854年に，戦争が始まった。負傷した兵士が大勢いた。フローレンスは，それらの兵士を助けるため，他の看護師たちとともにクリミア半島の病院へ行くように要請された。到着すると，病院がとても汚いことを目の当たりにした。トイレは壊れ，至る所でドブネズミが走り回っていた。負傷した兵士は汚い床の上で眠らなければならなかった。しかも，十分な薬もなかった。その結果，多くの兵士が傷のせいではなく病気で亡くなっていた。フローレンスは，兵士の命を救うには自分が病院の状況を変えなければならないのだとわかった。それで，彼女は病院を清掃し始めた。看護師のリーダーとして，彼女は自分にできることは何でもやった。病院の状況は彼女の努力と熱心な働きによって改善され，数多くの兵士が生きられた。兵士たちからは「ランプの貴婦人」と呼ばれた。彼女は毎晩兵士たちが眠っているときにランプを持って，彼らが元気かどうか確かめるために彼らのもとを訪れていたのだ。❹イギリスに戻ると，フローレンスはとても有名になっていた。人々は彼女をヒロインだと思っていた。さらに，女王が彼女にその功績に対する感謝の手紙を書いた。フローレンスは1860年，ロンドンに看護師の学校を開いた。多数の本も書いた。自著の1冊『看護覚え書』は，よい看護師になる方法について書かれている。❺フローレンス・ナイチンゲールは1910年8月13日，90歳のときに亡くなった。彼女は近代看護の母として知られている。

(1)＜**内容真偽**＞ア.「イタリアのある都市は，有名な女性がそこで生まれたことで，フィレンツェと名づけられた」…×　第1段落第2，3文参照。フィレンツェで生まれたことで，フローレンスと名づけられた。　イ.「フローレンスは病気の人や貧しい人を助けたいと思い，彼らを自宅に招待した」…×　第1段落第7文参照。自分が彼らのもとへ行った。　ウ.「フローレンスは他の人を助けることが好きだったので，看護師になった」…○　第１段落後半～第２段落に一致する。
エ．「フローレンスは他の看護師たちに，クリミア半島へ行って負傷した兵士を助けるように頼んだ」…×　第３段落第３文参照。フローレンス自身が頼まれて，他の看護師とともに赴いた。
オ．「病院はとても汚かったので，大勢の兵士が病気になって死んだ」…○　第３段落第４～８文参照。　カ．「兵士たちはフローレンスがくれたランプをつけて眠っていたので，回復した」…×　そのような記述はない。　キ．「フローレンスはとても有名になったので，イングランドの女王に選ばれた」…×　そのような記述はない。　ク．「フローレンスは学校を開き，看護師になりたい人々に向けた本を書いた」…○　第４段落後半に一致する。

⑵＜**適所選択**＞change ～'s mind は「考えを変える」という意味。第１段落の最後で，フローレンスは看護師になることを父親に反対されているが，第２段落では看護師になっていることから，この間に入ると判断できる。

⑶＜**英問英答**＞①「フローレンスは亡くなったとき何歳だったか」―「彼女は90歳だった」　第５段落第１文参照。５語の指定があるので，She was ninety の後に「～歳」の意味を表す years old をつける。　②「病院の状況を変えるために，フローレンスは何をしたか」―「彼女は病院を清掃し（始め）た」　第３段落第９，10文参照。

⑷＜**条件作文**＞≪**全訳**≫**先生（Ｔ）**：フローレンス・ナイチンゲールについてどう思いますか？／**生徒（Ｓ）**：①(例)彼女は病気の人々を助けるためにとても熱心に働いたので，すばらしいと思います。／Ｔ：なるほど。ところで，あなたはふだん他の人，例えば家族や友達を助けるために，どんなことをしていますか？／Ｓ：②(例)両親が仕事から帰るのが遅いとき，家族のために夕食をつくることがあります。／Ｔ：ああ，それはいいですね。あなたが人を助けることを続けていってくれたらいいなと思います。

＜**解説**＞①どう思うかと尋ねられているので，I think ～「私は～と思う」という形で自分の意見を述べる。本文中の具体的な話を受けて，彼女はこういうことをしたからすばらしいと思う，などとするとよい。　②家族や友達が困っているときに，自分がしていることを具体的に説明する。
（別解例）If my friends look sad, I say something funny to make them happy.「もしも友人たちが悲しそうにしていたら，彼らを楽しくさせるために何かおもしろいことを言います」

6〔**テーマ作文**〕

≪**全訳**≫こんにちは。あなたに次回の授業のための宿題をお伝えするためにこれを書いています。次回の授業では，あなたがスピーチをすることになっています。話題は「あなたが一番好きな季節」です。あなたはどの季節が一番好きですか。なぜその季節が好きなのですか。その話題について書いて，次回の授業でスピーチをしてください。

＜**解説**＞一番好きな季節を最初に述べて，その理由を説明していく，という形が書きやすいだろう。「私は～が一番好きだ」は I like ～ (the) best. と表せる。各季節は，spring「春」，summer「夏」，fall「秋」，winter「冬」。解答例の意味は「私は夏が一番好きです。この理由は２つあります。第１に，夏は海で泳げます。海で泳ぐことは私にとってとても楽しいです。第２に，夏は夏祭りのような，わくわくするイベントがたくさんあります。毎年，私は家族や友達と夏祭りに行って，とても楽しい時を過ごしています」。

数学解答

1 (1) -3　(2) $2+\pi\text{cm}^2$　(3) ウ
(4) 右下図

2 (1) ア…$2n+3$　イ…$n+1$
(2) ア…$x+y$　イ…$\frac{7}{10}x-\frac{3}{4}y$
(3) $\frac{3}{4}$　(4) $\frac{7}{12}$

3 (1) 76°
(2)
① (例)△ABCと△PBAにおいて，AB：PB＝35：(25＋24)＝5：7……㋐　BC：BA＝25：35＝5：7……㋑　㋐，㋑より，AB：PB＝BC：BA……㋒　共通な角より，∠ABC＝∠PBA……㋓　㋒，㋓より，2組の辺の比とその間の角がそれぞれ等しいので，△ABC∽△PBA
② 21cm

4 (1) $\frac{32}{5}$秒後　(2) $y=6x$
(3) $2\sqrt{2}$，$\frac{24}{5}$

5 (1) 4粒　(2) 24%
(3) (例)残りの6個のさやに入っているマメの数が全て3粒としても，4粒のさやの数が20個で最も多いから。

6 (1) イ，ウ　(2) 378cm^3
(3) 4：15

(例)
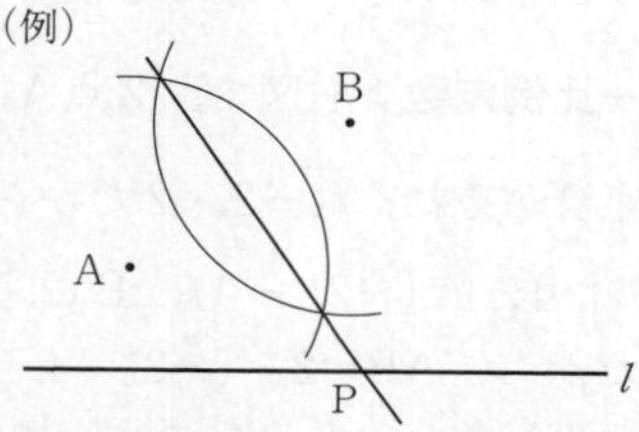

1 〔独立小問集合題〕

(1)＜数の計算＞数直線上の2の位置から，負の方向に8，正の方向に3動かしたので，$2+(-8)+(+3)=2-8+3=-3$より，コインのある位置は-3である。

(2)＜図形—面積＞右図1で，斜線部分の面積は，線分ACを直径とする半円の面積から，線分ADと$\overset{\frown}{\text{AD}}$で囲まれた図形の面積をひいて求められる。PA＝OA＝2より，線分ACを直径とする半円の面積は，$\pi\times2^2\times\frac{1}{2}=2\pi$である。また，点Oと点Dを結ぶと，∠OAD＝45°，OD＝OA＝2より，△OADは直角二等辺三角形となるから，∠AOD＝90°である。これより，線分ADと$\overset{\frown}{\text{AD}}$で囲まれた図形の面積は，〔おうぎ形OAD〕－△OAD＝$\pi\times2^2\times\frac{90^\circ}{360^\circ}-\frac{1}{2}\times2\times2=\pi-2$となる。よって，斜線部分の面積は，$2\pi-(\pi-2)=2+\pi(\text{cm}^2)$である。

図1
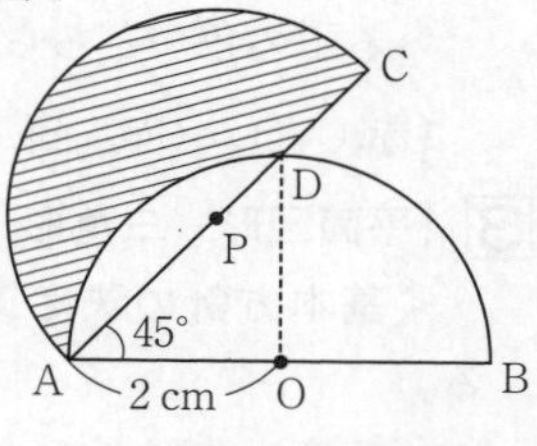

≪別解≫図1で，線分ABを直径とする半円と線分ACを直径とする半円は合同だから，この2つの半円から重なっている部分を除いた残りの図形の面積は等しくなる。つまり，斜線部分の面積と，線分AD，線分AB，$\overset{\frown}{\text{BD}}$で囲まれた図形の面積は等しくなる。∠AOD＝90°より，∠BOD＝90°だから，線分AD，線分AB，$\overset{\frown}{\text{BD}}$で囲まれた図形の面積は，△OAD＋〔おうぎ形OBD〕＝$\frac{1}{2}\times2\times2+\pi\times2^2\times\frac{90^\circ}{360^\circ}=2+\pi$となる。よって，斜線部分の面積は$2+\pi\text{cm}^2$である。

(3)＜文字式の利用＞縦に7個，横にa列に並べたので，石は$7\times a=7a$(個)ある。縦にb個，横に4列に並べなおすと，石は$b\times4=4b$(個)必要となるので，残った石の個数は$7a-4b$個となる。これが10個以下だから，$7a-4b\leqq10$である。

(4)＜図形—作図＞次ページの図2で，点Aと点Bを結ぶと，AP＝BPだから，△ABPは二等辺三角形である。よって，線分ABの中点をMとし，点Pと点Mを結ぶと，PM⊥ABとなるから，点Pは線分ABの垂直二等分線上の点となる。作図は，線分ABの垂直二等分線を引き，直線lとの交点をPとすればよい。解答参照。

図2

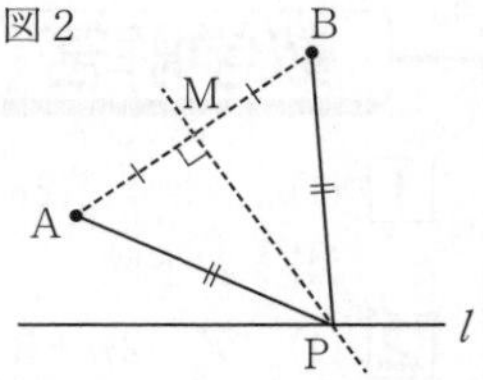

2〔独立小問集合題〕

(1)＜**文字式の利用―論証**＞連続する2つの奇数の差は2だから，小さい方を$2n+1$とするとき，大きい方は$(2n+1)+2=2n+3$と表せる。連続する2つの奇数の和は$(2n+1)+(2n+3)=4n+4=4\times(n+1)$となる。$n+1$は自然数だから，$4\times(n+1)$は4の倍数である。

(2)＜**連立方程式の応用―立式**＞仕入れた個数は，おにぎりがx個，サンドイッチがy個で，合わせて260個だから，$x+y=260$である。また，おにぎりは70%，サンドイッチは75%売れたので，売れた個数は，おにぎりが$x\times\frac{70}{100}=\frac{7}{10}x$(個)，サンドイッチが$y\times\frac{75}{100}=\frac{3}{4}y$(個)である。売れた個数は，おにぎりがサンドイッチより8個多いので，$\frac{7}{10}x-\frac{3}{4}y=8$が成り立つ。

(3)＜**関数―比例定数**＞右図で，2点A，Bは関数$y=-\frac{1}{4}x^2$のグラフ上にあり，x座標がそれぞれ-2，2だから，$y=-\frac{1}{4}\times(-2)^2=-1$，$y=-\frac{1}{4}\times 2^2=-1$より，A$(-2,\ -1)$，B$(2,\ -1)$である。よって，線分ABは$x$軸に平行だから，AB$=2-(-2)=4$となり，BC$=AB=4$である。線分BCは$y$軸に平行だから，点Cの$y$座標は$-1+4=3$となり，C$(2,\ 3)$である。点Cは関数$y=ax^2$のグラフ上にあるから，$3=a\times 2^2$より，$a=\frac{3}{4}$となる。

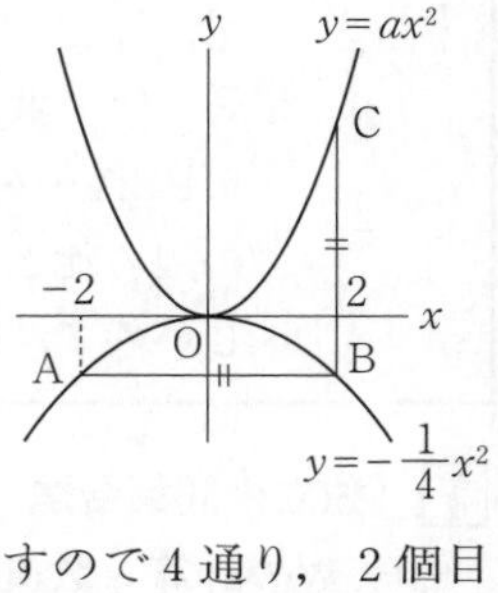

(4)＜**確率**＞玉の取り出し方は，1個目は，4個の玉の中から1個の玉を取り出すので4通り，2個目は，残り3個の玉の中から1個の玉を取り出すので3通りあり，玉の取り出し方は全部で$4\times3=12$(通り)ある。よって，青，黄の箱に入れる玉の入れ方も12通りある。このうち，箱の色と入っている玉の色がどちらも同じにならない場合は，(青の箱，黄の箱)＝(黄，青)，(黄，赤)，(黄，白)，(赤，青)，(赤，白)，(白，青)，(白，赤)の7通りだから，求める確率は$\frac{7}{12}$である。

3〔平面図形―三角形，円〕

≪**基本方針の決定**≫(2)②　△ABCと△PBA，△ACPと△BDPに着目する。

(1)＜**角度**＞右図1で，$\overset{\frown}{AB}$に対する円周角より，∠ADB＝∠ACB＝60°だから，△BPDで内角と外角の関係より，∠EBC＝∠ADB－∠DPB＝60°－44°＝16°である。よって，△BCEで内角と外角の関係より，∠AEB＝∠EBC＋∠ECB＝16°＋60°＝76°となる。

図1

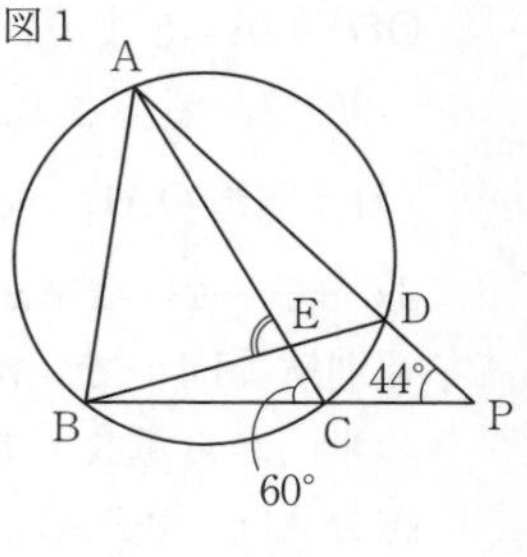

(2)＜**論証，長さ―相似**＞①右下図2の△ABCと△PBAで，AB：PB＝35：(25＋24)＝35：49＝5：7，BC：BA＝25：35＝5：7である。解答参照。　②図2で，①より△ABC∽△PBAであり，相似比はAB：PB＝5：7だから，AC：PA＝5：7である。よって，PA＝$\frac{7}{5}$AC＝$\frac{7}{5}\times40=56$となる。また，∠APC＝∠BPDであり，$\overset{\frown}{CD}$に対する円周角より，∠CAP＝∠DBPだから，△ACP∽△BDPである。これより，PC：PD＝PA：PBだから，24：PD＝56：49が成り立ち，PD×56＝24×49より，PD＝21(cm)となる。

図2

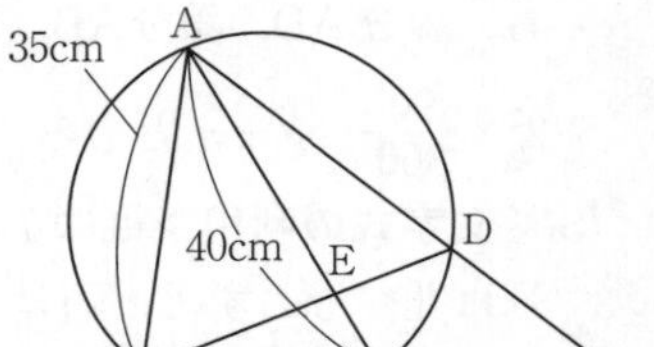

4 〔関数―関数と図形・運動〕

≪基本方針の決定≫(1)　2点P，Qが動いた距離の和に着目する。　(3)　グラフから，$y=16$ になるときの2点P，Qがどの辺上にあるかがわかる。

(1)＜時間―一次方程式の応用＞頂点Aを出発してから t 秒後に2点P，Qが辺BC上で重なるとする。このとき，2点P，Qが動いた距離の和は，長方形ABCDの周の長さと等しくなる。点Pの速さは毎秒1cm，点Qの速さは毎秒4cmだから，t 秒間に，点Pは $1\times t=t$(cm)，点Qは $4\times t=4t$(cm)動く。よって，$t+4t=(4+12)\times 2$ が成り立つ。これを解くと，$5t=32$ より，$t=\frac{32}{5}$(秒)後となる。

(2)＜関係式＞$12\div 4=3$，$(12+4)\div 4=4$ より，点Qが頂点Dに着くのは3秒後，頂点Cに着くのは4秒後だから，点Qが辺DC上を動いているとき，$3\leqq x\leqq 4$ である。$4\div 1=4$ より，点Pが頂点Bに着くのは4秒後だから，$3\leqq x\leqq 4$ のとき，点Pは辺AB上にある。右図1で，このときの2点P，QをそれぞれP_1，Q_1とする。$AP_1=x$ だから，$\triangle AP_1Q_1=\frac{1}{2}\times AP_1\times AD=\frac{1}{2}\times x\times 12=6x$ であり，$y=6x$ と表せる。

図1

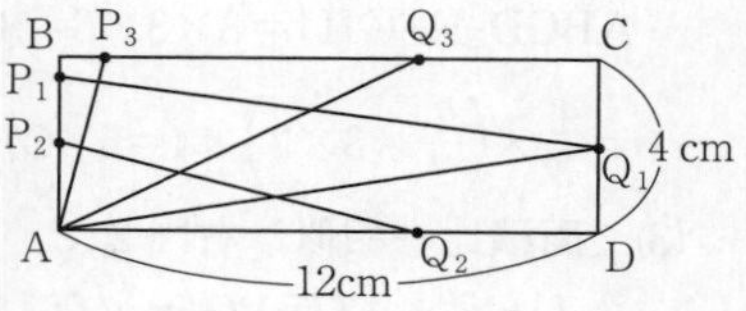

≪別解≫点Qが辺DC上を動いているとき，$3\leqq x\leqq 4$ だから，右図2で，2点(3，18)，(4，24)を通る直線の式を求めればよい。この2点を通る直線の傾きは $\frac{24-18}{4-3}=6$ だから，その式は $y=6x+b$ とおけ，点(3，18)を通ることから，$18=6\times 3+b$，$b=0$ となるので，求める関係式は $y=6x$ となる。

図2

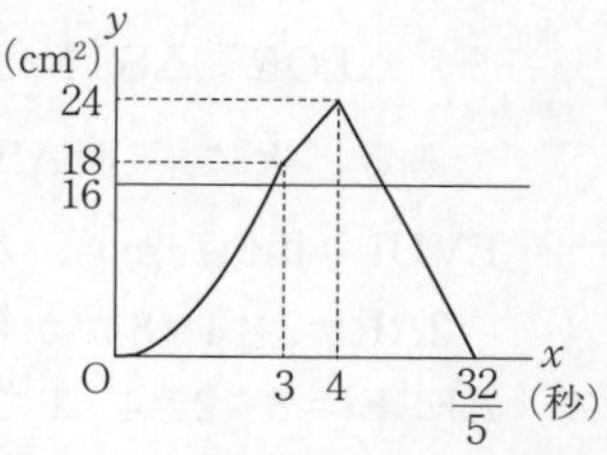

(3)＜x の値＞右図2で，$y=16$ となるのは，$0\leqq x\leqq 3$ のときと $4\leqq x\leqq \frac{32}{5}$ のときの2回ある。$0\leqq x\leqq 3$ のとき，点Pは辺AB上，点Qは辺AD上にある。上図1で，このときの2点P，QをそれぞれP_2，Q_2とすると，$AP_2=x$，$AQ_2=4x$ だから，$\triangle AP_2Q_2=\frac{1}{2}\times AP_2\times AQ_2=\frac{1}{2}\times x\times 4x=2x^2$ であり，$y=2x^2$ と表せる。よって，$16=2x^2$ が成り立ち，$x^2=8$，$x=\pm 2\sqrt{2}$ となる。$0\leqq x\leqq 3$ だから，$x=2\sqrt{2}$ である。また，$4\leqq x\leqq \frac{32}{5}$ のとき，2点P，Qはともに辺BC上にある。このときの2点P，QをそれぞれP_3，Q_3とすると，$AB+BP_3=x$，$AD+DC+CQ_3=4x$ だから，$P_3Q_3=$〔長方形ABCDの周の長さ〕$-(AB+BP_3)-(AD+DC+CQ_3)=32-x-4x=32-5x$ となる。$\triangle AP_3Q_3=\frac{1}{2}\times P_3Q_3\times AB=\frac{1}{2}\times(32-5x)\times 4=-10x+64$ となるので，$y=-10x+64$ と表せる。よって，$16=-10x+64$ が成り立ち，$10x=48$ より，$x=\frac{24}{5}$ となる。$4\leqq x\leqq \frac{32}{5}$ だから，適する。以上より，$x=2\sqrt{2}$，$\frac{24}{5}$(秒)後である。

5 〔資料の活用〕

(1)＜中央値＞調べたさやが50個なので，中央値は，さやに入っているマメの数を小さい順に並べたときの25番目と26番目の平均となる。3粒以下のさやは $1+5+12=18$(個)，4粒以下のさやは $18+20=38$(個)だから，25番目，26番目のマメの数はともに4粒である。よって，中央値は4粒である。

(2)＜割合＞調べた50個のさやのうち，入っているマメの数が5粒以上のさやは $7+5=12$(個)だから，その割合は $\frac{12}{50}\times 100=24$(%)である。

(3)＜理由＞残りの6個のさやに入っているマメの数が全て4粒の次に多い3粒だとしても，4粒入っているさやの数の方が多いことを記す。解答参照。

6 〔空間図形—直方体〕

≪基本方針の決定≫(3)　線分SV，線分TU，辺AEを延長してできる図形で考える。

(1)**＜ねじれの位置にある辺＞**右図１の直方体ABCD-EFGHで，辺ABと辺CG，辺ABと辺FGはともに交わらず平行でもないので，ねじれの位置にある。辺ABと辺BCは交わっている。辺ABと辺HGは平行である。

図１

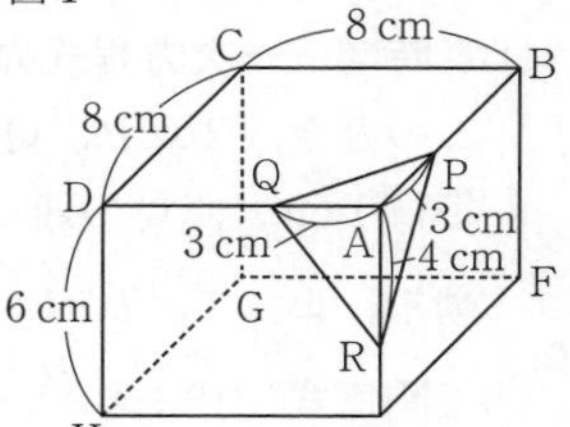

(2)**＜体積＞**右図１で，大きい方の立体の体積は，直方体ABCD-EFGHの体積から，三角錐APQRの体積をひいて求められる。〔直方体ABCD-EFGH〕$=8\times8\times6=384$，〔三角錐APQR〕$=\frac{1}{3}\times\triangle APQ\times AR$ $=\frac{1}{3}\times\left(\frac{1}{2}\times3\times3\right)\times4=6$ だから，求める立体の体積は $384-6=378$ (cm^3) である。

(3)**＜面積比—相似＞**右図２で，線分SV，線分TU，辺AEを延長し，交点をＩとする。〔面PQR〕∥〔面STI〕より，三角錐APQRと三角錐ASTIは相似だから，△PQR∽△STIとなる。三角錐APQRと三角錐ASTIの相似比はAP：AS＝1：2だから，△PQRと△STIの相似比も1：2であり，△PQR：△STI$=1^2:2^2=1:4$となる。よって，△PQR$=\frac{1}{4}$△STIである。次に，〔面ABCD〕∥〔面EFGH〕より，三角錐ASTIと三角錐EVUIも相似だから，△STI∽△VUIとなる。AR：AI＝1：2より，AI＝2AR＝2×4＝8だから，EI＝AI－AE＝8－6＝2となり，三角錐ASTIと三角錐EVUIの相似比はAI：EI＝8：2＝4：1である。これより，△STIと△VUIの相似比も4：1だから，△STI：△VUI$=4^2:1^2=16:1$である。よって，△VUI$=\frac{1}{16}$△STIだから，〔四角形STUV〕＝△STI－△VUI＝△STI－$\frac{1}{16}$△STI$=\frac{15}{16}$△STIである。以上より，△PQR：〔四角形STUV〕$=\frac{1}{4}$△STI：$\frac{15}{16}$△STI＝4：15となる。

図２

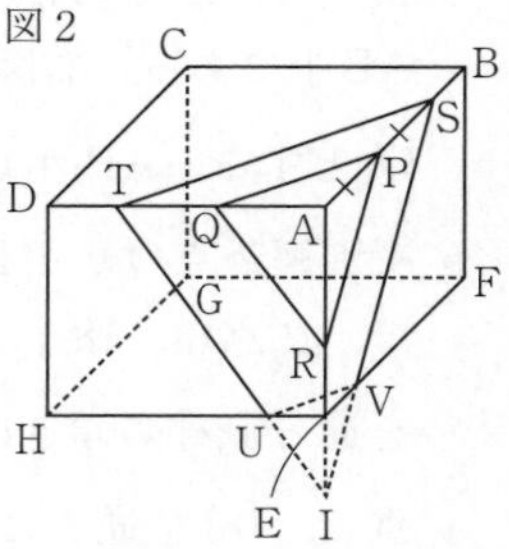

＝読者へのメッセージ＝

1(4)で，線分の垂直二等分線を作図しました。線分の垂直二等分線は，線分の両端の点から等距離にある点の集まりということもできます。角の二等分線は，その角をつくる２直線から等距離にある点の集まりです。

社会解答

1 1 (1) ウ
(2) (例)ため池をつくっている。
(3) イ (4) ア
2 (1) (例)海上交通が発達していた
(2) 石油化学コンビナート
(3) (例)EUの域内では，物の移動が自由化されている
3 (1) イ (2) 過疎
(3) (例)神戸や大阪などの大都市へ買い物に行く人が増えた

2 1 (1) 文 (例)貴族や寺社が開墾を行い，私有地を広げた。
天皇…聖武
(2) エ (3) 参勤交代 (4) 2
2 (1) イ
(2) う 関税自主権がない
え…ウ
(3) お (例)米の買い占めや売りおしみが行われたため，米の価格が上昇した
人物…原敬
(4) (例)アメリカ軍が日本で軍需物資を調達した

3 1 (1) (例)議員一人当たりの有権者数に大きな差がある
(2) ア (3) エ (4) 知る権利
2 (1) イ，エ
(2) (例)参議院に比べて任期が短く，解散もあり
(3) 国民審査

4 1 (1) ア (2) エ
(3) あ (例)植民地であったアフリカの国々の多くが独立した
記号…イ
2 (1) イ
(2) (例)鉱産資源や農産物の割合が減り，工業製品の割合が増えた。
(3) い…渡来人 う…日本町
3 (1) (例)高い価格が設定されやすくなる
(2) ウ

1 〔地理―中国・四国地方，世界の諸地域〕

1 (1)＜**瀬戸内の気候**＞資料1に見られるように，瀬戸内は北側にある中国山地に冬の北西の季節風を，南側にある四国山地に夏の南東の季節風をさえぎられるため，1年を通じて降水量が少ない。

(2)＜**ため池**＞雨の少ない瀬戸内では，水不足の対策として，資料3に見られる「宮池」，「中池」，「買田池」のようなため池が多くつくられてきた。

(3)＜**地形図の読み取り**＞特にことわりのないかぎり，地形図では上が北，右が東を表す。地形図のA地点に立って東を向くと，左手，つまり北の方角には老人ホーム(⌂)がある。なお，地形図で示された地域には田(ıı)が広がっている(ア…×)。東原の西側を南北に通っているのは，鉄道ではなく国道等である(ウ…×)。この地形図の縮尺は2万5千分の1なので，地形図上の2cmが表す実際の距離は，2cm×25000＝50000cm＝500mとなる(エ…×)。

(4)＜**アメリカ合衆国，農業**＞アメリカ合衆国の中央部に広がるグレートプレーンズでは，地下水をくみ上げて散水するセンターピボットという方式で，主に小麦やとうもろこしが生産されている。なお，Yはフロリダ半島で，温暖で雨が多い気候を利用して果実などが栽培されている。

2 (1)＜**瀬戸内の工業**＞瀬戸内では，古くから瀬戸内海を利用した海上交通が発達しており，輸出入を

含めた輸送に便利だったことなどから，工業が発展した。

(2)＜**石油化学コンビナート**＞石油精製工場を中心に，石油を利用する工場や施設をパイプラインで結び，原料や燃料を送り合いながら生産する工業施設を，石油化学コンビナートという。

(3)＜**国際分業**＞資料７と資料８から，EU〔ヨーロッパ連合〕域内では，国をまたいだ部品などの物の移動が自由に行えることがわかる。また，人やサービスの移動も自由化されており，これらを生かした効率のよい生産が行われている。

3 (1)＜**資料の読み取り**＞資料９から，1985年時点では，香川県高松市から３時間以内に移動することができる地域はほぼ岡山県南部に限られており，中国地方の日本海側である鳥取県や島根県などの山陰地方には３時間以内で移動できなかったことがわかる。なお，資料10より，本州四国連絡橋のうち神戸・鳴門ルートは，四国地方の徳島県と近畿地方の兵庫県を結んでいる（ア…×）。資料11より，2015年の岡山県・香川県間の通勤・通学者数は１日あたり約4600人で，1985年の約1300人の４倍足らずである（ウ…×）。資料12より，年間商品販売額の減少は，全国より徳島市の方が大きい（エ…×）。

(2)＜**過疎**＞都市部への人口流出による人口の減少や高齢化の進行などによって，地域社会の維持が困難になる現象を過疎という。

(3)＜**交通の発達とその影響**＞明石海峡大橋の開通によって，徳島市から神戸や大阪のような大都市に行きやすくなった。そのため，神戸や大阪に買い物に行く人が増えた一方で，地元で買い物をする人が減ったことから，徳島市の年間商品販売額が減少したと考えられる。

2 〔歴史―総合〕

1 (1)＜**奈良時代の政治**＞奈良時代になると，人口増加などによって，口分田が不足するようになった。そこで朝廷は743年に資料１の墾田永年私財法を出し，新たに開墾した土地の永久私有を認めた。この結果，多くの人を動員できた大貴族や寺社は開墾を進め，後に荘園と呼ばれる私有地を広げていった。この時期の天皇は聖武天皇で，仏教を厚く信仰した聖武天皇は地方の国ごとに国分寺と国分尼寺を建てさせるなどした。また，東大寺の正倉院には，聖武天皇の愛用品などが納められた。

(2)＜**土一揆**＞室町時代には農民が惣と呼ばれる自治組織をつくり，借金の帳消しなどを求めて土一揆を起こすなどした。なお，打ちこわしは江戸時代に都市で起こった民衆の暴動，一向一揆は一向宗〔浄土真宗〕の信者が戦国時代に起こした一揆，小作争議は明治時代以降に起こった農民による争議である。

(3)＜**参勤交代**＞江戸時代，大名は１年おきに江戸と領地を往復し，妻子は江戸に住まわせることが義務づけられた。この制度は参勤交代と呼ばれ，大名は江戸での費用や江戸と領地の移動にかかる費用などで大きな負担を強いられた。

(4)＜**北山文化**＞室町時代前半，観阿弥と世阿弥は室町幕府第３代将軍足利義満の保護を受けて能を大成した。なお，カード１は奈良時代，カード２は室町時代，カード３は江戸時代の様子について説明している。

2 (1)＜**近現代の出来事**＞八幡製鉄所が操業を開始したのは，日清戦争後の1901年のことである。なお，内閣制度が創設され，伊藤博文が初代内閣総理大臣となったのは1885年のこと（ア…×），日本が韓国を併合したのは1910年のこと（ウ…×），国家総動員法が制定されたのは，日中戦争が始まった翌年の1938年のことである(エ…×)。

(2)＜**江戸時代末期の貿易**＞江戸時代末期に欧米諸国との間で結ばれた修好通商条約は，相手国に領事裁判権を認めていたことと，日本に関税自主権がなかったという点で日本に不利な不平等条約だった。条約締結後，日本に関税自主権がなかったことから，安い外国製品が日本に大量に輸入され，国内産業は打撃を受けた。また，日本を開国させたアメリカ合衆国は，国内で1861年に南北戦争が起こったために，日本の貿易相手国としての地位が低くなった。なお，(アメリカ)独立戦争は1775～83年の出来事である。また，1840～42年のアヘン戦争と1851～64年の太平天国の乱は，いずれも中国で起こった。

(3)＜**米騒動**＞1918年，ロシア革命に干渉する目的でシベリア出兵が行われることが決まると，米の買い占めや売りおしみが行われるようになったため，米価が急激に上昇した。これに対して，米の安売りを求める騒動が富山県で起こると，これが全国に波及し，米騒動と呼ばれる騒ぎに発展した。寺内正毅内閣が米騒動の責任をとって退陣すると，代わって原敬が初の本格的な政党内閣を組織した。

(4)＜**特需景気**＞1950年に朝鮮戦争が起こると，アメリカ軍は日本で大量の軍需物資を調達した。これによって，日本は特需景気と呼ばれる好景気となり，第二次世界大戦敗戦後の経済復興が早まった。

3 〔公民―政治〕

1 (1)＜**一票の格差**＞選挙区によって選出される議員一人当たりの有権者数に大きな差があると，有権者の投票する一票の価値に差が生じる。これによって生まれる不平等を,「一票の格差」という。

(2)＜**参議院議員選挙**＞参議院議員の任期は6年だが，3年ごとに定数の半分が改選されるため，参議院議員選挙は3年ごとに実施される。

(3)＜**直接請求権**＞地方自治で認められている直接請求権のうち，地方議会の解散や首長，議員の解職を請求する場合には，有権者の3分の1以上(有権者が40万人以下の場合)の署名を集めて，選挙管理委員会に提出する必要がある。

(4)＜**知る権利**＞知る権利は，日本国憲法制定後に認められるようになった新しい人権の1つで，行政機関の持つ情報を国民が入手できるという権利である。この権利は，情報公開制度によって保障されている。

2 (1)＜**三権分立**＞国会は内閣に対して，内閣不信任を決議することや内閣総理大臣を指名する権限を持つ。なお，法律の違憲審査は，裁判所が国会に対して持つ権限，弾劾裁判所の設置は国会が裁判所に対して持つ権限，国会の召集の決定は，内閣が国会に対して持つ権限である。

(2)＜**衆議院の優越**＞日本国憲法が衆議院に参議院より強い権限を認めているのは，衆議院議員(4年)の方が参議院議員(6年)より任期が短いことと，衆議院には解散があることによって，主権者である国民のその時点での意思を反映しやすいためである。

(3)＜**国民審査**＞最高裁判所の裁判官には任期がないが，初めて任命された後に行われる衆議院議員総選挙のときと，その後10年たった後に行われる衆議院議員総選挙のたびに，国民の投票によって信任されるかどうかの判断を受ける。この制度を国民審査という。

4 〔三分野総合―国際社会を題材とした問題〕

1 (1)＜**時差**＞日本の標準時子午線は東経135度の経線なので，日本の標準時子午線とニューヨークの標準時子午線との経度差は，西回りで135＋75＝210度である。経度差は15度で１時間の時差が生じ，西回りで計算するときには時刻を戻すので，ニューヨークの時刻は，日本の時刻より210÷15＝14時間だけ戻した時刻となる。したがって，日本が１月５日午前９時のとき，ニューヨークは１月４日午後７時となる。

(2)＜**世界の諸地域**＞世界で面積が最も大きい国はロシア，人口が最も多い国は中国である。なお，５か国は全て北半球に位置し，赤道が通っている国はない(ア…×)。東京から真西に進んだ場合，５か国のうち最初に通る国は中国である(イ…×)。５か国のうち，インド洋に面している国はない(ウ…×)。

(3)＜**国際連合の加盟国数**＞「アフリカの年」と呼ばれる1960年を中心として，第二次世界大戦後，欧米諸国の植民地だった多くのアフリカ諸国が独立して国際連合に加盟した。また，資料２より，2014年の加盟国数上位２地域はヨーロッパ・旧ソ連とアフリカで，その合計は105か国に達し，総加盟国数193か国の半分を上回っている。なお，1980年のヨーロッパ・旧ソ連の加盟国数は29か国で，同じ年の南北アメリカの加盟国数32か国を下回っている(ア…×)。1980年のアフリカの加盟国数は51か国で，1945年の総加盟国数51か国と同じになっていた(ウ…×)。全ての地域で，加盟国数は1945年から増え続けている(エ…×)。

２(1)＜**資料の読み取り**＞日本の最大の輸入品が鉱産資源の石油や石炭となっているのは，アラブ首長国連邦，サウジアラビア，インドネシアの３か国で，いずれも日本の輸入超過となっている。なお，資料４の品目が機械類となっているのは６か国あるが，これは日本の最大の輸入品を示している。また，日本の輸出超過となっているのは４つの国・地域で，輸入超過となっている６つの国・地域より少ない(ア…×)。日本の輸出超過となっている４つの国・地域の中で，日本との貿易額が最も大きいのは，韓国である(ウ…×)。資料３で示されている国・地域のうち，日本との貿易額が５兆円を超えているのは中国，韓国，台湾，タイの４つで，そのうち，東南アジア諸国連合〔ASEAN〕の加盟国は，タイ１か国だけである(エ…×)。

(2)＜**東南アジアの国々の輸出品**＞３か国の輸出品を見ると，いずれも，工業製品である機械類の割合が増加し，天然ゴム，米，野菜などの農産物や，石油などの鉱産資源の割合は減少している。

(3)＜**渡来人，日本町**＞古墳時代以降，中国や朝鮮から日本に移り住み，大陸の進んだ技術や文化を伝えた人々を渡来人という。また，江戸時代初期に盛んに行われた朱印船貿易では，多くの商人が東南アジアに渡り，日本町と呼ばれる日本人居住地域を形成した。

３(1)＜**独占価格**＞巨大な企業によって市場が独占されると，自由競争が弱まるため，企業には有利だが消費者にとっては不利益な高い価格が設定されることがある。

(2)＜**消費生活**＞決済に現金を用いないキャッシュレス化の動きが進んだことなどから，クレジットカードや電子マネーを利用したインターネット上の通信販売で買い物をする人が増えている。なお，クーリング・オフ制度が適用されるのは訪問販売や電話勧誘販売など，消費者が冷静に判断することが困難な状況で結ばれた契約の場合で，自分で出向いて購入した場合には適用されない(ア…×)。消費者に関わる行政を一元的に行うために設置されたのは，消費者庁である(イ…×)。製造物責任法〔PL法〕では，商品の欠陥によって消費者が損害を被った場合には，製造者の過失を消費者が証明しなくても，商品を製造した企業に賠償を請求できると定めている(エ…×)。

理科解答

1 (1) イ　(2) ア　(3) ウ　(4) エ

2 (1) ① 運動エネルギー　②…エ

③ 45.0cm

(2) ①…イ　② あ…受粉　い…果実

③ 右下図

(3) ①…ウ　② 露点　③ 76%

④ 記号…ウ　語…化合物

3 (1) あ…寒冷　い…積乱

(2) 西高東低　(3) ア

(4) う…梅雨　え…小笠原

4 (1) あ…網膜

い…(例)ひとみの大きさを変え，目に入る光の量を調節する

(2) エ　(3) ① 反射　②…イ

5 (1) 音源〔発音体〕

(2) あ…振幅〔振れ幅〕

い…多い〔大きい〕　う…0.004

え…250

(3) ウ　(4) (例)おもりの数を変え

6 (1) あ…青　い…Cu^{2+}

(2) $CuCl_2 \longrightarrow Cu + Cl_2$

(3) 2.2g　(4) ウ

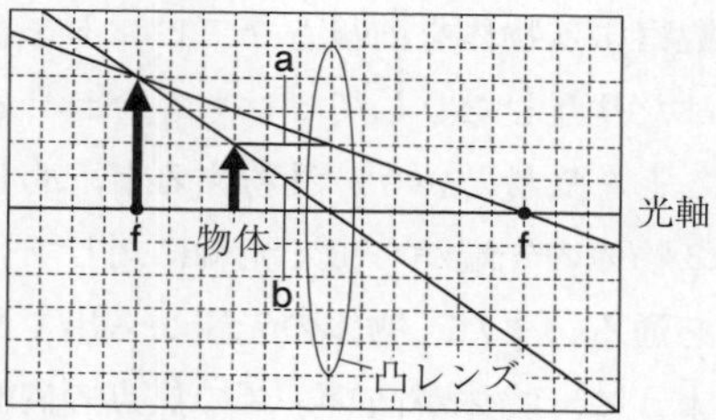

1〔小問集合〕

(1)<動物の生活と体のつくり>図の骨格は，aの犬歯が鋭く発達しているので，この動物は肉食動物である。肉食動物は，獲物を捕らえるために犬歯が発達している。これに対して，草食動物は，門歯が草をかみ切るために，臼歯が草をすりつぶすために発達している。

(2)<流水のはたらき>川の上流では，傾斜が大きく川幅が狭いため，水の流れが速くなり，土地をけずるはたらき(侵食作用)が強くなる。侵食作用が強いと，V字谷という深い谷ができることがある。なお，図のように，山地から平野になる所では扇状地が，平野から河口になる所では三角州がつくられる。これは，水の流れが遅くなり，堆積作用が強くなるためである。

(3)<磁界>磁石の磁力はN極からS極へはたらくから，図の磁力線はN極から出てS極に入る。方位磁針のN極が指す向きは，磁力がはたらく向き(磁界の向き)に一致する。

(4)<有機物と無機物>有機物は，炭素を含み，燃やすと二酸化炭素を発生する物質である。また，有機物は多くの場合，水素も含んでいるため，燃やすと水ができる。5種類の物質の中で有機物は砂糖，小麦粉，プラスチックである。なお，有機物以外の物質を無機物といい，燃やしても二酸化炭素は発生しない。

2〔小問集合〕

(1)<力学的エネルギー>①金属球はレール上を転がりながらしだいに速さを増加させる。これは位置エネルギーが運動エネルギーに変化したからである。なお，位置エネルギーと運動エネルギーの和を力学的エネルギーといい，摩擦や空気の抵抗がなければ常に一定に保たれる(力学的エネルギーの保存)。　②金属球の持つ位置エネルギーは，木片を移動させることに使われる。よって，位置エネルギーの大きさが大きいほど，木片の移動距離が大きくなる。図2より，金属球の質量が同じとき，金属球の高さが高いほど，木片の移動距離が大きくなる。また，金属球の高さが同じとき，

金属球の質量が大きいほど，木片の移動距離が大きくなる。したがって，金属球の持つ位置エネルギーの大きさは，金属球の高さが高いほど，質量が大きいほど大きくなる。　③図２で，グラフが原点を通る直線であることから，金属球の持つ位置エネルギーの大きさは，金属球の高さに比例する。また，金属球の質量が40ｇから80ｇと２倍になると木片の移動距離も２倍になるので，金属球の持つ位置エネルギーの大きさは，金属球の質量に比例する。図２より，質量80ｇの金属球を4.0cmの高さから転がすと木片は12.0cm移動することから，質量80ｇの金属球を質量100ｇの金属球にすると，位置エネルギーの大きさは100÷80＝1.25(倍)になり，4.0cmの高さを12.0cmの高さにすると，位置エネルギーの大きさは12.0÷4.0＝3(倍)になる。よって，木片の移動距離は，12.0×1.25×3＝45.0(cm)になる。

(2)＜**ルーペの使い方，花のつくり**＞①ルーペは目に近づけて持ち，観察する物体が動かせるときは，観察する物体を前後させてピントを合わせる。観察する物体が動かせないときは，自分の顔を近づけたり離したりしてピントを合わせる。　②おしべのやくから出た花粉が，めしべの柱頭につくことを受粉という。受粉すると，めしべの根もとの子房は果実に，子房の中の胚珠は種子になる。　③物体の先端から出て光軸に対して平行に凸レンズに入った光(ａ)は，屈折した後，反対側の焦点を通る。また，物体の先端から出て凸レンズの中心を通った光(ｂ)は，そのまま直進する。図３のように，物体が凸レンズの焦点の内側にあるとき，これらの光線を物体と同じ側に延長して交わった所に，物体より大きく同じ向きの虚像ができる。解答参照。

(3)＜**空気中に含まれる水蒸気の量，状態変化，化合物**＞①金属は熱を伝えやすいため，金属製のコップの中の水の温度とコップの表面の温度はほぼ等しいと考えてよい。　②空気中の水蒸気が冷やされて，その一部が水滴に変わり始める温度を露点という。　③湿度は，〔湿度(％)〕＝〔空気１m^3中に含まれる水蒸気量(g/m^3)〕÷〔その温度での飽和水蒸気量(g/m^3)〕×100で求められる。結果より，露点が23.0℃なので，このときの空気１m^3中に含まれる水蒸気量は20.6g/m^3であり，室温が28.0℃なので，その温度での飽和水蒸気量は27.2g/m^3となる。よって，求める湿度は，20.6÷27.2×100＝75.7…より，約76％となる。　④氷が水に状態変化するとき，体積は減少する。普通，物質は液体から固体に状態変化すると体積が小さくなるが，水は例外で，液体から固体(氷)に状態変化すると体積は約1.1倍になる。また，２種類以上の原子からできている物質を化合物という。なお，１種類の原子からできている物質を単体という。

３〔気象とその変化〕

(1)＜**寒冷前線**＞図１のように，寒気が暖気を押し上げながら進む前線を寒冷前線という。寒冷前線付近では，前線面の傾きは急で，強い上昇気流が生じる。このため垂直方向にのびる積乱雲が発達して，強いにわか雨になることが多い。しかし，雲のできる範囲は狭いため，雨の降る時間は短い。寒冷前線の通過後は，北寄りの風に変わり，寒気に包まれるため気温は急に下がる。なお，暖気が寒気の上にはい上がって進む前線を温暖前線といい，広い範囲に乱層雲などの層状の雲ができるため，雨の降る時間は長い。また，通過後は，南寄りの風に変わり，気温が上がる。

(2)＜**日本の天気**＞図２のように，日本列島の西側に高気圧，東側に低気圧がある冬に見られる特徴的な気圧配置を，西高東低という。

(3)＜**冬の天気**＞シベリア気団からふき出す大気は，冷たく乾燥しているが，南からの暖流が流れる日本海の上を通過する間に多量の水蒸気を含む。この大気は，日本列島の山脈にぶつかって上昇すると，雲を発達させて日本海側の地域に雪を降らせる。なお，雪を降らせて水蒸気量が少なくなった大気は，山脈を越え，冷たく乾燥した風になって日本列島の太平洋側にふき下りる。そのため，太平洋側の地域では，冬に晴れて乾燥した日が多くなる。

⑷＜**梅雨前線**＞図３の６月～７月頃にできる停滞前線を梅雨前線といい，９月～10月頃にできる停滞前線を秋雨前線という。この時期，日本付近では寒気団のオホーツク海気団と暖気団の小笠原気団がぶつかり合い，寒気団と暖気団の勢力がほぼ同じであるため，気団の間にできた停滞前線はあまり動かず，ほぼ同じ場所にとどまる。

4〔**動物の生活と生物の変遷**〕

⑴＜**目のつくり**＞図１のＰは網膜といい，レンズを通った光が像を結ぶ場所である。網膜には，感覚細胞が多数あり，受け取った光の刺激を信号に変える。また，Ｑの虹彩は，ひとみの大きさを変え，目に入る光の量を調節する。

⑵＜**中枢神経と末しょう神経**＞図３のＡは脳，Ｂはせきずいで，これらを合わせて中枢神経という。中枢神経から枝分かれした神経を末しょう神経といい，中枢神経からの命令を手や足などの運動器官に伝えるａを運動神経，感覚器官からの信号を中枢神経に伝えるｂを感覚神経という。なお，けんは，骨に筋肉をつなげる組織である。

⑶＜**刺激と反応**＞①刺激に対して無意識に起こる，生まれつき持っている反応を反射という。反射は，危険から体を守ったり，体のはたらきを調節したりするのに役立っている。　②反射では，感覚器官で受け取った刺激が感覚神経を経てせきずいに伝えられると，せきずいから直接，命令の信号が出され，運動神経を経て筋肉に伝えられ，反応が起こる。図３では，手の皮膚→感覚神経（ｂ）→せきずい（Ｂ）→運動神経（ａ）→手の筋肉という順に信号が伝わる。なお，アは意識して起こる反応での信号が伝わる経路である。

5〔**身近な物理現象**〕

⑴＜**音源**＞音を発しているものを音源，または発音体という。音は，音源となる物体が振動することによって生じる。

⑵＜**音の大小と高低**＞結果より，図２の❶と❷の音の波形を比べると，振幅（振れ幅）が大きい❷の音の方が大きく，❶と❸の音の波形を比べると，振動数（山の数）が多い❸の音の方が高い。よって，振幅が大きいほど音は大きくなり，振動数が多いほど音は高くなることがわかる。また，画面上の時間の１目盛りは0.001秒である。これより，図２の❸で，音が山の頂点から次の山の頂点まで，１回振動するのに４目盛りかかっていることから，１回振動するのにかかる時間は$0.001\times4=0.004$（秒）である。したがって，１秒間に振動する回数である振動数は，$1\div0.004=250$（Hz）となる。なお，振動数の単位にはHz（ヘルツ）を用いる。

⑶＜**音の大小と高低**＞モノコードの木片の位置を❶のときよりＢの方向へ移動すると，弦のAP間の距離が長くなるので，❶のときよりも低い音になる。また，弦をはじく強さを❶より弱くするので，❶のときよりも小さい音になる。よって，音の波形は，❶のときよりも振動数が少なく，振幅が小さくなる。

⑷＜**音の高低**＞弦を張る強さを変えるためには，図１のおもりの数を変えるとよい。おもりの数を多くすると，弦を張る強さが強くなり高い音が出る。また，おもりの数を少なくすると，弦を張る強さが弱くなり低い音が出る。

6 〔化学変化とイオン〕

(1)＜**電気分解**＞塩化銅水溶液は青色をしている。この青色は銅イオン(Cu^{2+})によるもので，塩化銅水溶液を電気分解すると，銅イオンが銅(Cu)になり，水溶液中の銅イオンの数が減るため，色はしだいにうすくなる。

(2)＜**化学反応式**＞水溶液中で，塩化銅($CuCl_2$)は銅イオン(Cu^{2+})と塩化物イオン(Cl^-)に電離している。水溶液に電圧をかけると，＋の電気を帯びたCu^{2+}は陰極側に引き寄せられて電子を受け取り銅(Cu)になり，陰極に付着する。一方，－の電気を帯びたCl^-は陽極側に引き寄せられて電子を失って，塩素原子となる。塩素原子は2個結びついて塩素分子(Cl_2)となり，陽極から発生する。化学反応式は，反応前の物質を矢印の左側に，反応後の物質を矢印の右側に書き，矢印の左側と右側で原子の種類と数が等しくなるようにする。

(3)＜**質量保存の法則**＞塩化銅67gに含まれる銅の質量が32gなので，塩化銅67gに含まれる塩素の質量は，$67-32=35$(g)となる。電極Aに付着した銅の質量が2.0gのときに電極Bから発生した気体(塩素)の質量をxgとおくと，塩化銅に含まれる銅と塩素の質量の比は一定なので，$32:35=2.0:x$が成り立つ。これを解くと，$32\times x=35\times 2.0$より，$x=2.18\cdots$となるから，電極Bから発生した塩素の質量は約2.2gである。

(4)＜**塩素の性質**＞結果2の❷で赤インクの色が消えたことから，塩素には漂白作用があることがわかる。なお，ア～エは全て塩素の性質を示しているが，結果2の❷からはア，イ，エを確認することはできない。

国語解答

一 ㈠ (1) 惜 (2) 震 (3) 満足

㈡ 4 ㈢ 2

㈣ ずっと頭の中から離れなかった父の死も忘れられるほど，チョコレートの味に夢中になっていたということ。(49字)

㈤ お菓子を楽

二 ㈠ (1) かく (2) こうそく (3) ぼうだい

㈡ 1

㈢ 「個性的であら～られているから

㈣ 過去の無数の物語の上に成り立っていることに気づかず，現在の世界だけがリアリティをともなった(45字)

㈤ 等身大の関係をこえた超越的

三 ㈠ 3 ㈡ 1 ㈢ 3

㈣ ひとり ㈤ 4

㈥ 「空虚」という量れないもの

四 ㈠ あいしたが〔ご〕う ㈡ 2

㈢ 3 ㈣ すでにその人としりぬ

㈤ (例)私は，日本の代表的な食べ物の紹介を支持します。なぜなら食べ物は，最も身近でイメージを伝えやすい話題だと思うからです。／例えば伝統芸能は，実物をその場で見せられず，短時間では表面的な知識の紹介しかできません。しかし食べ物の紹介ならば，実物を見せられるものもあり，手巻きずしのような簡単なものはその場でつくれるので，どのようなものかをより伝えやすく，留学生の日本での食生活の助けにもなると思います。(199字)

一〔小説の読解〕出典；藤野恵美『ショコラティエ』。

㈠＜漢字＞(1)音読みは「惜別」などの「セキ」。 (2)音読みは「地震」などの「シン」。 (3)「満足」は，心がみちたりて不平などがないこと。

㈡＜文章内容＞唐揚げをチョコレートに浸すというのは，一見奇抜だが，メキシコ料理のポジョ・デ・モーレに通じる部分があり，源二は，唐揚げとチョコレートを合わせるという聖太郎の発想に，興味を覚えたのである。

㈢＜心情＞聖太郎は，将来どのような仕事をするのかを考えたことはなかったため，自分の会社に入るよう誘う源二の言葉を聞いても，現実感が湧かなかった。しかし，チョコレートの無限の可能性を語る源二の口ぶりやまなざしから，チョコレートへの思い入れや，互いに「通じ合うもの」を，聖太郎は感じ取った。

㈣＜文章内容＞聖太郎は，父親の死について，いつも心のどこかで思い悩んでいた。しかし目の前にあるチョコレートの味に心奪われ，聖太郎は，父親の死について「思い悩むことを忘れ」て，チョコレートの味に夢中になっていたのである。

㈤＜文章内容＞源二は，お菓子を楽しめることは人々が豊かで幸せであることの証拠だと考えている。だからこそ，源二は，チョコレートで人々を幸せにする自らの会社に誇りを持っているのである。

二〔論説文の読解—社会学的分野—現代社会〕出典；土井隆義『「個性」を煽《あお》られる子どもたち』。

≪本文の概要≫現代の子どもは，自分らしさを発揮し，個性的な生き方をしなければいけないとあせっている。個性を発揮する生き方は，他者と協調する社会的な生き方と反する部分があるが，個性に究極の価値を置くようになった現代では，個性化もまた社会化の産物であり，子どもたちは，社会から個性的な生き方を推奨される。現代の子どもは，自らの内面にばかり気を取られるようになり，社会化に現実感を抱けなくなってしまった。この個性的であることに価値を置く近年の傾向は，歴史感覚の欠如と密接に関わっている。近代的な発展を遂げた現代は変動が少ないため，若い人々は，今の安定した社会に慣れるあまり，過去の歴史に目を向ける機会も減ってしまった。自分が生きる社会が過去の無数の物語に支えられているという実感を持ちづらい状況により，社会という超越的な実在に対して現実感を抱かせる想像力も衰退し，若い人々はますます自らの内面の世界ばかりを見るようになり，公共圏での他者との関係も成り立ちにくくなっている。

㈠**＜漢字＞**(1)音読みは「隠者」などの「イン」。　(2)「拘束」は，行動の自由を縛ること。　(3)「膨大」は，ふくれ上がって大きなこと。

㈡**＜接続語＞**A．子どもたちは，個性を持った自分という自意識を生まれながらに抱いているわけではなく，どちらかといえば社会の側から個性を重視するよう期待され，獲得していくのである。
B．社会が変動を繰り返せば，時間とともに世界が移り変わることを体感でき，人々はそこに歴史性を見出しやすくなるが，近代化が終了した現代では，社会が安定し変動が少なく，現代に生まれた人々は，現在の世界にしか現実感を抱けなくなってきている。

㈢**＜文章内容＞**現代社会は，個性的な存在であることに究極の価値を置いており，自分らしさを発揮した生き方を目指すよう強く推し進めている。子どもたちは，そうした社会からの圧力に影響を受け，いつの間にか，個性的な生き方をしなければならないと思うようになるのである。

㈣**＜文章内容＞**社会の変動が繰り返されることで，人々は，時間の経過とともに移り変わる世界のあり方を目《ま》の当たりにし，変化を重ねていく社会の歴史性を実感することができる。しかし現代の若い人々は，近代化が終了した変動の少ない社会に慣れているため，社会を成立させている過去の物語の蓄積に目を向ける機会が少なくなり，結果，現在の世界にしか現実感を抱けなくなっているのである。

㈤**＜文章内容＞**社会は，過去の長い歴史に支えられた，個人を超越した大きな存在である。しかし現代の若い人々は，歴史感覚の欠如により，社会という等身大の関係を超えた超越的な実在に対しての現実感も衰退し，自分の内面ばかりに目を向けるようになり，公共圏での他者との関係も成立しにくくなっているのである。

三〔**説明文の読解―芸術・文学・言語学的分野―文学**〕出典；俵万智『言葉の虫めがね』。

㈠**＜漢字の知識＞**①は，五画目と六画目，七画目と八画目がそれぞれ連続して書かれているが，筆順は楷書と同じである(…×)。②は，点画から横画へ連続して書かれている(…×)。③は，五画目の左払いから六画目の右払いへ連続して書かれている(…○)。④は，九画目の横画がはねて書かれている(…×)。

㈡**＜表現＞**雪の季節とは正反対の季節を表す「夏帽子」という言葉が，作者の心のどこかには，自らの父と友人が刑を受けた寒い雪の季節の風景が残っているけれども，季節は間違いなく巡って，人は日常を生きていかねばならないことを表している。

㈢**＜品詞＞**「できない」の「ない」，「いない」の「ない」，「知らない」の「ない」，「出ない」の「ない」

は，打ち消しの助動詞「ない」。「寒くない」の「ない」は，形容詞の「ない」。

㈣＜**文章内容**＞「二指もて提ぐるほど」という具体的な表現は，かつてより軽く，少ない食材で夕飯がつくれるようになったことを示している。ここから長年連れ添っていた夫が生きていた過去を想像でき，作者が今は「ひとり」であるという事実が，淡々と伝わってくる。

㈤＜**要旨**＞Ⅰの短歌では，雪の降る冬に経験し，長年心に焼きついて離れない作者の悲しい記憶が，「夏帽子」という正反対の季節を表す言葉によって鮮やかに描かれている。Ⅱの短歌では，「二指もて提ぐるほど」の食材で夕飯がつくれるようになったことが，「ゼロの視点」で歌われ，夫に先立たれ「ひとり」になった作者の状況が，淡々と伝わってくる。

㈥＜**文章内容**＞「二指もて提ぐるほど」という具体的な表現が，作者の感じている夫に先立たれた「空虚」さ，「量ろうにも量れないものの重さ，あるいは軽さ」を，効果的に表し，読者に感じさせている。

四〔**古文の読解―説話**〕出典；『続古事談』。

≪**現代語訳**≫八条大将保忠と申す人がいらっしゃった。藤原時平公の子である。人に尊敬されていた人である。宮中に参上なさる途中，当時の靫負の佐が(保忠に)出くわし，牛車から下りて立っていた。そこで保忠が，「馬に乗っているときに，この礼儀があるべきで，牛車のときは(この礼儀は)すべきことではない」ととがめた。(しかし)靫負の佐は申し開きをして，「牛車から下りないのは，互いにどんな人であるかわからないときのことです。貴方様は，随身をお連れになっています。私は，また，火長を従えております。すでにどんな身分の人であるかわかっております。どうして礼節を欠くことができましょうか」と言った。保忠は，道理に負けて(靫負の佐を)ほめなさったということだ。

㈠＜**歴史的仮名遣い**＞現代仮名遣いでは，歴史的仮名遣いの語頭以外のハ行は，原則として「わいうえお」となるので，「あひしたがふ」は「あいしたがう」となる。なお，歴史的仮名遣いの「au」音は，現代仮名遣いでは「ou」と読むこともあるため，「がう」を「ごう」としてもよい。

㈡＜**熟語の構成**＞「乗馬」と「換気」は，下の漢字が上の漢字の目的語になっている熟語。「日没」は，上の漢字が主語，下の漢字が述語の関係になっている熟語。「勤務」は，似た意味の漢字が組み合わさった熟語。「暖流」は，上の漢字が下の漢字を修飾している熟語。

㈢＜**古文の内容理解**＞保忠は，牛車から下りて立っていた靫負の佐に対し，その礼儀は馬に乗っているときの作法であるから間違っているととがめたが，靫負の佐は，互いの身分の違いがわかっている状況下であれば，牛車の場合でも乗り物から下りるのが礼節を尽くす態度であると説明した(2・4…×)。それを聞いた保忠は，状況に合わせて柔軟に礼儀を示そうとする靫負の佐の道理を，見事なものとして称賛した(1…×，3…○)。

㈣＜**古文の内容理解**＞靫負の佐は，随身と火長という互いの引き連れている従者を挙げ，「すでにその人」と，互いに身分がわかることを，自分の礼節の正しさの根拠としたのである。

㈤＜**作文**＞まず，自分の選んだ提案自体が持つ魅力や長所を考える。そのうえで，第二段落では，他の提案の一つと比べてもどのような点が優れているのか，また比較した提案にはどういった問題や短所があるのかを根拠として挙げるとよい。

●要点チェック●　図形編―相似と平行線

◎相似な図形

相似……一方の図形を拡大または縮小して，他方の図形と合同となるとき，２つの図形は相似である。

・相似な図形の性質

１．対応する線分の長さの比はすべて等しい。
２．対応する角の大きさはそれぞれ等しい。

・三角形の相似条件

２つの三角形は次のどれかが成り立つとき相似である。

１．３組の辺の比がすべて等しい。
２．２組の辺の比とそのはさむ角がそれぞれ等しい。
３．２組の角がそれぞれ等しい。

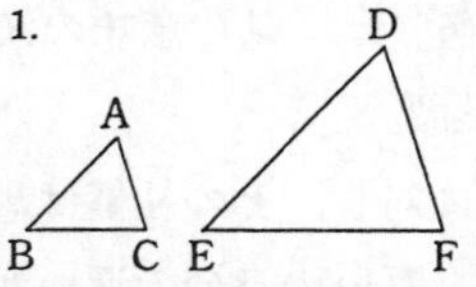

AB : DE＝BC : EF＝AC : DF

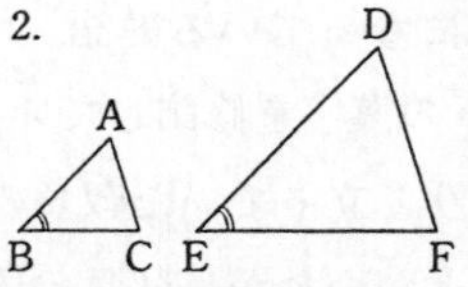

AB : DE＝BC : EF
∠ABC＝∠DEF

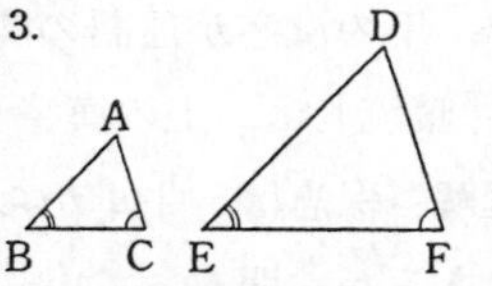

∠ABC＝∠DEF
∠ACB＝∠DFE

・平行線と線分の比

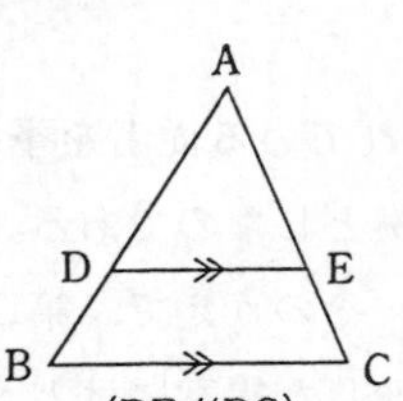

(DE//BC)
AD : DB＝AE : EC
AD : AB＝DE : BC＝AE : AC

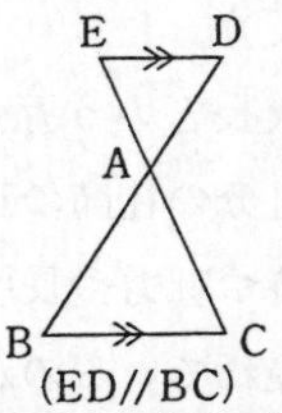

(ED//BC)
AD : AB＝DE : BC＝AE : AC

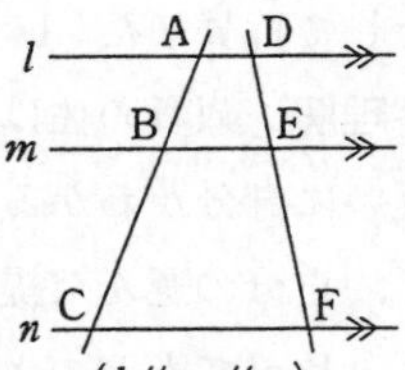

(l // m // n)
AB : BC＝DE : EF

●要点チェック●　図形編―合同

◎図形の合同

合同……一方の図形を移動させて(ずらしたり《平行移動》，回したり《回転移動》，裏返したり《対称移動》して)，他方の図形に重ね合わせることのできるとき，この２つの図形は合同である。

・合同な図形の性質

１．対応する線分の長さは等しい。
２．対応する角の大きさは等しい。

・三角形の合同条件

２つの三角形は次のどれかが成り立つとき合同である。
１．３組の辺がそれぞれ等しい。
２．２組の辺とそのはさむ角がそれぞれ等しい。
３．１組の辺とその両端の角がそれぞれ等しい。

1.
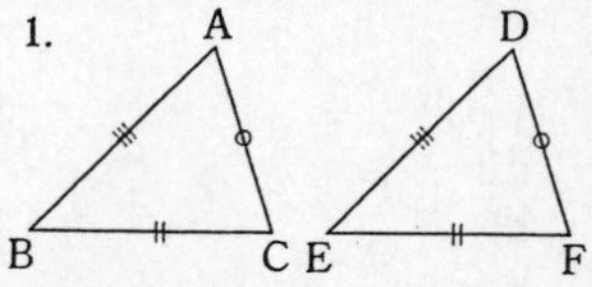

AB＝DE
BC＝EF
AC＝DF

2.
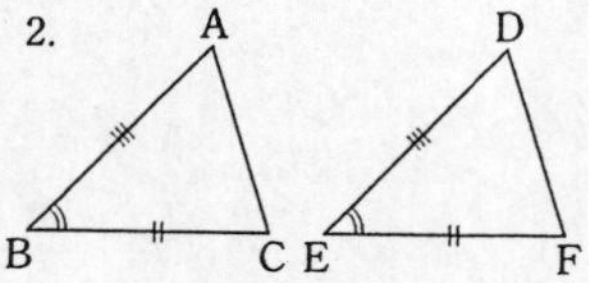

AB＝DE
BC＝EF
∠ABC＝∠DEF

3.
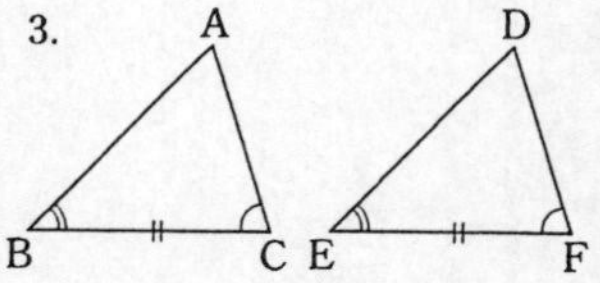

BC＝EF
∠ABC＝∠DEF
∠ACB＝∠DFE

・直角三角形の合同条件

２つの直角三角形は次のどちらかが成り立つとき合同である。
１．斜辺と１鋭角がそれぞれ等しい。
２．斜辺と他の１辺がそれぞれ等しい。

1.
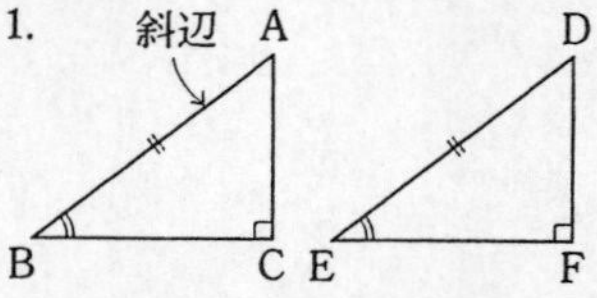

∠ACB＝∠DFE＝90°
AB＝DE
∠ABC＝∠DEF

2.
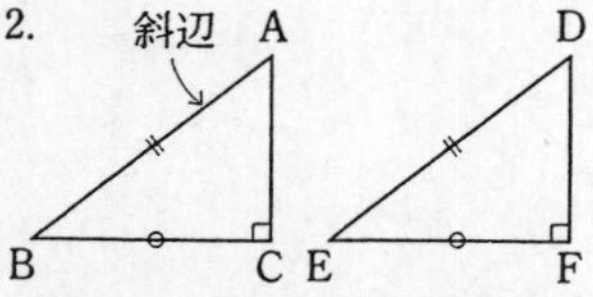

∠ACB＝∠DFE＝90°
AB＝DE
BC＝EF

Memo

高校を受験する生徒とご父母のための…

2025年度用 高校合格資料集

■首都圏有名書店にて今秋発売予定！

※表紙は昨年のものです。

内容目次

1. まず試験日はいつ？推薦ワクは？競争率は？
2. この学校のことはどこに行けば分かるの？
3. かけもち受験のテクニックは？
4. 合格するために大事なことが二つ！
5. もしもだよ！試験に落ちたらどうしよう？
6. 勉強しても成績があがらない
7. 最後の試験は面接だよ！

定価1430円（税込）

スーパー過去問の **解説執筆・解答作成スタッフ（在宅）募集！** ※募集要項の詳細は、10月に弊社ホームページ上に掲載します。

2025年度用

高校スーパー過去問

■編集人　声の教育社・編集部

■発行所　株式会社　声の教育社

〒162-0814 東京都新宿区新小川町8-15

☎03-5261-5061㈹ FAX03-5261-5062

https://www.koenokyoikusha.co.jp

公立高校過去問シリーズ

- ●東京都立高校
- ●神奈川県公立高校
- ●千葉県公立高校
- ●埼玉県公立高校
- ●茨城県公立高校
- ●栃木県公立高校
- ●群馬県公立高校

掲載全問に
わかりやすい解説つき
各教科の
出題傾向と対策

定価1100円（税込）

都立独自高校 公立高校過去問シリーズ

251 都立日比谷高校
252 都立西高校
253 都立八王子東高校
254 都立国立高校
255 都立戸山高校
256 都立国分寺高校
257 都立立川高校
258 都立新宿高校
259 都立青山高校

定価2090円（税込）

高校ベスト10シリーズ

出題形式別、入試によく出る順!!

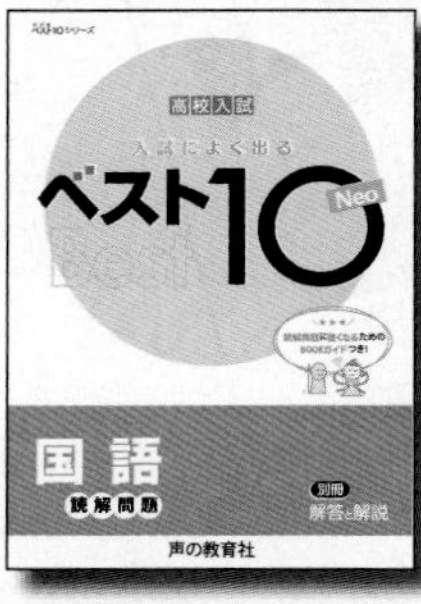

ベスト10Neo **国語** 読解問題

ベスト10Neo **数学** 図形問題

英語 文法問題ベスト10

定価990〜1100円（税込）

高校受験面接ブック

別冊がウリ!! 首都圏の各高校の面接内容

本 体 質問回答例ベスト150
面接ワークシート
自己PR書の書き方とワークシート

別 冊 首都圏の私国立高校などの面接方法、時間、質問具体例
推薦・一般入試の面接内容
主要校の面接会場のようす
（各校図示）

小冊子 試験場に持って行ける
チェックBOOK
など面接対策がつまった１冊

定価1320円（税込）

図解でわかる!! 作文・小論文

本 体 **合格作文の書き方**
（88P）
①7日間で仕上げる基礎編
②4日間で仕上げる応用編

別 冊 首都圏の各高校の作文課題、制限時間、文字数の具体例調査
（52P）
①首都圏の作文課題2000例を代表的な15パターンに分類（書き易くするため）
②着眼点、キーワード、ポイントを各パターンごとにコメント
③推薦と一般入試の作文出題校と課題例を一挙公開!!
④首都圏公立高校4年間課題調査

定価1100円（税込）

公立の漢字

公立高校の試験によく出る漢字

1 漢字は全都道府県で出題!!
2 公立の漢字の配点は高い!!
3 10年間の頻度をデータ化!!
4 最頻出漢字を5段階評価!!

定価748円（税込）

声の教育社　〒162-0814 東京都新宿区新小川町8-15
TEL.03(5261)5061　FAX.03(5261)5062

カコを追いかけ
ミライをつかめ

常磐大学高等学校

別冊解答用紙

丁寧に抜きとって、別冊としてご使用ください。

入試結果データ

※ — は非公表

	2024 年度	2023 年度	2022 年度	2021 年度
合格最低点	推薦 — 一般 —	推薦 130 一般 230	推薦 — 一般 —	推薦 — 一般 —

※推薦は 300 点満点。一般は 500 点満点。

注意

○ 解答用紙は、収録の都合により縮小したものや、小社独自に作成したものもあります。
○ 学校配点は学校発表のもの、推定配点は小社で作成したものです。
○ 無断転載を禁じます。
○ 解答用紙を拡大コピーする場合、表示した拡大率に対応する用紙サイズは以下のとおりです。
101%～102%＝B5　103%～118%＝A4　119%～144%＝B4　145%～167%＝A3
（タイトルと配点表は含みません）

2024年度 常盤大学高等学校

英語解答用紙

番号		氏名	

評点
/100

1

(1)	No.1	No.2	No.3	No.4	No.5
(2)	No.1	No.2	No.3	No.4	
(3)	No.1	No.2			
(4)	①				
	② A	food ／ history	B		

2

(1)	①	②	③
(2)	④	⑤	⑥

3

(1)	(2)	→ →

4

(1)	①	②	③	④	⑤
(2)					

5

(1)			
(2)			
(3)	①		
	②		
(4)	①	②	

6

I like my school because

24

40

（注）この解答用紙は実物を縮小してあります。185%拡大コピーすると、ほぼ実物大で使用できます。（タイトルと配点表は含みません）

推定配点	
1 (1)、(2) 各2点×9 (3)、(4) 各3点×4 2 各2点×6 3 各4点×2 4 (1) 各2点×5 (2) 3点 5 (1) 各2点×3 (2) 3点 (3)、(4) 各4点×4 6 12点	
計	100点

2024年度 常磐大学高等学校 数学解答用紙

番号		氏名	

評点
/100

1	(1)		(2)	
	(3)		(4)	$x=$

2	(1)	ア	イ
		ウ	
	(2)	ア	イ
		ウ	エ
	(3)	ア	イ
	(4)		

3	(1)	度
	(2)	

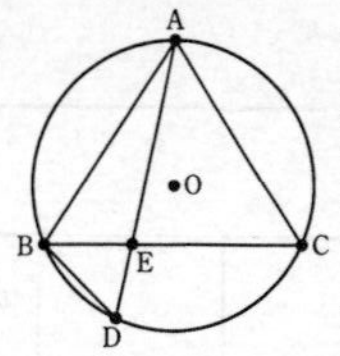

3	(3)			
4	(1)	秒	(2)	
	(3)	$x=$		$y=$
5	(1)	m	(2)	$y=$
	(3)	分後		
6	(1)	cm		
	(2)	① cm³	②	cm²

（注）この解答用紙は実物を縮小してあります。185%拡大コピーすると、ほぼ実物大で使用できます。（タイトルと配点表は含みません）

推定配点

1 各4点×4
2 各6点×4
3 (1) 4点 (2) 5点 (3) 6点
4 (1) 4点 (2) 5点 (3) 6点
5 (1) 4点 (2) 5点 (3) 6点
6 (1) 4点 (2) ① 5点 ② 6点

計 100点

2024年度 常磐大学高等学校

社会解答用紙

番号		氏名	

評点	/100

1

1	(1)		(2)		
	(3)	①		②	
2	(1)				(2)
	(3)				
3	(1)		(2)		(3)

2

1	(1)		(2)	
	(3)		(4)	
	(5)			
2	(1)			
	(2)			
	(3)			

3

1	(1)		(2)		(3)
2	(1)				
	(2)	語		記号	
	(3)	記号			
		内容			

4

1	(1)					
	(2)	①		②		(3)
2	(1)			(2)		
3	(1)					
	(2)					
	(3)	①		②		

（注）この解答用紙は実物を縮小してあります。200%拡大コピーすると、ほぼ実物大で使用できます。（タイトルと配点表は含みません）

推定配点	
1 1 (1) 3点 (2) 2点 (3) ① 3点 ② 2点 2 (1) 3点 (2) 2点 (3) 4点 3 (1)、(2) 各3点×2 (3) 2点 2 1 (1)、(2) 各3点×2 (3)、(4) 各2点×2 (5) 4点 2 (1) 3点 (2) 4点 (3) 2点 3 1 (1)、(2) 各3点×2 (3) 2点 2 (1) 3点 (2) 語 3点 記号 2点 (3) 記号 2点 内容 4点 4 1 (1) 3点 (2) ① 3点 ② 2点 (3) 3点 2 各3点×2 3 (1) 2点 (2)、(3) 各3点×3	
100点	計

2024年度 常磐大学高等学校 理科解答用紙

番号

氏名

評点 /100

1 (1) (2) (3) (4)

2
(1) ① ② ③ う え
(2) ① N ②
③

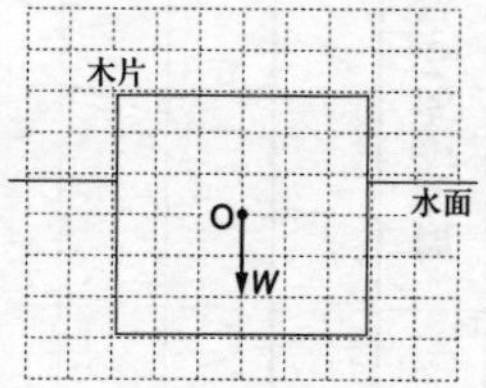

(3) ① あ い ② ③ → ④

3 (1) (2) (3)

3 (4) あ い (5)

4 (1) (2) う え (3) (4) (5)

5 (1) (2) W (3) い W う (4) J (5) え お

6 (1) X Y (2) (3) (4) (5) お か

（注）この解答用紙は実物を縮小してあります。189% 拡大コピーすると、ほぼ実物大で使用できます。（タイトルと配点表は含みません）

推定配点

1 各3点×4 2 各2点×12
3 (1) 3点 (2) 4点 (3)～(5) 各3点×3
4 (1)～(4) 各3点×4 (5) 4点
5 (1)～(4) 各2点×5 (5) 各3点×2
6 (1) 各2点×2 (2)～(5) 各3点×4

計 100点

二〇二四年度　常磐大学高等学校

国語解答用紙

番号　　氏名　　評点　／100

一

(一) (1)　　き　(2)　(3)　(4)　　す　(5)　(6)　　む

(二)　(三)

二

(一)

(二) 基が、瑛太郎のことを　……　しまい、焦っているように思えたから。

(三)　(四)

三

(一)　(二)　(三)　(四)　(五)

四

(一) Ⅰ　Ⅱ

(二)　(三)　(四)　(五)

(六)　……　傾向がある点。

(七) 客が　……　こと。

（注）この解答用紙は実物を縮小してあります。A３用紙に167%拡大コピーすると、ほぼ実物大で使用できます。（タイトルと配点表は含みません）

推定配点

一　(一)(1)〜(3)　各3点×3　(4)〜(6)　各2点×3　(二)、(三)　各3点×2

二　(一)　5点　(二)　8点　(三)、(四)　各5点×2

三　(一)、(二)　各3点×2　(三)〜(五)　各4点×3

四　(一)　各4点×2　(二)　3点　(三)　5点　(四)、(五)　各3点×2　(六)、(七)　各8点×2

計　100点

2023年度 常磐大学高等学校
英語解答用紙

番号　　氏名　　評点　/100

1
(1) No.1 No.2 No.3 No.4 No.5
(2) No.1 No.2 No.3 No.4
(3) No.1 No.2
(4) ① ②

2
(1) ① ② ③
(2) ④ ⑤ ⑥

3
(1)
(2) → →

4
(1) ① ② ③ ④ ⑤
(2)

5
(1)
(2)
(3) ① ②
(4) 8 16

6
When I become a high school student, I want to
30
60

(注) この解答用紙は実物を縮小してあります。185%拡大コピーすると、ほぼ実物大で使用できます。(タイトルと配点表は含みません)

推定配点

1 (1)、(2) 各2点×9 (3)、(4) 各3点×4
2 各2点×6
3 各4点×2
4 (1) 各2点×5 (2) 3点
5 (1)、(2) 各3点×4 (3) 各4点×2 (4) 5点
6 12点

計 100点

2023年度 数学解答用紙

常磐大学高等学校

番号		氏名		評点	/100

1			
(1)		(2)	
(3)		(4)	$x=$

2		
(1)	ア	イ
(2)	ア	イ
	ウ	エ
(3)	ア	イ ：
(4)		

3	
(1)	度
(2)	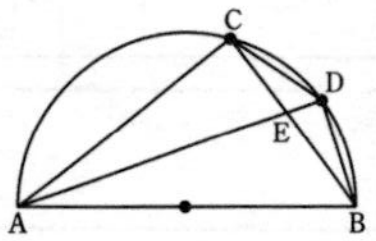
(3)	

4			
(1)	円	(2)	$y=$
(3)	プランAとプランB 分		プランBとプランC 分

5	
(1)	2019年 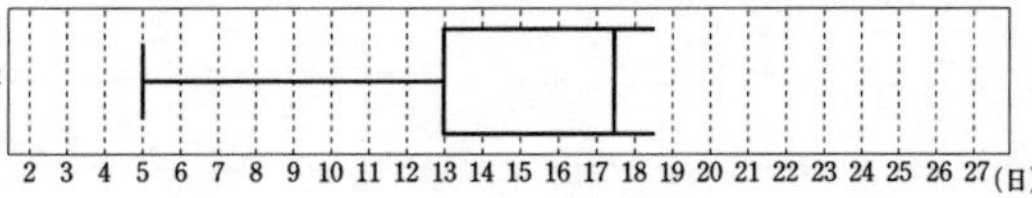
(2)	
(3)	ア　イ　ウ　エ

6			
(1)	OH cm		OI cm
(2)	cm^2	(3)	cm^3

（注）この解答用紙は実物を縮小してあります。185%拡大コピーすると、ほぼ実物大で使用できます。（タイトルと配点表は含みません）

推定配点

1 各4点×4
2 (1)、(2) 各3点×6　(3)、(4) 各4点×3
3 (1) 3点　(2) 4点　(3) 3点
4 各4点×4
5 (1)、(2) 各4点×2　(3) 各1点×4
6 各4点×4

100点　計

2023年度　常磐大学高等学校
社会解答用紙

番号	
氏名	

評点
/100

1

1　(1)　(2)　(3)　(4)

2　(1)　(2)　(3)

3　(1)　(2)

2

1　(1)　(2)　(3)　(4)　(5)　(6)

2　(1)　(2)　(3)

3

1　(1)　(2)　(3)　(4)　(5)

2　(1)　(2)　(3)

4

1　(1)　(2)　(3)

2　(1)　(2)　(3) 語　記号

3　(1) ①　②　(2)

（注）この解答用紙は実物を縮小してあります。196%拡大コピーすると、ほぼ実物大で使用できます。（タイトルと配点表は含みません）

推定配点
1 1 (1) 3点　(2) 4点　(3) 3点　(4) 2点　2 (1) 2点　(2)、(3) 各3点×2　3 (1) 3点　(2) 2点
2 1 (1) 4点　(2) 3点　(3)、(4) 各2点×2　(5) 3点　(6) 2点　2 (1) 3点　(2) 4点　(3) 2点
3 1 (1) 3点　(2)～(4) 各2点×3　(5) 4点　2 (1) 3点　(2) 2点　(3) 4点
4 1 (1) 4点　(2)、(3) 各3点×2　2 (1) 2点　(2) 3点　(3) 語3点　記号2点　3 (1) ① 3点　② 2点　(2) 3点
計　100点

2023年度　常磐大学高等学校

理科解答用紙

番号		氏名		評点	/100

1

(1)		(2)		(3)		(4)	

2

(1)	①		②				
	③	う		え			
(2)	①		②				
	③		④				
(3)	①	あ		い			
	②		③	う		え	

3

(1)		(2)			
(3)		(4)		(5)	

4

(1)			
(2)		(3)	
(4)	あ	い	
(5)			

5

(1)		(2)	い　　う
(3)		(4)	
(5)	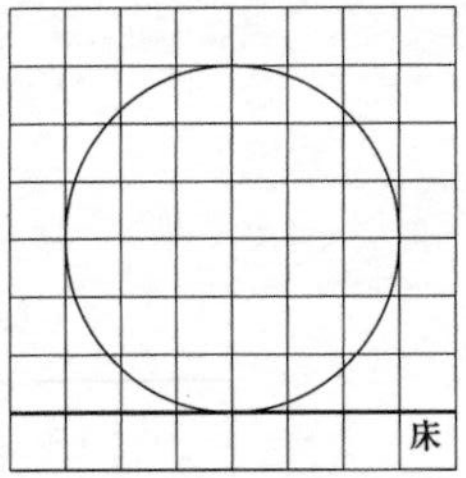		

6

(1) →

(2)

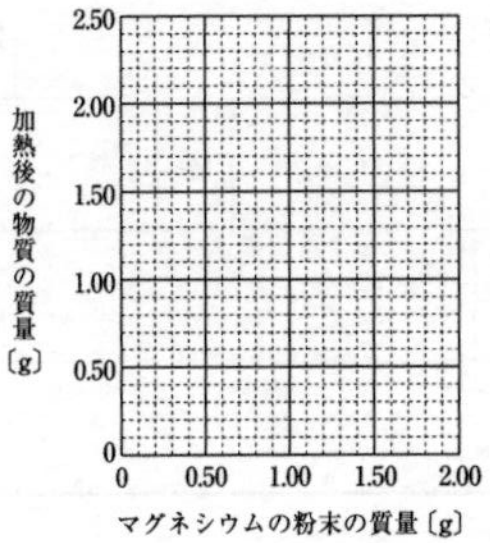

(3)	：	(4)	g
(5)	：		

（注）この解答用紙は実物を縮小してあります。189%拡大コピーすると、ほぼ実物大で使用できます。（タイトルと配点表は含みません）

推定配点

1 各3点×4

2 (1)、(2) 各2点×8　(3) ① 各1点×2　②、③ 各2点×3

3 (1)～(4) 各3点×4　(5) 4点

4 (1) 3点　(2)、(3) 各2点×2　(4)、(5) 各3点×3

5 (1) 3点　(2) 各2点×2　(3)～(5) 各3点×3

6 (1)～(4) 各3点×4　(5) 4点

計　100点

二〇二三年度　常盤大学高等学校

国語解答用紙

番号　氏名　評点 /100

一
(一) (1) (2) (3) る (4) (5) えられた (6) る
(二)
(三)

二
(一)
(二)
(三) 35 45
(四)

三
(一)
(二)
(三)
(四)
(五)

四
(一) ア イ ウ
(二)
(三)
(四)
(五)
(六) 100 150

(注) この解答用紙は実物を縮小してあります。172％拡大コピーすると、ほぼ実物大で使用できます。(タイトルと配点表は含みません)

推定配点

一	(一)(1)～(3) 各3点×3　(4)～(6) 各2点×3　(二)、(三) 各3点×2
二	(一)、(二) 各5点×2　(三) 8点　(四) 5点
三	(一)、(二) 各3点×2　(三)～(五) 各4点×3
四	(一) 各3点×3　(二)～(四) 各5点×3　(五) 4点　(六) 10点
計	100点

2022年度 常磐大学高等学校

英語解答用紙 No. 1

番号	
氏名	
評点	/100

1

(1)	No.1	No.2	No.3	No.4	No.5
(2)	No.1	No.2	No.3	No.4	
(3)	No.1	No.2			
(4) ①					
(4) ②					

2

(1)	①	②	③
(2)	④	⑤	⑥

3

(1)			
(2)	→	→	

4

(1)	①	②	③	④	⑤
(2)				4	
				8	

5

(1)		
(2)		
(3)	①	
	②	
(4)	①	15
	②	15

2022年度 常磐大学高等学校

英語解答用紙 No. 2

6

30

60

推定配点

1 (1)、(2) 各2点×9 (3)、(4) 各3点×4

2 各2点×6 3 各4点×2

4 (1) 各2点×5 (2) 3点

5 (1) 各2点×3 (2)、(3) 各3点×3 (4) 各5点×2

6 12点

100点 計

（注）この解答用紙は実物を縮小してあります。Ａ３用紙に167%拡大コピーすると、ほぼ実物大で使用できます。（タイトルと配点表は含みません）

2022年度 常磐大学高等学校

数学解答用紙 No. 1

番号		氏名		評点	/100

1

(1) ℃　(2) cm

(3)

(4)

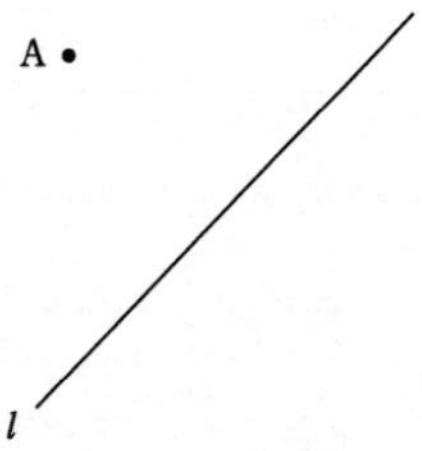

2

(1) ア　イ

ウ

(2) ア

イ　ウ　エ

(3) ア　イ　ウ

(4) 記号（　　　）

理由

3

(1) ア　度

イ

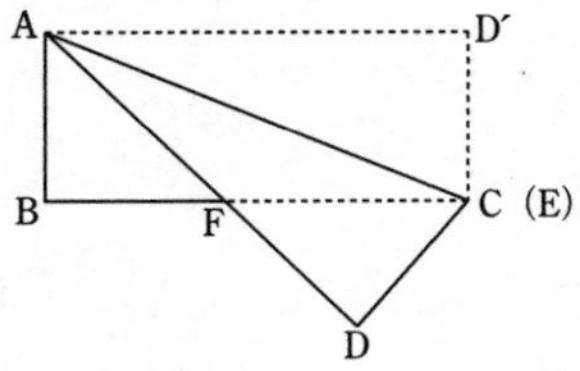

(2)

(3) ウ　cm^2

2022年度 常磐大学高等学校

数学解答用紙 No. 2

4		
(1)	L	
(2)	$y=$	
(3)	分	秒後

5		
(1)		
(2)	①	② $n=$

6		
(1)	ア	：
	イ	cm
(2)	ウ	cm
(3)	エ	cm^3

推定配点

1 各4点×4 2 各6点×4
3 (1) 4点 (2) 5点 (3) 6点
4 (1) 4点 (2) 5点 (3) 6点
5 (1) 4点 (2) ① 5点 ② 6点
6 (1) 各2点×2 (2) 5点 (3) 6点

計
100点

（注）この解答用紙は実物を縮小してあります。A３用紙に167％拡大コピーすると、ほぼ実物大で使用できます。（タイトルと配点表は含みません）

2022年度　常磐大学高等学校

社会解答用紙　No. 1

番号		氏名		評点	/100

1

1	(1)		
	(2)	記号	
		内容	
	(3)		
2	(1)		(2)
3	(1)		(2)
	(3)		
	(4)		

2

1	(1)		
	(2)		
	(3)		
	(4)	国	場所
	(5)		
2	(1)		(2) → → →
	(3)		(4)

3

1	(1)	の自由	
	(2)		
	(3)		(4)
2	(1)		
	(2)		
	(3)	内容	
		記号	

2022年度　常磐大学高等学校

社会解答用紙　No. 2

4

1	(1)	
	(2)	
	(3)	
2	(1)	
	(2)	
	(3)	
3	(1)	
	(2)	①
		②

推定配点

[1] 1 (1) 3点 (2) 記号 2点 内容 4点 (3) 3点 2 (1) 2点 (2) 3点 3 (1) 2点 (2) 3点 (3) 4点 (4) 2点 [2] 1 (1) 2点 (2)、(3) 各4点×2 (4) 各2点×2 (5) 3点 2 (1) 2点 (2) 3点 (3)、(4) 各2点×2 [3] 1 (1) 2点 (2) 4点 (3)、(4) 各2点×2 2 (1)、(2) 各3点×2 (3) 内容 4点 記号 2点 [4] 1 各2点×3 2 (1) 2点 (2) 4点 (3) 3点 3 (1) 4点 (2) ① 3点 ② 2点

計
100点

（注）この解答用紙は実物を縮小してあります。175％拡大コピーすると、ほぼ実物大で使用できます。（タイトルと配点表は含みません）

2022年度 常磐大学高等学校

理科解答用紙 No. 1

番号		氏名		評点	/100

1

(1)	(2)	(3)	(4)

2

(1)	①		
	②		
	③	お	
		か	法
(2)	①	(i)	(ii) (iii)
	②	あ	い
	③		W
(3)	①		
	②	い	う
	③		
	④		

3

(1)		
(2)		
(3)	あ	い
(4)		
(5)		

4

(1)		
(2)		
(3)		
(4)		
(5)	あ	い

2022年度 常盤大学高等学校

理科解答用紙 No. 2

5	
(1)	
(2)	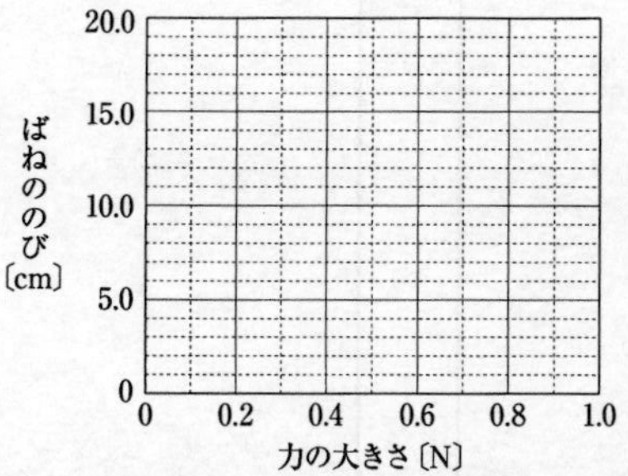
(3)	cm
(4)	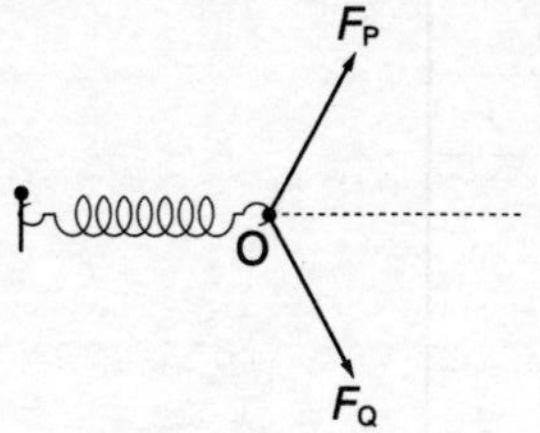
(5)	cm

6			
(1)	→		
(2)			
(3)	あ	い	
(4)		(5)	g

（注）この解答用紙は実物を縮小してあります。169%拡大コピーすると、ほぼ実物大で使用できます。（タイトルと配点表は含みません）

推定配点

1 各3点×4

2 (1) 各2点×4 (2) ① 2点 ② 各1点×2 ③ 2点 (3) 各2点×5

3 (1)、(2) 各3点×2 (3) 各2点×2 (4)、(5) 各3点×2

4 (1)～(4) 各3点×4 (5) 各2点×2

5 (1)～(3) 各3点×3 (4) 4点 (5) 3点

6 (1)、(2) 各3点×2 (3) 各2点×2 (4)、(5) 各3点×2

計 100点

二〇二二年度　常磐大学高等学校

国語解答用紙　No. 1

番号

氏名

評点　/100

一

(一)

(二)　50　45

(三)

(四)

(五)　特に　20　25

二

(一)

(二)

(三)　25　20

(四)

三

(一)　ア　イ

(二)

(三)

(四)

(五)

(六)

二〇二二年度　常磐大学高等学校

国語解答用紙　No. 2

三

(七)

150

100

四

(一)

(1)

(2)

しい

(3)

(4)

す

(5)

(6)

める

(二)

(三)

推定配点
一 (一) 5点　(二) 6点　(三)、(四) 各5点×2　(五) 6点
二 各4点×4
三 (一) 各3点×2　(二)～(六) 各4点×5　(七) 10点
四 (一) (1)～(3) 各3点×3　(4)～(6) 各2点×3　(二)、(三) 各3点×2
計 100点

(注) この解答用紙は実物を縮小してあります。169%拡大コピーすると、ほぼ実物大で使用できます。(タイトルと配点表は含みません)

2021年度 常磐大学高等学校

英語解答用紙 No. 1

番号		氏名		評点	/100

1

	No.1	No.2	No.3	No.4	No.5
(1)					

	No.1	No.2	No.3	No.4
(2)				

	No.1	No.2
(3)		

(4)	①	
	②	

2

	①	②	③
(1)			
	④	⑤	⑥
(2)			

3

(1)	
(2)	→ →

4

	①	②	③	④	⑤
(1)					

(2) 3 7

5

(1)		
(2)		
(3)	①	
	②	
(4)	①	15
	②	15

2021年度 常磐大学高等学校

英語解答用紙 No. 2

6

Thank you for listening.

(注) この解答用紙は実物を縮小してあります。A３用紙に167%拡大コピーすると、ほぼ実物大で使用できます。(タイトルと配点表は含みません)

推定配点	
1 (1)、(2) 各2点×9 (3)、(4) 各3点×4 2 各2点×6 3 各4点×2 4 (1) 各2点×5 (2) 3点 5 (1) 各2点×3 (2)、(3) 各3点×3 (4) 各5点×2 6 12点	
計	100点

2021年度　常磐大学高等学校

数学解答用紙　No. 1

番号		氏名		評点	/100

1

(1)		(2)	cm²
(3)			
(4)	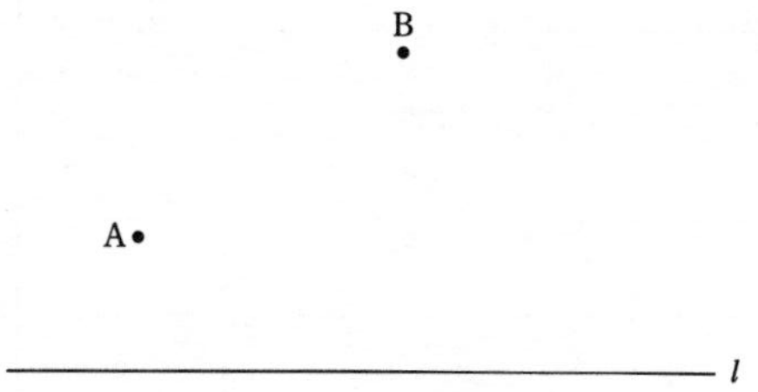		

2

(1)	ア	イ
(2)	ア	イ
(3)	$a=$	(4)

3

(1)		度
(2)	①	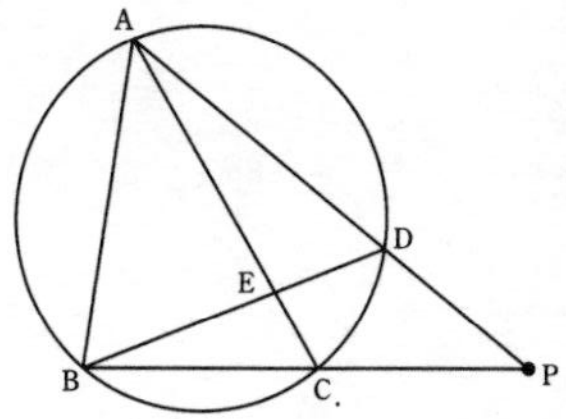
	②	cm

4

(1)	秒後	(2)	$y=$
(3)	$x=$		

2021年度 常磐大学高等学校

数学解答用紙 No.2

5				
(1)	粒	(2)		%
(3)				

6				
(1)		(2)		cm^3
(3)	:			

（注）この解答用紙は実物を縮小してあります。Ａ３用紙に167%拡大コピーすると、ほぼ実物大で使用できます。（タイトルと配点表は含みません）

推定配点

1 各4点×4 2 各6点×4

3 (1) 4点 (2) ① 5点 ② 6点

4 (1) 4点 (2) 5点 (3) 6点

5 (1) 4点 (2) 5点 (3) 6点

6 (1) 4点 (2) 5点 (3) 6点

計
100点

２０２１年度　社会解答用紙　No. 1

常磐大学高等学校

番号	
氏名	
評点	/100

1

1	(1)		
	(2)		
	(3)		(4)
2	(1)		
	(2)		
	(3)		
3	(1)		(2)
	(3)	明石海峡大橋を通って	

2

1	(1)	文	
		天皇	天皇
	(2)		(3)
	(4)	カード	
2	(1)		
	(2)	う	
		え	
	(3)	お	
		人物	
	(4)		

3

1	(1)				
	(2)		(3)		(4)
2	(1)				
	(2)				
	(3)				

2021年度　常磐大学高等学校

社会解答用紙　No. 2

4

1 (1)　(2)
1 (3)　あ　記号
2 (1)
2 (2)
2 (3)　い　う
3 (1)
3 (2)

推定配点

1　1 各2点×4　2 (1) 3点　(2) 2点　(3) 4点　3 (1)、(2) 各2点×2　(3) 4点

2　1 (1) 文 3点　天皇 2点　(2)～(4) 各2点×3　2 (1)、(2) 各2点×3　(3) お 3点　人物 2点　(4) 3点

3　1 (1) 4点　(2)～(4) 各2点×3　2 (1) 各2点×2　(2) 4点　(3) 2点

4　1 (1)、(2) 各3点×2　(3) あ 4点　記号 2点　2 (1) 2点　(2) 4点　(3) 各3点×2　3 (1) 4点　(2) 2点

計	100点

（注）この解答用紙は実物を縮小してあります。175%拡大コピーすると、ほぼ実物大で使用できます。（タイトルと配点表は含みません）

2021年度 理科解答用紙 No. 1

常磐大学高等学校

番号		氏名	

評点	/100

1

(1)	(2)	(3)	(4)

2

(1)	①	エネルギー ②
	③	cm
(2)	①	
	②	あ い
	③	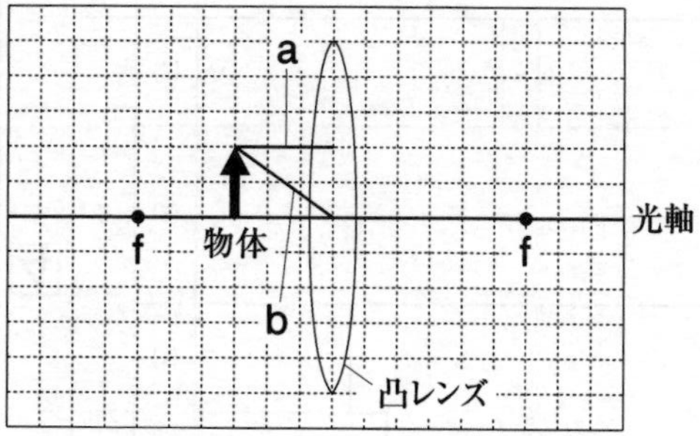
(3)	①	② ③ %
	④	記号 語

3

(1)	あ 前線 い 雲
(2)	
(3)	
(4)	う 前線 え 気団

4

(1)	あ
	い
(2)	
(3)	① ②

2021年度 常磐大学高等学校

理科解答用紙 No.2

5

(1)				
(2)	あ		い	
	う	秒	え	Hz
(3)				
(4)				

6

(1)	あ	色	い	
(2)		→		
(3)		g		
(4)				

(注) この解答用紙は実物を縮小してあります。A３用紙に167%拡大コピーすると、ほぼ実物大で使用できます。(タイトルと配点表は含みません)

推定配点	
1 各3点×4 2 各2点×12 3 (1) 各2点×2 (2)〜(4) 各3点×4 4 (1) あ 3点 い 4点 (2)、(3) 各3点×3 5 (1)、(2) 各2点×5 (3)、(4) 各3点×2 6 (1)、(2) 各3点×3 (3) 4点 (4) 3点	
計	100点

二〇二二年度　常磐大学高等学校

国語解答用紙　No. 1

番号	
氏名	

評点	/100

一

設問	解答欄
(一)	(1) しい　(2) わせる　(3) げ
(二)	
(三)	
(四)	45　50
(五)	

二

設問	解答欄
(一)	(1) されて　(2)　(3)
(二)	
(三)	～
(四)	40　45
(五)	

三

設問	解答欄
(一)	
(二)	
(三)	
(四)	
(五)	
(六)	10　15

二〇二一年度　常磐大学高等学校

国語解答用紙　No. 2

四

(一)

(二)

(三)

(四)

(五)

160

200

（注）この解答用紙は実物を縮小してあります。169％拡大コピーすると、ほぼ実物大で使用できます。（タイトルと配点表は含みません）

推定配点

一　(一) 各3点×3　(二)、(三) 各4点×2　(四) 6点　(五) 4点

二　(一) 各3点×3　(二)、(三) 各4点×2　(四) 6点　(五) 4点

三　(一) 3点　(二) 4点　(三)、(四) 各3点×2　(五)、(六) 各4点×2

四　(一) 3点　(二)～(四) 各4点×3　(五) 10点

計　100点

Memo